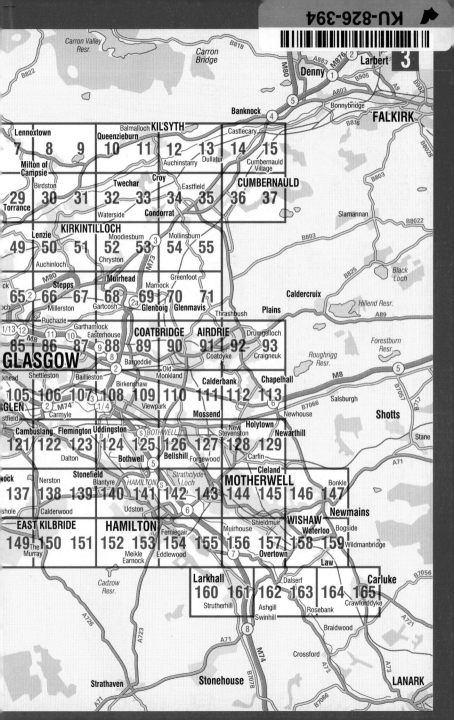

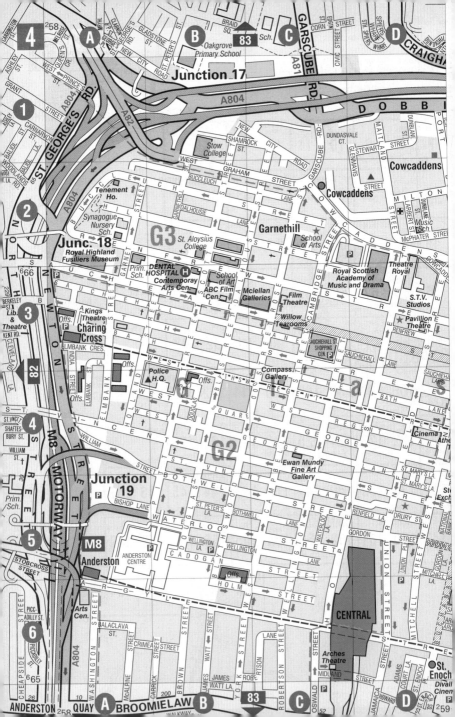

# A-Z GLASGOW

## CONTENTS

## REFERENCE

| | | | |
|---|---|---|---|
| Motorway | **M8** | Map Continuation **86** / Large Scale City Centre **4** | |
| A Road | A77 | Ambulance Station | ✚ |
| Under Construction | | Car Park  Selected | P |
| Proposed | | Church or Chapel | † |
| B Road | B812 | Cycle Route | ᶲ |
| Dual Carriageway | | Fire Station | ■ |
| One Way Street | ⟼ | House Numbers — A and B Roads only | 13 / 8 |
| Traffic flow on A Roads is also indicated by a heavy line on the driver's left. | ➜ | Information Centre | 🄸 |
| Pedestrianized Road | | National Grid Reference | 660 |
| Restricted Access | | Police Station (Open 24 Hours) | ▲ |
| Track | - - - - - | Post Office | ★ |
| Footpath | - - - - - | Toilet | ▽ |
| Residential Walkway | · · · · · · | with facilities for the Disabled | ♿ |
| Railway | Level Crossing / Station | Educational Establishment | ⌐ |
| Underground Station | ● | Hospital or Health Centre | ⒣ ⌐ |
| Local Authority Boundary | — · — · | Leisure and Recreational Facility | ⌐ |
| Posttown Boundary | | Place of Interest | ⌐ |
| Postcode Boundary — within Posttowns | — — — | Public Building | ⌐ |
| | | Shopping Centre or Market | ⌐ |
| Built Up Area | MILL ST. | Other Selected Buildings | ⌐ |

## SCALE

| Map Pages 6-165 1:18103 (3½ inches to 1 mile) | Map Pages 4-5 1:9051 (7 inches to 1 mile) |
|---|---|
| 0 — ¼ — ½ Mile | 0 — ⅛ — ¼ Mile |
| 0 — 250 — 500 — 750 Metres | 0 — 100 — 200 — 300 — 400 Metres |

### Geographers' A-Z Map Company Ltd.

Head Office:
Fairfield Road, Borough Green, Sevenoaks, Kent TN15 8PP
Telephone 01732 781000 (General Enquires & Trade Sales)

Showrooms:
44 Gray's Inn Road, London WC1X 8HX
Telephone 020 7440 9500 (Retail Sales)

www.a-zmaps.co.uk

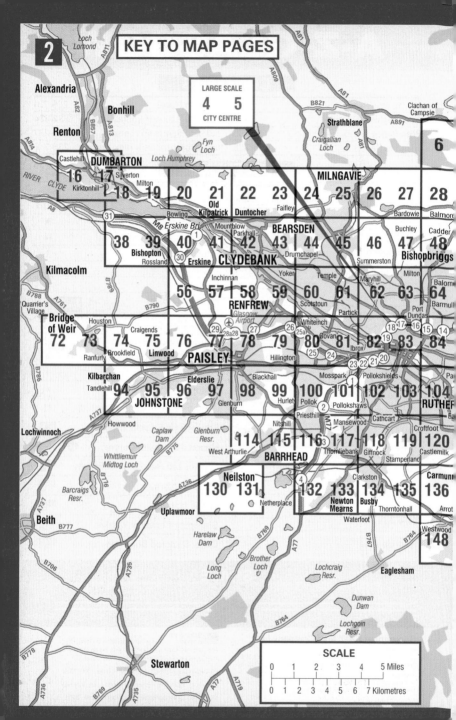

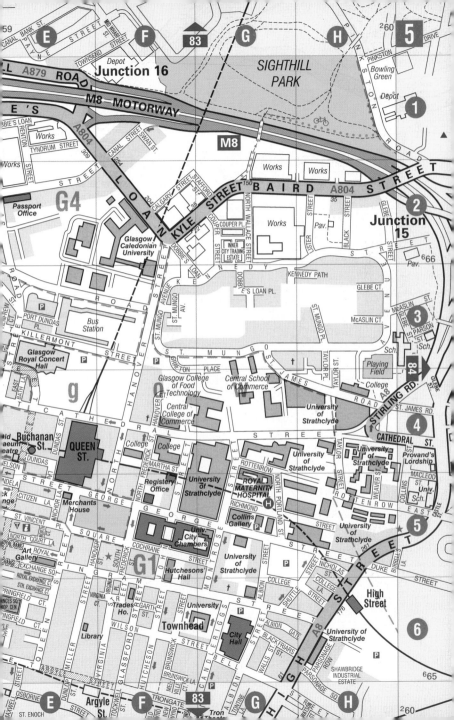

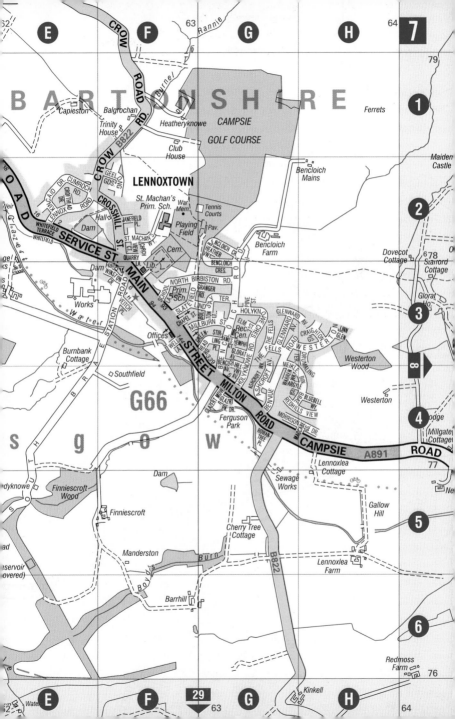

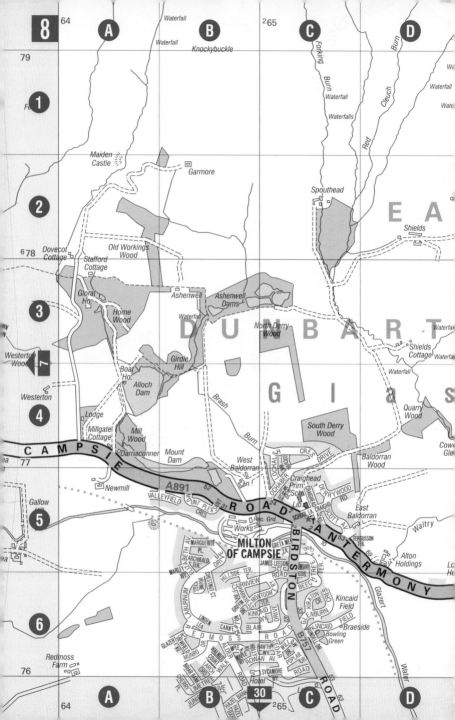

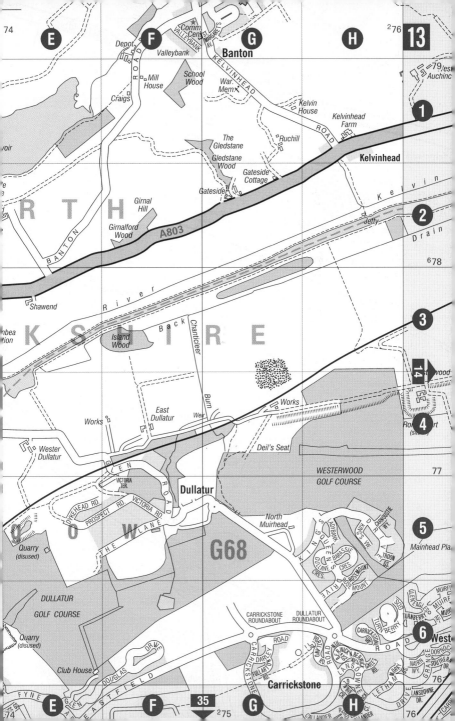

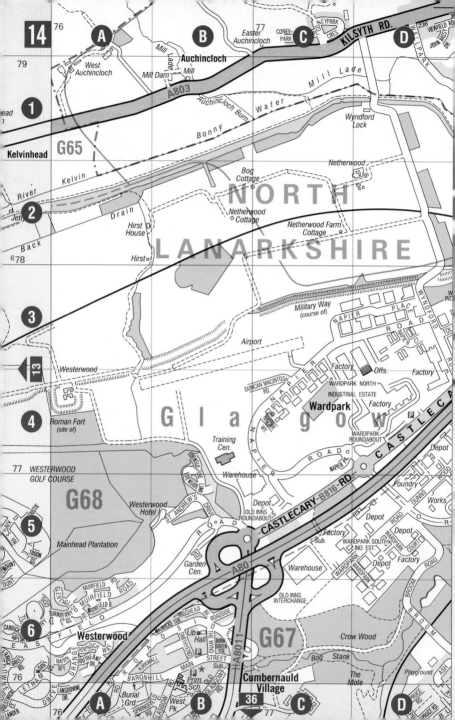

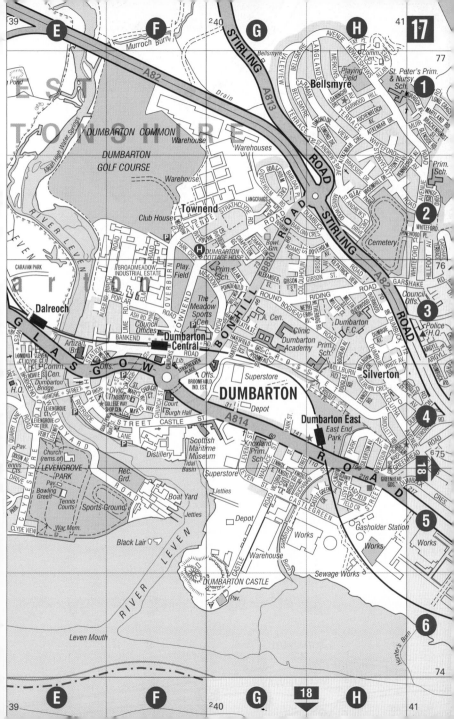

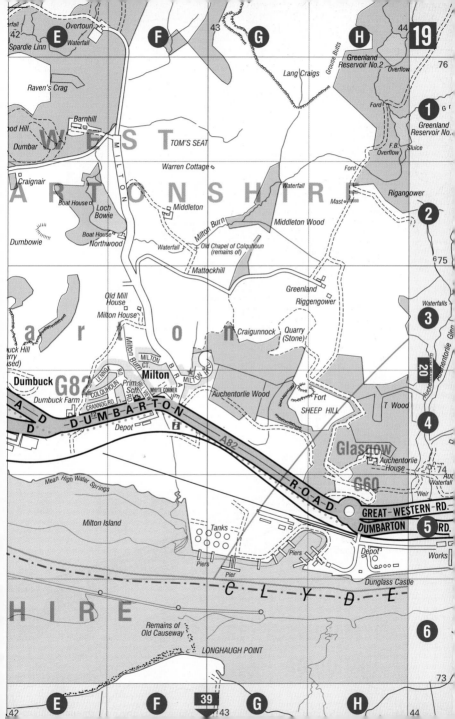

42
Waterfall
Overtoun
Spardie Linn    Waterfall

76

Raven's Crag

Lang Craigs

Grouse Butts

Greenland Reservoir No.2   Overflow

**1**

Greenland Reservoir No.

G

od Hill
Barnhill

**W E S T**   Dumbar

TOM'S SEAT

Ford

F.B.   Sluice
Overflow

Craignair

Warren Cottage

**A R T O N S H I R E**

Rigangower

Waterfall

Mast

**2**

Boat House
Loch Bowie

Middleton

Milton Burn

Middleton Wood

Ford

675

Dumbowie

Boat House
Northwood

Waterfall

Old Chapel of Colquhoun
(remains of)

Mattockhill

Greenland Riggengower

**3**

Waterfalls

**b a r t o n**

Old Mill House

Milton House

Craigunnock

Quarry (Stone)

Auchentorlie Glen

uck Hill
(arry sed)

MILTON CT.

**Dumbuck**   **G82**

LENNOX RD.

MILTON

Milton

COLQUHOUN RD.

WHYTE CORNER

Prim Sch

**20**

Auchentorlie Wood

Fort
SHEEP HILL

T Wood

**4**

Dumbuck Farm

CRANNOG RD.

**DUMBARTON**

Depot

A82

**R O A D**

**Glasgow**

Auchentorlie House

74

G60

Auc
Waterfall

Mean High Water Springs

Weir

Milton Island

Tanks

**GREAT - WESTERN - RD.**

**DUMBARTON**   **5**   RD.

Piers

Pier

Depot

Piers

Dunglass Castle

Depot

Works

**C L Y D E**

**H I R E**

Remains of
Old Causeway

LONGHAUGH POINT

**6**

73

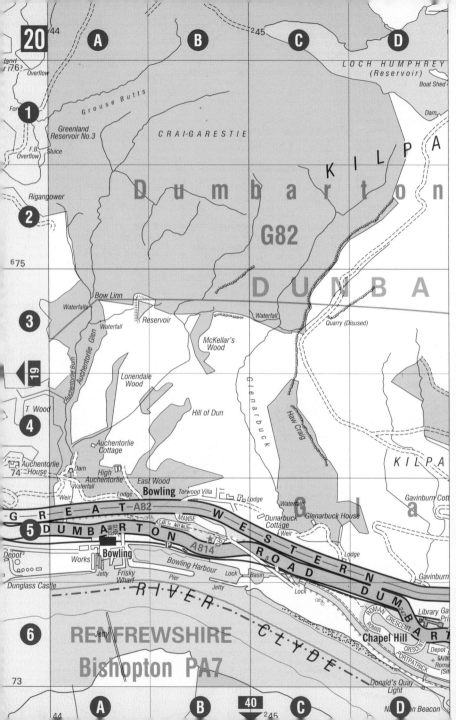

44
245

lann
r 76.2
*Overflow*

LOCH HUMPHREY
(Reservoir)

*Boat Shed*

**1**

For

Grouse Butts

C·R·A·I·G·A·R·E·S·T·I·E

*Dam*

Greenland
Reservoir No.3

F.B.
*Overflow*   *Sluice*

D u m b a r t o n

KILPA

675

**2**

*Rigangower*

G82

D U N B A

*Bow Linn*

*Waterfalls*

*Reservoir*

*Waterfall*

**3**

*Auchentorlie Glen*

*Waterfall*

McKellar's
Wood

*Waterfall*

Quarry (Disused)

**19**

*Auchentorlie Burn*

Lonendale
Wood

Glenarbuck

*T Wood*

Hill of Dun

Haw Craig

KILPA

**4**

*Auchentorlie
Cottage*

74   *Auchentorlie
House*

*Dam*

High
*Auchentorlie*

East Wood

**Bowling**   *Torwood Villa*

*Waterfall*   *Lodge*

*Weir*

G   R   E   A   T   —A82

*Waterfalls*

Glenarbuck House

*Dunarbuck
Cottage*   *Weir*

*Lodge*

Gavinburn Cott

G   l   e   n   a

**5**

D   U   M   B   A   R   T   O   N

*MANSE*

*AVENUE*

W   E   S   T   E   R   N

R   O   A   D

D   U   M   B   A   R   T

KILPA

Gavinburn

*Depot*

*Works*

**Bowling**

A814

*Bowling Harbour*

*Lock*   *Basin*

*Lodge*

*Dunglass Castle*

*Jetty*

*Frisky
Wharf*

*Pier*

*Jetty*

*Lock*

Library  Ga
Pri

R   I   V   E   R

C   L   Y   D   E

ROMAN
CRESCENT

*Depot*

GAVIN
Roma

**6**

**RENFREWSHIRE**

**Bishopton PA7**

**Chapel Hill**

PORTPATRICK

CRESCENT

73

*Donald's Quay
Light*

N      on Beacon

44

245

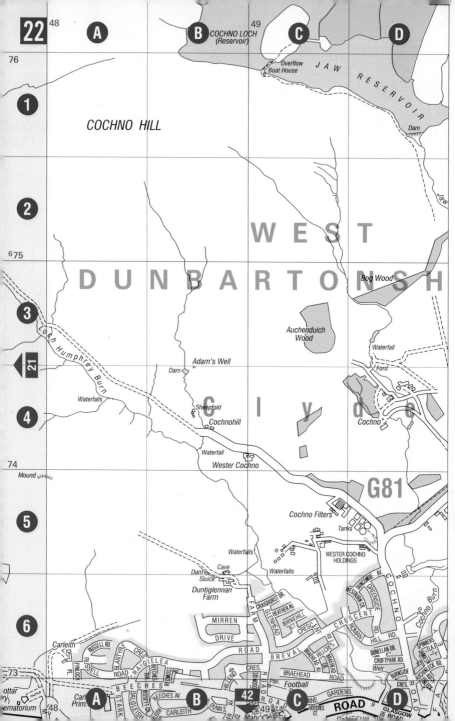

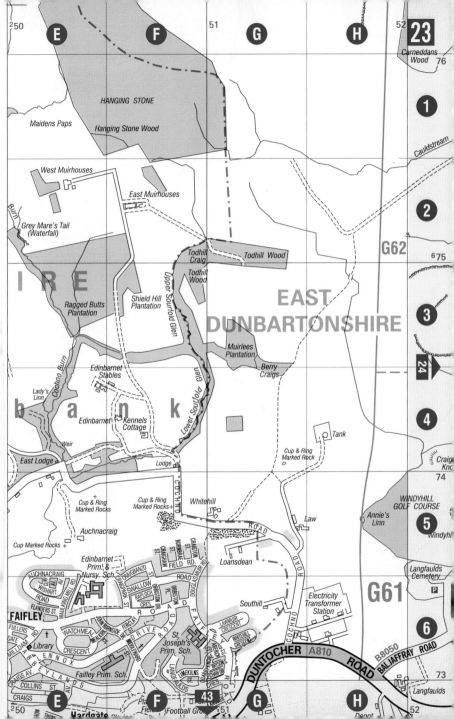

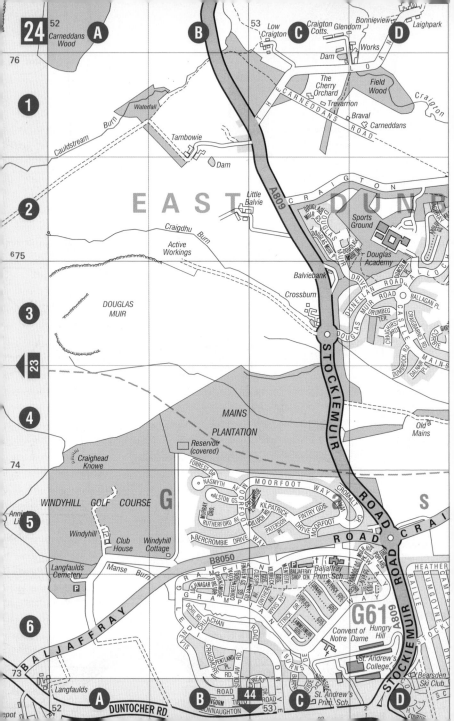

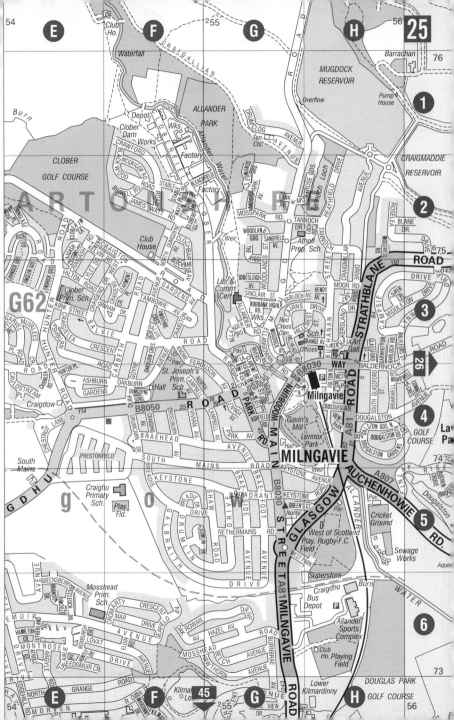

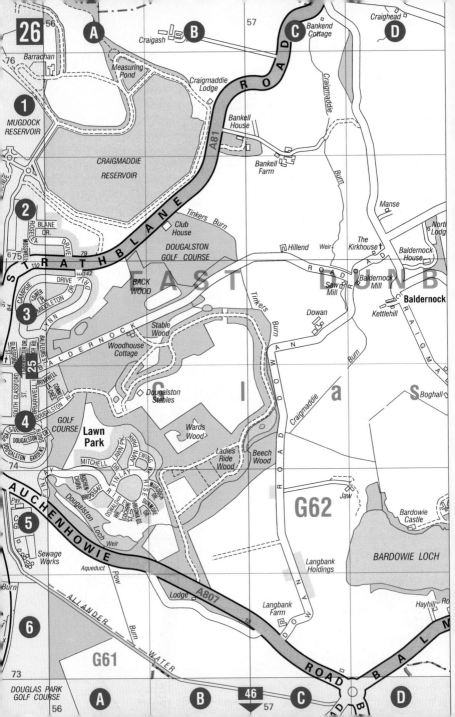

E  F  59  G  H  260

North Blochairn
58

76
Water

1

High Blochairn

Blairskaith Quarry (disused)

Low Blochairn

Branziet Burn

Easter Blairskaith

Mealybrae

2

**Blairskaith**

Blairskaith House

Castlehill  675

TOWER  ROAD

A R T O N S H I R E

North Bardowie

Easter Fluchter

Wester Blairskaith

GLENORCHARD

BACK O' HILL  ROAD

3

**Fluchter**

Baldernock Prim. Sch.

28

Fluchter Mill

Lea-Bank

Temple

**BALMORE**

4

**Barnellan**

g  O  W  GOLF  COURSE

Barnellan

Burn

Branziet

Club Ho.

74 sr. (cov.)

Braeside

G64

Blairnile

Highcroft Nursery

Croft Nursery

Wo

Bardowie Mains

Branziet Cottages

Whitefauld

Collalis

GOLF COURSE RD

5

Jetty

Hillpark

Colberg

**Balmore**

Kilnrigg Nursery

Jetty

Club House

A807

Branziet Bridge

Laverockhill

Acrefauld

CROFT RD

Binsfield

Branziet

**Bardowie**

ROAD

STATION RD

ALLANDER AV.

BARDOWIE ROAD

Club Ho.

Balmore Haughs

6

South Bardowie

Station House

Aque

²60

76

A   B   C   D

61

6

1

Waterfalls

Waterfall

alybrae

E A

Dounne

Upp
Carles

Ford

Langshot
Farm

2

S
h
a
w

B
u
r
n

B
A
R
R
A
S
T
O
N

R
O
A
D

Barraston
Farm

Barraston
Holdings

D U N B A R T

6.75

TOWER

Castlehill

Nursery

Barraston
Cottages

Hillhead

Barraston
House

Leitchbank

Gu

Acre
Valley

Resr.
(cov.)

Drumfar

Drumbayne

Shaw

3

GLENORCHARD

BACK

O' HILL

Back
o' Hill

Hillacre

T
O
W
E
R

R
O
A
D

Burn

G

West
Balgrochan
Farm

West
Balgrochan

ACRE VALLEY ROAD

27

Craighead

BENEVIS DR.

WARDEND

CAMPBELL PL.

BLAIR
GDS

BUCHANAN
PL.

DRIVE

W. BALGROCHAN RD.

4

Balmore
Golf
Course

74

Water
Works

T
O
W
E
R

R
O
A
D

Tower
Farm

Glenside

MORA
KINROSS
AV.

WALLACE
AV.

Torrance
Prim. Sch.

WEST RD.

Resr.
(cov.)

TORRANCE

G64

JOHN McLAREN

ernile

Works

Resr.
(cov.)

Works

R
O
A
D

CRAIG-
MADDIE GDS.

SMEATON
AV.

EATON
AV.

CHARLOTTE PL.

DUNDAS AV.

McFARLAND

McEWAN WY.

5

Nursery

GOLF
COURSE

CROFT RD.

Croft
Nursery

ALEXANDER
BARNS

FORTH
RD.

FORTH

AV.

ROAD

AIGMARLOCH

QUEEN'S WY.

MAIN
B822

STR

FIRBANK

Kinrigg
Nursery

Balmore

BALMORE
ROAD

Nursery

ROAD

Bogside

A807

ROAD

Sewage
Works

KELVINBRIDGE
ROUNDABOUT

Torrance
Bridge

TO

ROAD

6

BALMORE

lmore
aughs

Kelvin

73

River

²60

A   B   C   D

48

61

E    F    7    63    G    H    64    Redm Fa

76

**Kinkell**

1

Waterfall

Waterfall

Wetshod

ST

Whitehill

Balquharrage Cottages

2

ONSHIRE

Balquharrage

ROAD    KIRKINTILLOCH    675

East Balgrochan Farm    Weir    Craigen Glen Cottage    Carlston Cottages    B822    Carlston    3    Haysto Cottag

Red    ROAD

East Balgrochan

S    g    O    W

West Carlestoun

Ferrymill House    Balgrochan House    Burn    HAYSTON GOLF COURSE    Hayston    30

Be

C    M    KINGS PK    H    Woodmill DPT    A    Playing Field    Wardhill    Meadowbank Farm    4

CORMACK AV    HORNS    GUTHR    HEARN    Kelvin    74

HAW    DR    ST    PL    RD    Haysto

NIOLA    DALRIAD    VIEW ROAD    River    Meadowbank House    Haysto

AV PL    KELVIN    KELVIN AV    5

MNR    KINSLIE    DR

Sewage Works

G66

RANCE    Sandy Knowes    Roma (Si

ington ttages    A807    GLASGOW RD    Pa

Easter Cadder    6

A803    GLASGOW

Hungryside Bridge (Drawbridge)    Glasgow Bri.    Forth and Clyde Canal    73

Slipway    P    KIRKINTILLOCH ROAD

E    ROAD    F    49    G    H    64

63    Leafield

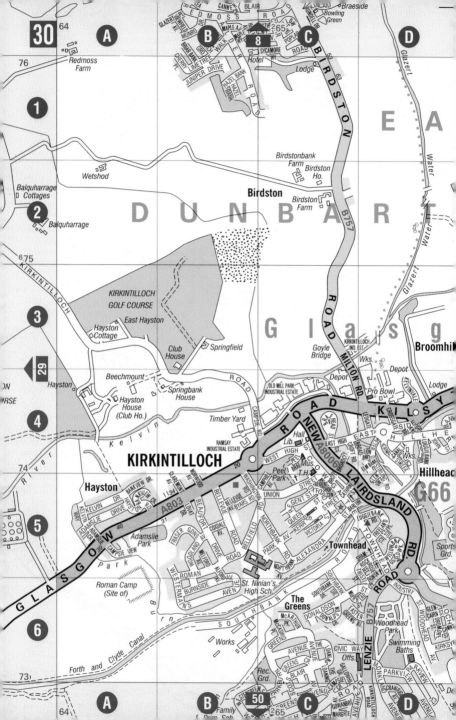

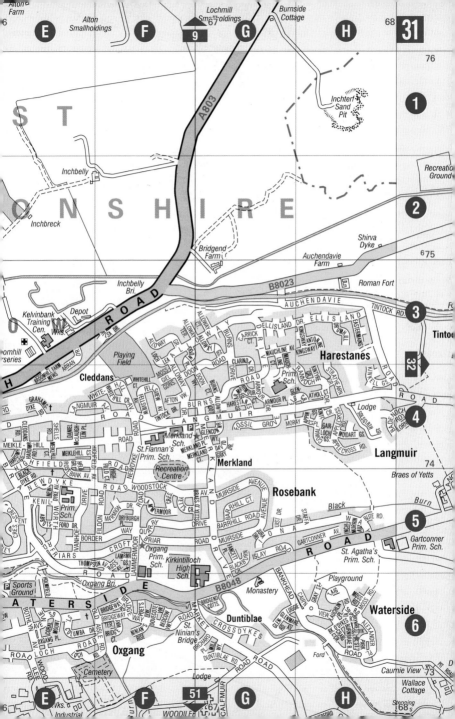

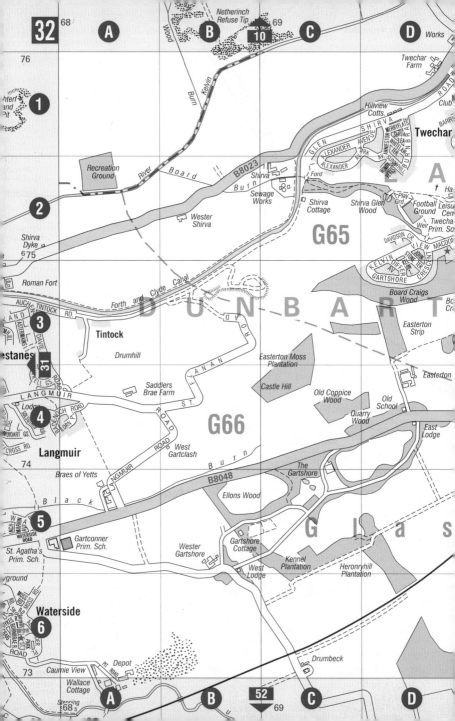

A B 10 C D Works

76

Netherinch
Refuse Tip 69

Wood Kelvin Burn

Twechar
Farm

ROAD

Club

1

chterf
and
Pit

Hillview
Cotts.

SHIRVA MERRYFLATS

Twechar

BARR

GLEN

ALEXANDER AVENUE

ALEXANDER AV. PK.

SUNHILL

Recreation
Ground

River Board

B8023 Ford

Shirva

Burn

Sewage
Works

Shirva Glen
Wood

Play
Grd.

Football
Ground

Leisu
Cem

2

Wester
Shirva

Shirva
Cottage

Twechar
Prim. Sc

Shirva
Dyke

6 75

Weir

G65

DAVIDSON CR

VIEW

KELVIN GARTSHORE

DIE

STON TER

CRESCENT

MACDON

Roman Fort

Forth and Clyde Canal

D U N B A R T

Board Craigs
Wood

Bo
Cra

AUCHEN TINTOCK RD.

LAND

ASTNMAINS

3

DAVIE

estanes

31

Tintock

Drumhill

ROAD

Easterton
Strip

Easterton

A N A N

Easterton Moss
Plantation

LANGMUIR ROAD

Lodge

SOLDMUIR

GLENMACH ROAD

LORN

MOIDART GS.

4

CROSS RD.

Saddlers
Brae Farm

ST.

Castle Hill

Old Coppice
Wood

Quarry
Wood

Old
School

East
Lodge

Langmuir

ROAD

West
Gartclash

G66

Burn

74

Braes of Yetts

LANGMUIR ROAD

B8048

The
Gartshore

B l a c k

5

WATERSIDE
ROAD

Gartconner
Prim. Sch.

Ellons Wood

G l a s

St. Agatha's
Prim. Sch.

Wester
Gartshore

Gartshore
Cottage

Kennel
Plantation

Heronryhill
Plantation

yground

West
Lodge

MOSS RD.

MOSS RD.

6

Waterside

SUNNYBRAE

DUNBAR

PK ST

ROAD

Depot

Drumbeck

73

Caurnie View

PT ROAD

Wallace
Cottage

Stenning
68 s

A B
C D

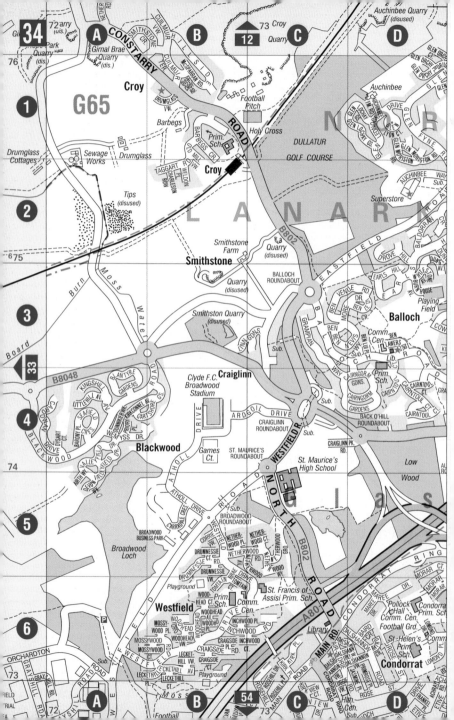

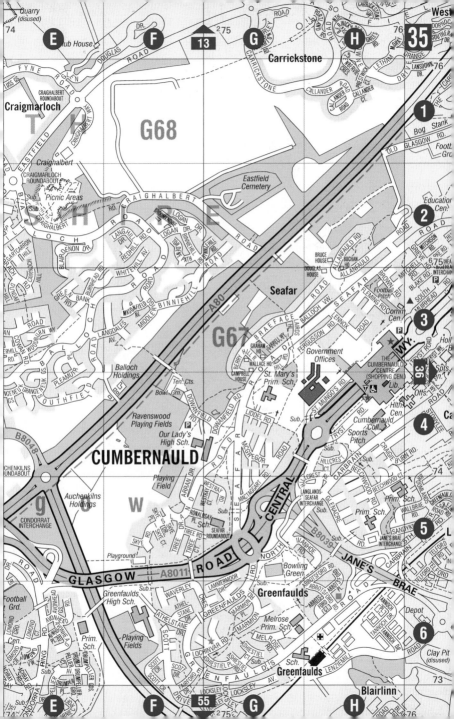

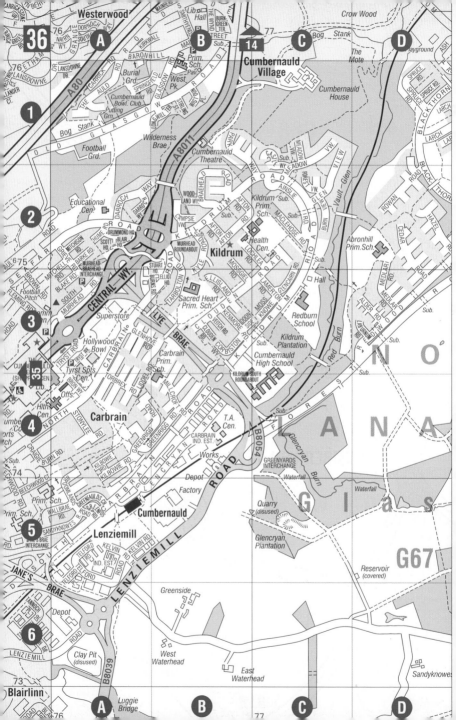

**38** 240

**A**  **B**  18  41  **C**  **D**

**1**

**2**

**3**

**4**

**5**

**6**

*RIVER*

Junction 31

**M8-MOTORWAY**

M8

G R E E N O C K

73

*FERRYHILL PLANTATION*

Laigh Hatton

High Hatton

Convent of the
Good Shepherd

O L D   G R E E N O C K

A8

Lodge

B789

72

Linden Lee

Roman Fort
(Site of)

B E N   F   R   E   W

Cr

Ingliston

Cattle Grid

Whitemoss
Dam

Castlehill Plantation

Drums

Castlehill
Cottage

Whitemoss
Farm

B   i   s   h   o

**Port
Glasgow
PA14**

Barbeg
Cottages

BARBEG HILL

Formakin

71

Park Erskine

Barmore Plantation
BARMORE HILL

B789

Formakin Estate
Country Park

Paddockcraig

Paddock Craig

Gatehead

**PA7**

Parkglen Wood

Formakin
Mill

H O U S T O N   R O A D

Dargavel Burn

West Glenshinno
Cottage

West Glenshinnoch

**Johnstone
PA6**

Meiklefield

Nether Mill

670

Haddockston

B A R O C H A N   R O A D

REILLY

Boghall

240

**A** Towncroft  **B**  41  **C** ROAD  **D**

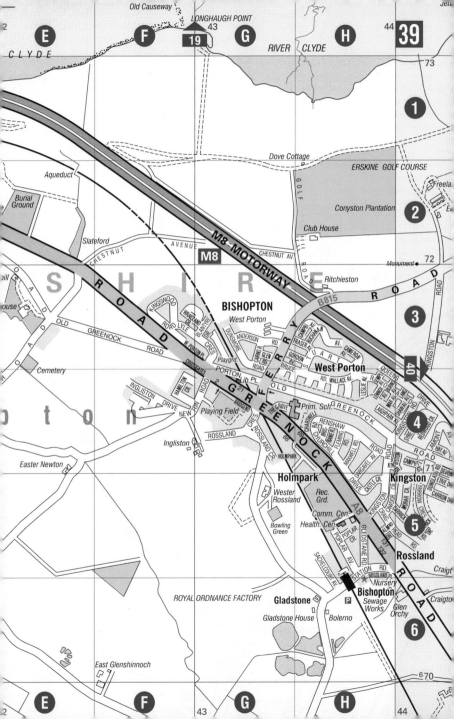

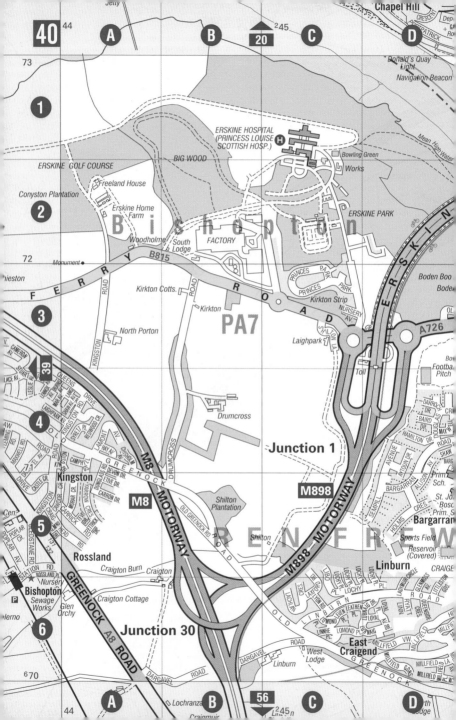

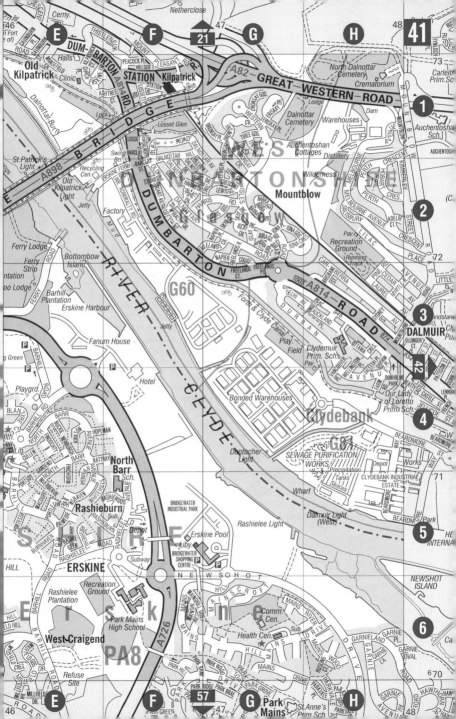

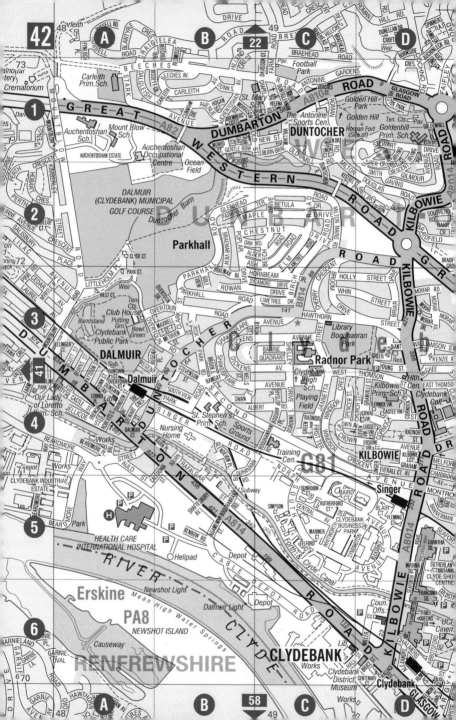

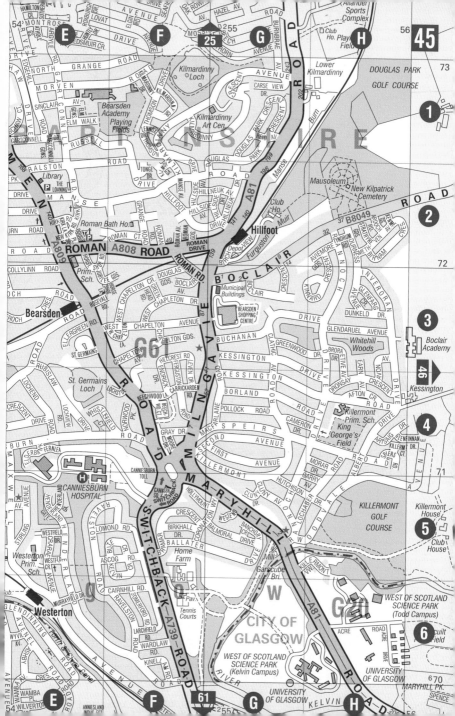

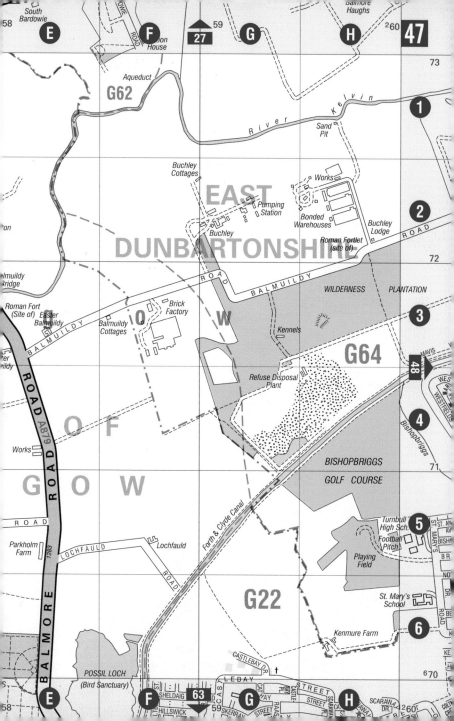

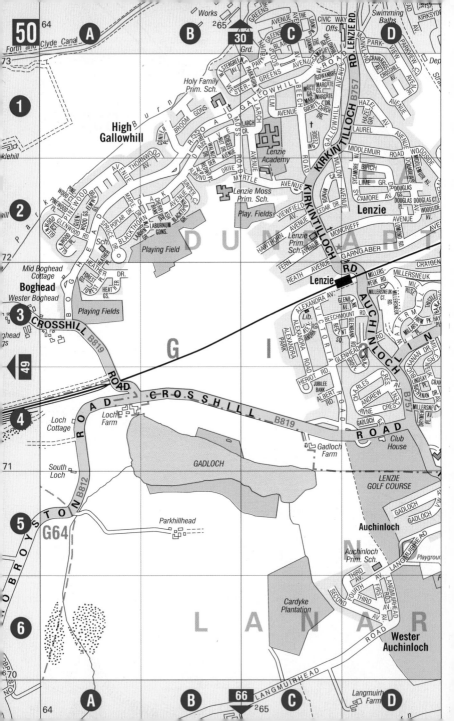

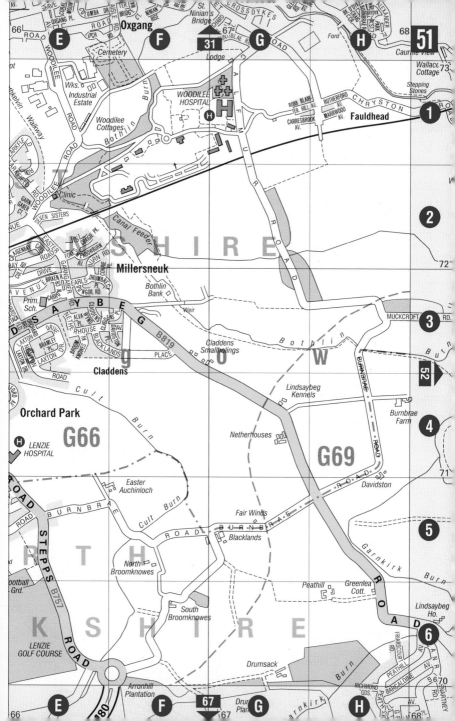

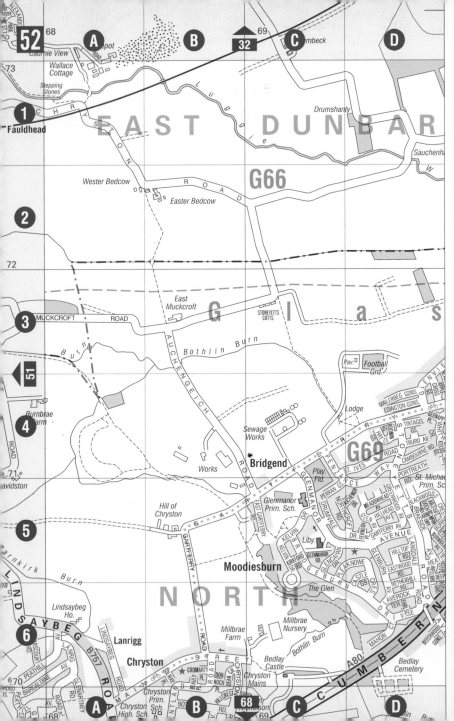

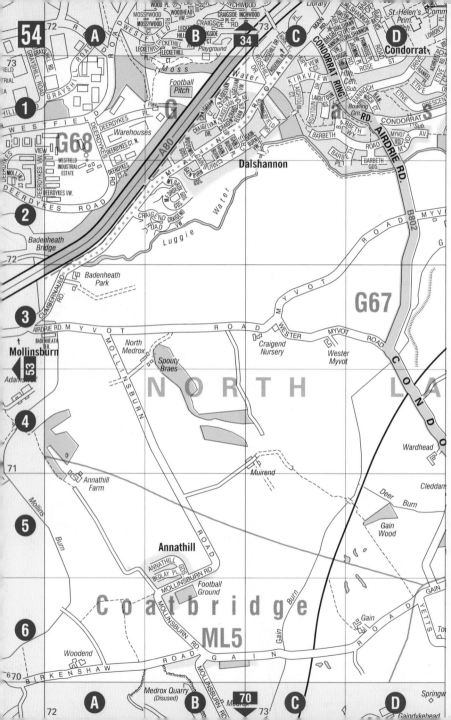

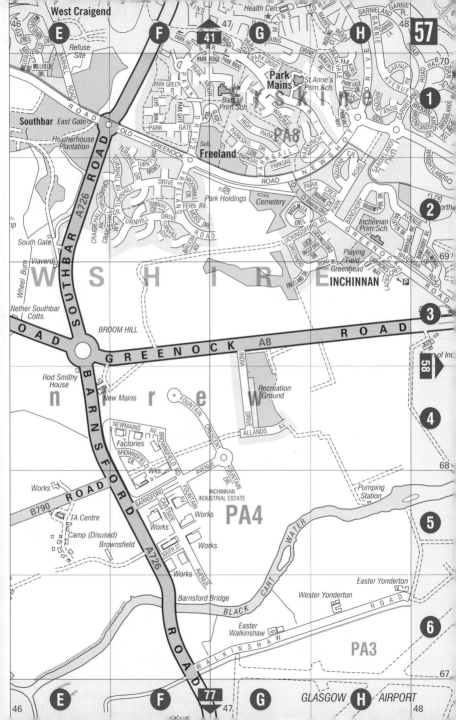

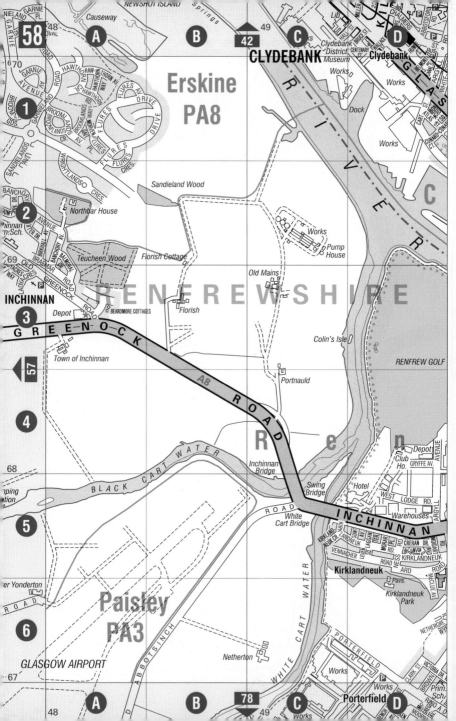

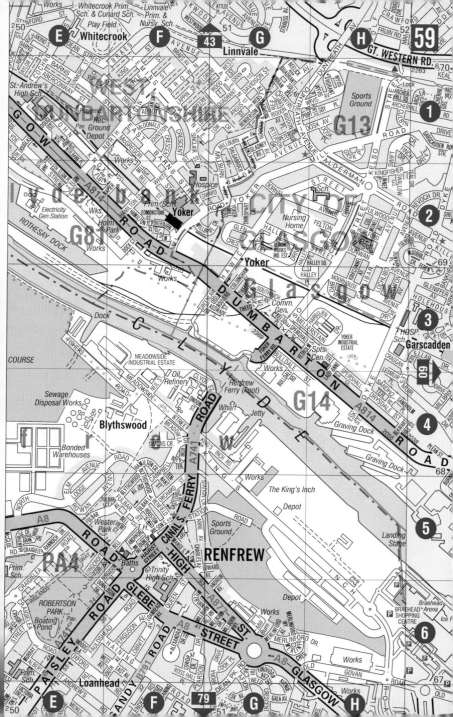

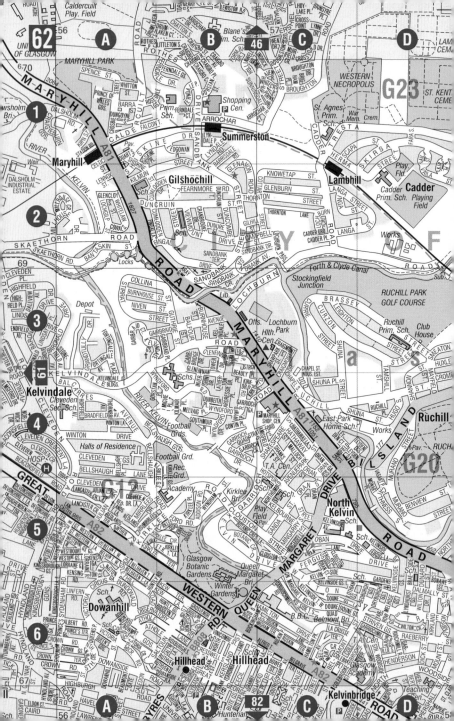

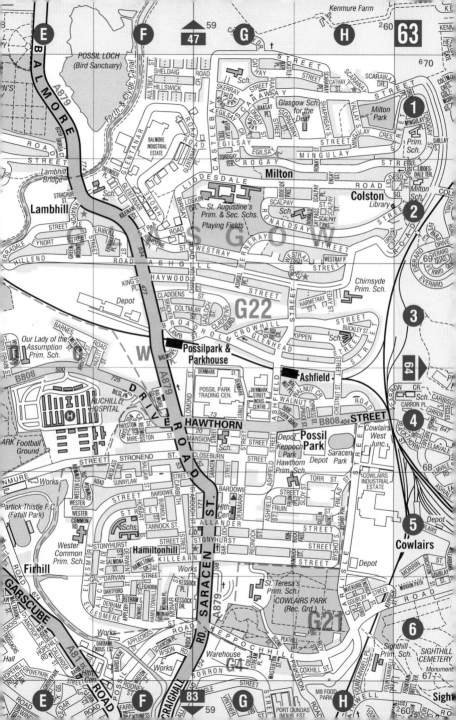

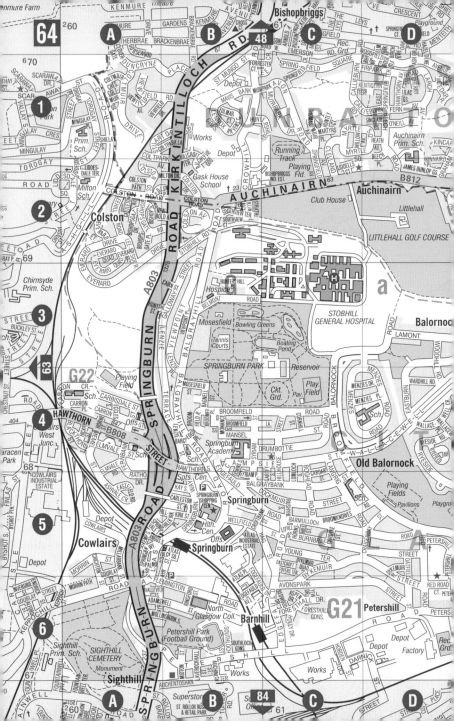

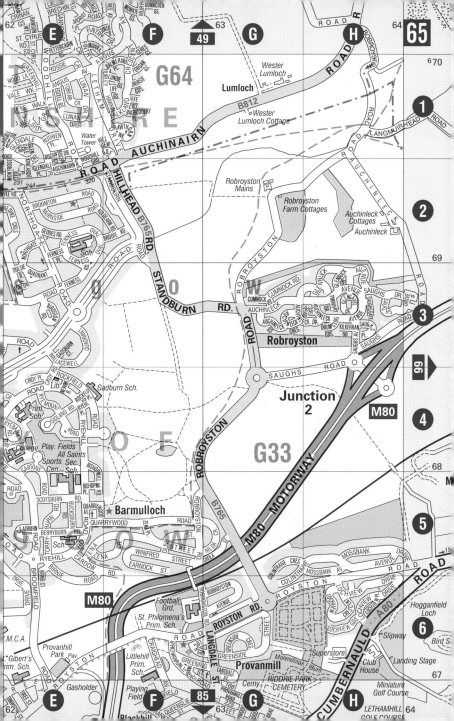

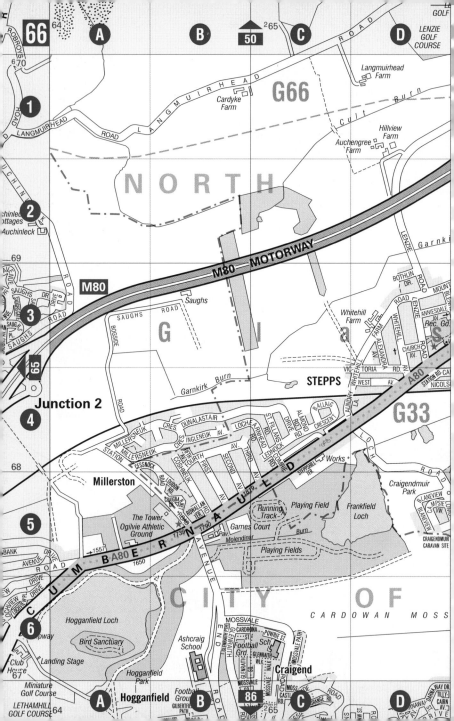

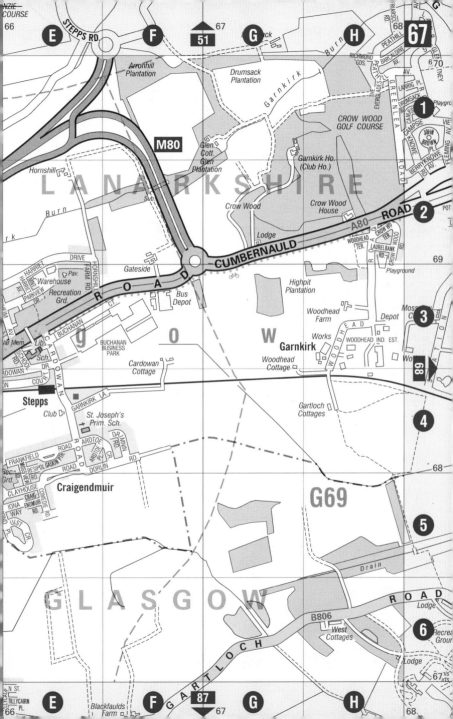

**E** STEPPS RD. **F** ▲ 51 67 **G** Drumsack **H** 67

Arronhill
Plantation

Drumsack
Plantation

Garnkirk

Burn

PEATHILL
BARCALDINE AV.
RICHMOND
GDS.
GLENTNEY
670
**1**

CROW WOOD
GOLF COURSE

LANRIG PL.
DRUMSACK
GREENLEA ROAD
EVERGLADES
CAMPS
JOHN
BROWN
PL.
CAMPSIE
KNOWE
BERRYKNOWE
AV.
FLEMING AV.
VIE

M80

Glen
Cott.
Glen
Plantation

Garnkirk Ho.
(Club Ho.)

Hornshill

LANARKSHIRE

Burn

Sub.

Crow Wood

Crow Wood
House

A80 ROAD **2** POT

CUMBERNAULD

Lodge

WOODHEAD
TER.
LAURELBANK
RD.
CROW WD
RD.
CROW WOOD
69

Gateside

HARRIET
HARRIET
AV.
PARKVIEW
DR.
FARM RD.
HORNSHILL
DRIVE

Pav.
Warehouse
Recreation
Grd.

Bus
Depot

R O A D

Highpit
Plantation

Playground

Woodhead
Farm

Depot
Mosson
C

**3**

BUCHANAN
CT.

**G**

**O**

**W**

Garnkirk

Works
WOODHEAD IND. EST.
H E A D
Wo

War Mem
Lib
Sch.
CARDOWAN
DR.

BUCHANAN
BUSINESS
PARK

Cardowan
Cottage

Woodhead
Cottage

**89**

ARDOWAN
COURT
ON

Stepps

Club

GARNKIRK LA.

St. Joseph's
Prim. Sch.

Gartloch
Cottages

**4**

FRANKFIELD
ROAD
MOSS
RESIPOL
GASKIN
NEW
ARDTOE
ARDTOE PL.
DAMNIN
RD.
DORLIN
RD.
ROAD
GASKIN PTH.

Recs
Grd.

CLAYHOUSE
CRAIG
COMEDIE RD.
ENDMUIR
RD.
IONA
WAY
UIST
CR.

Craigendmuir

68

**G69**

**5**

Drain

GLASGOW

ROAD
Lodge

**6**

B806

West
Cottages

Recrea
Grour

GARTLOCH

Lodge
67 nis
ts

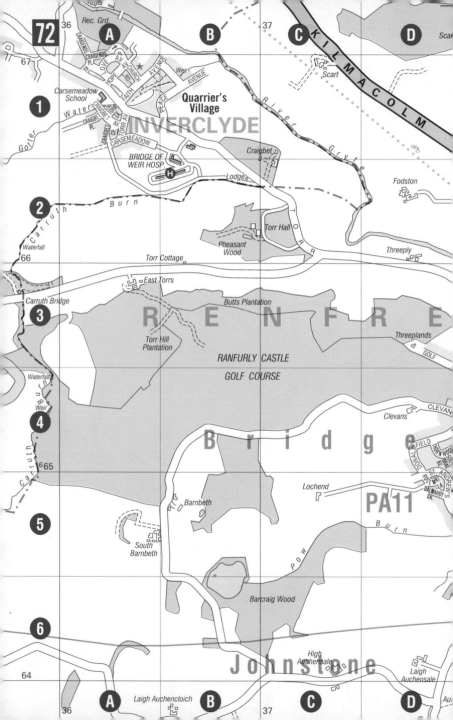

36

Rec. Grd.

**A**

**B**

37

**C**

**D**

Scar

67

**K I L M A C O L M**

Carsemeadow School

Scart

**1**

Water

Goter

CRAIGENDS PL
LOVE AV
HOPE
AV
FAITH
CHURCH
AVENUE
PEACE

Weir

River Gryfe

**INVERCLYDE**

Quarrier's Village

CRAIGBET CR
TORR AV
CRAIGBET PL
CARSEMEADOW

Craigbet

Fodston

**2**

BRIDGE OF WEIR HOSP.

**H**

Lodge

Carruth

Burn

Torr Hall

Threeply

Waterfall

Pheasant Wood

T O R R

66

Torr Cottage

East Torrs

Carruth Bridge

**3**

Butts Plantation

**R E N F R E**

Torr Hill Plantation

Threeplands

GOLF

RANFURLY CASTLE

GOLF COURSE

Waterfall

Weir

Clevans

CLEVAN

Carruth

**4**

**B r i d g e**

THORN WOOD

DONAL FIELD

ST. ANDREWS
RISE
DALMAHOY
CR.

665

Lochend

**PA11**

**5**

Barnbeth

Burn

South Barnbeth

P o w

Barcraig Wood

**6**

64

High Auchensale

**J o h n s t o n e**

Laigh Auchensale

**A**

Laigh Auchencloich

**B**

37

**C**

**D**

Au

36

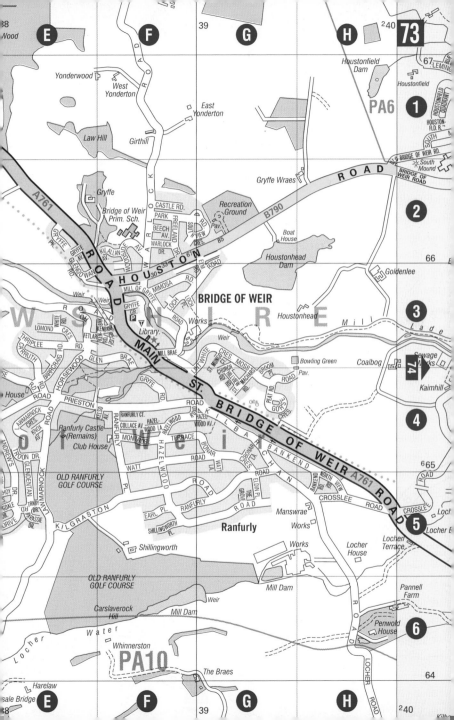

Wood

Houstonfield
Dam

67 LEMING

Houstonfield

PA6

**1**

HOUSTONFIELD
QUADRANT

HOUSTON-
FLD. R.

SOUTH

Yonderwood

West
Yonderton

East
Yonderton

O BRIDGE OF WEIR RD.

South
Mound

BRIDGE OF
WEIR ROAD

Law Hill

Girthill

Gryffe

Bridge of Weir
Prim. Sch.

CASTLE RD.

PARK

BEECH
AV.

WARLOCK
DR.

FREELAND
DR.

SOUTH
VIEW
CRES.

4 RD.

B5

Gryffe Wraes

ROAD

B790

Recreation
Ground

Pav.

Boat
House

**2**

66

Goldenlee

WARWICK

HOUSTON

ROAD

GLASGOW

GRYFFE
PK.

A761

ROAD

Weir

GRYFFE
AV.

GRYFFE
RD.

KILALLAN RD.

LOMONDVALE
AV.

Weir

MILL OF GRYFFE
RD.

MINOSA

Houstonhead
Dam

**BRIDGE OF WEIR**

Houstonhead

Mill

Lade

**3**

W E S T   S H I R E

ROAD

WHITE
CRES.

LOMOND
CRES.

FETLAR
RD.

KENDAL
RD.

KENBANK

GRYFFE
GR.

Library

Gryffe

LOCH
RD.

Works

Weir

Bowling Green

Pav.

Coalbog

**74**

Sewage
Works

Kaimhill

THRIPLEE
RD.

CARRUTH
RD.

BARCRAIG RD.

HORSEWOOD

ROAD

GLEN

BRAE

MILL BRAE

MAIN

LINT WHITE

ST. MUNGO'S CT.

CHURCH HILL

MILLNER RD.

ST. MACHAR'S
RD.

MOSS
RD.

BROOM RD.

PEAT RD.

Pav.

ROAD

**4**

House

AVIMARNOCK
CRES.

ANDREW'S

KNOX
RD.

PRIESTON

ROAD

GRYFFE

RD.

KILBO

RANFURLY

COLLACE AV.

Ranfurly Castle
(Remains)

Club House

MONTROSE

RD.

ST.
BRIDGE

HAZEL-
WOOD LA.

HAZELWOOD

HAZEL
WOOD AV.

TERRACE

OF

ROAD

BONAR
RD.

BANKEND

ILBATCHAN

GORSE

CRES.

665

TROON DR.

GLENDENTAN
RD.

HOY
DR.

YSDALE
RD.

BRASSIE
DR.

TRINITY
DR.

LAWMARNOCK

KILGRASTON

ROAD

WATT

**OLD RANFURLY
GOLF COURSE**

KILBO
RD.

RANFURLY

WATT

EARL PL.

SHILLINGWORTH
RD.

ROAD

RANFURLY

ROAD

BONAR
LA.

WATT

ELDIN PL.

THE GROVE

NORTH
VIEW

BANKEND
RD.

CROSSLEE

A761

ROAD

CROSSLEE

ROAD

Loch

Locher E

**5**

Loch

DRIVE

Shillingworth

**Ranfurly**

Manswrae

Works

Works

Locher
House

Locher
Terrace

Pannell
Farm

64

**OLD RANFURLY
GOLF COURSE**

Carslaverock
Hill

Mill Dam

Weir

Mill Dam

Mill Dam

ROAD

Penwold
House

**6**

Locher

Water

Whinnerston

**PA10**

The Braes

LOCHER

ROAD

Harelaw

sale Bridge

Kilba

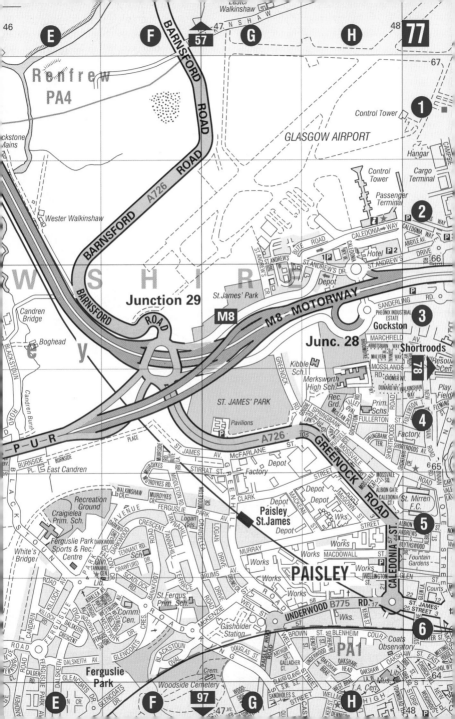

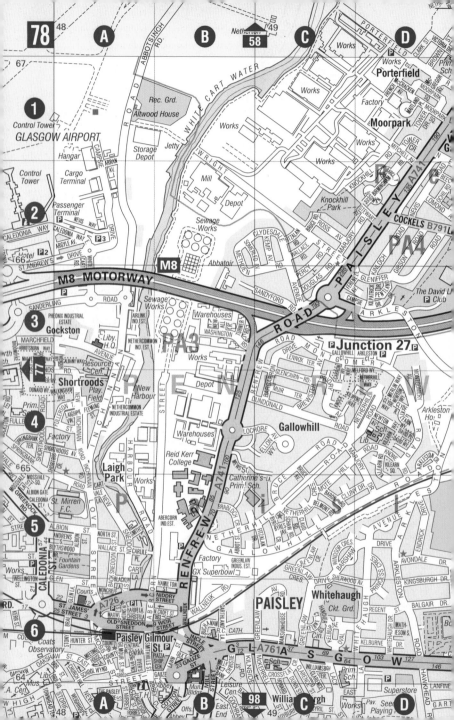

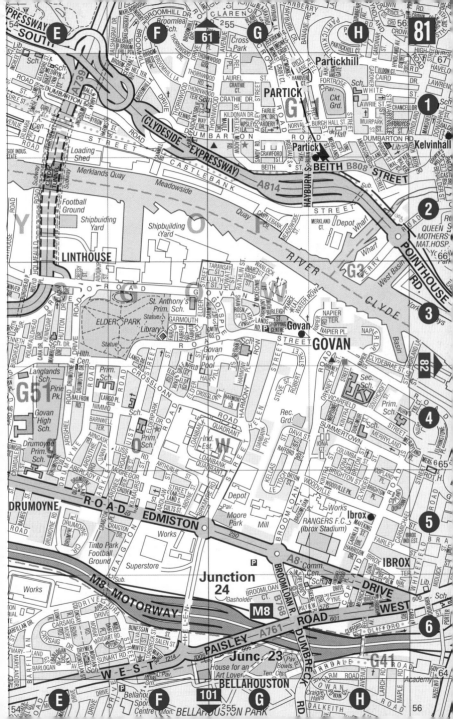

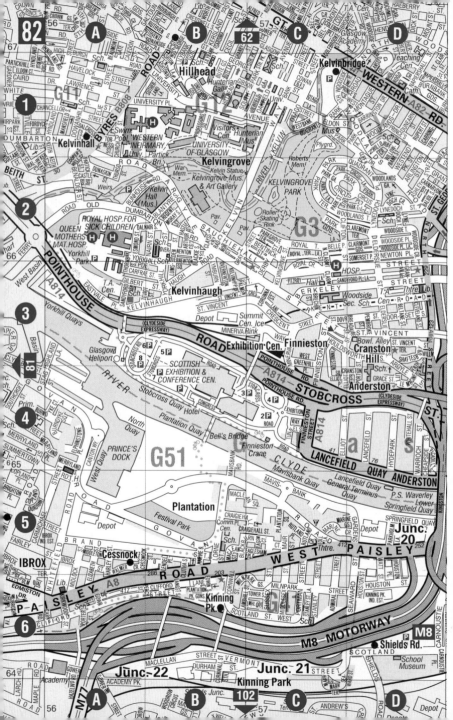

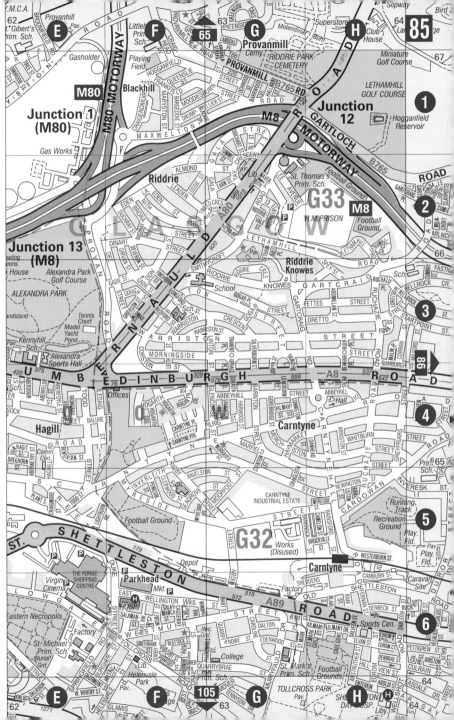

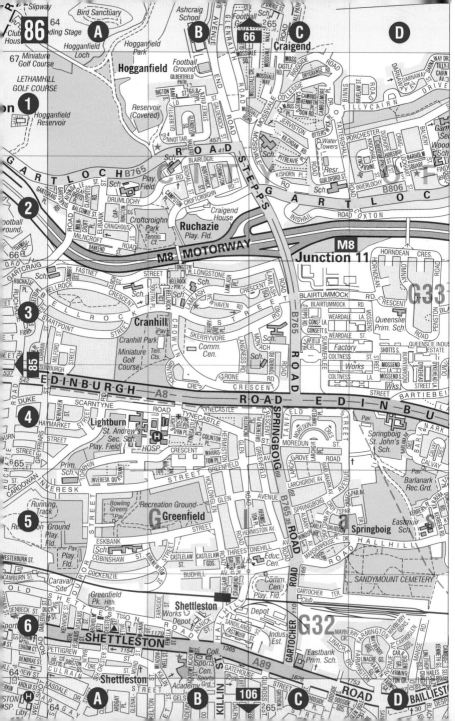

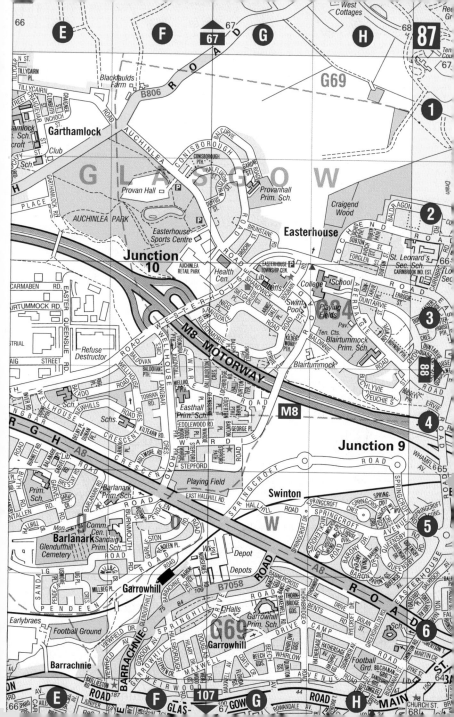

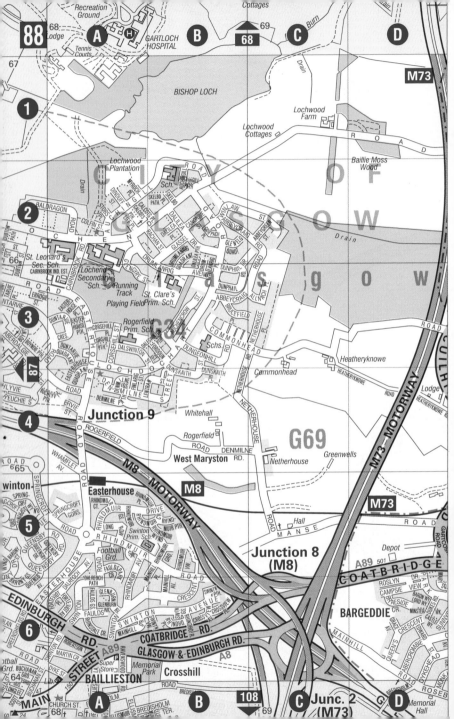

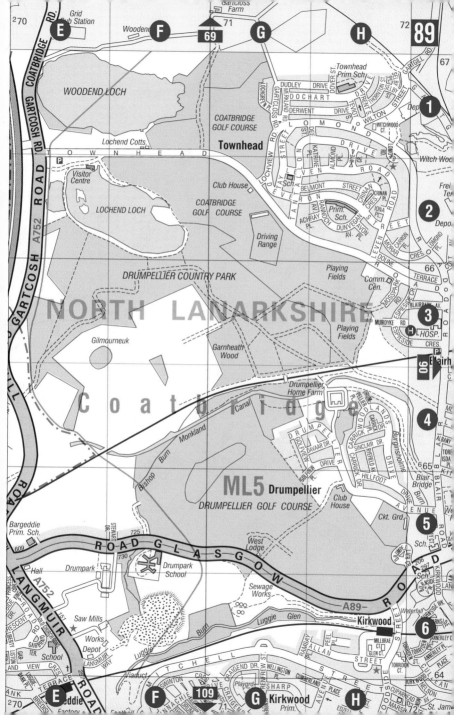

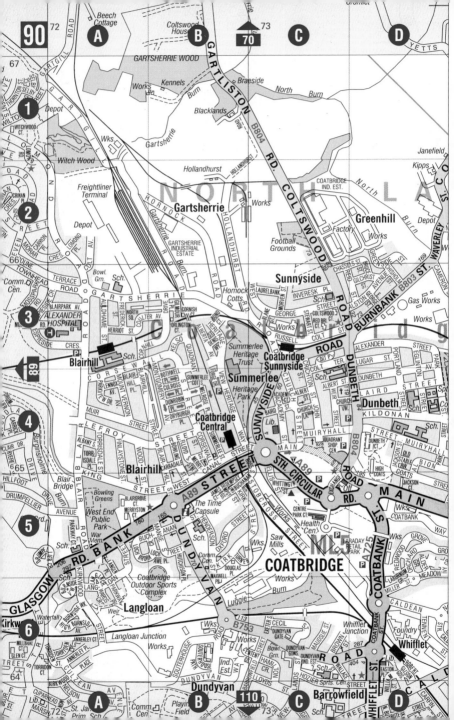

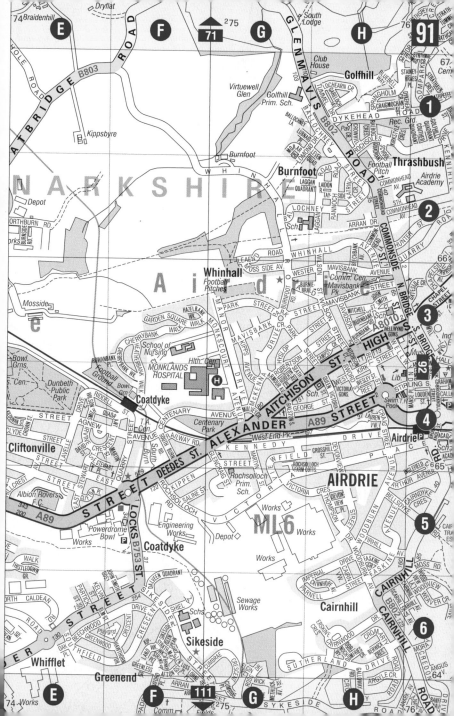

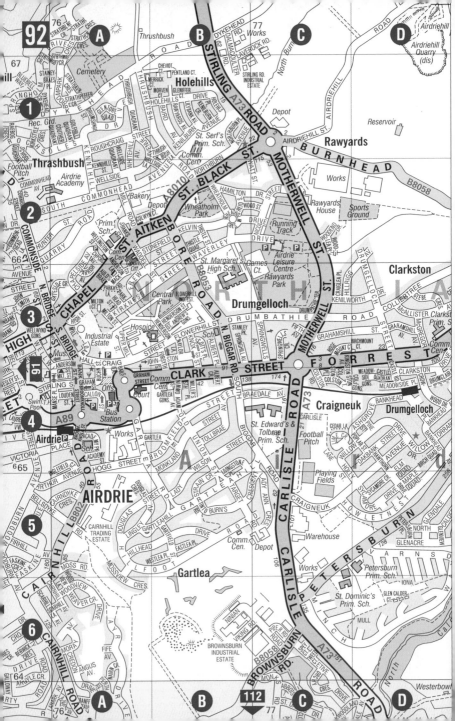

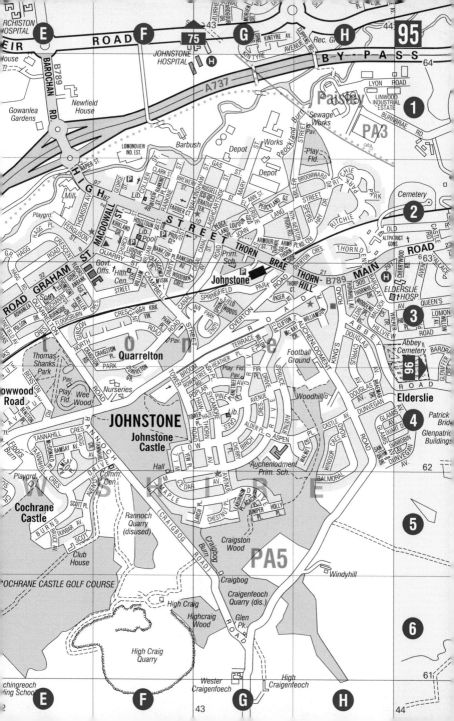

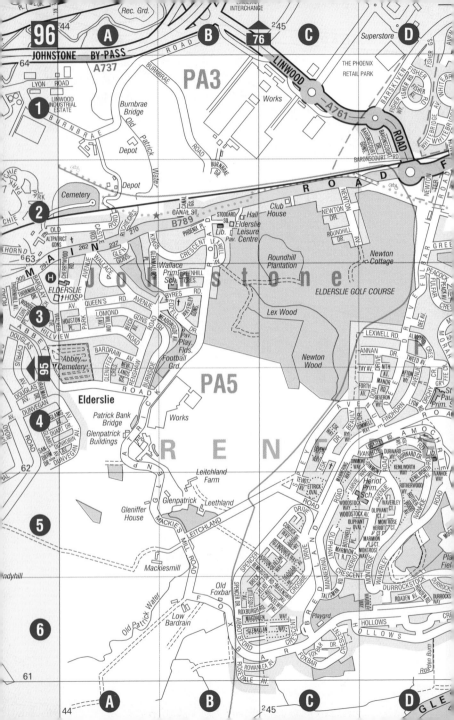

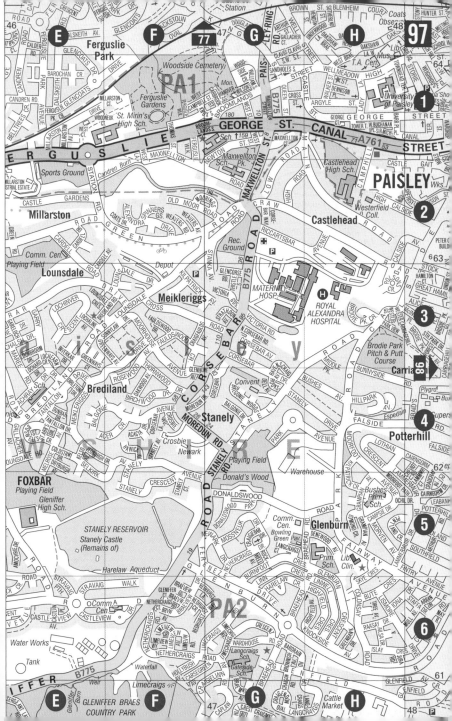

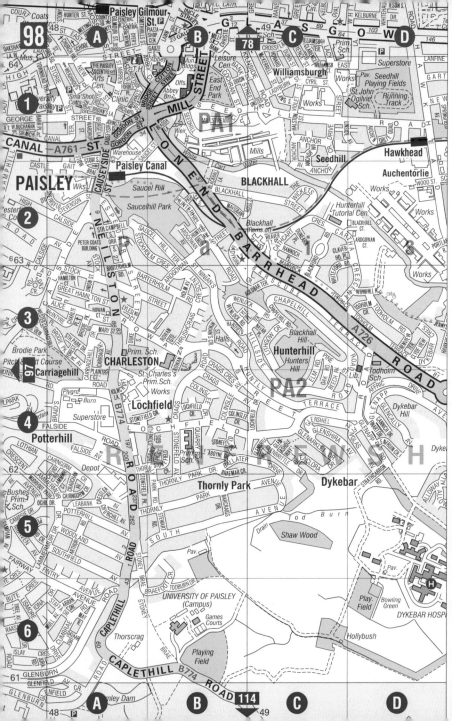

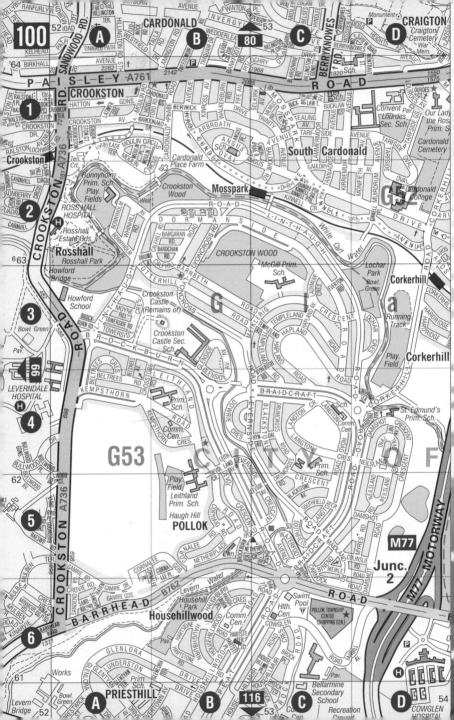

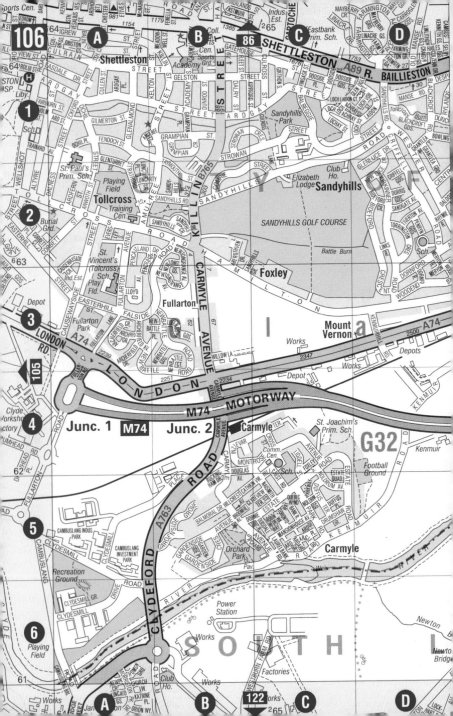

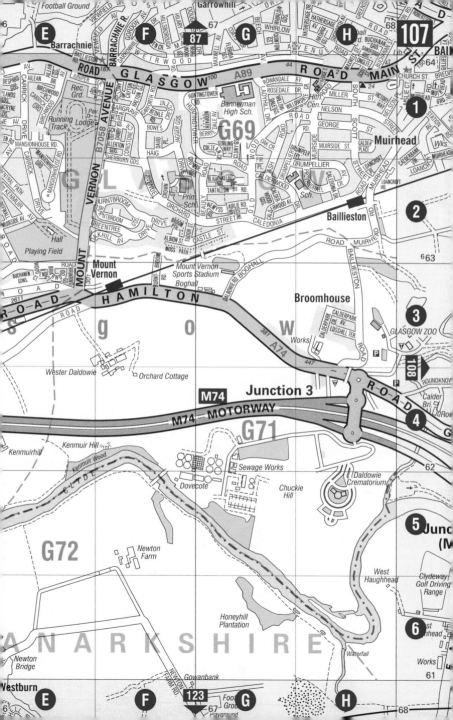

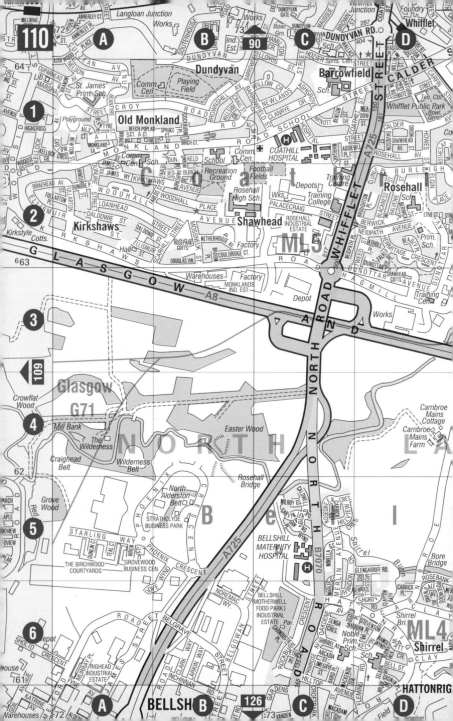

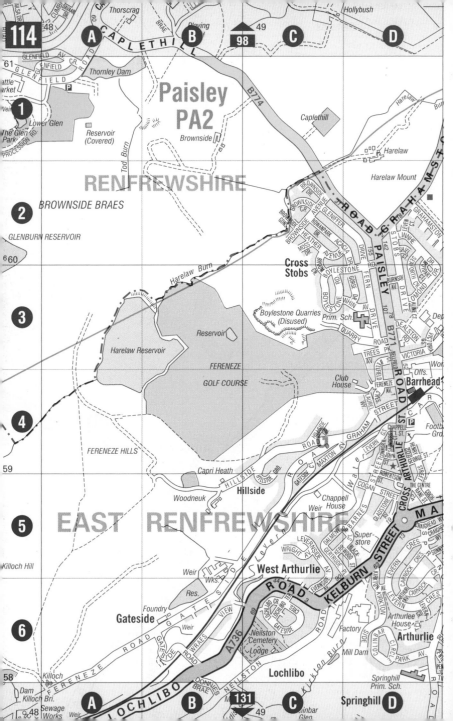

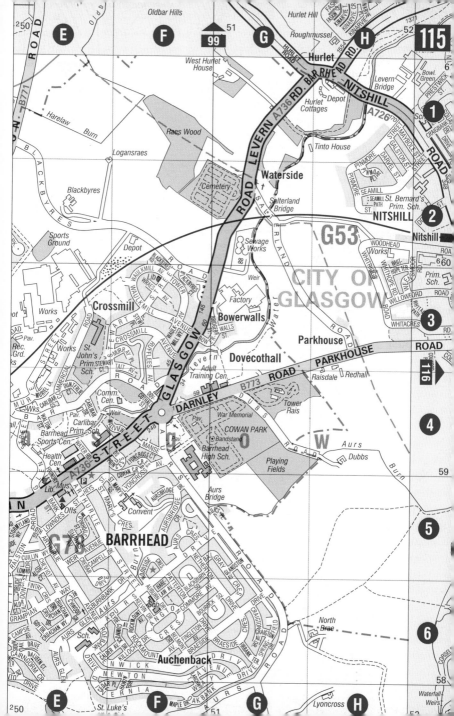

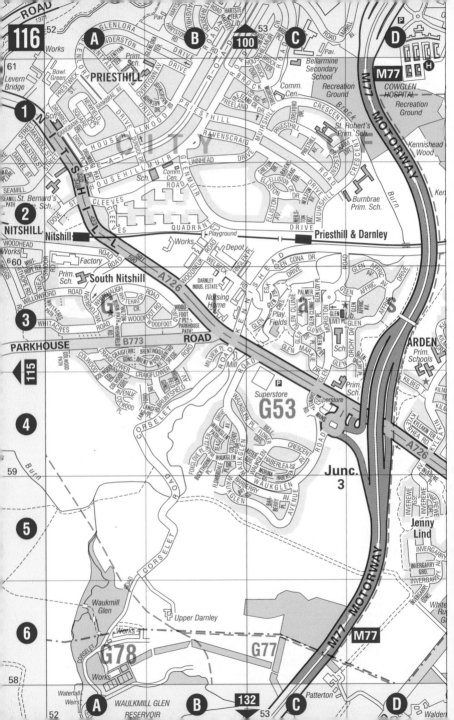

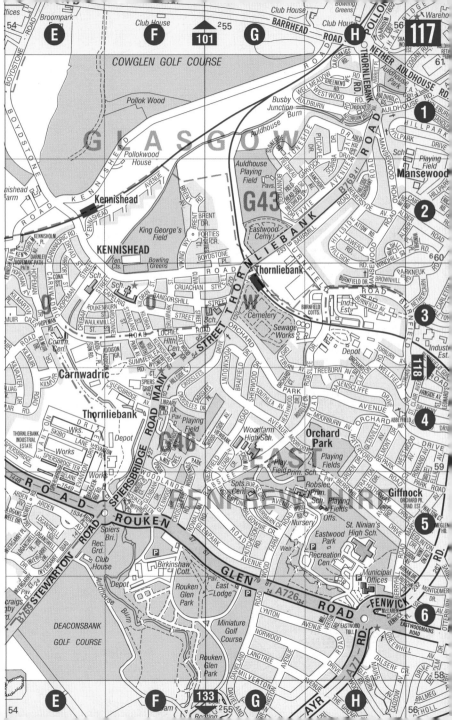

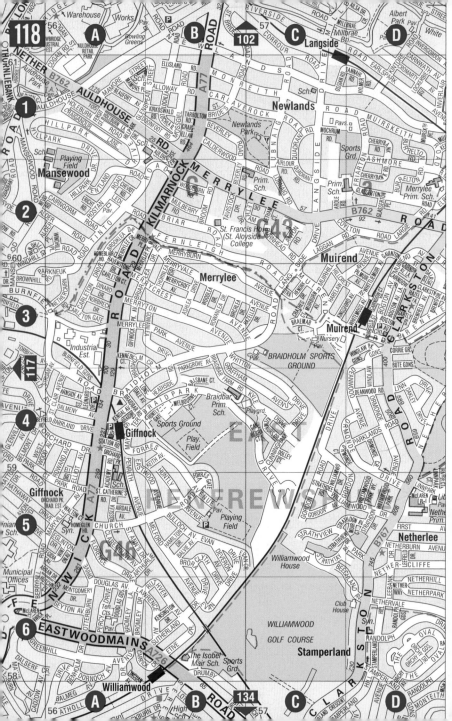

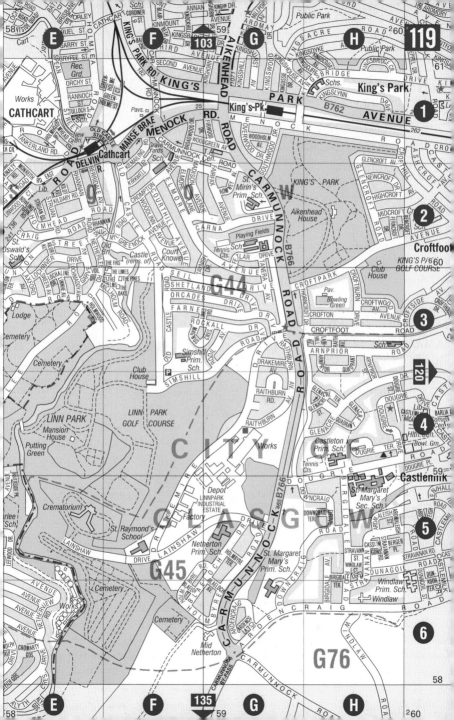

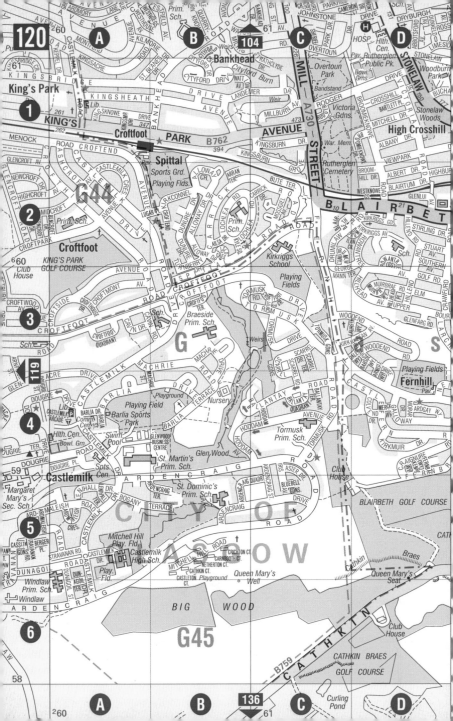

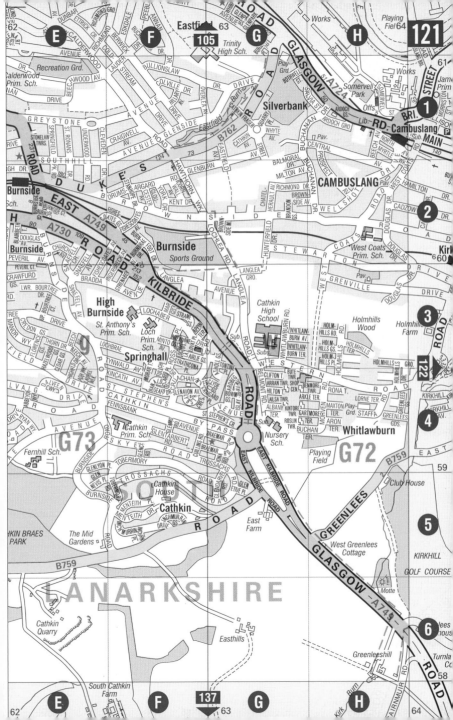

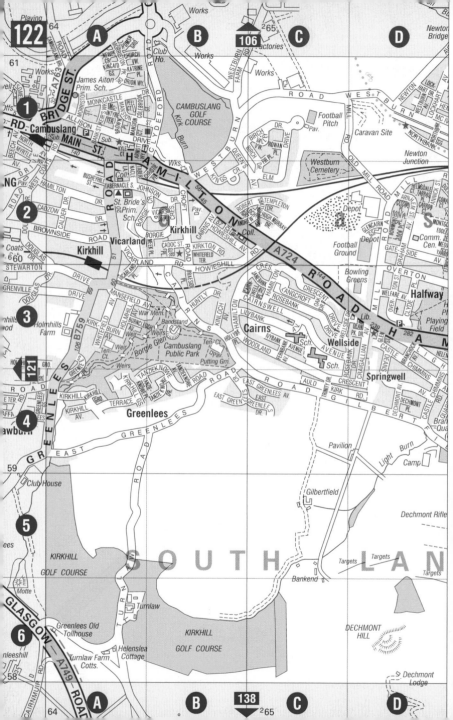

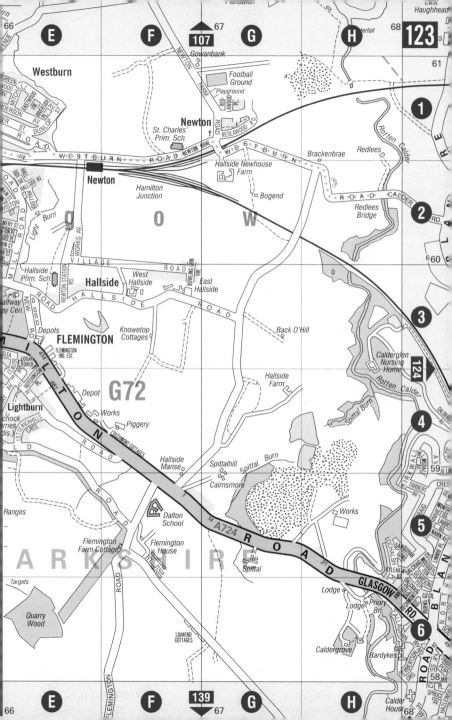

61

**1**

Burn

B7066

Mossband

Greens 79

CARLISLE A73 ROAD

Stane
Cottage

Legbrannock
Road

Legbrannock

**W** e **l** l

**2**

Burn

660

Tillan

**Biggar
Road**

Pickerstonhill

Depot

Biggar

Road

Works

Omoa

Biggarford
Bridge
Biggarford

**3**

Burn

Tillan

CHURCH ST.
HIGH
**Newarthill**
Gowkhall
Football
Ground

Running
Track
Rec. Grd.
Newarthill
Prim. Sch.
SPALEHALL

TILLANBURN ROAD

**ML1**

Townhead

Tillan

Ford

**4**

CROSSGATES AV.
Playgrd.
FRASER
Knownoble
ST.
QUEEN

Windyedge & Haresham
Rd.

59

CLELAND

STREET

ROAD

Knownoblehill

**5**

Knownoble

GREEN SQ.
MCNICOLL ST.
TRANENT
PL.

**N A R K S H I R E**

Tillan

Burn

**6**

Chapel
Knowe
Depot

B7029

Westerfield

Omoa
Cottage

ROAD OMOA

B7029 ROAD

Football
Ground

**Cleland**

Public
Park
Cleland
Prim. Sch.
Lib.

58

MAIN STREET

Whitecraighead

DRIVE

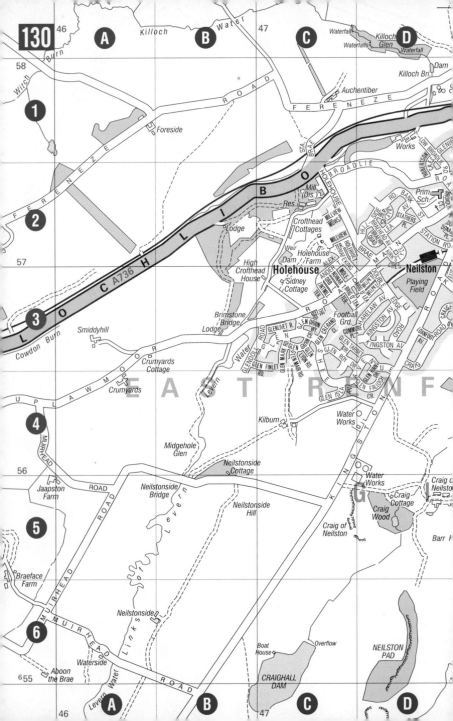

**130**

46  **A**  Killoch  **B**  Water  47  **C**  Waterfall  **D**
Killoch
Glen
Waterfalls  Waterfall
58  Killoch Bri
Witch Burn  Dam
**1**  ROAD  Auchentiber
Foreside  F  E  R  E  N  E  Z  E  Works
Low Broad
**2**  STA  BRAE  HOLEHOUSE  BROADLIE  Prim. Sch.
F  E  R  E  N  E  Z  E  Mill  Dis
Res.  STATHERS  STATION RD.
57  Lodge  Crofthead
Cottages
High  Weir  Holehouse  **Neilston**
Crofthead  Dam  Farm
House  **Holehouse**
A736  Sidney  Playing
Cottage  Field
Football
**3**  Brimstone  Grd.
Bridge  Water
Cowdon Burn  Lodge
Smiddyhill
Crumyards
Cottage  Levern  Kilburn  Water
Crumyards  Works
U P L A W M O O R  **G**  Craig
Neilsto
**4**  Midgehole  Kilburn  Water  Craig
Glen  Works  Cottage
MUIRHEAD  Neilstonside  Craig
Cottage  Wood
56  Neilstonside  Craig of
Jaapston  ROAD  Bridge  Neilston
Farm  Neilstonside
Hill
**5**  Levern  Barr
Braeface
Farm
MUIRHEAD  Links  Neilston  NEILSTON
**6**  PAD
Neilstonside  or  Boat  Overflow
Waterside  House
Aboon  Levern Water  ROAD  CRAIGHALL
655  the Brae  DAM
46  **A**  **B**  47  **C**  **D**

E  A  S  T  R  E  N  F

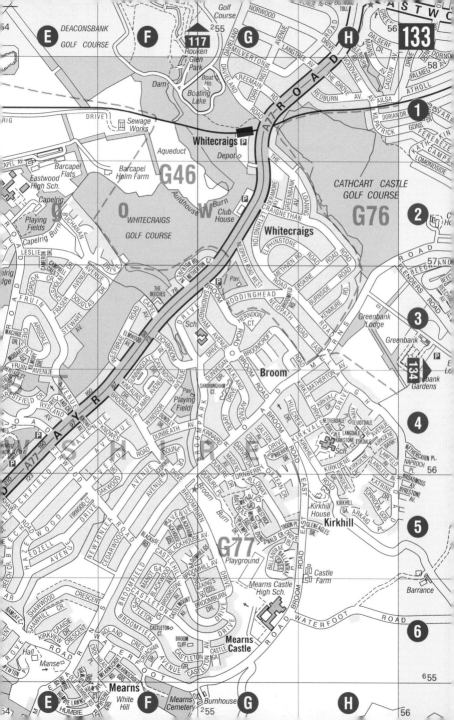

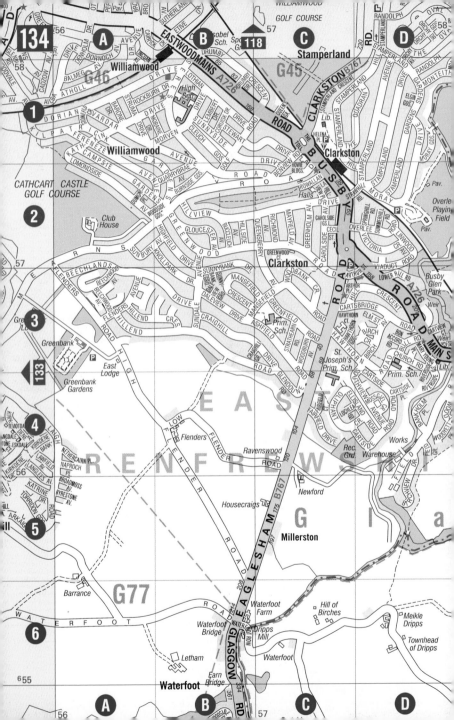

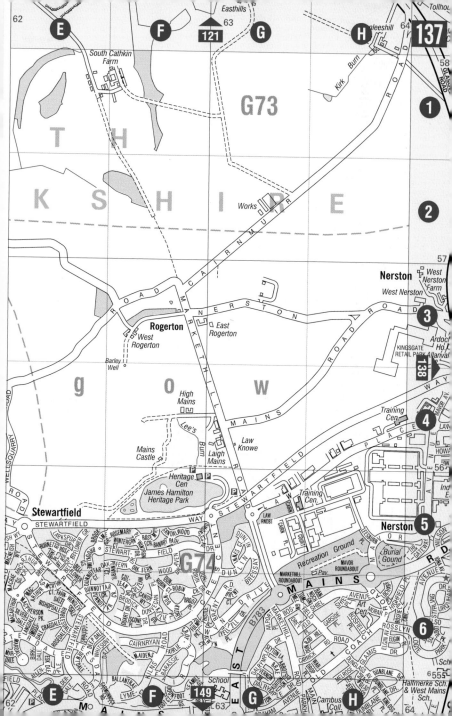

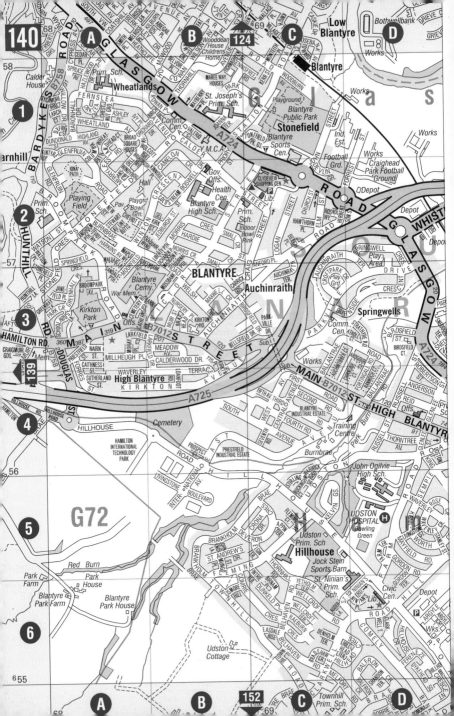

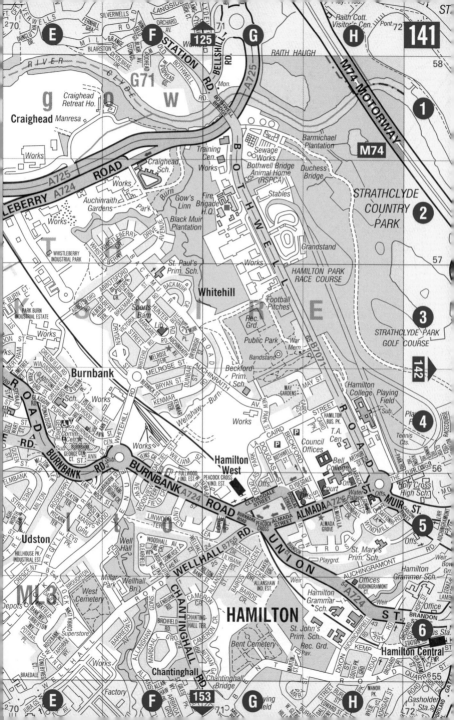

E
F **125**
G
H

RIVER CLYDE

G71

Craighead Retreat Ho.

**Craighead** Manresa

RAITH HAUGH

Raith Cott. Visitor's Cen.

M74 MOTORWAY

M74

Works

A725 ROAD A724

LEBERRY

Training Cen.

Works

Craighead Sch.

Auchinraith Gardens

Works

Black Muir Plantation

Whistleberry Industrial Park

Gow's Linn

Fire Brigade H.Q.

Sewage Works

Bothwell Bridge Animal Home (RSPCA)

Barmichael Plantation

Duchess Bridge

Stables

**STRATHCLYDE COUNTRY PARK**

Grandstand

1

2

57

St. Paul's Prim. Sch.

**Whitehill**

Works

Abbotsford

Sports Barn

Lib.

Rec. Grd.

Public Park

War Mem.

Bandstand

Beckford Prim. Sch.

**HAMILTON PARK RACE COURSE**

Football Pitches

**STRATHCLYDE PARK GOLF COURSE**

3

**142**

Melrose Tere

**Burnbank**

Bryan St.

Kenmar

Wellshaw

Burn

Works

May Gardens

New Park St.

Hamilton College Playing Field

Tennis Cts.

4

56

George Cen.

Comm. Cen.

Burnbank George Ct.

Works

Hamilton West

Fullwood Ind. Est.

Peacock Cross

Clydesdale Street

Council Offices

Hamilton Bus. Cen.

T.A. Cen.

Bell College

Court

Water Palace

Holy Cross High Sch.

MUIR

5

**BURNBANK ROAD** A724

**Udston**

Hillhouse Ind. Est.

West Cemetery

Well Hall

Woodhall Av.

Clearfield

Somerset

Lilybank

Bairds Crescent

Allanshaw Ind. Est.

**WELLHALL RD.**

**CHANTINGHALL RD.**

Peacock Cross

Almada Cross

**ALMADA** A724 **STREET**

Almada Grove

St. Mary's Prim. Sch.

Playgrd.

Hamilton Grammer Sch.

Offices Auchingramont Ct.

AUCHINGRAMONT

Weir

Hamilton Grammar Sch.

Hamilton Bowling Office

**ML3**

Depots

Millar Park

Wellhall Bri.

Birchfield Rd.

Chantinghall Ter.

Cameron Cres.

**HAMILTON**

Bent Cemetery

St. John's Prim. Sch.

Rec. Grd. Pav.

A724

ST.

BRANDON

Bus Sta.

STATION

**Hamilton Central**

QUARRY

6

55

**ML3**

West Cemetery

**Chantinghall**

Chantinghall Bridge

Factory

Works

Playing Field

Gasholder Sta.

E
F **153**
G
H

270
71
72

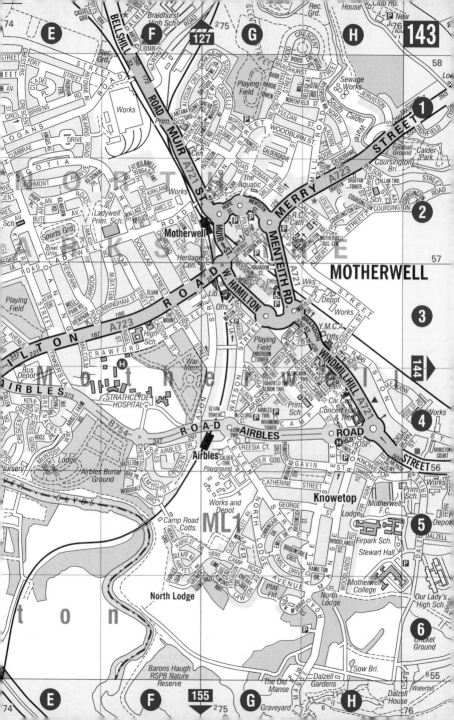

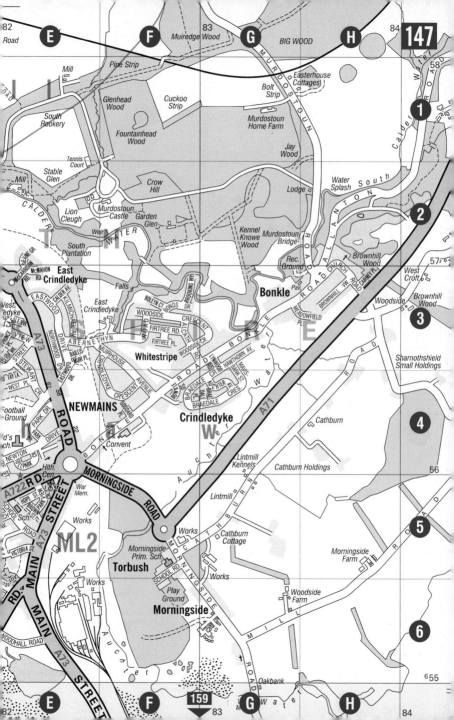

82    Road    **E**    **F**    83    Muiredge Wood    **G**    BIG WOOD    **H**    84

Pine Strip

Mill

Easterhouse Cottages)

58

**1**

Glenhead Wood

Cuckoo Strip

Bolt Strip

South Rookery

Fountainhead Wood

Murdostoun Home Farm

Jay Wood

Water Splash

**2**

Tennis Court

Stable Glen

Mill

Crow Hill

Lodge

South Allanton

57

Lion Cleugh

Murdostoun Castle

Garden Glen

Kennel Knowe Wood

Murdostoun Bridge

Rec. Ground

Brownhill Wood

West Croft

Weir

South Plantation

Pav.

Brownhill Wood

Woodside

**3**

East Crindledyke

Falls

East Crindledyke

Bonkle

Meadowfield

McMAHON RD.

Whitestripe

Woodside

Firtree Rd.

Firtree Pl.

Crescent

Sharnothshield Small Holdings

**4**

NEWMAINS

Crindledyke

Cathburn

Football Ground

Convent

Lintmill Kennels

Cathburn Holdings

56

**5**

A722 RD.

War Mem.

Morningside Road

Works

Cathburn Cottage

Morningside Farm

ML2

Works

Morningside Prim. Sch.

Torbush

School Rd.

Play Ground

Works

Woodside Farm

**6**

Morningside

Oakbank

655

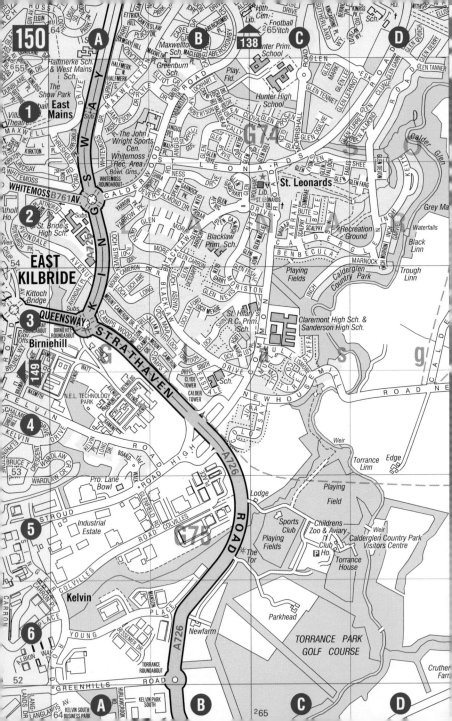

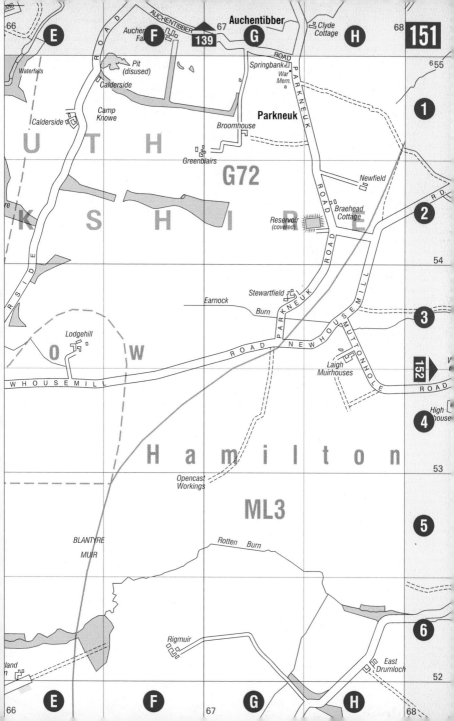

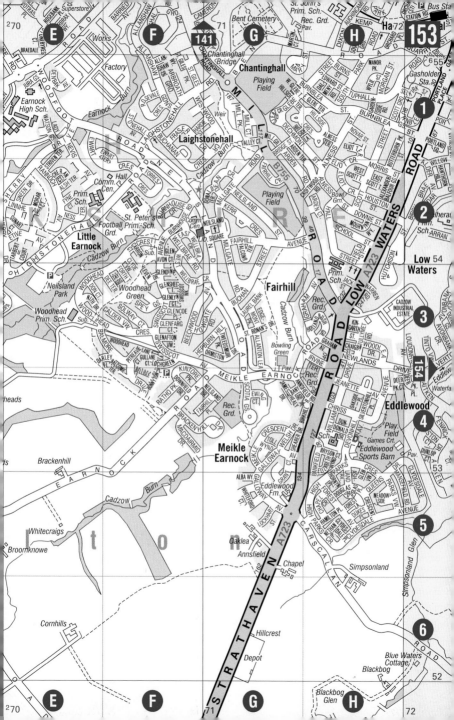

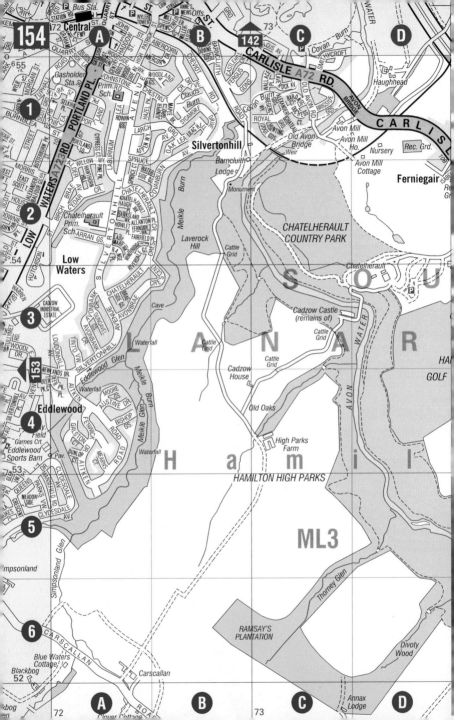

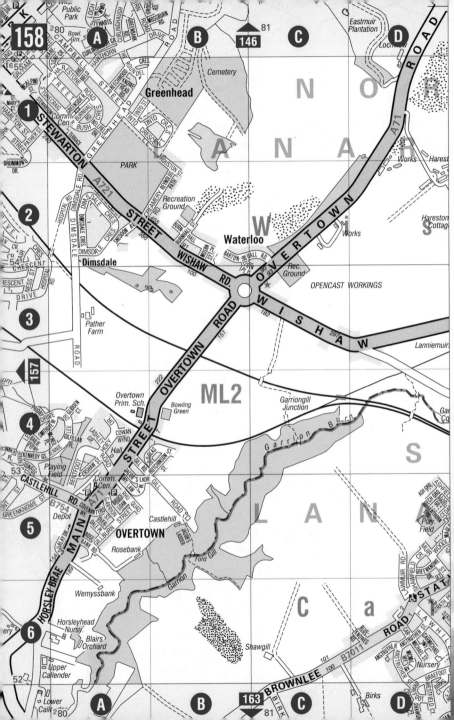

74
52

**1**

**2**
South Quarter

51

SUNNYSIDE

**3**
Thinacre Mill
Thinacre Glen

Powforth Burn

**4**
Thinacres
Plotcock Glen
Plotcock Castle
(Remains of)
Plotcock Bridge
650

**5**
East
Thinacremuir

**6**
Newhouse Farm
Cotts.
Newhouse

49
CRAIGTHORNHILL

74

ROAD SUNNYSIDE
Sunnyside
Little
Sunnyside

Fairholm
Orchard

Falls
Weir

Powforth Glen

Broomelton

BROOMELTON ROAD

Hamilton

Mafflat
Mafflat
Orchard
Corslet

ML3

PLOTCOCK

ROAD

BROOMELTON

ROAD

PLOTCOCK

275

Lodge
Fairholm
Bridge

AVON WATER

Merryton Braes

Sewage
Works
Playground

Fairholm

War
Mem

275

Rec.
Ground
Pav.

Raploch

S

Glengowan

MACNEILL

LANAR

Millheugh

Falls
Weir

Millheugh
Bridge

Morgan
Glen

Larkhall
Viaduct

Patrickholm

AVON

MILLHEUGH ROAD

MILLHEUGH

ROAD

Abattoir

LARKHALL

Larkhall Academy

Tennis
Courts

Cherry Hill
Robert Smillie
Mem. Prim. Sc

Waterfall

Waterfall

WATE

GLEN

Brae House
Nursing Home

Kittymuirhill

Low
Kittymuir
275

HAMILTON RD.

D
155

B

C

A

B

C

D

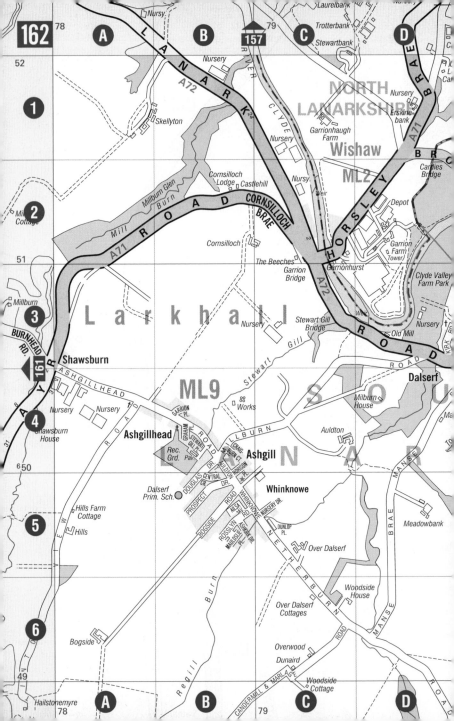

E   F   G   H

Blairs
Orchard
Shawgill
158
ROAD
Nursery
Primo
Sch.

Jollyfield

B7011
STRAVENHOUSE
ROAD

Law of Mauldslie

Comm.
Cen.

1

West Brownlee

2

Brownlee
House
Binniesbrig

Stravenhouse
Farm

RIVER

CLYDE
Bowmanhirst
Castlehill

Nursery

Carluke

51

Gill

Rams

3

Dalserf
House

Mauldslie
Mains

QUARRY

Mauldslie
Cottage

164

Mauldslie
Stables

ML8

East
Lodge

Works

ROAD

4

Mauldslie
Bridge

Mauldslie
House

JOCK'S GILL WOOD

50

Mauldslie
View

Hotel
Haugh
Hill

Jock's Burn

Nursery
Nurseries

Gillbank

5

Rosebank
Annsfield

A72

Nursery

Dalpatrick

Milton-Lockhart
Farm

Nursery

6

Hazelwood
Cottage

RIVER

CLYDE

Sandilandgate

49

Overton
Wood

Gill

Milton
Lockhart
Bri.

Townhead

E   F   G   H

80   81   82

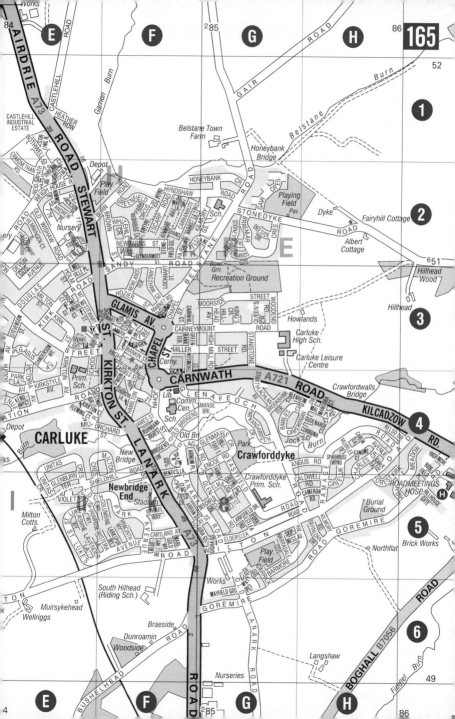

# INDEX TO STREETS

## HOW TO USE THIS INDEX

1. Each street name is followed by its Postal District (or, if outside the Glasgow Postal District, by its Posttown or Postal Locality), and then by its map reference; e.g. Abbeycraig Rd. *G34* —2B **88** is in the Glasgow 34 Postal District and is to be found in square 2B on page **88**. The page number being shown in bold type.
   A strict alphabetical order is followed in which Av., Rd., St., etc. (though abbreviated) are read in full and as part of the street name; e.g. Abbey Dri. appears after Abbeydale Way but before Abbeyfield Ho.

2. Streets and a selection of Subsidiary names not shown on the Maps, appear in the index in *Italics* with the thoroughfare to which it is connected shown in brackets; e.g. *Abbey Wlk. Bail* —6D **88** *(off Abercrombie Cres.)*

3. Railway stations appear in the index in CAPITALS and are referenced to the actual building and not to the station name; e.g. AIRBLES STATION. *Moth* —4G **143.**

4. The page references shown in brackets indicate those streets that appear on the large scale map pages 4 & 5; e.g. Albion Ga. *G1* —4H **83** (6G **5**) appears in square 4H on page **83** and also appears in the enlarged section in square 6G on page **5**.

5. With the now general usage of Postcodes for addressing mail, it is not recommended that this index is used for such a purpose.

## GENERAL ABBREVIATIONS

| | | | |
|---|---|---|---|
| All : Alley | Cir : Circus | Ho : House | Pas : Passage |
| App : Approach | Clo : Close | Ind : Industrial | Pl : Place |
| Arc : Arcade | Comn : Common | Junct : Junction | Quad : Quadrant |
| Av : Avenue | Cotts : Cottages | La : Lane | Rd : Road |
| Bk : Back | Ct : Court | Lit : Little | S : South |
| Boulevd : Boulevard | Cres : Crescent | Lwr : Lower | Sq : Square |
| Bri : Bridge | Dri : Drive | Mnr : Manor | Sta : Station |
| B'way : Broadway | E : East | Mans : Mansions | St : Street |
| Bldgs : Buildings | Embkmt : Embankment | Mkt : Market | Ter : Terrace |
| Bus : Business | Est : Estate | M : Mews | Trad : Trading |
| Cvn : Caravan | Gdns : Gardens | Mt : Mount | Up : Upper |
| Cen : Centre | Ga : Gate | N : North | Vs : Villas |
| Chu : Church | Gt : Great | Pal : Palace | Wlk : Walk |
| Chyd : Churchyard | Grn : Green | Pde : Parade | W : West |
| Circ : Circle | Gro : Grove | Pk : Park | Yd : Yard |

## POSTTOWN AND POSTAL LOCALITY ABBREVIATIONS

| | | | |
|---|---|---|---|
| *Abb* : Abbotsinch | *Carf* : Carfin | *Hag* : Haggs | *Newm* : Newmains |
| *Air* : Airdrie | *Carl* : Carluke | *Ham* : Hamilton | *Newt M* : Newton Mearns |
| *Alla* : Allandale | *Carm* : Carmyle | *Hard* : Hardgate | *Old K* : Old Kilpatrick |
| *Anna* : Annathill | *Cast* : Castlehead | *Holy* : Holytown | *Over* : Overtown |
| *Ashg* : Ashgill | *Chap* : Chapelhall | *Hous* : Houston | *Pais* : Paisley |
| *B'rig* : Bishopbriggs | *Chry* : Chryston | *Inch* : Inchinnan | *Plain* : Plains |
| *B'ton* : Bishopton | *Clar* : Clarkston | *John* : Johnstone | *Quar H* : Quarrier's Homes |
| *Bail* : Baillieston | *Cle* : Cleland | *Kilb* : Kilbarchan | *Queen* : Queenzieburn |
| *Balm* : Balmore | *Clyd* : Clydebank | *Kils* : Kilsyth | *Renf* : Renfrew |
| *Bank* : Banknock | *Clyd B* : Clydebank Bus. Pk. | *Kirk* : Kirkintilloch | *Rig I* : Righead Ind. Est. |
| *Bant* : Banton | *Coat* : Coatbridge | *Lark* : Larkhall | *Rigg* : Riggend |
| *Bard* : Bardowie | *Crmck* : Carmunnock | *Law* : Law | *Ruth* : Rutherglen |
| *Barg* : Bargeddie | *Croy* : Croy | *Len* : Lennoxtown | *St R* : St Rollox Bus. |
| *Barr* : Barrhead | *Cumb* : Cumbernauld | *Lenz* : Lenzie | & Retail Pk. |
| *Bear* : Bearsden | *Dalm* : Dalmuir | *Lin* : Linwood | *Shaw* : Shawsburn |
| *Bell* : Bellshill | *Dals* : Dalserf | *Lin I* : Linwood Ind. Est. | *Spri* : Springboig |
| *Bell I* : Bellshill Ind. Est. | *Dix B* : Dixon Blazes Ind. Est. | *Longc* : Longcroft | *Step* : Stepps |
| *Blan* : Blantyre | *Drum* : Drumchapel | *Mill P* : Milliken Park | *Stra B* : Strathclyde Bus. Pk. |
| *Bog* : Bogside | *Dull* : Dullatur | *Mille* : Millerston | *Stru I* : Strutherhill Ind. Est. |
| *Both* : Bothwell | *Dumb* : Dumbarton | *Miln* : Milngavie | *T'bnk* : Thornliebank |
| *Bowl* : Bowling | *Dun* : Duntocher | *Milt* : Milton | *T'hall* : Thorntonhall |
| *Brdwd* : Braidwood | *Eag* : Eaglesham | *Milt C* : Milton of Campsie | *Torr* : Torrance |
| *Bri W* : Bridge of Weir | *E Kil* : East Kilbride | *Mood* : Moodiesburn | *Twe* : Twechar |
| *Brkfld* : Brookfield | *Eld* : Elderslie | *Morn* : Morningside | *Udd* : Uddingston |
| *Broad I* : Broadmeadow | *Ersk* : Erskine | *Moth* : Motherwell | *Ward E* : Wardpark East |
| Ind. Est. | *G'csh* : Gartcosh | *Mt V* : Mount Vernon | *Ward N* : Wardpark North |
| *C'bnk* : Calderbank | *Giff* : Giffnock | *Muir* : Muirend | *Ward S* : Wardpark South |
| *C'crx* : Caldercruix | *Glas A* : Glasgow Airport | *Muirh* : Muirhead | *Waterl* : Waterloo |
| *C'cry* : Castlecary | *Glenb* : Glenboig | *N'hill* : Newarthill | *Waters* : Waterside |
| *C'lee* : Crosslee | *Glenm* : Glenmavis | *N'hse* : Newhouse | *White* : Whiteinch |
| *Cam G* : Campsie Glen | *H'hse I* : Hillhouse Ind. Est. | *Neil* : Neilston | *Wis* : Wishaw |
| *Camb* : Cambuslang | *H'ton I* : Hillington Ind. Est. | *New S* : New Stevenston | |

## INDEX TO STREETS

| | | | |
|---|---|---|---|
| **A**bbey Clo. *Pais* —1A **98** | Abbeygreen St. *G34* —2C **88** | *Abbey Wlk. Bail* —6D **88** | Abbotsford. *B'rig* —5E **49** |
| Abbeycraig Rd. *G34* —2B **88** | Abbeyhill St. *G32* —4G **85** | *(off Abercrombie Cres.)* | Abbotsford Av. *Ham* —3F **141** |
| Abbeydale Way. *Ruth* —4E **121** | Abbeylands Rd. *Clyd* —6E **23** | *Abbey Wlk. Lark* —1F **161** | Abbotsford Av. *Lark* —4E **161** |
| Abbey Dri. *G14* —5E **61** | Abbey Pl. *Air* —1C **112** | *(off Duncan Graham St.)* | Abbotsford Av. *Ruth* —6D **104** |
| Abbeyfield Ho. *Giff* —4H **117** | Abbey Rd. *Eld* —3H **95** | Abbotsburn Way. *Pais* —3H **77** | Abbotsford Brae. *E Kil* —6G **137** |

Abbotsford Ct. *Cumb* —6H **35**
Abbotsford Cres. *Ham*
　　　　　—3F **141**
Abbotsford Cres. *Pais* —6B **96**
Abbotsford Cres. *Wis* —5A **146**
Abbotsford Dri. *Kirk* —5E **31**
Abbotsford La. *Bell* —1B **126**
Abbotsford Pl. *G5* —1F **103**
(in two parts)
Abbotsford Pl. *Cumb* —6H **35**
*Abbotsford Pl. Moth* —2A **128**
(off Ivy Ter.)
Abbotsford Rd. *Bear* —1C **44**
Abbotsford Rd. *Chap* —4E **113**
Abbotsford Rd. *Clyd* —6D **42**
Abbotsford Rd. *Cumb* —6H **35**
Abbotsford Rd. *Ham* —3E **141**
Abbotsford Rd. *Wis* —5A **146**
Abbotshall Av. *G15* —4G **43**
Abbotsinch Rd. *Pais & Renf*
　　　　　—2A **78**
Abbotsinch Rd. *Renf* —6A **58**
Abbots Ter. *Air* —1C **112**
Abbot St. *G41* —4C **102**
Abbot St. *Pais* —5B **78**
Abbott Cres. *Clyd* —1F **59**
Aberconway St. *Clyd* —1E **59**
Abercorn Av. *G52* —3G **79**
Abercorn Cres. *Ham* —1B **154**
Abercorn Dri. *Ham* —6B **142**
Abercorn Pl. *Kils* —2F **11**
Abercorn St. *Pais*
　　　　　—5B **78**
Abercorn Pl. *G23* —6C **46**
Abercorn Rd. *Newt M* —3G **132**
Abercorn St. *Clyd* —6G **23**
Abercorn St. *Pais* —6A **78**
Abercrombie Cres. *Bail* —6D **88**
Abercrombie Dri. *Bear* —5B **24**
Abercrombie Pl. *Kils* —2F **11**
Abercromby Cres. *E Kil*
　　　　　—6B **138**
Abercromby Dri. *G40* —5B **84**
Abercromby Pl. *E Kil* —6B **138**
*Abercromby Sq. G40* —5B *84*
(off Millroad Dri.)
Abercromby St. *G40* —6A **84**
*Aberdalgie Path. G34* —3H *87*
(off Aberdalgie Rd.)
Aberdalgie Rd. *G34* —3H **87**
Aberdeen Rd. *Chap* —1D **112**
Aberdour St. *G31* —4E **85**
Aberfeldy Av. *Plain* —1F **93**
Aberfeldy St. *G31* —4E **85**
Aberfoyle St. *G31* —4E **85**
Aberlady Rd. *G51* —4E **81**
Aberlady St. *Cle* —6H **129**
Abernethy Dri. *Lin* —6G **75**
Abernethyn Rd. *Newm*
　　　　　—3E **147**
Abernethy Pk. *E Kil* —1F **149**
Abernethy St. *G31* —5E **85**
Aberuthven Dri. *G32* —2B **106**
Abiegail Pl. *Blan* —6B **124**
Aboukir St. *G51* —3E **81**
Aboyne Dri. *Pais* —4B **98**
Aboyne St. *G51* —5F **81**
Acacia Dri. *Barr* —2C **114**
Acacia Dri. *Pais* —4F **97**
Acacia Pl. *John* —5G **95**
Academy Ct. *Coat* —4C **90**
Academy Pk. *G51* —1A **102**
Academy Pk. *Air* —4A **92**
Academy Rd. *Giff* —5A **118**
Academy St. *G32* —1B **106**
(in three parts)
Academy St. *Air* —4A **92**
Academy St. *Coat* —4C **90**
Academy St. *Lark* —2E **161**
Academy Ter. *Bell* —2D **126**
Acer Cres. *Pais* —4E **97**
Achamore Rd. *G15* —3G **43**

Achnasheen Rd. *Air* —5G **93**
Achray Dri. *Pais* —4E **97**
Achray Pl. *Coat* —2H **89**
Achray Pl. *Miln* —2D **24**
Achray Rd. *Cumb* —6D **34**
Acorn Ct. *G40* —1B **104**
Acorn St. *G40* —1B **104**
Acredyke Cres. *G21* —2E **65**
Acredyke Pl. *G21* —3E **65**
Acredyke Rd. *G21* —2D **64**
Acredyke Rd. *Ruth* —5B **104**
Acre Rd. *G20* —6H **45**
Acre Rd. *G20* —6H **45**
Acres, The. *Lark* —3F **161**
Acre Valley Rd. *Torr* —3D **28**
Adam Av. *Air* —4B **92**
Adams Ct. La. *G1*
　　　　　—5F **83** (6D **4**)
Adams Dri. *G32* —3B **106**
Adamslie Cres. *Kirk* —5A **30**
Adamslie Dri. *Kirk* —5A **30**
Adamson St. *Bell* —2F **127**
Adams Pl. *G21* —6A **64**
Adamswell St. *G21* —6A **64**
Adamswell Ter. *Chry* —5E **53**
Addie St. *Moth* —1H **143**
Addiewell Pl. *Coat* —1C **110**
Addison Gro. *T'bnk* —3F **117**
Addison Pl. *T'bnk* —3F **117**
Addison Rd. *G12* —5B **62**
Addison Rd. *T'bnk* —3E **117**
Adelaide Ct. *Clyd* —2H **41**
Adelaide Rd. *E Kil* —4D **148**
Adele St. *Moth* —5H **143**
Adelphi St. *G5* —6G **83**
(in two parts)
Admiral St. *G41* —6C **82**
Admiralty Gdns. *Old K* —2F **41**
Admiralty Gro. *Old K* —2F **41**
Admiralty Pl. *Old K* —2F **41**
Advie Pl. *G42* —5F **103**
Affric Av. *Plain* —1G **93**
Affric Dri. *Pais* —4D **98**
Afton Cres. *Bear* —4H **45**
Afton Dri. *Renf* —6G **59**
Afton Gdns. *Blan* —3H **139**
Afton Gdns. *Coat* —6F **91**
Afton Rd. *Cumb* —2B **36**
Afton St. *G41* —5C **102**
Afton St. *Lark* —3G **161**
Afton View. *Kirk* —4F **31**
Afton Way. *Pais* —4D **96**
Agamemnon St. *Clyd* —5B **42**
*Agate Ter. Bell* —3C *126*
(off Diamond St.)
Agnew Av. *Coat & Air* —4E **91**
Agnew Gro. *Bell* —2H **125**
Agnew La. *G42* —4E **103**
Aikenhead Rd. *G42* —2F **103**
Aikenhead Rd. *G44* —1G **119**
Aikman Pl. *E Kil* —5B **138**
Aikman Rd. *Moth* —4D **142**
*Ailart Loan. Newm* —3D *146*
(off Tiree Gdns.)
Ailean Dri. *G32* —1E **107**
Ailean Gdns. *G32* —1E **107**
Ailort Av. *G44* —2E **119**
Ailort Pl. *E Kil* —6G **137**
Ailsa Av. *Ashg* —5B **162**
Ailsa Av. *Moth* —2D **142**
Ailsa Ct. *Coat* —1A **110**
Ailsa Ct. *Ham* —2B **152**
Ailsa Cres. *Moth* —2D **142**
Ailsa Dri. *G42* —6D **102**
Ailsa Dri. *Clyd* —1E **43**
Ailsa Dri. *Giff* —1H **133**
Ailsa Dri. *Kirk* —3F **31**
Ailsa Dri. *Pais* —6H **97**
Ailsa Dri. *Ruth* —2B **120**
Ailsa Dri. *Udd* —3E **125**
Ailsa Pl. *Coat* —1B **110**
Ailsa Rd. *B'rig* —5D **48**

Ailsa Rd. *Coat* —1A **110**
Ailsa Rd. *Renf* —1E **79**
Ailsa Tower. *Camb* —4G **121**
Ainslie Rd. *Cumb* —2C **36**
Ainslie Rd. *H'ton I* —4A **80**
(in two parts)
Airbles Cres. *Moth* —4F **143**
Airbles Dri. *Moth* —4F **143**
Airbles Farm Rd. *Moth*
　　　　　—4E **143**
Airbles Rd. *Moth* —4E **143**
AIRBLES STATION.
　　　　　—4G **143**
Airbles St. *Moth* —4G **143**
Airbles Tower. *Moth* —4G **143**
Airdale Av. *Giff* —5A **118**
Airdriehill Rd. *Air* —1C **92**
Airdriehill St. *Air* —1C **92**
Airdrie Rd. *C'crx* —2F **93**
Airdrie Rd. *Carl* —6H **159**
Airdrie Rd. *Cumb* —3H **53**
(Mollinsburn)
Airdrie Rd. *Cumb* —6C **34**
(in two parts)
Airdrie Rd. *Kils* —2H **11**
AIRDRIE STATION. *Air* —4A **92**
*Aird's La. G1* —5G *83*
(off Bridgegate)
Airgold Dri. *G15* —3H **43**
Airgold Pl. *G15* —4H **43**
Airlie Av. *Bear* —6E **25**
Airlie Dri. *Bail* —1C **126**
Airlie Gdns. *Ruth* —3F **121**
Airlie La. *G12* —6H **61**
Airlie Rd. *Bail* —2G **107**
Airlie St. *G12* —6G **61**
Airlink Ind. Est. *Pais* —3A **78**
Airlour Rd. *G43* —2C **118**
Airth Ct. *Moth* —6F **127**
Airth Dri. *G52* —2F **101**
Airth La. *G52* —2F **101**
*Airth Pl. G52* —2F *101*
(off Airth La.)
Airthrey Av. *G14* —5E **61**
(off Mitre Rd.)
Airthrey La. *G14* —5E **61**
(off Airthrey Av.)
Airth Way. *Cumb* —5A **34**
Aitchison Ct. *Air* —3H **91**
Aitchison St. *Air* —4G **91**
Aitkenbar Circ. *Dumb* —2H **17**
Aitkenbar Dri. *Dumb* —1H **17**
Aitkenhead Av. *Coat* —1F **109**
Aitkenhead Rd. *Chap* —3D **112**
Aitkenhead Rd. *Udd* —5E **109**
Aitken Rd. *Ham* —4A **154**
Aitken St. *G31* —4D **84**
Aitken St. *Air* —2A **92**
Alasdair Ct. *Barr* —5E **115**
Albans Cres. *Moth* —1D **142**
Albany. *E Kil* —5C **138**
Albany Av. *G32* —5C **86**
Albany Dri. *Ruth* —1D **120**
Albany Pl. *Both* —5F **125**
Albany Quad. *G32* —5C **86**
Albany Rd. *Ham* —4G **153**
Albany St. *G40* —1C **104**
Albany St. *Coat* —4A **90**
Albany Ter. *Camb* —4G **121**
Albany Way. *Pais* —3A **78**
*Albany Wynd. Lark* —1F *161*
(off Carrick Pl.)
Alba Way. *Ham* —5G **153**
*Alba Way. Lark* —4G *161*
(off Donaldson Rd.)
Alberta Av. *Coat* —3B **90**
Alberta Av. *E Kil* —3D **148**
Alberta Cres. *E Kil* —3E **149**
Alberta Pk. *E Kil* —3F **149**
Alberta Pl. *E Kil* —3F **149**
Albert Av. *G42* —4D **102**

Albert Bri. *G5* —6G **83**
Albert Cres. *Air* —4B **92**
Albert Cross. *G41* —2D **102**
Albert Dri. *G41* —3A **102**
Albert Dri. *Bear* —4H **45**
Albert Dri. *Lark* —3F **161**
Albert Dri. *Ruth* —2D **120**
Albert Pl. *Air* —3B **92**
Albert Quad. *Moth* —2A **128**
Albert Rd. *G12* —6H **61**
Albert Rd. *G42* —4E **103**
Albert Rd. *Brkfld* —6C **74**
Albert Rd. *Clyd* —4B **42**
Albert Rd. *Lenz* —4C **50**
Albert Rd. *Renf* —6E **59**
Albert St. *Coat* —4C **90**
(in two parts)
Albert St. *Ham* —3F **141**
Albert St. *Moth* —2H **143**
Albert Ter. *Ham* —3E **141**
*Albion Ct. Coat* —5E *91*
(off Clifton Pl.)
Albion Ga. *G1* —4H **83** (6G **5**)
Albion Ga. *Pais* —5H **77**
Albion St. *G1* —5H **83** (6G **5**)
Albion St. *Bail* —2F **107**
Albion St. *Coat* —4D **90**
Albion St. *Moth* —4G **143**
Albion St. *Pais* —5A **78**
Albion Tower. *Moth* —4G **143**
Albion Way. *E Kil* —6H **149**
Albion Works Ind. Est. *G13*
　　　　　—2G **59**
Alcaig Rd. *G52* —3E **101**
Alcath Rd. *Newm* —3F **147**
Alclutha Av. *Dumb* —4H **17**
Alder Av. *Ham* —2A **154**
Alder Av. *Kirk* —2B **50**
Alder Bank. *Coat* —4G **109**
Alder Ct. *Barr* —6E **115**
Alder Ct. *E Kil* —6E **149**
Alder Cres. *E Kil* —6E **149**
Alder Gro. *Coat* —5D **90**
Alder La. *Holy* —2C **128**
Alder La. *New S* —4A **128**
Alderman Pl. *G13* —3C **60**
Alderman Rd. *G13* —2H **59**
Alder Pl. *G43* —2A **118**
Alder Pl. *E Kil* —6E **149**
Alder Pl. *John* —4G **95**
Alder Rd. *G43* —2H **117**
Alder Rd. *Broad I* —3E **17**
Alder Rd. *Clyd* —2B **42**
Alder Rd. *Cumb* —3D **36**
Alder Rd. *Milt C* —6B **8**
Alderside Gdns. *Udd* —6C **108**
Alderstocks. *E Kil* —6G **149**
Alderston Pl. *Bell* —3A **126**
Alderston Way. *Ham* —1A **126**
Aldersyde Av. *Wis* —5D **144**
Aldersyde Pl. *Blan* —6A **124**
Alexander Av. *Kils* —2C **32**
Alexander Av. *Udd* —1G **125**
Alexander Balfour Gdns. *Ham*
　　　　　—2H **153**
Alexander Gdns. *Ham*
　　　　　—1C **154**
Alexander Pl. *Kirk* —6H **31**
Alexander St. *Air* —4G **91**
Alexander St. *Clyd* —6D **42**
Alexander St. *Coat* —3D **90**
Alexander St. *Dumb* —3G **17**
Alexander St. *Wis* —6F **145**
Alexander Ter. *Neil* —3C **130**
Alexandra Av. *Lenz* —3C **50**
Alexandra Av. *Step* —3D **66**
Alexandra Ct. *G31* —3D **84**
Alexandra Dri. *Pais* —2F **97**
Alexandra Dri. *Renf* —6F **59**
Alexandra Gdns. *Kirk* —3C **50**
Alexandra Pde. *G31* —3A **84**

ALEXANDRA PDE. STATION.
G31 —3D **84**
Alexandra Pk. *Kirk* —3C **50**
Alexandra Pk. St. *G31* —3D **84**
Alexandra Rd. *Lenz* —2C **50**
Alexandra St. *Kirk* —5C **30**
Alford Av. *Kirk* —5B **30**
Alford Pl. *Lin* —5E **75**
Alford Quad. *Wis* —4H **145**
Alford St. *G21* —6H **63**
*Alfred La. G12* —6C *62*
(off Cecil St.)
Alfred Ter. *G12* —6C **62**
Algie St. *G41* —5D **102**
Algoma Pl. *E Kil* —3D **148**
Alice Av. *Bell* —3C **126**
Alice St. *Pais* —3A **98**
Aline Ct. *Barr* —3D **114**
Alison Lea. *E Kil* —6B **138**
Allan Av. *Carl* —2E **165**
Allan Av. *Renf* —2G **79**
Allan Ct. *E Kil* —4A **148**
Allan Cres. *Dumb* —1H **17**
Allandale Av. *Moth* —2F **129**
Allandale Cotts. *Alla* —1H **15**
Allander Av. *Bard* —6E **27**
Allander Dri. *Torr* —5C **28**
Allander Gdns. *B'rig* —3B **48**
*Allander Ho. Cumb* —3H *35*
(off Cumbernauld Cen., The)
Allander Rd. *Miln* —3G **25**
Allander St. *G22* —5G **63**
*Allander Wlk. Cumb* —3H *35*
(off Cumbernauld Cen., The)
Allands Av. *Inch* —4G **57**
Allanfauld Rd. *Cumb* —3H **35**
Allanfauld Rd. *Kils* —1H **11**
Allan Glen Gdns. *B'rig* —3D **48**
Allan Pl. *G40* —3D **104**
Allan Pl. *Dumb* —3G **17**
Allan Pl. *E Kil* —4A **148**
Allanshaw Gdns. *Ham* —6F **141**
Allanshaw Gro. *Ham* —1F **153**
Allanshaw Ind. Est. *Ham*
—6G **141**
Allanshaw St. *Ham* —6G **141**
Allan St. *G40* —3D **104**
Allan St. *Coat* —6H **89**
Allan St. *Moth* —2H **143**
Allanton Av. *Pais* —1G **99**
Allanton Dri. *G52* —6B **80**
Allanton Gro. *Wis* —4H **145**
Allanton Lea. *Ham* —3G **153**
Allanton Pl. *Ham* —2A **154**
Allanton Rd. *Newm* —2H **147**
Allanton Ter. *Ham* —3E **155**
Allan Tower. *Moth* —2H **143**
Albany Cres. *Moth* —2H **127**
Allendale. *E Kil* —6E **137**
Allender Rd. *Bear* —4D **44**
Allerdyce Dri. *G15* —6G **43**
Allershaw Pl. *Wis* —3F **157**
Allershaw Rd. *Wis* —3F **157**
Allershaw Tower. *Wis* —3F **157**
Allerton Gdns. *Bail* —1F **107**
Alleysbank Rd. *Ruth* —4D **104**
Allison Av. *Ersk* —5D **40**
Allison Dri. *Camb* —1A **122**
Allison Pl. *G42* —3E **103**
Allison Pl. *G'csh* —5E **68**
Allison Pl. *Newt M* —5C **132**
Allison St. *G42* —3E **103**
Alnach Pl. *G34* —3C **88**
Alloway Av. *Pais* —5D **98**
Alloway Ct. *Kirk* —3G **31**
Alloway Cres. *Pais* —5D **98**
Alloway Cres. *Ruth* —2B **120**
Alloway Dri. *Clyd* —4E **43**
Alloway Dri. *Kirk* —3F **31**
Alloway Dri. *Newt M* —5G **133**
Alloway Dri. *Pais* —5D **98**

Alloway Dri. *Ruth* —2B **120**
Alloway Gdns. *Ham* —1B **152**
Alloway Gdns. *Kirk* —3G **31**
Alloway Gro. *Kirk* —3F **31**
Alloway Quad. *Kirk* —4G **31**
Alloway Rd. *G43* —1B **118**
Alloway Rd. *Air* —3F **93**
Alloway Rd. *E Kil* —5D **138**
Alloway St. *Lark* —3G **161**
Alloway Ter. *Kirk* —3F **31**
Alloway Wynd. *Moth* —3E **129**
Almada Gro. *Ham* —5H **141**
Almada La. *Ham* —5H **141**
Almada St. *Ham* —5G **141**
Alma St. *G40* —6D **84**
Almond Av. *Renf* —1G **79**
Almond Bank. *Bear* —5C **44**
Almond Cres. *Pais* —3D **96**
Almond Dri. *Bank* —1E **15**
Almond Dri. *B'ton* —5H **39**
Almond Dri. *E Kil* —2B **150**
Almond Dri. *Kirk* —2B **50**
Almond Pl. *Coat* —2H **89**
Almond Pl. *Moth* —3B **128**
Almond Rd. *G33* —4C **66**
Almond Rd. *Bear* —5D **44**
Almond Rd. *Cumb* —6F **15**
Almond St. *G33* —2F **85**
Almond Vale. *Udd* —6E **109**
Almond Way. *Moth* —6G **143**
Alness Cres. *G52* —2E **101**
Alness St. *Ham* —2H **153**
Alness Ter. *Ham* —1H **153**
Alpine Gro. *Udd* —6D **108**
Alsatian Av. *Clyd* —5F **43**
Alsh Ter. *Ham* —2E **153**
Alston Av. *Coat* —3D **90**
Alston Gdns. *Bear* —5B **24**
Altnacreag Gdns. *Chry* —4E **53**
Alton Ct. *Kirk* —5E **31**
(off Highfield Rd.)
Alton Rd. *Pais* —1E **99**
Altpatrick Gdns. *Eld* —2H **95**
Altyre St. *G32* —2H **105**
Alva Gdns. *G52* —3E **101**
Alva Gdns. *Bear* —6D **24**
Alva Ga. *G52* —2E **101**
Alva Pl. *Lenz* —3E **51**
Alwyn Av. *Hous* —3D **74**
Alwyn Ct. *E Kil* —6G **137**
Alyssum Cres. *Moth* —1F **143**
Alyth Cres. *Clar* —1E **135**
Alyth Gdns. *G52* —2E **101**
Alyth Gdns. *Clar* —1E **135**
Ambassador Way. *Renf*
—2F **79**
Amber Ter. *Bell* —3C **126**
Ambleside. *E Kil* —5B **148**
Amethyst Av. *Bell* —3C **126**
Amisfield St. *G20* —4C **62**
Amochrie Dri. *Pais* —5E **97**
Amochrie Rd. *Pais* —4D **96**
*Amochrie Way. Pais* —4D *96*
(off Amochrie Rd.)
Amulree Pl. *G32* —1A **106**
Amulree St. *G32* —2A **106**
Ancaster Dri. *G13* —3F **61**
Ancaster La. *G13* —3F **61**
Anchor Av. *Pais* —1C **98**
Anchor Cres. *Pais* —2C **98**
Anchor Dri. *Pais* —1C **98**
Anchor La. *G2* —4G **83** (5E **5**)
Anchor Wynd. *Pais* —1C **98**
Ancroft St. *G20* —6E **63**
Andersen Ct. *E Kil* —5G **149**
Anderside. *E Kil* —6G **149**
Anderson Av. *Kils* —2F **11**
Anderson Ct. *Bell* —2D **126**
Anderson Cres. *Kils* —3C **10**
Anderson Dri. *Newt M*
—5C **132**

Anderson Dri. *Renf* —5F **59**
Anderson Gdns. *Blan* —6C **124**
Anderson La. *Air* —3A **92**
Anderson Rd. *B'ton* —3G **39**
Anderson St. *G11* —1H **81**
Anderson St. *Air* —3A **92**
Anderson St. *Ham* —4D **140**
Anderson St. *Moth* —4G **143**
Anderson Tower. *Moth*
—3G **143**
Anderston Cen. *G2*
—4E **83** (5A **4**)
Anderston Quay. *G3* —5D **82**
ANDERSTON STATION. *G2*
—4E **83** (5A **4**)
Andrew Av. *Lenz* —4D **50**
Andrew Av. *Renf* —6G **59**
Andrew Dri. *Clyd* —1E **59**
Andrew Pl. *Carl* —2E **165**
Andrew Sillars Av. *Camb*
—2B **122**
Andrews St. *Pais* —5A **78**
Andrew St. *E Kil* —2H **149**
Anford Pl. *Blan* —2C **140**
Angela Way. *Udd* —1D **124**
Angle Ga. *G14* —5D **60**
Angus Av. *G52* —2C **100**
Angus Av. *Air* —6A **92**
Angus Av. *B'rig* —1E **65**
Angus Av. *E Kil* —1B **150**
Angus Av. *Ham* —6C **142**
Angus Av. *Moth* —1E **143**
Angus Gdns. *Udd* —5D **108**
Angus Oval. *G52* —1B **100**
Angus Pl. *G52* —1B **100**
Angus Pl. *E Kil* —1B **150**
Angus Rd. *Carl* —4G **165**
Angus St. *G21* —5A **64**
Angus St. *Clyd* —1G **59**
Angus Wlk. *Udd* —6F **109**
Annan Av. *E Kil* —4A **148**
Annan Ct. *Coat* —5B **90**
(off Kirk St.)
Annan Cres. *Chap* —4D **112**
Annandale St. *G42* —2F **103**
Annan Dri. *Bear* —4C **44**
Annan Dri. *Pais* —3D **96**
Annan Dri. *Ruth* —6F **105**
Annan Glade. *Ham* —6A **144**
Annan Gro. *Moth* —6A **144**
*Annan Ho. Cumb* —3H *35*
(off Cumbernauld Cen., The)
Annan Pl. *John* —5C **94**
Annan St. *G42* —5E **103**
Annan St. *Moth* —6A **144**
Annathill Gdns. *Anna* —5B **54**
Annbank St. *G31* —5B **84**
Annbank St. *Lark* —2D **160**
Ann Ct. *Ham* —4E **141**
Anne Av. *Renf* —5F **59**
Anne Cres. *Lenz* —4D **50**
Annerley Ct. *Coat* —6A **90**
Annerley Pl. *Coat* —6A **90**
Annes Ct. *G40* —1A **104**
Anne's M. *Ham* —6B **142**
Annette St. *G42* —3E **103**
Annfield Gdns. *Blan* —6A **124**
Annfield Pl. *G31* —4B **84**
Annick Dri. *Bear* —4C **44**
Annick St. *G32* —6B **86**
Annick St. *Camb* —2D **122**
Anniesdale Av. *Step* —3D **66**
Annieshill View. *Plain* —1G **93**
Anniesland Cres. *G14* —4A **60**
Anniesland Ind. Est. *G13*
—1E **61**
Anniesland Rd. *G14 & G13*
—4A **60**
ANNIESLAND STATION. *G13*
—3F **61**
Annieston. *Twe* —1D **32**

Anniversary Av. *E Kil* —4E **149**
Annsfield Rd. *Ham* —4G **153**
Ann St. *Ham* —4E **141**
Ann St. *John* —2G **95**
Ansdell Av. *Blan* —2A **140**
Anson St. *G40* —6B **84**
Anson Way. *Renf* —2E **79**
Anstruther Ct. *Law* —6D **158**
Anstruther St. *G32* —6H **85**
Anstruther St. *Law* —6D **158**
Antermony Rd. *Milt C* —5C **8**
Antigua Way. *E Kil* —2C **148**
Anton Cres. *Kils* —3A **12**
Antonine. *Kirk* —3H **31**
Antonine Av. *Moth* —1E **143**
Antonine Gdns. *Clyd* —1C **42**
Antonine Rd. *Bear* —1B **44**
Antrim La. *Lark* —1F **161**
Anwoth St. *G32* —2A **106**
Apollo Path. *Moth* —2B **128**
Appin Ct. *Kirk* —4H **31**
Appin Rd. *G31* —4D **84**
Appin Ter. *Ham* —5C **140**
Appin Ter. *Ruth* —3F **121**
Appin Way. *Both* —4E **125**
Appin Way. *Glenm* —5H **71**
Appleby Clo. *E Kil* —5B **148**
Appleby St. *G22* —6F **63**
Applecross Gdns. *Chry* —4D **52**
Applecross Quad. *Wis*
—4H **145**
Applecross Rd. *Kirk* —4H **31**
Applecross St. *G4* —6F **63**
Appledore Cres. *Both* —4E **125**
Apsley La. *G11* —1G **81**
Apsley St. *G11* —1G **81**
Aqua Av. *Ham* —1C **152**
Aqua Ct. *Ham* —1C **152**
Aquila Way. *Carl* —3D **164**
Araburn Dri. *E Kil* —6G **149**
Aranthrue Cres. *Renf* —5E **59**
Aranthrue Dri. *Renf* —5E **59**
Aray St. *G20* —3B **62**
Arbroath Av. *G52* —1B **100**
Arbroath Gro. *Ham* —1F **153**
Arbuckle Pl. *Plain* —1G **93**
Arcadia St. *G40* —6B **84**
Arcadia St. *Bell* —6C **110**
Arcan Cres. *G15* —5B **44**
Archerfield Av. *G32* —3A **106**
Archerfield Cres. *G32* —3A **106**
Archerfield Dri. *G32* —3A **106**
Archerfield Gro. *G32* —3A **106**
Archerhill Av. *G13* —1A **60**
Archerhill Cotts. *G13* —1H **59**
Archerhill Cres. *G13* —1B **60**
Archerhill Gdns. *G13* —1A **60**
Archerhill Rd. *G13* —1H **59**
Archerhill Sq. *G13* —1H **59**
Archerhill Ter. *G13* —1A **60**
Archibald Ter. *Milt C* —5B **8**
Archibald Pl. *Bell* —3F **127**
Arch Way. *Kils* —2H **11**
Ardargie Dri. *G32* —5C **106**
Ardargie Gro. *G32* —5C **106**
Ardargie Pl. *G32* —5C **106**
Ardbeg Av. *B'rig* —6E **49**
Ardbeg Av. *Ruth* —4G **121**
*Ardbeg La. G42* —3E *103*
(off Calder St.)
Ardbeg St. *G42* —3E **103**
Ardconnel St. *T'bnk* —3F **117**
Arden Av. *T'bnk* —5E **117**
Ardenclutha Av. *Ham* —5F **141**
Arden Ct. *Air* —3F *91*
(off Monkscourt Av.)
Arden Ct. *Ham* —2H **153**
Ardencraig Cres. *G45* —6G **119**
Ardencraig Dri. *G45* —5B **120**
Ardencraig La. *G45* —6G **119**

Ardencraig Quad. *G45*
—5B **120**
Ardencraig Rd. *G45* —6G **119**
Ardencraig St. *G45* —4C **120**
Ardencraig Ter. *G45* —5B **120**
Arden Dri. *Giff* —5H **117**
Arden Gro. *Kils* —1G **11**
Ardenlea. *Udd* —6D **108**
Ardenlea St. *G40* —2D **104**
Arden Pl. *T'bnk* —5E **117**
Arden Rd. *Ham* —1G **153**
Arden St. *Plain* —1G **93**
Arden Ter. *Ham* —1G **153**
Ardery St. *G11* —1G **81**
Ardessie St. *G23* —6B **46**
Ardfern Rd. *Air* —5F **93**
Ardfern St. *G32* —2A **106**
Ardgay Pl. *G32* —1A **106**
Ardgay St. *G32* —1A **106**
Ardgoil Dri. *Cumb* —4B **34**
Ardgour Ct. *Blan* —3D **140**
Ardgour Dri. *Lin* —6G **75**
Ardgour Pde. *Moth* —6C **128**
Ardgowan Av. *Pais* —2B **98**
Ardgowan Ct. *Pais* —2D **98**
Ardgowan Dri. *Udd* —6D **108**
Ardgowan St. *Pais* —3B **98**
Ardgowan Ter. La. *G3* —2B **82**
(off Radnor St.)
Ardgryfe Cres. *Hous* —1D **74**
Ardholm St. *G32* —6A **86**
Ardhu Pl. *G15* —3A **44**
Ardlamont Sq. *Lin* —6A **76**
Ardlaw St. *G51* —5F **81**
Ardle Rd. *G43* —2C **118**
Ard Loan. *Moth* —2A **128**
(off Howden Pl.)
Ardlui Gdns. *Miln* —2D **24**
Ardlui St. *G32* —1H **105**
Ardmaleish Cres. *G45* —5A **120**
Ardmaleish Rd. *G45* —5H **119**
Ardmaleish St. *G45* —5H **119**
Ardmay Cres. *G44* —6G **103**
Ardmillan St. *G33* —3H **85**
Ardmory Av. *G42* —6H **103**
Ardmory La. *G42* —6A **104**
Ardmory Pl. *G42* —6A **104**
Ardnahoe Av. *G42* —5H **103**
Ardnahoe Pl. *G42* —5H **103**
Ardneil Rd. *G51* —5F **81**
Ardnish St. *G51* —4E **81**
Ardoch Cres. *Dumb* —3D **16**
Ardoch Gdns. *Camb* —1H **121**
Ardoch Gro. *Camb* —1H **121**
Ardoch Path. *Newm* —3D **146**
(off Tiree Cres.)
Ardochrig. *E Kil* —6G **149**
Ardoch Rd. *Bear* —2H **45**
Ardoch St. *G22* —5F **63**
Ardoch Way. *Chry* —5D **52**
Ardo Gdns. *G51* —6G **81**
Ardressie Pl. *G20* —4B **62**
Ard Rd. *Renf* —5D **58**
Ardshiel Rd. *G51* —4E **81**
Ardsloy La. *G14* —5A **60**
Ardsloy Pl. *G14* —5A **60**
Ard St. *G32* —1A **106**
Ardtoe Cres. *G33* —4E **67**
Ardtoe Pl. *G33* —4E **67**
Arduthie Rd. *G51* —4E **81**
Ardwell Rd. *G52* —2E **101**
Argosy Way. *Renf* —2E **79**
Argus Av. *Chap* —3C **112**
Argyle Arc. *G1* —6D **4**
Argyle Av. *Glas A* —2A **78**
Argyle Cres. *Air* —6H **91**
Argyle Cres. *H'hse I* —4B **16**
Argyle Dri. *Ham* —5E **141**
Argyle Gdns. *Lark* —2F **161**
Argyle Gdns. *Len* —4G **7**
Argyle Pl. *Kils* —3A **12**

Argyle Rd. *Bear* —6E **25**
Argyle St. *G1* —4G **83**
Argyle St. *G2* —4E **83** (6A **4**)
Argyle St. *G3* —2B **82**
Argyle St. *Pais* —1H **97**
ARGYLE ST. STATION. *G1*
—5G **83**
Argyll Av. *Dumb* —1C **16**
Argyll Av. *Renf* —5D **58**
Argyll Pl. *Bell* —5B **126**
Argyll Pl. *Dumb* —1C **16**
Argyll Pl. *E Kil* —6C **138**
Argyll Rd. *Clyd* —1D **58**
Arisaig Dri. *G52* —2D **100**
Arisaig Dri. *Bear* —4H **45**
Arisaig Pl. *G52* —2E **101**
Arisdale Cres. *Newt M*
—3E **133**
Arkaig Av. *Plain* —1F **93**
Arkaig Pl. *Newt M* —5H **133**
Arkaig St. *Wis* —2H **157**
Ark La. *G31* —4B **84**
Arkleston Ct. *Pais* —3D **78**
Arkleston Cres. *Pais* —4D **78**
Arkleston Rd. *Pais* —5D **78**
Arkleston Rd. *Renf* —3D **78**
Arkle Ter. *Camb* —4G **121**
Arlington St. *G3* —2D **82**
Armadale Ct. *G31* —3C **84**
Armadale Path. *G31* —3C **84**
Armadale Pl. *G31* —3C **84**
Armadale St. *G31* —4C **84**
Armine Path. *Moth* —2C **128**
Armour Av. *Air* —4G **91**
Armour Ct. *Blan* —3H **140**
Armour Ct. *Kirk* —4G **31**
Armour Dri. *Kirk* —4G **31**
Armour Gdns. *Kirk* —4G **31**
Armour Gro. *Moth* —5A **144**
Armour Pl. *John* —2G **95**
Armour Pl. *Kirk* —4G **31**
Armour Pl. *Lin* —6A **76**
Armour Pl. *Moth* —3C **128**
Armour St. *G4* —5A **84**
Armour St. *John* —2G **95**
Armstrong Cres. *Udd* —5E **109**
Armstrong Gro. *E Kil* —4F **149**
Arnbrae Rd. *Kils* —2F **11**
Arndale Shopping Cen.
—4H **43**
Arngask Rd. *G51* —4E **81**
Arnhall Pl. *G52* —2E **101**
Arnhem St. *Camb* —2D **122**
Arnholm Pl. *G52* —2E **101**
Arnisdale Pl. *G34* —3G **87**
Arnisdale Rd. *G34* —3G **87**
Arnisdale Way. *Ruth* —3D **120**
Arniston St. *G32* —4H **85**
Arnold Av. *B'rig* —6C **48**
Arnold St. *G20* —3E **63**
Arnol Pl. *G33* —4F **87**
Arnott Dri. *Coat* —1C **110**
Arnott Quad. *Moth* —6E **127**
Arnott Way. *Camb* —1A **122**
Arnprior Gdns. *Bail* —5D **52**
Arnprior Quad. *G45* —3H **119**
Arnprior Rd. *G45* —3H **119**
Arnprior St. *G45* —3H **119**
Arnside Av. *Giff* —4A **118**
Arnum Gdns. *Carl* —4F **165**
Arnum Pl. *Carl* —4F **165**
Arnwood Dri. *G12* —4G **61**
Aron Ter. *Camb* —4H **121**
Aros Dri. *G52* —2D **100**
Aros La. *G52* —2D **100**
Arran. *E Kil* —2C **150**
Arran Av. *Coat* —1F **111**
Arran Av. *Dumb* —2D **16**
Arran Av. *Glas A* —2A **78**
Arran Dri. *G52* —2F **101**

Arran Dri. *Air* —2H **91**
Arran Dri. *Cumb* —5F **35**
Arran Dri. *Giff* —5A **118**
Arran Dri. *Glenm* —4H **71**
Arran Dri. *John* —4D **94**
Arran Dri. *Kirk* —3E **31**
Arran Dri. *Pais* —6A **98**
Arran Gdns. *Carl* —5F **165**
Arran Gdns. *Ham* —2A **154**
Arran La. *Chry* —5E **53**
Arran Path. *Lark* —4G **161**
(off Donaldson Rd.)
Arran Pl. *Clyd* —5E **43**
Arran Pl. *Coat* —1F **111**
Arran Pl. *Lin* —5G **75**
Arran Rd. *Moth* —2E **143**
Arran Rd. *Renf* —1F **79**
Arran Tower. *Camb* —4G **122**
Arran View. *Kils* —3H **11**
Arranview St. *Chap* —4E **113**
Arran Way. *Both* —5D **124**
Arran Way. *Ruth* —2B **120**
Arrochar Ct. *G23* —1B **62**
Arrochar Dri. *G23* —6B **46**
Arrochar Path. *G23* —6B **46**
(off Arrochar Rd.)
Arrochar St. *G23* —6B **46**
Arrol Pl. *G40* —1D **104**
Arrol St. *G52* —4G **79**
(in two parts)
Arrotshole Rd. *E Kil* —1D **148**
Arrotside Ct. *E Kil* —6D **136**
Arrowsmith Av. *G13* —1D **60**
Arthur Av. *Air* —5H **91**
Arthur Av. *Barr* —6D **114**
Arthurlie Av. *Barr* —5E **115**
Arthurlie Dri. *Giff* —5A **118**
Arthurlie Dri. *Newt M* —6D **132**
Arthurlie St. *G51* —4F **81**
Arthurlie St. *Barr* —5E **115**
Arthur Pl. *Clar* —3C **134**
Arthur Rd. *Pais* —5A **98**
Arthur St. *G3* —2B **82**
Arthur St. *Clar* —3C **134**
Arthur St. *Ham* —4H **141**
Arthur St. *Pais* —6G **77**
Arundel Dri. *G42* —6E **103**
Arundel Dri. *B'rig* —3D **48**
Ascaig Cres. *G52* —3E **101**
Ascog Rd. *Bear* —5F **45**
Ascog St. *G42* —3E **103**
Ascot Av. *G12* —3F **61**
Ascot Ct. *G12* —3G **61**
Ash Av. *E Kil* —5E **149**
Ashburn Gdns. *Miln* —4E **25**
Ashburn Loan. *Lark* —1F **161**
Ashburn Rd. *Miln* —3E **25**
Ashburton La. *G12* —3H **61**
(off Ashburton Rd.)
Ashburton Pk. *E Kil* —4C **148**
Ashburton Rd. *G12* —3H **61**
Ashby Cres. *G13* —6E **45**
Ash Ct. *E Kil* —5E **149**
Ashcroft. *E Kil* —4D **138**
Ashcroft Av. *Len* —4G **7**
Ashcroft Dri. *G44* —1A **120**
Ashcroft Wlk. *Len* —4G **7**
Ashdale Dri. *G52* —2E **101**
Ashdene St. *G22* —2F **63**
Asher Rd. *Chap* —3E **113**
Ashfield. *B'rig* —4C **48**
Ashfield Rd. *Clar* —3C **134**
Ashfield Rd. *Law* —5D **158**
Ashfield Rd. *Miln* —4G **25**
ASHFIELD STATION. *G22*
—4G **63**
Ashfield St. *G22* —5G **63**
(in two parts)
Ashgillhead Rd. *Ashg* —4A **162**
Ashgill Pl. *G22* —3G **63**
Ashgill Rd. *G22* —2F **63**

Ashgrove. *Air* —4D **92**
Ash Gro. *B'rig* —1D **64**
Ashgrove. *Coat* —1C **110**
Ash Gro. *Kirk* —2B **50**
Ash Gro. *Law* —5D **158**
Ashgrove. *Mood* —6D **52**
Ash Gro. *Udd* —5F **109**
Ashgrove Rd. *Bell* —6D **110**
Ashgrove St. *G40* —3C **104**
Ashiestiel Ct. *Cumb* —6G **35**
Ashiestiel Pl. *Cumb* —6G **35**
Ashiestiel Rd. *Cumb* —6G **35**
Ashkirk Dri. *G52* —2E **101**
Ashkirk Dri. *Ashg* —5B **162**
Ashland Av. *Ham* —5H **153**
Ashlea Dri. *Giff* —3B **118**
Ashley Dri. *Both* —2F **125**
Ashley Pk. *Udd* —1G **125**
Ashley Pl. *Blan* —1A **140**
Ashley St. *G3* —2D **82**
Ashmore Rd. *G43* & *G44*
—2D **118**
Ash Pl. *Bank* —1E **15**
Ash Pl. *E Kil* —5E **149**
Ash Pl. *John* —4G **95**
Ash Rd. *Bail* —2G **107**
Ash Rd. *Broad I* —3F **87**
Ash Rd. *Clyd* —2B **42**
Ash Rd. *Cumb* —6D **14**
(in two parts)
Ashton Grn. *E Kil* —1G **149**
Ashton La. *G12* —6B **62**
Ashton La. N. *G12* —1B **82**
Ashton Rd. *G12* —1B **82**
Ashton Rd. *Ruth* —4C **104**
Ashton St. *Moth* —5F **127**
Ashton View. *Dumb* —3B **16**
Ashton Way. *Pais* —5C **96**
Ashtree Ct. *Old K* —1F **41**
Ashtree Gro. *Newt M* —6C **132**
Ashtree Rd. *G43* —5A **102**
Ashvale Cres. *G21* —5A **64**
Ash Wlk. *Moth* —2B **128**
Ash Wlk. *Ruth* —4E **121**
Ashworth Ter. *Ham* —5E **141**
Aspen Dri. *G21* —6C **64**
Aspen Pl. *John* —4G **95**
Aspen Way. *Ham* —1A **154**
Asquith Pl. *Bell* —2F **127**
Aster Dri. *G45* —4C **120**
Aster Gdns. *G53* —4C **116**
Aster Gdns. *Moth* —4G **143**
Athelstane Dri. *Cumb* —6F **35**
Athelstane Rd. *G13* —2C **60**
Athena Way. *Udd* —6E **109**
Athole Gdns. *G12* —6A **62**
Athole La. *G12* —6A **62**
Atholl Av. *G52* —3G **79**
(in two parts)
Atholl Av. *Torr* —4D **28**
Atholl Ct. *Blan* —3D **140**
Atholl Ct. *Kirk* —4H **31**
Atholl Cres. *Pais* —5G **79**
Atholl Dri. *Cumb* —5B **34**
Atholl Dri. *Giff* —1A **134**
Atholl Gdns. *Bear* —6E **25**
Atholl Gdns. *B'rig* —4B **48**
Atholl Gdns. *Ruth* —3D **121**
Atholl La. *Chry* —5E **53**
Atholl Pl. *Coat* —2D **110**
Atholl Pl. *Lin* —5G **75**
Atholl St. *Ham* —3F **141**
Atholl Ter. *Udd* —4D **108**
Atlas Ind. Est. *G21* —5B **64**
Atlas Pl. *G21* —5B **64**
Atlas Rd. *G21* —6A **64**
Atlas Sq. *G21* —5B **64**
Atlas St. *Clyd* —1D **58**
Attercliffe Av. *Wis* —1C **156**
Attlee Av. *Clyd* —6F **43**
Attlee Pl. *Clyd* —6G **43**

Attow Rd. *G43* —2H **117**
Auburn Dri. *Barr* —6F **115**
Auchans Rd. *Hous* —3F **75**
Auchencrow St. *G34* —3B **88**
Auchencruive. *Miln* —5A **26**
Auchendavie Rd. *Kirk* —3G **31**
Auchengeich Rd. *Mood*
　　　　　　　—3B **52**
Auchengilloch. *E Kil* —6G **149**
Auchenglen Dri. *Chry* —5D **52**
Auchengreoch Av. *John*
　　　　　　　—5D **94**
Auchengreoch Rd. *John*
　　　　　　　—5D **94**
Auchenkilns Rd. *Cumb* —1F **55**
Auchenkilns Roundabout. *Cumb*
　　　　　　　—4E **35**
Auchenlodment Rd. *John*
　　　　　　　—3H **95**
Auchenowie Rd. *Miln* —5H **25**
Auchenreoch Av. *Dumb*
　　　　　　　—1H **17**
Auchentibber Rd. *Blan*
　　　　　　　—6F **139**
Auchentorlie Quad. *Pais*
　　　　　　　—1D **98**
Auchentorlie St. *G11* —1F **81**
Auchentoshan Av. *Clyd* —1B **42**
Auchentoshan Est. *Clyd*
　　　　　　　—1A **42**
Auchentoshan Ter. *G21*
　　　　　　　—1B **84**
Auchinairn Rd. *B'rig* —2B **64**
Auchinbee Farm Rd. *Cumb*
　　　　　　　—1D **34**
Auchinbee Way. *Cumb* —2D **34**
Auchincampbell Rd. *Ham*
　　　　　　　—6H **141**
Auchincloch Dri. *Bank* —1F **15**
*Auchingill Path. G34* —2B **88**
　*(off Auchingill Pl.)*
Auchingill Pl. *G34* —2B **88**
Auchingill Rd. *G34* —2A **88**
Auchingramont Ct. *Ham*
　　　　　　　—6H **141**
Auchingramont Rd. *Ham*
　　　　　　　—5H **141**
Auchinlea Retail Pk. *G34*
　　　　　　　—3F **87**
Auchinlea Rd. *G34* —1F **87**
Auchinleck Av. *G33* —3G **65**
Auchinleck Cres. *G33* —3G **65**
Auchinleck Dri. *G33* —3G **65**
Auchinleck Gdns. *G33* —3G **65**
Auchinleck Rd. *G33* —2H **65**
Auchinleck Rd. *Clyd* —6D **22**
Auchinleck Ter. *Clyd* —6D **22**
Auchinloch Rd. *Lenz* —3D **50**
Auchinloch St. *G21* —6B **64**
Auchinraith Av. *Ham* —3F **141**
Auchinraith Rd. *Blan* —3B **140**
Auchinraith Ter. *Blan* —3C **140**
　(in two parts)
Auchintibber Dri. *Blan* —4C **140**
Auchinvole Cres. *Kils* —3F **11**
Auchmannoch Av. *Pais* —6G **79**
Auchnacraig Rd. *Clyd* —5E **23**
Auchter Av. *Newm* —4G **147**
Auchter Rd. *Wis* —5C **146**
Auckland Pk. *E Kil* —3C **148**
Auckland Pl. *Clyd* —3H **41**
Auckland St. *G22* —6F **63**
Auldbar Rd. *G52* —2F **101**
Auldbar Ter. *Pais* —3C **98**
Auldburn Pl. *G43* —1H **117**
Auldburn Rd. *G43* —1H **117**
Auldearn Rd. *G21* —2B **65**
Auldgirth Rd. *G52* —2F **101**
Auldhame St. *Coat* —3A **90**
Auldhouse Av. *G43* —1H **117**
Auldhouse Ct. *G43* —1H **117**

Auldhouse Gdns. *G43* —1H **117**
Auldhouse Retail Pk. *G43*
　　　　　　　—6A **102**
Auldhouse Rd. *G43* —1H **117**
Auldhouse Rd. *E Kil* —6F **149**
Auldhouse Ter. *G43* —1B **118**
Auld Kirk Rd. *Camb* —4C **122**
Auld Rd., The. *Cumb* —1A **36**
Auld St. *Dalm* —4A **42**
Auldton Ter. *Ashg* —4B **162**
Aultbea St. *G22* —1F **63**
Aultmore Rd. *G33* —4F **87**
Aursbridge Cres. *Barr* —5F **115**
Aursbridge Dri. *Barr* —5F **115**
Aurs Cres. *Barr* —5F **115**
Aurs Dri. *Barr* —6F **115**
Aurs Glen. *Barr* —6E **115**
Aurs Pl. *Barr* —5G **115**
Aurs Rd. *Barr* —4F **115**
Aurs Rd. *Newt M* —3A **132**
Austen La. *G13* —4E **61**
Austen Rd. *G13* —4E **61**
Austine Dri. *Ham* —4A **154**
Avenel Rd. *G13* —6E **45**
Avenue End Rd. *G33* —5B **66**
Avenuehead Rd. *Chry* —6D **52**
Avenuepark St. *G20* —5C **62**
Avenue St. *G40* —6C **84**
Avenue St. *Ruth* —4D **104**
Avenue, The. *Newt M* —5E **109**
Aviemore Gdns. *Bear* —2H **45**
Aviemore Rd. *G52* —2E **101**
Avoch St. *G34* —2H **87**
Avon Av. *Bear* —4H **45**
Avon Av. *Carl* —3E **165**
Avonbank Cres. *Ham* —3A **154**
Avonbank Rd. *Lark* —2C **160**
Avonbank Rd. *Ruth* —6B **104**
Avonbrae Cres. *Ham* —3A **154**
Avon Bri. *Ham* —1C **154**
Avondale Av. *E Kil* —2H **149**
Avondale Dri. *Pais* —5D **78**
Avondale Pl. *E Kil* —3A **150**
Avondale St. *G33* —2A **86**
Avon Dri. *Bell* —3E **127**
Avon Dri. *Lin* —5H **75**
Avonhead. *E Kil* —6G **149**
Avonhead Av. *Cumb* —6E **35**
Avonhead Gdns. *Cumb* —6E **35**
Avonhead Pl. *Cumb* —6E **35**
Avonhead Rd. *Cumb* —6E **35**
Avon Ho. *Ham* —4A **142**
Avon Pl. *Coat* —2H **89**
Avon Pl. *Lark* —6F **161**
Avon Rd. *B'rig* —1C **64**
Avon Rd. *Giff* —5H **117**
Avon Rd. *Lark* —5E **161**
Avonside Gro. *Ham* —6B **142**
Avonspark St. *G21* —6C **64**
Avon St. *Ham* —6A **142**
Avon St. *Lark* —2D **160**
Avon St. *Moth* —4F **143**
Avon Tower. *Moth* —4G **143**
*Avon Wlk. Cumb* —3H **35**
　*(off Cumbernauld Cen., The)*
Avon Wynd. *Newm* —3G **147**
Aylmer Rd. *G43* —1D **118**
Ayr Dri. *Air* —6A **92**
Ayr Rd. *Newt M* —6A **132**
Ayr Rd. *Shaw* —6H **161**
Ayr St. *G21* —5B **64**
Ayton Pk. N. *E Kil* —6B **138**
Ayton Pk. S. *E Kil* —6B **138**
Aytoun Dri. *Ersk* —4D **40**
Aytoun Rd. *G41* —1B **102**

**B**abylon Av. *Bell* —4C **126**
Babylon Dri. *Bell* —4C **126**

Babylon Pl. *Bell* —5C **126**
Babylon Rd. *Bell* —4C **126**
Backbrae St. *Kils* —3H **11**
　(in two parts)
Bk. Causeway. *G31* —6F **85**
Backmuir Cres. *Ham* —3F **141**
Backmuir Rd. *G15* —3B **44**
Backmuir Rd. *Ham* —3F **141**
Bk. o'Barns. *Ham* —5A **142**
Bk. o'Dykes Rd. *Kirk* —6H **31**
Back o' Hill. *C'lee* —2B **74**
Bk. o'Hill Roundabout. *Cumb*
　　　　　　　—4D **34**
Back Row. *Ham* —5A **142**
Badenheath Pl. *Cumb* —2H **53**
Badenheath Ter. *Cumb* —3H **53**
Badenoch Rd. *Kirk* —4H **31**
Bagnell St. *G21* —4B **64**
Bahamas Way. *E Kil* —2C **148**
Bailie Dri. *Bear* —6D **24**
Bailie Fyfeway. *Over* —4H **157**
Baillie Dri. *Both* —4E **125**
Baillie Dri. *E Kil* —5B **138**
Baillie Gdns. *Wis* —5A **146**
Baillie Pl. *E Kil* —5C **138**
Baillies La. *Air* —4A **92**
Bailliesmuir Pl. *Wis* —3E **147**
Baillieston Rd. *G32* —1D **106**
Baillieston Rd. *Udd* —2H **107**
BAILLIESTON STATION. *Bail*
　　　　　　　—2H **107**
Baillie Wynd. *Udd* —5E **109**
Bainsford St. *G32* —5H **85**
Bain St. *G40* —5A **84**
Baird Av. *G52* —3G **79**
Baird Av. *Air* —1B **92**
Baird Dri. *Stru I* —5F **161**
Baird Dri. *Bear* —2D **44**
Baird Dri. *Ersk* —4D **40**
Baird Hill. *E Kil* —3F **149**
Baird Pl. *Bell* —6C **110**
Baird Pl. *Wis* —5C **146**
Bairds Cres. *Ham* —6G **141**
Bairdsland View. *Bell* —2D **126**
Baird St. *G4* —2H **83** (2G **5**)
Baird St. *Coat* —4C **90**
Baker Rd. *Udd* —5F **109**
Baker St. *G41* —4C **102**
Bakewell Rd. *Bail* —6G **87**
Balaclava St. *G3*
　　　　　　　—4E **83** (6A **4**)
Balado Rd. *G33* —4E **87**
Balanark Pl. *G33* —4E **87**
Balbeggie St. *G32* —1C **106**
Balbeg St. *G51* —5E **81**
Balblair Rd. *G52* —3F **101**
Balcarres Av. *G12* —4A **62**
Balcastle Gdns. *Kils* —1F **11**
Balcastle Rd. *Kils* —2E **11**
Balcomie St. *G33* —2A **86**
Balcomie Ter. *Ham* —3F **153**
Balcurvie Rd. *G34* —1G **87**
Baldernock Rd. *Miln* —4H **25**
Baldinnie Rd. *G34* —3H **87**
Baldorran Cres. *Cumb* —2D **34**
Baldovan Cres. *G33* —3F **87**
Baldovan Path. *G33* —4F **87**
Baldovie Rd. *G52* —1C **100**
Baldragon Rd. *G34* —2H **87**
Baldric Rd. *G13* —3C **60**
Baldwin Av. *G13* —2D **60**
Balerno Dri. *G52* —2E **101**
Balfleurs St. *Miln* —3H **25**
Balfluig St. *G34* —2F **87**
Balfour St. *G20* —3B **62**
Balfour Ter. *E Kil* —4H **149**
Balfour Wynd. *Lark* —4F **161**

Balfron Cres. *Ham* —6D **140**
Balfron Rd. *G51* —4E **81**
Balfron Rd. *Pais* —6F **79**
Balgair Dri. *Pais* —6D **78**
Balgair St. *G22* —4F **63**
Balgair Ter. *G32* —6B **86**
Balglass St. *G22* —5F **63**
Balgonie Av. *Pais* —4E **97**
Balgonie Dri. *Pais* —4G **97**
Balgonie Rd. *G52* —1E **101**
Balgonie Woods. *Pais* —4G **97**
Balgownie Cres. *T'bnk*
　　　　　　　—5G **117**
Balgraybank St. *G21* —5B **64**
Balgray Cres. *Barr* —5G **115**
Balgrayhill Rd. *G21* —3B **64**
Balgray Rd. *Newt M* —4A **132**
Balintore St. *G32* —6A **86**
Baliol St. *G3* —2D **82**
Baljaffray Rd. *Bear* —6H **23**
Baljaffray Shopping Cen. *Bear*
　　　　　　　—5C **24**
Ballagan Pl. *Miln* —3D **24**
Ballaig Av. *Bear* —2D **44**
Ballaig Cres. *Step* —4C **66**
Ballantay Quad. *G45* —4C **120**
Ballantay Rd. *G45* —4C **120**
Ballantay Ter. *G45* —4C **120**
Ballantine Av. *G52* —4A **80**
*Ballantrae. E Kil* —1F **149**
Ballantrae Cres. *Newt M*
　　　　　　　—5G **133**
Ballantrae Dri. *Newt M*
　　　　　　　—5G **133**
Ballantrae Rd. *Blan* —4C **140**
*Ballantrae Wynd. Moth*
　*(off Beauly Pl.)* —2A **128**
Ballater Cres. *Wis* —4H **145**
Ballater Dri. *Bear* —5F **45**
Ballater Dri. *Inch* —2H **57**
Ballater Dri. *Pais* —4B **98**
Ballater Pl. *G5* —1H **103**
Ballater St. *G5* —6G **83**
Ballater Way. *Glenb* —3G **69**
Ballayne Dri. *Chry* —4E **53**
Ballerup Ter. *E Kil* —5G **149**
Ballieston Rd. *Udd* —2H **107**
Ballindalloch Dri. *G31* —3C **84**
Ballindalloch La. *G31* —3C **84**
Ballinkier Av. *Bank* —1E **15**
*Balliol La. G3* —2D **82**
　*(off Woodlands Rd.)*
Balloch Gdns. *G52* —2F **101**
Ballochmill Rd. *Ruth* —5F **105**
Ballochmyle. *E Kil* —5D **138**
Ballochney La. *Air* —1G **91**
Ballochney Rd. *Air* —1E **93**
Ballochney St. *Air* —2G **91**
Ballochnie Dri. *Plain* —1F **93**
Balloch Rd. *Air* —5G **93**
Balloch Rd. *Cumb* —3C **34**
Balloch Roundabout. *Cumb*
　　　　　　　—3C **34**
Balloch View. *Cumb* —3H **35**
Ballogie Rd. *G44* —6F **103**
Balmalloch Rd. *Kils* —2F **11**
Balmartin Rd. *G23* —6B **46**
Balmedie. *Ersk* —5E **41**
Balmeg Av. *Giff* —1A **134**
Balmerino Pl. *B'rig* —1F **65**
Balmoral Av. *Glenm* —4H **71**
Balmoral Cres. *Coat* —1H **109**
Balmoral Cres. *Inch* —2A **58**
Balmoral Dri. *G32* —5B **106**
Balmoral Dri. *Bear* —5G **45**
Balmoral Dri. *Camb* —1G **121**
Balmoral Gdns. *Blan* —5A **124**
Balmoral Gdns. *Udd* —4D **108**
*Balmoral Path. Lark* —4G **161**
　*(off Donaldson Rd.)*
Balmoral Pl. *E Kil* —2E **149**

Balmoral Rd. *Eld* —5H **95**
Balmoral St. *G14* —6B **60**
Balmore Dri. *Ham* —3E **153**
Balmore Ind. Est. *G22* —1F **63**
Balmore Pl. *G22* —3F **63**
Balmore Rd. *G23 & G22*
—1D **46**
Balmore Rd. *Balm* —5H **27**
Balmore Sq. *G22* —4F **63**
Balmuildy Rd. *G23* —3E **47**
Balmuildy Rd. *B'rig* —3G **47**
Balornock Rd. *G21 & B'rig*
—4C **64**
Balruddery Pl. *B'rig* —1F **65**
Balshagray Av. *G11* —6F **61**
Balshagray Cres. *G14* —1E **81**
Balshagray Dri. *G11* —6F **61**
Balshagray La. *G11* —6F **61**
Balshagray Pl. *G11* —6F **61**
Baltic Ct. *G40* —2C **104**
Baltic La. *G40* —2C **104**
Baltic Pl. *G40* —1C **104**
Baltic St. *G40* —1C **104**
Balure St. *G31* —4E **85**
Balvaird Cres. *Ruth* —6C **104**
Balvaird Dri. *Ruth* —6C **104**
Balvenie St. *Coat* —2D **110**
Balveny St. *G33* —1D **86**
Balvicar Dri. *G42* —4D **102**
Balvicar St. *G42* —3D **102**
Balvie Av. *G15* —6A **44**
Balvie Av. *Giff* —5B **118**
Balvie Cres. *Miln* —3F **25**
Balvie Rd. *Miln* —3E **25**
Banavie Rd. *G11* —6G **61**
Banavie Rd. *Newm* —3D **146**
Banbury Path. *E Kil* —5F **137**
Banchory Av. *G43* —2H **117**
Banchory Av. *Glenm* —4H **71**
Banchory Av. *Inch* —3C **72**
Banchory Cres. *Bear* —5G **45**
Banchory Rd. *Wis* —4H **145**
Banff Av. *Air* —1A **112**
Banff Pl. *E Kil* —3E **149**
Banff Quad. *Wis* —4H **145**
Banff St. *G33* —1B **86**
Bangorshill St. *T'bnk* —3F **117**
Bank Av. *Miln* —2G **25**
Bankbrae Av. *G53* —1A **116**
Bankend. *Bri W* —4G **73**
Bankend Rd. *Bri W* —5H **73**
Bankend Rd. *Dumb* —3F **17**
Bankend St. *G33* —2A **86**
Bankfield Dri. *Ham* —4H **153**
Bankfoot Dri. *G52* —6B **80**
Bankfoot Rd. *G52* —1B **100**
Bankfoot Rd. *Pais* —6F **77**
Bankglen Rd. *G15* —3B **44**
Bankhall St. *G42* —3F **103**
Bankhead Av. *G13* —3A **60**
Bankhead Av. *Air* —4D **92**
Bankhead Av. *Bell* —4D **126**
Bankhead Av. *Coat* —1G **109**
Bankhead Dri. *Ruth* —6C **104**
Bankhead Pl. *Air* —4D **92**
Bankhead Pl. *Coat* —1G **109**
Bankhead Rd. *Crmck* —2H **135**
Bankhead Rd. *Kirk* —6G **31**
Bankhead Rd. *Ruth* —1B **120**
Bankholm Pl. *Clar* —4D **134**
Bankier Pl. *Bank* —1E **15**
Banknock St. *G32* —5G **85**
Bank Pk. *E Kil* —3F **149**
Bank Rd. *G32* —5C **106**
Bankside Av. *John* —2F **95**
Banks Rd. *Kirk* —4D **30**
Bank St. *G12* —1C **82**
Bank St. *Air* —4A **92**
Bank St. *Barr* —5E **115**
Bank St. *Camb* —1A **122**
Bank St. *Coat* —5A **90**

Bank St. *Neil* —2D **130**
Bank St. *Pais* —1B **98**
(in two parts)
Banktop Pl. *John* —2F **95**
Bank View. *Chap* —3D **112**
Bankview Cres. *Kirk* —5A **30**
Bankview Dri. *Kirk* —5A **30**
Bank Way. *Lark* —1F **161**
(off Carrick Pl.)
Bannatyne Av. *G31* —4D **84**
Bannercross Av. *Bail* —6G **87**
Bannercross Dri. *Bail* —5G **87**
Bannercross Gdns. *Bail*
—6G **87**
Banner Dri. *G13* —6C **44**
Bannerman Dri. *Bell* —2F **127**
Bannerman Pl. *Clyd* —5D **42**
Banner Rd. *G13* —6C **44**
Bannockburn Dri. *Lark*
—4G **161**
Bantaskin St. *G20* —2A **62**
Banton Pl. *G33* —4G **87**
Banton Pl. *Kils* —2E **13**
Banyan Cres. *Udd* —4H **109**
Barassie. *E Kil* —6F **137**
Barassie Ct. *Both* —5D **124**
Barassie Cres. *Cumb* —5H **13**
Barassie Dri. *Bri W* —5E **73**
Baraston Rd. *B'rig* —2B **28**
Barbados Grn. *E Kil* —2C **148**
Barbana Rd. *E Kil* —1A **148**
Barbegs Cres. *Kils* —1B **34**
Barberry Av. *G53* —5B **116**
Barberry Gdns. *G53* —5B **116**
Barberry Pl. *G53* —5C **116**
Barbeth Gdns. *Cumb* —6D **13**
Barbeth Pl. *Cumb* —1C **54**
Barbeth Rd. *Cumb* —1C **54**
Barbeth Way. *Cumb* —1C **54**
Barbor St. *Chap* —3D **112**
Barbrae Pl. *Udd* —4E **125**
Barcaldine Av. *Chry* —1H **67**
Barcapel Av. *Newt M* —2E **133**
Barchan's Rd. *Mill P* —3B **94**
Barclay Av. *Eld* —3H **95**
Barclay Ct. *Old K* —1F **41**
Barclay Rd. *Moth* —3D **142**
Barclay Sq. *Renf* —2D **78**
Barclay St. *G21* —4B **64**
Barclay St. *Old K* —2F **41**
Barcraigs Dri. *Pais* —5B **98**
Bard Av. *G13* —1B **60**
Bardowie Rd. *Miln* —6F **27**
Bardowie St. *G22* —5F **63**
(in three parts)
Bardrain Av. *Eld* —3A **96**
Bardrain Rd. *Pais* —6G **97**
Bardrill Dri. *B'rig* —6A **48**
Bardykes Rd. *Blan* —1H **139**
Barefield St. *Lark* —1E **161**
Barfillan Dri. *G52* —6E **81**
Bargaran Rd. *G53* —2B **100**
Bargarran Rd. *Ersk* —5A **84**
Bargarran Sq. *Ersk* —4E **41**
Bargarron Dri. *Pais* —4C **78**
BARGEDDIE STATION. *Barg*
—1E **109**
Bargeddie St. *G33* —1F **85**
Barhill La. *Twe* —1D **32**
Bar Hill Pl. *Kils* —3F **11**
Barhill Rd. *Ersk* —3E **41**
Barhill Ter. *Twe* —1E **33**
Barholm Sq. *G33* —1D **86**
Barke Rd. *Cumb* —2A **36**
Barkly Ter. *E Kil* —3E **149**
Barlanark Av. *G32* —4C **86**
Barlanark Cres. *G33* —4D **86**
Barlanark Pl. *Spri* —5B **86**
Barlanark Rd. *G33* —4D **86**
Barlandfauld St. *Kils* —3A **12**
Barleybank. *Kirk* —5C **30**

Barlia Dri. *G45* —4A **120**
Barlia St. *G45* —4A **120**
Barlia Ter. *G45* —4B **120**
Barloan Cres. *Dumb* —2G **17**
Barloan Pl. *Dumb* —2G **17**
Barloch Av. *Miln* —3G **25**
Barloch Rd. *Miln* —3H **25**
Barloch St. *G22* —5G **63**
Barlogan Av. *G52* —6E **81**
Barlogan Quad. *G52* —6E **81**
Barmore Av. *Carl* —5G **165**
Barmulloch Rd. *G21* —5C **64**
Barnard Gdns. *B'rig* —3C **48**
Barnbeth Rd. *G53* —3B **100**
Barncluith Ct. *Ham* —6B **142**
Barncluith Rd. *Ham* —6B **142**
Barnes Rd. *G20* —3E **63**
Barnes St. *Barr* —5D **114**
Barnflat St. *Ruth* —4D **104**
Barn Grn. *Kilb* —2A **94**
Barnhill Dri. *Ham* —1B **152**
Barnhill Rd. *Dumb* —2C **18**
BARNHILL STATION. *G21*
—6B **64**
Barnkirk Av. *G15* —4A **44**
Barnscroft. *Kilb* —1B **94**
Barnsford Av. *Inch* —5F **57**
Barnsford Rd. *Inch* —4E **57**
Barnsford Rd. *Pais* —3E **57**
Barns St. *Clyd* —6E **43**
Barnton St. *G32* —4G **85**
Barnwell Ter. *G51* —4E **81**
Barochan Cres. *Pais* —1E **97**
Barochan Rd. *G53* —2B **100**
Barochan Rd. *Hous* —2C **74**
Baronald Dri. *G12* —3H **61**
Baronald Ga. *G12* —3H **61**
Baronald St. *Ruth* —4D **104**
Baron Ct. *Ham* —1C **154**
Barone Dri. *Clar* —1A **134**
Baronhall Dri. *Blan* —1A **140**
Baronhill. *Cumb* —6A **14**
Baron Rd. *Pais* —5C **78**
Baronscourt Dri. *Pais* —1D **96**
Baronscourt Gdns. *Pais*
—1D **96**
Baronscourt Rd. *Pais* —1D **96**
Barons Ga. *Both* —3C **124**
Barons Rd. *Moth* —1B **156**
Barons Tower. *Moth* —6B **144**
Baron St. *Renf* —1E **79**
Baron Way. *Bail* —6D **88**
Barony Dri. *Bail* —5H **87**
Barony Gro. *Udd* —5E **109**
Barony Pl. *Cumb* —4A **34**
Barony Wynd. *Bail* —5H **87**
Barra Av. *Renf* —2E **79**
Barra Av. *Wis* —4C **146**
Barrachnie Ct. *Bail* —5F **87**
Barrachnie Cres. *Bail* —6F **87**
Barrachnie Rd. *Bail* —1F **107**
Barrack St. *G4* —5A **84**
Barrack St. *Ham* —5H **141**
Barra Cres. *Old K* —2G **41**
Barra Dri. *Air* —5E **93**
Barra Gdns. *Old K* —2G **41**
Barra Rd. *Old K* —2G **41**
Barra St. *G20* —1A **62**
Barr Av. *Neil* —1E **131**
Barrcraig Rd. *Bri W* —4E **73**
Barr Cres. *Clyd* —2D **42**
Barr Gro. *Udd* —5E **109**
Barrhead Rd. *G53 & G43*
—1H **115**
Barrhead Rd. *Newt M* —4A **132**
Barrhead Rd. *Pais* —2B **98**
BARRHEAD STATION. *Barr*
—4D **114**
Barrhill. *Twe* —1D **32**
Barrhill Ct. *Kirk* —5G **31**

Barrhill Cres. *Kilb* —3B **94**
Barrhill Rd. *Kirk* —5G **31**
Barriedale Av. *Ham* —6F **141**
Barrie Quad. *Clyd* —4C **42**
Barrie Rd. *G52* —4A **80**
Barrie Rd. *E Kil* —4D **138**
Barrie St. *Moth* —3G **143**
Barrington Dri. *G4* —1D **82**
Barrisdale Rd. *G20* —2B **62**
Barrisdale Rd. *Newm* —3D **146**
Barrisdale Way. *Ruth* —3D **120**
Barrland Dri. *Giff* —4A **118**
Barrland St. *G41* —2E **103**
Barrmill Rd. *G43* —2G **117**
Barrowfield St. *G40* —6C **84**
Barrowfield St. *Coat* —1B **110**
Barrpath. *Kils* —4B **12**
Barr Pl. *Newt M* —4C **132**
Barr Pl. *Pais* —1H **97**
Barrs La. *Carl* —2F **165**
Barr St. *G20* —6E **63**
Barr St. *Moth* —1G **143**
Barr Ter. *E Kil* —1G **149**
Barrwood Pl. *Udd* —5E **109**
Barrwood St. *G33* —1G **85**
Barry Gdns. *Blan* —3A **140**
Barscube Ter. *Pais* —2C **98**
Barshaw Dri. *Pais* —5C **78**
Barshaw Pl. *Pais* —6F **79**
Barshaw Rd. *G52* —5G **79**
Barskiven Rd. *Pais* —1D **96**
Barterholm Rd. *Pais* —3A **98**
Bartholomew St. *G40* —2C **104**
Bartiebeith Rd. *G33* —4D **86**
Bartlett Sq. *Barr* —5E **115**
Bartonhall Rd. *Wis* —2B **158**
Barty's Rd. *Bell* —2E **127**
Barwood Hill. *Dumb* —1H **17**
Bassett Av. *G13* —1B **60**
Bassett Cres. *G13* —1B **60**
Bathgate St. *G31* —5C **84**
Bathgo Av. *Pais* —1G **99**
Bath La. *G2* —3E **83** (3A 4)
Bath St. *G2* —3E **83** (3A 4)
Barsuton St. *G42* —3F **103**
Battlefield Av. *G42* —6E **103**
Battlefield Gdns. *G42* —5E **103**
Battlefield Rd. *G42* —5D **102**
Battle Pl. *G41* —5D **102**
(off Algie St.)
Bavelaw St. *G33* —1D **86**
Bayfield Av. *G15* —4A **44**
Bayfield Ter. *G15* —4A **44**
Beaconsfield Rd. *G12* —4H **61**
Beard Cres. *G'csh* —4E **69**
Beardmore Cotts. *Inch* —3A **58**
Beardmore Pl. *Clyd* —4A **42**
Beardmore St. *Clyd* —4H **41**
Beardmore Way. *Clyd* —5H **41**
Bearford Dri. *G52* —6B **80**
Bearsden Rd. *G13* —3F **61**
Bearsden Shopping Cen. *Bear*
—3G **45**
BEARSDEN STATION. *Bear*
—3E **45**
Beaton Rd. *G41* —3C **102**
Beaton St. *Lark* —1D **160**
Beatrice Dri. *Moth* —2H **127**
Beatrice Gdns. *Hous* —3D **74**
Beatson Wynd. *Udd* —4E **109**
Beattock St. *G31* —6F **85**
Beattock Wynd. *Ham* —6E **141**
Beatty St. *Clyd* —4A **42**
Beaufort Av. *G43* —1A **118**
Beaufort Dri. *Kirk* —5B **30**
Beaufort Gdns. *B'rig* —6A **48**
Beauly Dri. *Pais* —4C **96**
Beauly Pl. *G20* —4B **62**
Beauly Pl. *B'rig* —5F **49**
Beauly Pl. *Chry* —6B **52**
Beauly Pl. *Coat* —2D **110**

Beauly Pl. *E Kil* —1F **149**
Beauly Pl. *Moth* —2A **128**
Beauly Rd. *Bail* —2G **107**
Bedale Rd. *Bail* —1F **107**
Bedcow View. *Kirk* —6F **31**
Bedford Av. *Clyd* —5F **43**
Bedford St. *G5* —6F **83**
Bedford St. *G5* —6F **83**
Bedlay Ct. *Chry* —4E **53**
Bedlay Pl. *Anna* —5B **54**
Bedlay View. *Udd* —4F **109**
Bedlay Wlk. *Chry* —4E **53**
Beech Av. *G41* —1H **101**
(in two parts)
Beech Av. *Bail* —6G **87**
Beech Av. *Bear* —6G **25**
Beech Av. *Bri W* —2F **73**
Beech Av. *Camb* —1H **121**
Beech Av. *Eld* —3A **96**
Beech Av. *Lark* —3H **161**
Beech Av. *Moth* —4B **128**
Beech Av. *Newt M* —5D **132**
Beech Av. *Pais* —4C **98**
Beech Av. *Ruth* —3E **121**
Beechbank Av. *Air* —2H **91**
Beech Ct. *Coat* —1A **110**
Beech Cres. *Moth* —6D **112**
Beech Cres. *Newt M* —6E **133**
Beechcroft Pl. *Blan* —6C **124**
Beech Dri. *Clyd* —2C **42**
Beeches Av. *Clyd* —1B **42**
Beeches Rd. *Clyd* —1A **42**
Beeches Ter. *Clyd* —6B **22**
Beeches, The. *Brkfld* —5C **74**
Beeches, The. *Hous* —2D **74**
Beeches, The. *Newt M*
—3F **133**
Beechfield Dri. *Carl* —5G **165**
Beech Gdns. *Bail* —6G **87**
Beechgrove. *Chry* —5D **52**
Beech Gro. *E Kil* —5D **148**
Beech Gro. *G'csh* —4E **69**
Beech Gro. *Law* —5D **158**
Beech Gro. *Wis* —2A **146**
Beechgrove Av. *Udd* —6G **109**
Beechgrove Quad. *Moth*
—2A **128**
Beechgrove St. *G40* —3D **104**
Beechland Av. *G44* —5C **118**
Beechlands Dri. *Clar* —3A **134**
Beechmount Rd. *Lenz* —3C **50**
Beech Pl. *B'rig* —1D **64**
Beech Pl. *Blan* —2C **140**
Beech Rd. *B'rig* —1D **64**
Beech Rd. *John* —4D **94**
Beech Rd. *Lenz* —1C **50**
Beech Rd. *Moth* —6C **112**
Beech Ter. *Lark* —4F **161**
Beechtree Ter. *Milt C* —6C **8**
Beechwood. *Lark* —6A **156**
Beechwood Av. *Clar* —3A **134**
Beechwood Av. *Ham* —3F **153**
Beechwood Av. *Ruth* —1E **121**
Beechwood Ct. *Bear* —4F **45**
Beechwood Ct. *Cumb* —5H **35**
Beechwood Cres. *Wis*
—1A **158**
Beechwood Dri. *G11* —5F **61**
Beechwood Dri. *Coat* —6E **91**
Beechwood Dri. *Renf* —2D **78**
Beechwood Gdns. *Bell*
—3E **127**
Beechwood Gdns. *Mood*
—6D **52**
Beechwood Gro. *Barr* —6E **115**
Beechwood Pl. *G11* —5F **61**
Beechwood Pl. *Bell* —3E **127**
Beechwood Rd. *Cumb* —4H **35**
Beechworth Dri. *Moth*
—5D **128**

Beith Dri. *Air* —1A **112**
Beith Rd. *How & John* —6A **94**
Beith St. *G11* —2G **81**
Belgrave St. *Bell I* —6B **110**
Belgrave Ter. *G12* —6C **62**
Belhaven Rd. *Ham* —6C **140**
Belhaven Rd. *Wis* —6G **145**
Belhaven Ter. *G12* —5A **62**
Belhaven Ter. *Wis* —6G **145**
Belhaven Ter. La. *G12* —5A **62**
Belhaven Ter. W. *G12* —5A **62**
Belhaven Ter. W. La. *G12*
—5A **62**
Bellahouston Dri. *G52*
—2E **101**
Bellairs Pl. *Blan* —6A **124**
Bellas Pl. *Plain* —1G **93**
Bellcraig Ct. *Clar* —4F **135**
Bell Dri. *G13* —2H **59**
Belleisle Av. *Udd* —6C **108**
Belleisle Cres. *Bri W* —5E **73**
Belleisle St. *G42* —4F **103**
Bellevue Av. *Kirk* —5B **30**
Bellevue Dri. *Kirk* —5B **30**
Bellfield Ct. *Barr* —3D **114**
Bellfield Cres. *Barr* —3D **114**
Bellfield Dri. *Wis* —1A **158**
Bellfield Rd. *Kirk* —5B **30**
Bellfield St. *G31* —5C **84**
Bellflower Ct. *E Kil* —6E **137**
Bellflower Gdns. *G53* —4C **116**
Bellflower Gro. *E Kil* —5E **137**
Bell Grn. E. *E Kil* —3H **149**
Bell Grn. W. *E Kil* —3G **149**
BELLGROVE STATION. *G31*
—5B **84**
Bellgrove St. *G40* —5B **84**
Bellisle Ter. *Ham* —4F **153**
Bellrock Ct. *G33* —3B **86**
Bellrock Cres. *G33* —3A **86**
Bellrock Path. *G33* —3B **86**
Bellrock St. *G33* —3A **86**
Bellscroft Av. *Ruth* —6B **104**
Bellsdyke Rd. *Air* —5H **91**
Bellsfield Dri. *Blan* —3B **140**
Bellshaugh Gdns. *G12* —4A **62**
Bellshaugh La. *G12* —4A **62**
Bellshaugh Pl. *G12* —4A **62**
Bellshaugh Rd. *G12* —4A **62**
Bellshill Ind. Est. *Bell* —1B **126**
Bellshill Rd. *Both* —1G **141**
Bellshill Rd. *Moth* —4E **127**
Bellshill Rd. *Udd* —2D **124**
BELLSHILL STATION. *Bell*
—2C **126**
Bellside Rd. *Chap* —3E **113**
Bellsmyre Av. *Dumb* —1G **17**
Bell St. *G1 & G4*
—4H **83** (6G **5**)
Bell St. *Air* —3H **91**
Bell St. *Bell* —6D **110**
Bell St. *Clyd* —2F **59**
Bell St. *Renf* —5F **59**
Bell St. *Wis* —6F **145**
Belltrees Cres. *Pais* —1E **97**
Bell View Ct. *Renf* —5F **59**
Bellvue Cres. *Bell* —3A **126**
Bellwood St. *G41* —6C **102**
Belmont Av. *Udd* —6C **108**
Belmont Ct. *Kirk* —5D **30**
(off Willowbank Gdns.)
Belmont Cres. *G12* —6C **62**
Belmont Dri. *Barr* —6F **115**
Belmont Dri. *E Kil* —3D **148**
Belmont Dri. *Giff* —4H **117**
Belmont Dri. *Ruth* —6D **104**
Belmont La. *G12* —6C **62**
(off Gt. Western Rd.)
Belmont Rd. *G21* —3B **64**
Belmont Rd. *Camb* —4G **121**
Belmont Rd. *Pais* —5C **78**

Belmont St. *G12 & G20*
—6C **62**
Belmont St. *Clyd* —1D **58**
Belmont St. *Coat* —2G **89**
Belmont St. *Kils* —2G **11**
Belmont St. *Wis* —5H **157**
Belses Dri. *G52* —6C **80**
Belstane Pk. *Carl* —2F **165**
Belstane Pl. *Udd* —4E **125**
Belstane Rd. *Carl* —3F **165**
Belsyde Av. *G15* —5A **44**
Beltane St. *Wis* —1G **157**
Beltane St. *G3* —3D **82**
Beltrees Av. *G53* —4A **100**
Beltrees Cres. *G53* —4A **100**
Beltrees Rd. *G53* —4A **100**
Belvidere Cres. *Bell* —3D **126**
Belvidere Cres. *B'rig* —5D **48**
Belvidere Rd. *Bell* —3C **126**
Belvoir Pl. *Blan* —1B **140**
Bemersyde. *B'rig* —5E **49**
Bemersyde Av. *G43* —2H **117**
Bemersyde Pl. *Lark* —4E **161**
Bemersyde Rd. *Pais* —5B **96**
Ben Alder Dri. *Pais* —4F **99**
Benalder St. *G11* —2A **82**
Benarty Gdns. *B'rig* —5D **48**
Benbecula. *E Kil* —2C **150**
Benbow Rd. *Clyd* —5B **42**
Ben Buie Way. *Pais* —4F **99**
Bencloich Av. *Len* —3G **7**
Bencloich Cres. *Len* —2G **7**
Bencloich Rd. *Len* —3G **7**
Bencroft Dri. *G44* —2A **120**
Benford Av. *Moth* —3D **128**
Benford Knowe. *Moth*
—3E **129**
Bengairn St. *G31* —4E **85**
Bengal Pl. *G43* —6A **102**
Bengal St. *G43* —6A **102**
Benhar Pl. *G33* —4H **85**
Benholm St. *G32* —2H **105**
Ben Hope Av. *Pais* —3F **99**
Ben Lawers Dri. *Cumb* —3D **34**
Ben Lawers Dri. *Pais* —3F **99**
Ben Ledi Av. *Pais* —3F **99**
Ben Ledi Cres. *Cumb* —3D **34**
Ben Loyal Av. *Pais* —3F **99**
Ben Lui Dri. *Pais* —4F **99**
Ben Lui Pl. *Cumb* —3D **34**
Ben More Dri. *Cumb* —3C **34**
Ben More Dri. *Pais* —3F **99**
Benmore Tower. *Camb*
—4G **121**
Bennan Sq. *G42* —3G **103**
Ben Nevis Rd. *Pais* —4E **99**
Ben Nevis Way. *Cumb* —3C **34**
Benny Lynch Ct. *G5* —6G **83**
Benson St. *Coat* —1C **110**
Benston Pl. *John* —4E **95**
Benston Rd. *John* —4E **95**
Bent Cres. *Udd* —1G **125**
Bentfoot Rd. *Wis* —5A **158**
Benthall St. *G5* —1H **103**
Bentinck St. *G3* —2C **82**
Bent Rd. *Chap* —2D **112**
Bent Rd. *Ham* —1G **153**
Bents Rd. *Bail* —6H **87**
Benty's La. *Carl* —4H **165**
Ben Vane Av. *Pais* —4E **99**
Ben Venue Rd. *Cumb* —3C **34**
Ben Venue Way. *Pais* —4F **99**
Benvie Gdns. *B'rig* —5D **48**
Benview Rd. *Clar* —2C **134**
Benview St. *G20* —5D **62**
Benview Ter. *Pais* —3D **98**
Benvue Rd. *Len* —4G **7**
Ben Wyvis Dri. *Pais* —4E **99**
Berelands Cres. *Ruth* —6A **104**
Berelands Pl. *Ruth* —6A **104**

Beresford Av. *G14* —5E **61**
Berger Ct. *G45* —3D **118**
Berkeley St. *G3* —3C **82**
Berkley Dri. *Blan* —6A **124**
Berkley Ter. La. *G3* —3D **82**
(off Granville St.)
Berl Av. *Hous* —3C **74**
Bernadette Av. *Moth* —5D **128**
Bernadette St. *Moth* —4D **128**
Bernard Path. *G40* —1C **104**
(off Bernard Ter.)
Bernard St. *G40* —1C **104**
Bernard Ter. *G40* —1C **104**
Berneray St. *G22* —2G **63**
Berridale Av. *G44* —2E **119**
Berriedale. *E Kil* —3A **148**
Berriedale Av. *Bail* —1G **107**
Berriedale Quad. *Wis* —4H **145**
Berryburn Rd. *G21* —5E **65**
Berry Dyke. *Kirk* —6H **31**
Berryhill Dri. *Giff* —5H **117**
Berry Hill Rd. *Cumb* —3G **35**
Berryhill Rd. *Giff* —6H **117**
Berryknowe. *Kirk* —6H **31**
Berryknowe Av. *Chry* —2A **68**
Berryknowes Av. *G52* —6C **80**
Berryknowes La. *G52* —6C **80**
Berryknowes Rd. *G52*
—1C **100**
Bertram St. *G41* —4C **102**
Bertram St. *Ham* —3E **141**
Bertram St. *Lark* —4G **161**
Bervie St. *G51* —5F **81**
Berwick Cres. *Air* —6H **91**
Berwick Cres. *Lin* —4F **75**
Berwick Dri. *G52* —1B **100**
Berwick Dri. *Ruth* —6F **105**
Berwick Pl. *Coat* —2D **110**
Berwick Pl. *E Kil* —6C **138**
Berwick St. *Coat* —2D **110**
Berwick St. *Ham* —4F **141**
Bessemer Dri. *E Kil* —6A **150**
Betula Dri. *Clyd* —2C **42**
Bevan Gro. *John* —3E **95**
Beveridge Ter. *Bell* —3F **127**
Beverley Rd. *G43* —1B **118**
Bevin Av. *Clyd* —6F **43**
Bideford Cres. *G32* —2D **106**
Bield, The. *Wis* —1A **158**
Biggar Rd. *Chap* —4E **113**
Biggar Rd. *Moth* —6F **113**
Biggar St. *G31* —5D **84**
Bigton St. *G33* —1B **86**
Billings Rd. *Moth* —4D **142**
Bilsland Ct. *G20* —4F **63**
Bilsland Dri. *G20* —4D **62**
Binend Rd. *G53* —5C **100**
Binniehill Rd. *Cumb* —2F **35**
Binnie Pl. *G40* —6A **84**
Binns Rd. *G33* —1C **86**
Birch Av. *Clar* —3D **134**
Birch Brae. *Ham* —2A **154**
Birch Ct. *Coat* —1B **110**
Birch Cres. *Clar* —3D **134**
Birch Cres. *John* —4G **95**
Birch Dri. *Camb* —1C **122**
Birch Dri. *Lenz* —2D **50**
Birch Dri. *Lenz* —2D **50**
Birchfield Dri. *G14* —5B **60**
Birchfield Rd. *Ham* —6F **141**
Birchgrove. *Hous* —2D **74**
Birch Gro. *Lark* —6A **156**
Birch Gro. *Udd* —6F **109**
Birch Knowe. *B'rig* —1D **64**
Birch Knowe. *B'rig* —6D **48**
Birchlea Dri. *Giff* —3B **118**
Birchmount Ct. *Air* —3D **92**
Birch Pl. *Blan* —1B **140**
Birch Quad. *Air* —4D **92**
Birch Rd. *Clyd* —3C **42**
Birch Rd. *Cumb* —2E **37**
Birch Rd. *Dumb* —3F **17**
Birch St. *G5* —1H **103**

Birch St. *Moth* —2B **128**
Birch View. *Bear* —2G **45**
Birchview Dri. *Clar* —5D **134**
Birchwood Av. *G32* —1E **107**
Birchwood Courtyards, The. *Bell*
—5A **110**
Birchwood Dri. *Pais* —4F **97**
Birchwood Pl. *G32* —1E **107**
Birdsfield Ct. *Ham* —3D **140**
Birdsfield Dri. *Blan* —3B **140**
Birdsfield St. *Ham* —3D **140**
Birdston Rd. *G21* —3E **65**
Birdston Rd. *Milt C* —5C **8**
Birgidale Av. *G45* —6H **119**
Birgidale Rd. *G45* —5H **119**
Birgidale Ter. *G45* —5H **119**
Birkdale. *E Kil* —6E **137**
Birkdale Ct. *Both* —5D **124**
Birkenburn Rd. *Cumb* —5F **15**
Birken Rd. *Lenz* —3E **51**
Birkenshaw Rd. *G'csh* —1G **69**
Birkenshaw St. *G31* —4D **84**
*Birkenshaw Way. Pais* —3A **78**
  *(off Mosslands Rd.)*
Birkfield Pl. *Carl* —4H **165**
Birkhall Av. *G52* —1H **99**
Birkhall Av. *Inch* —2H **57**
Birkhall Dri. *Bear* —5F **45**
Birkhill Av. *B'rig* —5D **48**
Birkhill Gdns. *B'rig* —5D **48**
Birkhill Rd. *Ham* —4H **153**
Birkmyre Rd. *G51* —5F **81**
Birks Ct. *Law* —1H **163**
Birkshaw Brae. *Wis* —3G **157**
Birkshaw Pl. *Wis* —3G **157**
Birkshaw Tower. *Wis* —3F **157**
Birks Rd. *Lark* —6F **161**
Birks Rd. *Law* —1G **163**
Birkwood St. *G40* —3D **104**
Birmingham Rd. *Renf* —2D **78**
Birnam Av. *B'rig* —5D **48**
Birnam Av. *Bear* —2H **45**
Birnam Gdns. *B'rig* —5D **48**
Birnam Pl. *Ham* —6C **140**
Birnam Rd. *G32* —2F **105**
Birness Dri. *G43* —5B **102**
Birnie Ct. *G21* —5E **65**
Birniehill Ct. *Clyd* —6C **22**
Birniehill Roundabout. *E Kil*
—3A **150**
Birnie Rd. *G21* —5E **65**
Birnock Av. *Renf* —2G **79**
Birrell Rd. *Miln* —2F **25**
Birrens Rd. *Moth* —1E **143**
Birsay Rd. *G22* —2F **63**
Bishopbriggs Ind. Est. *B'rig*
—2C **64**
BISHOPBRIGGS STATION. *B'rig*
—6C **48**
Bishopdale. *E Kil* —6E **137**
Bishop Gdns. *B'rig* —5A **48**
Bishop Gdns. *Ham* —4A **154**
Bishop La. *G2* —4E **83** (5A **4**)
Bishopmill Pl. *G21* —5E **65**
Bishopmill Rd. *G21* —4E **65**
Bishops Ga. *E Kil* —6G **135**
Bishopsgate Dri. *G21* —2A **64**
Bishopsgate Gdns. *G21*
—2A **64**
Bishopsgate Pl. *G21* —2A **64**
Bishopsgate Rd. *G21* —2A **64**
Bishops Pk. *T'hall* —6F **135**
BISHOPTON STATION. *B'ton*
—6H **39**
*Bisset Ct. John* —4E **95**
  *(off Tannahill Cres.)*
Bissett Cres. *Clyd* —1A **42**
Blackadder Pl. *E Kil* —4A **148**
Blackbog Rd. *Rigg* —5H **55**
Blackbraes Rd. *E Kil* —5B **138**

Blackburn Ct. *G51* —5B **82**
Blackburn Cres. *Dumb* —3D **16**
Blackburn Cres. *Kirk* —5G **31**
Blackburn Sq. *Barr* —6F **115**
Blackbyres Ct. *Barr* —3F **115**
Blackbyres Rd. *Barr* —1E **115**
Blackcraig Av. *G15* —4A **44**
Blackcroft Av. *Air* —6E **93**
Blackcroft Gdns. *G32* —1D **106**
Blackcroft Rd. *G32* —1D **106**
Blackdyke Rd. *Kirk* —5E **31**
Blackfarm Rd. *Newt M*
—5F **133**
Blackfaulds Rd. *Ruth* —5A **104**
Blackford Rd. *Pais* —3C **98**
Blackfriars St. *G1*
—4H **83** (6G **5**)
Blackhall Ct. *Pais* —2D **98**
Blackhall La. *Pais* —2D **98**
Blackhall St. *Pais* —2B **98**
Blackhill Pl. *G33* —1F **85**
Blackhill Rd. *G23* —5B **46**
Blackhill View. *Law* —6E **159**
Blackhouse Av. *Newt M*
—5F **133**
Blackhouse Gdns. *Newt M*
—5F **133**
Blackhouse Rd. *Newt M*
—5F **133**
Blackie St. *G3* —2B **82**
Blacklands Pl. *Lenz* —3E **51**
Blacklands Rd. *E Kil* —2F **149**
Blacklaw Dri. *E Kil* —2B **150**
Blacklaw La. *Pais* —6A **78**
Blackmoor Pl. *Moth* —4A **128**
Blackmoss Dri. *Bell* —3B **126**
Blackmuir Pl. *Ham* —3F **141**
Blackness St. *Coat* —2D **110**
Blackstone Av. *G53* —5C **100**
Blackstone Cres. *G53* —4C **100**
Blackstoun Av. *Lin* —5H **75**
Blackstoun Oval. *Pais* —6F **77**
Blackstoun Rd. *Pais* —6F **77**
Black St. *G4* —2H **83** (2H **5**)
Black St. *Air* —2B **92**
Blackswell La. *Ham* —6B **142**
Blackthorn Av. *Kirk* —2A **50**
Blackthorn Gro. *Kirk* —2B **50**
Blackthorn Rd. *Cumb* —1D **36**
Blackthorn Rd. *Udd* —5G **109**
Blackthorn Roundabout. *Cumb*
—2E **37**
Blackthorn St. *G22* —4A **64**
Blackwood. *E Kil* —6F **149**
Blackwood Av. *Lin* —6G **75**
Blackwood Av. *Newt M*
—6F **133**
Blackwood Gdns. *Moth*
—6E **127**
Blackwood Rd. *Cumb* —4H **33**
Blackwood Rd. *Miln* —1F **25**
Blackwoods Cres. *Bell*
—3E **127**
Blackwoods Cres. *Mood*
—5D **52**
Blackwood St. *G13* —2E **61**
Blackwood St. *Barr* —5D **114**
Bladda La. *Pais* —1B **98**
Blades Ct. *G'csh* —3E **69**
Bladnoch Dri. *G15* —5C **44**
Blaeloch Av. *G45* —6G **119**
Blaeloch Dri. *G45* —6F **119**
Blaeloch Ter. *G45* —6F **119**
Blaeshill Rd. *E Kil* —3A **148**
Blairathol Av. *G11* —6G **61**
Blairathol Gdns. *G11* —6G **61**
Blair Atholl Dri. *Lark* —4G **161**
Blairbeth Dri. *G44* —6F **103**
Blairbeth Pl. *Ruth* —2C **120**
Blairbeth Rd. *Ruth* —2C **120**
Blairbeth Ter. *Ruth* —2E **121**

Blair Ct. *Clyd* —5D **42**
Blair Cres. *Bail* —2G **107**
Blairdardie Rd. *G15 & G13*
—6B **44**
Blairdenan Av. *Chry* —4E **53**
Blairdenon Dri. *Cumb* —2E **35**
Blair Dri. *Milt C* —6B **8**
Blair Gdns. *Torr* —4D **28**
Blairgowrie Rd. *G52* —1C **100**
Blairgrove Ct. *Coat* —5A **90**
Blairhall Av. *G41* —5D **102**
Blairhill Av. *Kirk* —1G **51**
Blairhill Pl. *Coat* —4A **90**
BLAIRHILL STATION. *Coat*
—3A **90**
Blairhill St. *Coat* —4A **90**
Blairholm Dri. *Bell* —4D **126**
Blair Ho. *Cumb* —2A **36**
Blairlinn Ind. Est. *Cumb*
—1H **55**
Blairlinn Rd. *Cumb* —1H **55**
Blairlogie St. *G33* —2B **86**
Blairpark Av. *Coat* —3A **90**
Blair Path. *Moth* —4H **143**
Blair Rd. *Coat* —4A **90**
Blair Rd. *Pais* —6G **79**
Blairston Av. *Both* —6E **125**
Blairston Gdns. *Both* —6F **125**
Blair St. *G32* —6H **85**
Blairtum Dri. *Ruth* —2D **120**
Blairtummock Rd. *G33* —3C **86**
  (in three parts)
Blake Rd. *Cumb* —3A **36**
Blane Dri. *Miln* —2H **25**
Blane St. *Coat* —3C **90**
Blaneview. *Step* —5D **66**
Blantyre Ct. *Ersk* —4E **41**
Blantyre Cres. *Clyd* —6A **22**
Blantyre Dri. *B'ton* —3G **39**
Blantyre Farm Rd. *Blan*
—6A **124**
Blantyre Gdns. *Cumb* —4A **34**
Blantyre Ind. Est. *Blan*
—4C **140**
Blantyre Mill Rd. *Both*
—5D **124**
Blantyre Pl. *Coat* —1A **110**
Blantyre Rd. *Both* —5E **125**
BLANTYRE STATION. *Blan*
—1C **140**
Blantyre St. *G3* —2B **82**
Blantyre St. *Coat* —1A **110**
Blaven Ct. *Bail* —1A **108**
Blawart Hill St. *G14* —4H **59**
Bleachfield. *Miln* —2F **25**
Bleasdale Ct. *Clyd* —5D **42**
Blenheim Av. *E Kil* —4E **149**
Blenheim Ct. *Carl* —4G **165**
Blenheim Ct. *Kils* —2H **11**
Blenheim Ct. *Pais* —6H **77**
Blochairn Rd. *G21* —2C **84**
Bluebell Gdns. *G45* —5C **120**
Bluebell Gdns. *Moth* —5E **127**
Bluebell Wlk. *Moth* —4A **128**
Bluebell Way. *Air* —1H **91**
Bluebell Way. *Carl* —5F **165**
Bluebell Way. *Len* —4H **7**
Blueknowes Rd. *Law* —6C **158**
  (in two parts)
Bluevale St. *G31* —5C **84**
Blyth Pl. *G33* —5D **86**
Blyth Rd. *G33* —5E **87**
Blythswood Av. *Renf* —5F **59**
Blythswood Dri. *Pais* —5A **78**
Blythswood Rd. *Renf* —5F **59**
Blythswood Sq. *G2*
—3E **83** (4B **4**)
Blythswood St. *G2*
—4E **83** (5B **4**)
Boardwalk, The. *E Kil* —4A **150**

Boclair Av. *Bear* —3F **45**
Boclair Cres. *Bear* —3G **45**
Boclair Cres. *B'rig* —5C **48**
Boclair Rd. *G23* —1B **46**
Boclair Rd. *Bear* —3G **45**
Boclair Rd. *B'rig* —6C **48**
Boclair St. *G13* —1E **61**
Bodden Sq. *Moth* —6E **113**
Boden Ind. Est. *G40* —1C **104**
Boden Quad. *Moth* —5D **126**
Boden St. *G40* —1C **104**
Bodmin Gdns. *Chry* —4D **52**
Bogany Ter. *G45* —5A **120**
Bogbain Rd. *G34* —3G **87**
Boggknowe. *Udd* —5B **108**
Boghall Rd. *Brdwd* —6H **165**
Boghall Rd. *Udd* —3G **107**
Boghall St. *G33* —2B **86**
Boghead Av. *Dumb* —3H **17**
Boghead Rd. *G21* —4C **64**
Boghead Rd. *Dumb* —3G **17**
Boghead Rd. *Kirk* —3A **50**
Bogleshole Rd. *Camb*
—6G **105**
Bogmoor Pl. *G51* —2C **80**
Bogmoor Rd. *G51* —3B **80**
Bog Rd. *Bank* —1E **15**
Bogside Rd. *G33* —3A **66**
Bogside Rd. *Ashg* —5B **162**
Bogside Rd. *Kils* —4H **11**
Bogside St. *G40* —1D **104**
Bogstonhill Rd. *Hous* —1B **74**
Bogs View. *Bell* —4B **126**
Bogton Av. *G44* —3D **118**
Bogton Av. La. *G44* —3D **118**
Boleyn Ct. *Wis* —3F **147**
Boleyn Rd. *G41* —3C **102**
Bolingbroke. *E Kil* —5C **138**
Bolivar Ter. *G42* —5G **103**
Bolton Dri. *G42* —5F **103**
Bolton Ter. *Len* —3G **7**
Bon Accord Rd. *Clar* —3D **134**
Bon Accord Sq. *Clyd* —1C **58**
Bonar Cres. *Bri W* —4G **73**
Bonar La. *Bri W* —4G **73**
Bonawe St. *G20* —5D **62**
Bond M. *Ruth* —4G **121**
Bonds Dri. *Newm* —3F **147**
Bo'ness Rd. *Moth* —1C **128**
Boness St. *G40* —1D **104**
Bonhill Rd. *Dumb* —3G **17**
Bonhill St. *G22* —6F **63**
Bonkle Gdns. *Newm* —4F **147**
Bonkle Rd. *Newm* —4F **147**
Bonnar St. *G40* —2C **104**
Bonnaughton Rd. *Bear*
—1B **44**
Bonnyholm Av. *G53* —2A **100**
Bonnyrigg Dri. *G42* —2G **117**
Bonnyton La. *Ham* —4F **153**
Bontine Av. *Dumb* —3G **16**
Bonyton Av. *G13* —3H **59**
Boon Dri. *G15* —5B **44**
Boquhanran Pl. *Clyd* —4C **42**
Boquhanran Rd. *Clyd* —5B **42**
  (in two parts)
Borden La. *G13* —4E **61**
Borden Rd. *G13* —4E **61**
Border Way. *Kirk* —5E **31**
Boreland Dri. *G13* —2A **60**
Boreland Dri. *Ham* —1C **152**
Boreland Pl. *G13* —3B **60**
Bore Rd. *Air* —2B **92**
Borgie Cres. *Camb* —2A **122**
Borland Dri. *Lark* —5F **161**
Borland Rd. *Bear* —4G **45**
Borron St. *G4* —6G **63**
Borrowdale. *E Kil* —6B **148**
Borthwick Dri. *E Kil* —4A **148**
Borthwick St. *G33* —2B **86**
Bosfield Corner. *E Kil* —6H **137**

Bosfield Pl. *E Kil* —6H **137**
Bosfield Rd. *E Kil* —6G **137**
Boswell Ct. *G42* —6D **102**
Boswell Dri. *Blan* —2B **140**
Boswell Pk. *E Kil* —5C **138**
Boswell Sq. *G52* —4H **79**
Bosworth Rd. *E Kil* —5B **138**
Botanic Cres. *G20* —5B **62**
Botanic Cres. La. *G20* —5B **62**
Bothlin Dri. *Step* —3D **66**
Bothlyn Av. *Kirk* —6E **31**
Bothlyn Cres. *G'csh* —2D **68**
Bothlyn Rd. *Chry* —1B **68**
Bothwell Bri. *Ham* —1G **141**
Bothwellhaugh Quad. *Bell*
—4B **126**
Bothwellhaugh Rd. *Moth*
—6B **126**
Bothwell Ho. *Ham* —4A **142**
Bothwell La. *G2* —4E **83** (5B **4**)
*Bothwell La. G12* —1C *82*
*(off Glasgow St.)*
Bothwell Pk. Ind. Est. *Udd*
—2E **125**
Bothwellpark Rd. *Both*
—5F **125**
Bothwell Rd. *Coat* —4B **90**
Bothwell Pl. *Pais* —5C **96**
Bothwell Rd. *Carl* —1E **165**
Bothwell Rd. *Ham* —1G **141**
Bothwell Rd. *Udd* —2D **124**
Bothwell St. *G2* —4E **83** (5B **4**)
Bothwell St. *Camb* —1G **121**
Bothwell St. *Ham* —4G **141**
Bothwick Way. *Pais* —5C **96**
Bourhill Ct. *Wis* —1D **156**
Bourne Av. *Inch* —2H **57**
Bourne Cres. *Inch* —2H **57**
Bourne St. *Ham* —6B **142**
Bourock Sq. *Barr* —6F **115**
Bourtree Rd. *Ham* —1C **152**
Bouverie St. *G14* —3G **59**
Bouverie St. *Ruth* —6B **104**
Bowden Dri. *G52* —5B **80**
Bowden Pk. *E Kil* —3E **149**
Bower St. *G12* —6C **62**
Bowerwalls St. *Barr* —3F **115**
Bowes Cres. *Bail* —1F **107**
Bowfield Av. *G52* —5H **79**
Bowfield Cres. *G52* —5H **79**
Bowfield Dri. *G52* —5H **79**
Bowfield Path. *G52* —5H **79**
Bowfield Pl. *G52* —5H **79**
Bowhousebrae Rd. *Air*
—1E **113**
Bowhouse Rd. *Air* —6E **93**
Bowie St. *Dumb* —4E **17**
*Bowling Grn. La. G14* —6D *60*
*(off Westland Dri.)*
Bowling Grn. Rd. *G44*
—2E **119**
Bowling Grn. Rd. *Chry* —1B **68**
Bowling Grn. Rd. *Mt V*
—1D **106**
Bowling Grn. Rd. *White*
—6D **60**
Bowling Grn. St. *Bell* —2D **126**
Bowling Grn. View. *Camb*
—3F **123**
BOWLING STATION. *Bowl*
—5A **20**
Bowling St. *Coat* —5A **20**
Bowmanflat. *Lark* —2E **161**
Bowman St. *G42* —3E **103**
Bowmont Gdns. *G12* —6A **62**
Bowmont Hill. *B'rig* —3C **48**
Bowmont Pl. *Camb* —2D **122**
Bowmont Pl. *E Kil* —4A **148**
Bowmont Ter. *G12* —6A **62**
Bowmore Gdns. *Ruth*
—4G **121**

Bowmore Gdns. *Udd* —5C **108**
Bowmore Rd. *G52* —6E **81**
Bowyer Vennel. *Bell* —1B **126**
Boyd Dri. *Moth* —2D **142**
Boydstone Pl. *T'bnk* —2G **117**
Boydstone Rd. *G53, G43 &*
*T'bnk* —1E **117**
Boyd St. *G42* —4F **103**
Boylestone Rd. *Barr* —3C **114**
Boyle St. *Clyd* —1F **59**
Boyndie Path. *G34* —3H **87**
Boyndie St. *G34* —3H **87**
Brabloch Cres. *Pais* —5B **78**
Bracadale Dri. *Bail* —1B **108**
Bracadale Gdns. *Bail* —1B **108**
Bracadale Gro. *Bail* —1A **108**
Bracadale Rd. *Bail* —1A **108**
Brackenbrae Av. *B'rig* —5A **48**
Brackenbrae Rd. *B'rig* —6B **48**
Brackendene. *Hous* —2D **74**
Brackenhill Dri. *Ham* —4F **153**
Brackenhill Rd. *Law* —5E **159**
Brackenhirst Rd. *Glenm*
—3F **71**
Brackenhurst St. *Dumb*
—1H **17**
Brackenrig Rd. *T'bnk* —5E **117**
Bracken St. *G22* —3F **63**
Bracken St. *Moth* —4A **128**
Bracken Ter. *Both* —4E **125**
*Bracken Way. Lark* —4G *161*
*(off Donaldson Rd.)*
Brackla Av. *Clyd* —1G **59**
Bradan Av. *Clyd* —2G **59**
Bradda Av. *Ruth* —3E **121**
Bradfield Av. *G12* —4A **62**
Bradshaw Cres. *Ham* —6C **149**
Brady Cres. *Mood* —4E **53**
Braedale. *Ham* —6E **141**
Braedale Av. *Moth* —3D **142**
Braedale Cres. *Newm* —4F **147**
Braedale Pl. *Newm* —4G **147**
Braeface Rd. *Cumb* —3G **35**
Braefield Dri. *T'bnk* —4G **117**
Braefoot Av. *Miln* —5G **25**
Braefoot Ct. *Law* —6D **158**
Braefoot Cres. *Law* —1H **163**
Braefoot Cres. *Pais* —6B **98**
Braehead. *Blan* —3B **140**
Braehead Av. *Clyd* —6C **22**
Braehead Av. *Coat* —2H **109**
Braehead Av. *Lark* —3C **160**
Braehead Av. *Miln* —4F **25**
Braehead Av. *Neil* —2D **130**
Braehead Cres. *Clyd* —6C **22**
Braehead Dri. *Bell* —3B **126**
*Braehead Loan. Carl* —5H *165*
*(off Charles Cres.)*
Braehead Pl. *Bell* —3B **126**
Braehead Quad. *Moth*
—3D **128**
Braehead Quad. *Neil* —2D **130**
Braehead Rd. *Clyd* —6C **22**
Braehead Rd. *Cumb* —2B **36**
Braehead Rd. *Pais* —6G **97**
Braehead Rd. *T'hall* —6G **135**
Braehead St. *G5* —2H **103**
Braehead St. *Kirk* —4C **30**
Braemar Av. *Clyd* —3B **42**
Braemar Ct. *G44* —3C **118**
Braemar Cres. *Carl* —2G **165**
Braemar Cres. *Pais* —4B **98**
Braemar Dri. *Eld* —4H **95**
Braemar Rd. *Inch* —2H **57**
Braemar Rd. *Ruth* —4G **121**
Braemar St. *G42* —6D **102**
Braemar St. *Ham* —3F **141**
Braemar View. *Clyd* —2B **42**
Braemount Av. *Pais* —6G **97**
Braes Av. *Clyd* —6F **43**

Braesburn Ct. *Cumb* —5F **15**
Braesburn Pl. *Cumb* —5F **15**
Braesburn Rd. *Cumb* —5F **15**
Braeside Av. *Chry* —5D **52**
Braeside Av. *Miln* —5G **25**
Braeside Av. *Ruth* —6E **105**
Braeside Cres. *Bail* —6D **88**
Braeside Cres. *Barr* —6G **115**
Braeside Dri. *Barr* —6F **115**
Braeside Dri. *Dumb* —2H **17**
Braeside Gdns. *Ham* —3A **154**
*Braeside La. Lark* —1F *161*
*(off Carrick Pl.)*
Braeside Pl. *Camb* —3B **122**
Braeside Rd. *Moth* —3D **128**
Braeside St. *G20* —5D **62**
*Braeside Way. Lark* —4F *161*
*(off Keir Hardie Rd.)*
Braes o'Yetts. *Kirk* —5G **31**
Braeview Av. *Pais* —6F **97**
Braeview Dri. *Pais* —6F **97**
Braeview Gdns. *Pais* —6F **97**
Brae View Pl. *E Kil* —5B **138**
Braeview Rd. *Pais* —6F **97**
Braid Av. *Moth* —4A **128**
Braidbar Ct. *Giff* —4A **118**
Braidbar Farm Rd. *Giff*
—3B **118**
Braidbar Rd. *Giff* —4A **118**
Braidcraft Pl. *G53* —5C **100**
Braidcraft Rd. *G53* —4C **100**
Braidcraft Ter. *G53* —4D **100**
Braidfauld Gdns. *G32*
—2H **105**
Braidfauld Pl. *G32* —3H **105**
Braidfauld St. *G32* —3H **105**
Braidfield Gro. *Clyd* —2D **42**
Braidfield Rd. *Clyd* —2D **42**
Braidholm Cres. *Giff* —4A **118**
Braidholm Rd. *Giff* —4A **118**
Braidhurst Ind. Est. *Moth*
—6F **127**
Braidhurst St. *Moth* —1G **143**
Braidley Cres. *E Kil* —6G **137**
Braidpark Dri. *Giff* —4B **118**
Braid Sq. *G4* —1E **83**
Braid's Rd. *Pais* —4A **98**
Braid St. *G4* —1E **83**
Braidwood Pl. *Lin* —5F **75**
Braidwood St. *Wis* —2A **146**
Bramah Av. *E Kil* —4H **149**
Bramar Cres. *Bear* —5F **45**
Brambling Ct. *Wis* —2F **157**
Bramley Pl. *Lenz* —3E **51**
Brampton. *E Kil* —5B **148**
Branchalfield Dri. *Wis* —5C **146**
Branchalmuir Cres. *Newm*
—3D **146**
Branchal Rd. *Wis* —4B **146**
Branchock Av. *Camb* —3D **122**
Brancumhall Rd. *E Kil*
—6D **138**
Brandon Arc. *Moth* —3G **143**
Brandon Ct. *Ham* —5G **141**
Brandon Dri. *Bear* —6E **25**
Brandon Gdns. *Camb* —2G **121**
Brandon Ho. *Ham* —4A **142**
Brandon Pde. E. *Moth*
—2G **143**
Brandon Pde. S. *Moth*
—3G **143**
Brandon Pl. *Bell* —4A **126**
Brandon St. *G31* —5B **84**
Brandon St. *Coat* —1A **110**
Brandon St. *Ham* —6A **142**
Brandon St. *Moth* —3H **143**
Brandon Way. *Coat* —1H **109**
Brand St. *G51* —5A **82**
Brankholm Brae. *Ham*
—5B **140**
Brannock Av. *Moth* —3D **128**
Brannock Pl. *Moth* —3D **128**

Brannock Rd. *Moth* —4D **128**
Brassey St. *G20* —3C **62**
Breadalbane Cres. *Moth*
—6F **127**
Breadalbane Gdns. *Ruth*
—3F **121**
Breadalbane St. *G3* —3D **82**
Breadie Dri. *Miln* —5F **25**
Breamish Pl. *E Kil* —5B **148**
Bream Pl. *Hous* —3D **74**
Brechin Rd. *B'rig* —6E **49**
Brechin St. *G3* —3C **82**
Breck Av. *Pais* —6B **96**
Brediland Rd. *Lin* —5G **75**
Brediland Rd. *Pais* —6C **96**
Bredin Way. *Moth* —1D **142**
Bredisholm Cres. *Udd*
—4G **109**
Bredisholm Dri. *Bail* —1A **108**
Bredisholm Rd. *Bail* —1A **108**
(in four parts)
Bredisholm Ter. *Bail* —1A **108**
Bremners Cotts. *Clyd* —1B **42**
Brenfield Av. *G44* —3D **118**
Brenfield Dri. *G44* —3D **118**
Brenfield Rd. *G44* —3D **118**
Brent Av. *T'bnk* —2F **117**
Brent Ct. *E Kil* —6G **137**
Brent Cres. *Hous* —3C **74**
Brent Dri. *T'bnk* —2F **117**
Brent Rd. *E Kil* —6G **137**
Brent Rd. *T'bnk* —2F **117**
Brentwood Av. *G53* —3A **116**
Brentwood Dri. *G53* —3B **116**
Brentwood Sq. *G53* —3B **116**
Brereton St. *G42* —4G **103**
Bressay. *E Kil* —6G **137**
Bressay Rd. *G33* —5E **87**
*Bressay Wynd. Newm* —3D *146*
*(off Tiree Cres.)*
Breval Cres. *Clyd* —6C **22**
Brewery St. *John* —2F **95**
Brewster Av. *Pais* —4C **78**
Briar Bank. *Milt C* —6B **8**
Briarbush Way. *Blan* —1A **140**
Briar Dri. *Clyd* —3D **42**
Briarlea Dri. *Giff* —3A **118**
Briar Neuk. *B'rig* —1D **64**
Briar Rd. *G43* —2B **118**
Briar Rd. *Kirk* —5F **31**
Briarwell La. *Miln* —4H **25**
Briarwell Rd. *Miln* —4H **25**
Briarwood Ct. *G32* —3E **107**
Briarwood Gdns. *G32* —3E **107**
Briarwood Rd. *Wis* —5E **145**
Brick La. *Pais* —6B **78**
Bridgebar St. *Barr* —3G **115**
Bridgeburn Dri. *Chry* —5C **52**
Bridgeford Av. *Bell* —6E **111**
Bridgegait. *Miln* —5A **26**
Bridgegate. *G1* —5G **83**
Bridgend. *B'ton* —4G **39**
Bridgend Cotts. *Kirk* —6G **31**
Bridgend Ct. *C'cry* —2F **15**
Bridgend View. *Carl* —4F **165**
Bridge of Weir Rd. *Bri W*
—4G **73**
Bridge of Weir Rd. *Brktfd & Lin*
—6C **74**
Bridge of Weir Rd. *Hous*
—2A **74**
Bridge St. *G5* —5F **83**
Bridge St. *Camb* —1A **122**
Bridge St. *Clyd* —4A **42**
Bridge St. *Dumb* —4E **17**
Bridge St. *Ham* —1G **153**
Bridge St. *Lin* —5A **76**
Bridge St. *Pais* —1A **98**
Bridge St. *Wis* —6E **145**
BRIDGE ST. STATION. *G5*
—6F **83**

Bridgeton Bus. Cen. *G40* —6B **84**
Bridgeton Cross. *G40* —6B **84**
BRIDGETON STATION. *G40* —1B **104**
Bridgewater Ind. Pk. *Ersk* —5F **41**
Bridgewater Shopping Cen. *Ersk* —5F **41**
Bridgeway Ct. *Kirk* —6F **31**
Bridgeway Pl. *Kirk* —6F **31**
Bridgeway Rd. *Kirk* —6F **31**
Bridgeway Ter. *Kirk* —6F **31**
Bridie Ter. *E Kil* —5C **138**
Brierie Av. *C'lee* —2B **74**
Brierie Gdns. *C'lee* —3B **74**
Brierie Hill Ct. *C'lee* —3B **74**
Brierie Hill Gro. *C'lee* —3B **74**
Brierie Hill Rd. *C'lee* —3A **74**
Brierie Hills. *C'lee* —2B **74**
Brierie La. *C'lee* —3A **74**
Brigbrae Av. *Bell* —4E **127**
Brigham Pl. *G23* —1C **62**
Brighton Pl. *G51* —5H **81**
Brighton St. *G51* —5H **81**
Brightside Av. *Udd* —2D **124**
Brig o'Lea Ter. *Neil* —3C **130**
Brigside Gdns. *Ham* —1C **154**
Brisbane Ct. *Giff* —4B **118**
Brisbane Rd. *B'ton* —4H **39**
Brisbane St. *G42* —6E **103**
Brisbane St. *Clyd* —3H **41**
Brisbane Ter. *E Kil* —4E **149**
Britannia Way. *Clyd* —5D **42**
Britannia Way. *Renf* —2E **79**
Briton St. *G51* —4H **81**
Brittain Way. *Moth* —6H **111**
Broadcroft. *Kirk* —4C **30** (in two parts)
Broadcroft Rd. *Kirk* —4C **30**
Broadford St. *G4* —1G **83**
Broadholm St. *G22* —3F **63**
Broadleys Av. *B'rig* —4B **48**
Broadlie Ct. *Neil* —2D **130**
Broadlie Dri. *G13* —3A **60**
Broadlie Rd. *Neil* —2C **130**
Broadloan. *Renf* —1E **79**
Broadmeadow Ind. Est. *Dumb* —3F **17**
Broadmoss Av. *Newt M* —5A **134**
Broad Sq. Houses. *Blan* —1A **140**
Broad St. *G40* —6B **84**
Broadway, The. *Wis* —5E **145**
Broadwood Bus. Pk. *Cumb* —5B **34**
Broadwood Dri. *G44* —1F **119**
Broadwood Roundabout. *Cumb* —5B **34**
Brockburn Cres. *G53* —5B **100**
Brockburn Rd. *G53* —3A **100**
Brockburn Ter. *G53* —5C **100**
Brocklinn Pk. *E Kil* —4A **148**
Brock Oval. *G53* —1C **116**
Brock Pl. *G53* —6C **100**
Brock Rd. *G53* —1B **116**
Brock Ter. *G53* —1C **116**
Brockville St. *G32* —5H **85**
Brodick Av. *Moth* —2D **142**
Brodick Dri. *E Kil* —6F **137**
Brodick Sq. *B'rig* —1E **65**
Brodick St. *G21* —2C **84**
Brodie Pk. Av. *Pais* —3A **98**
Brodie Pk. Cres. *Pais* —3H **97**
Brodie Pk. Gdns. *Pais* —3A **98**
Brodie Pl. *E Kil* —6F **137**
Brodie Rd. *G21* —2F **65**
Brogan Cres. *Moth* —2D **142**
Bromley Dri. *Giff* —6A **118**
Bromley La. *Giff* —6A **118**

Bron Way. *Cumb* —4A **36**
Brookbank Ter. *Carl* —4G **165**
Brooklands. *E Kil* —2C **148**
Brooklands Av. *Udd* —6C **108**
Brooklea Dri. *Giff* —2A **118**
Brooklime Gdns. *E Kil* —5E **137**
Brooklime Gro. *E Kil* —5E **137**
Brooklyn Pl. *Wis* —5H **157**
Brookside St. *G40* —6C **84**
Brook St. *G40* —6B **84**
Brook St. *Clyd* —3B **42**
Broomburn Dri. *Newt M* —5F **133**
Broom Cliff. *Newt M* —6F **133**
Broom Cres. *Barr* —2C **114**
Broom Cres. *E Kil* —6E **137**
Broomcroft Rd. *Newt M* —3G **133**
Broom Dri. *Clyd* —3C **42**
Broom Dri. *Lark* —6A **156**
Broomdyke Way. *Pais* —3H **77**
Broomelton Rd. *Ham* —5A **160**
Broomfauld Gdns. *Dumb* —3G **17**
Broomfauld Ind. Est. *Dumb* —4F **17**
Broomfield. *Hous* —2D **74**
Broomfield Av. *Camb* —6F **105**
Broomfield Av. *Newt M* —6F **133**
Broomfield La. *G21* —4B **64**
Broomfield Pl. *G21* —4B **64**
Broomfield Rd. *G21* —4B **64**
Broomfield Rd. *Giff* —3G **133**
Broomfield Rd. *Lark* —5F **161**
Broomfield St. *Air* —4B **92**
Broomfield Ter. *Udd* —4D **108**
Broomfield Wlk. *Kirk* —5D **30**
Broom Gdns. *Kirk* —1B **50**
Broomhill Av. *G11* —1F **81**
Broomhill Av. *Carm* —5B **106**
Broomhill Av. *Newt M* —5F **133**
Broomhill Cres. *Bell* —4B **126**
Broomhill Cres. *Ersk* —2F **57**
Broomhill Dri. *G11* —6F **61**
Broomhill Dri. *Dumb* —2H **17**
Broomhill Dri. *Ruth* —2D **120**
Broomhill Farm M. *Kirk* —4E **31**
Broomhill Gdns. *G11* —6F **61**
Broomhill Gdns. *Newt M* —5F **133**
Broomhill Ga. *Lark* —3E **161**
Broomhill La. *G11* —6F **61**
Broomhill Path. *G11* —6F **61**
Broomhill Pl. *G11* —1F **81**
Broomhill Rd. *Lark* —3D **160**
Broomhill Ter. *G11* —1F **81**
Broomhill View. *Lark* —3C **160**
Broomieknowe Dri. *Ruth* —1D **120**
Broomieknowe Rd. *Ruth* —1D **120**
Broomielaw. *G1* —5E **83**
Broomknoll St. *Air* —4A **92**
Broomknowe. *Cumb* —2F **35**
Broomknowes Av. *Kirk* —3E **51**
Broomknowes Rd. *G21* —5C **64**
Broomlands Av. *Ersk* —1A **58**
Broomlands Cres. *Ersk* —1A **58**
Broomlands Gdns. *Ersk* —1H **57**
Broomlands Rd. *Cumb* —5A **36**
Broomlands St. *Pais* —1F **97**

Broomlands Way. *Ersk* —1A **58**
Broomlea Cres. *Inch* —2G **57**
Broomlee Rd. *Cumb* —1H **55**
Broomloan Ct. *G51* —6G **81**
Broomloan Pl. *G51* —5G **81**
Broomloan Rd. *G51* —5G **81**
Broompark Av. *Blan* —3A **140**
Broompark Cir. *G31* —4B **84**
Broompark Dri. *G31* —4B **84**
Broompark Dri. *Inch* —2H **57**
Broompark Dri. *Newt M* —4G **133**
Broompark La. *G31* —4B **84**
Broompark Rd. *Blan* —2A **140**
Broompark Rd. *Wis* —5D **144**
Broompark St. *G31* —4B **84**
Broom Path. *Bail* —2F **107**
Broom Pl. *Bri W* —4G **73**
Broom Pl. *Coat* —2B **110**
Broom Pl. *Moth* —3C **128**
Broom Rd. *G43* —2B **118**
Broom Rd. *Cumb* —6D **14**
Broom Rd. *Newt M* —3G **133**
Broom Rd. E. *Newt M* —6G **133**
Broomside Cres. *Moth* —5G **143**
Broomside St. *Moth* —5G **143**
Broomstone Av. *Newt M* —6F **133**
Broom Ter. *John* —4F **95**
Broomton Rd. *G21* —2E **65**
Broomvale Dri. *Newt M* —4F **133**
Broomward Dri. *John* —2H **95**
Brora Cres. *Ham* —3D **152**
Brora Dri. *Bear* —3H **45**
Brora Dri. *Giff* —5B **118**
Brora Dri. *Renf* —6G **59**
Brora Gdns. *B'rig* —6D **48**
Brora St. *G33* —2F **85**
Broughton. *E Kil* —6G **149**
Broughton Dri. *G23* —1C **62**
Broughton Gdns. *G23* —6D **46**
Broughton Pl. *Coat* —2D **110**
Broughton Pl. *Ham* —6E **141**
Broughton Rd. *G23* —1C **62**
Brouster Ga. *E Kil* —2H **149**
Brouster Hill. *E Kil* —2G **149**
Brouster Pl. *E Kil* —2G **149**
Brown Av. *Clyd* —1F **59**
Brown Av. *Dumb* —1C **18**
Brownhill Rd. *G43* —3H **117**
Brownhill View. *Wis* —3H **147**
Brownieside Pl. *Plain* —1G **93**
Brownieside Rd. *Plain* —1H **93**
Brownlee Rd. *Wis* —1D **162**
Brownlie St. *G42* —5F **103**
Brown Pl. *Camb* —1A **122**
Brown Rd. *Cumb* —3H **35**
Brownsburn Ind. Est. *Air* —6B **92**
Brownsburn Rd. *Air* —1B **112**
Brownsdale Rd. *Ruth* —6B **104**
Brownsfield Cres. *Inch* —4F **57**
Brownsfield Rd. *Inch* —4F **57**
Brownshill Av. *Coat* —1B **110**
Brownside Av. *Barr* —2C **114**
Brownside Av. *Camb* —2G **121**
Brownside Av. *Pais* —6G **97**
Brownside Cres. *Barr* —2C **114**
Brownside Dri. *G13* —3H **59**
Brownside Dri. *Barr* —2C **114**
Brownside Gdns. *Barr* —2C **114**
Brownside M. *Camb* —2G **121**
Brownside Rd. *Ruth* —2F **121**
Brown's La. *Pais* —1A **98**

Brown St. *Carl* —2F **165**
Brown St. *Coat* —6C **90**
Brown St. *Ham* —1A **154**
Brown St. *Lark* —1E **161**
Brown St. *Moth* —1H **143**
Brown St. *Newm* —5E **147**
Brown St. *Pais* —6G **77**
Brown St. *Renf* —1D **78**
Bruar Way. *Newm* —3D **146** (off Tiree Cres.)
Bruce Av. *John* —5E **95**
Bruce Av. *Moth* —2F **143**
Bruce Av. *Pais* —4C **78**
Bruce Ct. *Air* —3E **93**
Brucefield Pl. *G34* —3B **88**
Brucehill Rd. *Dumb* —3C **16**
Bruce Ho. *Cumb* —2H **35**
Bruce Loan. *Wis* —5A **158**
Bruce Pl. *E Kil* —4H **149**
Bruce Rd. *G41* —1C **102**
Bruce Rd. *B'ton* —3G **39**
Bruce Rd. *Moth* —5B **128**
Bruce Rd. *Pais* —5C **78**
Bruce Rd. *Renf* —2C **78**
Bruce's Loan. *Lark* —4G **161** (off Donaldson Rd.)
Bruce St. *Bell* —2D **126**
Bruce St. *Clyd* —6D **42**
Bruce St. *Coat* —3D **90**
Bruce St. *Dumb* —5G **17**
Bruce St. *Plain* —1G **93**
Bruce Ter. *Blan* —6C **124**
Bruce Ter. *E Kil* —4H **149**
Brunel Way. *E Kil* —3H **149**
Brunstane Rd. *G34* —2G **87**
Brunswick La. *G1* —4G **83** (6F **5**)
Brunswick St. *G1* —4G **83** (6F **5**)
Brunton St. *G44* —2D **118**
Brunton Ter. *G44* —3E **119**
Bruntsfield Av. *G53* —4B **116**
Bruntsfield Gdns. *G53* —4B **116**
Bryan St. *Ham* —4F **141**
Bryce Gdns. *Lark* —1E **161**
Bryce Pl. *E Kil* —5E **149**
Brydson Pl. *Lin* —5H **75**
Bryson Ct. *Ham* —4H **153**
Bryson St. *Clyd* —6G **23**
Buccleuch Av. *G52* —3G **79**
Buccleuch Av. *Clar* —2B **134**
Buccleuch Dri. *Bear* —6E **25**
Buccleuch La. *G3* —2E **83** (2B **4**)
Buccleuch St. *G3* —2E **83** (2A **4**)
Buchanan Av. *B'ton* —3H **39**
Buchanan Bus. Pk. *Step* —3F **67**
Buchanan Ct. *G33* —3E **67**
Buchanan Cres. *B'rig* —1E **65**
Buchanan Cres. *Ham* —1F **153**
Buchanan Dri. *Bear* —3G **45**
Buchanan Dri. *B'rig* —1E **65**
Buchanan Dri. *Camb* —1G **121**
Buchanan Dri. *Lenz* —5W **159**
Buchanan Dri. *Lenz* —4D **50**
Buchanan Dri. *Newt M* —2E **133**
Buchanan Dri. *Ruth* —1D **120**
Buchanan Gro. *Bail* —6H **87**
Buchanan Pl. *Torr* —4D **28**
Buchanan St. *G1* —4F **83** (6D **4**)
Buchanan St. *Air* —4A **92**
Buchanan St. *Bail* —1H **107**
Buchanan St. *Coat* —5B **90**
Buchanan St. *Dumb* —5G **17**
Buchanan St. *John* —3E **95**

Buchanan St. *Miln* —3H **25**
BUCHANAN ST. STATION. *G1*
—3G **83** (4E **5**)
Buchandyke Rd. *E Kil* —5B **138**
Buchanen Gdns. *G32* —3E **107**
Buchan Ga. *E Kil* —6B **138**
Buchan Ho. *Cumb* —2H **35**
Buchan Rd. *Moth* —4A **128**
Buchan St. *Ham* —3G **153**
Buchan St. *Wis* —3H **145**
Buchan Ter. *Camb* —4G **121**
Buchlyvie Gdns. *B'rig* —2B **64**
Buchlyvie Path. *G34* —4H **87**
Buchlyvie Rd. *Pais* —6G **79**
Buchlyvie St. *G34* —4H **87**
Buckie. *Ersk* —4E **41**
Buckie Wlk. *Bell* —1C **126**
Buckingham Ct. *Ham* —5C **140**
Buckingham Dri. *G32* —5B **106**
Buckingham Dri. *Ruth*
—6F **105**
Buckingham St. *G12* —6B **62**
Buckingham Ter. *G12* —6B **62**
Bucklaw Gdns. *G52* —1C **100**
Bucklaw Pl. *G52* —1C **100**
Bucklaw Ter. *G52* —1C **100**
Buckley St. *G22* —3H **63**
Bucksburn Rd. *G21* —5E **65**
Buckthorne Pl. *G53* —4B **116**
Buddon St. *G40* —1E **105**
Budhill Av. *G32* —6B **86**
Budshaw Av. *Chap* —3C **112**
Bulldale St. *G14* —4G **59**
Bulldale St. *G14* —3G **59**
Bullionslaw Dri. *Ruth* —1F **121**
Bulloch Av. *Giff* —5B **118**
Bull Rd. *Clar* —3D **134**
Bullwood Av. *G53* —5H **99**
Bullwood Ct. *G53* —5A **100**
Bullwood Dri. *G53* —4H **99**
Bullwood Gdns. *G53* —4H **99**
Bullwood Pl. *G53* —4H **99**
Bunbury Ter. *E Kil* —3E **149**
Bunessan St. *G52* —6F **81**
Bunhouse Rd. *G3* —2A **82**
Burbank Highland Rd. *Miln*
—3G **25**
Burghead Dri. *G51* —3E **81**
Burghead Pl. *G51* —3E **81**
Burgher St. *G31* —6E **85**
Burgh Hall St. *G11* —1H **81**
*Burgh La. G12 —6B 62*
*(off Cresswell St.)*
Burleigh Rd. *Both* —4F **125**
Burleigh St. *G51* —3G **81**
Burleigh St. *Coat* —2D **110**
Burley Pl. *E Kil* —1B **148**
Burlington Av. *G12* —3H **61**
Burmola St. *G22* —5F **63**
Burnacre Gdns. *Udd* —6C **108**
Burnbank Braes. *Carl* —4F **165**
Burnbank Cen. *Ham* —4E **141**
Burnbank Dri. *Barr* —6E **115**
Burnbank Gdns. *G20* —1D **82**
*Burnbank Gdns. Ham —4E 141*
*(off Burnbank Rd.)*
Burnbank Pl. *G20* —1E **83**
Burnbank Quad. *Air* —3H **91**
Burnbank Rd. *Ham* —4E **141**
Burnbank St. *Air* —3H **91**
Burnbank St. *Coat* —3D **90**
Burnbank Ter. *G20* —1D **82**
Burnbank Ter. *Kils* —2H **11**
Burnblea Gdns. *Ham* —1A **154**
Burnblea St. *Ham* —1H **153**
Burn Brae. *Clyd* —1C **42**
Burnbrae. *Twe* —2D **30**
Burnbrae Av. *Bear* —6G **25**
Burnbrae Av. *Lin* —6A **76**
Burnbrae Av. *Mood* —5D **52**
Burnbrae Dri. *Lin* —2B **96**

Burnbrae Dri. *Ruth* —2F **121**
Burnbrae Pl. *E Kil* —1E **149**
Burnbrae Rd. *Blan* —2A **140**
Burnbrae Rd. *Kirk & Chry*
—5E **51**
Burnbrae Rd. *Lin I* —1H **95**
Burnbrae Rd. *Waters* —6H **31**
Burnbrae St. *G21* —5C **64**
Burnbrae St. *Clyd* —5F **23**
Burnbrae St. *Lark* —2D **160**
Burncleugh Av. *Camb*
—3A **122**
Burn Cres. *Chap* —3D **112**
Burn Cres. *Moth* —3A **128**
Burncrooks Av. *E Kil* —1E **149**
Burncrooks Ct. *Clyd* —1B **42**
Burndyke Ct. *G51* —4H **81**
Burndyke Sq. *G51* —4A **82**
Burnet Rose Ct. *E Kil* —5E **137**
Burnet Rose Gdns. *E Kil*
—5E **137**
Burnet Rose Pl. *E Kil* —5E **137**
Burnett Rd. *G33* —4E **87**
Burnfield Av. *T'bnk* —3H **117**
Burnfield Cotts. *T'bnk*
—3H **117**
Burnfield Dri. *G43* —3H **117**
Burnfield Gdns. *Giff* —3A **118**
Burnfield Rd. *G43 & T'bnk*
—2G **117**
Burnfoot Cres. *Pais* —5G **97**
Burnfoot Cres. *Ruth* —2F **121**
Burnfoot Dri. *G52* —6B **80**
Burnfoot Rd. *Air* —3G **91**
Burngreen. *Kils* —3H **11**
Burngreen Ter. *Cumb* —6B **14**
Burnhall Pl. *Wis* —2B **158**
Burnhall Rd. *Wis* —1A **158**
Burnhall St. *Wis* —2B **158**
Burnham Rd. *G14* —5A **60**
Burnhaven. *Ersk* —5E **41**
Burnhead Rd. *G43* —2C **118**
Burnhead Rd. *Air* —1C **92**
Burnhead Rd. *Cumb* —3E **35**
Burnhead Rd. *Lark* —2F **161**
Burnhead St. *Udd* —5F **109**
Burnhill Quad. *Ruth* —5B **104**
Burnhill St. *Ruth* —5B **104**
Burnhouse Av. *Cumb* —3D **34**
Burnhouse Cres. *Ham*
—2F **153**
Burnhouse Rd. *Ham* —2F **153**
Burnhouse St. *G20* —3A **62**
(in two parts)
Burniebrae. *Air* —3G **91**
Burniebrae Rd. *Chap* —2E **113**
Burn La. *Moth* —3A **128**
Burnlea Cres. *Hous* —1A **74**
Burnlip Rd. *Air* —5C **70**
Burnmouth Ct. *G33* —5F **87**
Burnmouth Rd. *G33* —5F **87**
Burnock Pl. *E Kil* —4A **148**
Burnpark Av. *Udd* —6B **108**
Burn Pl. *Camb* —6G **105**
Burn Rd. *Carl* —2F **165**
Burns Av. *B'ton* —4H **39**
Burn's Cres. *Air* —5B **92**
Burns Dri. *John* —5E **95**
Burns Dri. *Kirk* —3G **31**
Burns Gdns. *Blan* —6A **124**
Burns Gro. *T'bnk* —5G **117**
Burnside. *Bear* —6C **24**
Burnside Av. *Barr* —3D **114**
Burnside Av. *Bell* —3E **127**
Burnside Av. *Brkfld* —6C **74**
Burnside Av. *C'bnk* —3B **112**
Burnside Av. *Kirk* —6B **30**
Burnside Ct. *Bear* —1C **44**
*Burnside Ct. Coat —5B 90*
*(off Kirk St.)*

Burnside Ct. *Moth* —5B **144**
Burnside Ct. *Ruth* —2E **121**
Burnside Cres. *Blan* —3C **140**
Burnside Cres. *Clyd* —6D **22**
Burnside Gdns. *Clar* —2B **134**
Burnside Gdns. *Mill P* —3B **94**
Burnside Ga. *Ruth* —2E **121**
Burnside Gro. *John* —3E **95**
Burnside Ind. Est. *Kils* —3G **11**
Burnside La. *Ham* —1A **154**
Burnside Pl. *Dumb* —5H **17**
Burnside Pl. *Lark* —2F **161**
Burnside Pl. *Pais* —4E **77**
(in two parts)
Burnside Quad. *Moth* —2A **128**
Burnside Rd. *Coat* —2E **91**
Burnside Rd. *Eld* —4A **96**
Burnside Rd. *Giff* —3H **133**
Burnside Rd. *Moth* —3C **128**
Burnside Rd. *Ruth* —2E **121**
BURNSIDE STATION. *Ruth*
—2E **121**
Burnside St. *Dumb* —5H **17**
Burnside St. *Moth* —5B **144**
Burnside Ter. *Dumb* —4H **17**
*(off Burnside Pl.)*
*Burnside Tower. Moth*
*(off Burnside Ct.)* —5A **144**
Burnside View. *Coat* —6A **90**
Burnside Wlk. *Coat* —6A **90**
Burns La. *Chap* —2D **112**
*Burns Loan. Lark —1F 161*
*(off Carrick Pl.)*
Burns Pk. *E Kil* —1A **150**
Burns Rd. *Chap* —1D **112**
Burns Rd. *Cumb* —3B **36**
Burns Rd. *Kirk* —4F **31**
Burns St. *G4* —1F **83**
Burns St. *Clyd* —4A **42**
Burns St. *Ham* —1H **153**
Burns Wlk. *Bell* —6D **110**
Burns Way. *Moth* —3C **128**
Burntbroom Dri. *Bail* —2F **107**
Burntbroom Gdns. *Bail*
—2F **107**
Burntbroom Rd. *Udd* —3F **107**
Burntbroom St. *G33* —3D **86**
Burn Ter. *Camb* —6G **105**
Burn View. *Cumb* —2C **36**
Burnwood Dri. *Air* —5G **93**
Burra Gdns. *B'rig* —5F **49**
Burrell Ct. *G41* —3A **102**
Burrell's La. *G4* —4A **84** (5H **5**)
Burrelton Rd. *G43* —1D **118**
Burton La. *G42* —4E **103**
Burton La. *Carl* —3E **165**
Busby Rd. *Bell* —4B **126**
Busby Rd. *Crmck* —3G **135**
Busby Rd. *Clar* —1C **134**
BUSBY STATION. *Clar*
—4E **135**
Bush Cres. *Wis* —1A **158**
Bushelhead Rd. *Brdwd*
—6E **165**
Bushes Av. *Pais* —4H **97**
Busheyhill St. *Camb* —2A **122**
Bute. *E Kil* —2C **150**
Bute Av. *Moth* —2E **143**
Bute Av. *Renf* —2F **79**
Bute Cres. *Bear* —5F **45**
Bute Cres. *Pais* —6H **97**
Bute Dri. *John* —4D **94**
Bute Gdns. *G12* —1B **82**
Bute Gdns. *Muir* —3D **118**
Bute La. *G12* —1B **82**
Bute La. *Pais* —4F **77**
Bute Rd. *Glas A* —2G **77**
Bute Rd. *Kirk* —5H **31**
Bute St. *Coat* —1D **110**
Bute St. *Ham* —3F **141**
Bute Ter. *Ruth* —2C **120**

Bute Ter. *Udd* —6F **109**
Bute Tower. *Camb* —4G **121**
Butler Wynd. *Bell* —2B **126**
Butterbiggins Rd. *G42*
—2E **103**
Butterburn Pk. St. *Ham*
—2H **153**
Butterfield Pl. *G42* —2E **103**
Buttermere. *E Kil* —6B **148**
Byars Rd. *Kirk* —5B **30**
Byrebush Rd. *G53* —4C **100**
Byres Av. *Pais* —5C **78**
Byres Cres. *Pais* —5C **78**
Byresknowe La. *Moth*
—6B **128**
Byres Rd. *G11 & G12* —1A **82**
Byres Rd. *Eld* —3B **96**
Byres Rd. *Moth* —3E **129**
Byrestone Av. *Newt M*
—5A **134**
Byron Ct. *Both* —5F **125**
Byron St. *G11* —1E **81**
Byron St. *Clyd* —3C **42**
Byshot Path. *G22* —5H **63**
Byshot St. *G22* —5H **63**

**C**able Depot Rd. *Clyd* —5B **42**
Cadder Ct. *B'rig* —2D **48**
Cadder Gro. *G20* —2C **62**
Cadder Pl. *G20* —2C **62**
Cadder Rd. *G23* —1C **62**
Cadder Rd. *B'rig* —2D **48**
Cadder Way. *B'rig* —2D **48**
Cadell Gdns. *E Kil* —4D **138**
Cadger's Sheuch. *Kils* —3D **12**
Cadoc St. *Camb* —2B **122**
Cadogan St. *G2* —4E **83** (5B **4**)
Cadzow Av. *Giff* —1H **133**
Cadzow Bri. *Ham* —5A **142**
Cadzow Cres. *Camb* —1A **110**
Cadzow Dri. *Bell* —3F **127**
Cadzow Dri. *Camb* —2H **121**
Cadzow Grn. *E Kil* —1F **149**
Cadzow Ho. *Ham* —4A **142**
Cadzow Ind. Est. *Ham*
—3H **153**
Cadzow La. *Ham* —5A **142**
Cadzow St. *Ham* —5A **142**
Cadzow St. *Lark* —1E **161**
Cadzow St. *Moth* —3F **143**
Caird Dri. *G11* —1H **81**
Caird Gdns. *Ham* —4G **141**
Caird Pk. *Ham* —4H **141**
Caird St. *Ham* —4G **141**
*Caird Ter. Bear —6D 24*
*(off Grampian Way)*
Cairhill Trad. Est. *Air* —5A **92**
Cairn Av. *Renf* —2G **79**
*Cairnbairn Ct. Carl —2F 165*
*(off Carranbute Rd.)*
Cairnban St. *G51* —5D **80**
Cairnbrook Ind. Est. *G34*
—3A **88**
Cairnbrook Rd. *G34* —3A **88**
Cairn Ct. *E Kil* —5G **137**
Cairn Ct. *Moth* —4H **143**
Cairncraig St. *G40* —1E **105**
Cairndow Av. *G44* —3D **118**
Cairndow Av. La. *G44*
—3D **118**
Cairndow Ct. *G44* —3D **118**
Cairn Dri. *Lin* —5H **75**
Cairndyke Cres. *Air* —5A **92**
Cairneymount Rd. *Carl*
—3F **165**
Cairney Pl. *Newm* —3H **147**
Cairngorm Cres. *Barr* —6E **115**
Cairngorm Cres. *Bear* —1B **44**
Cairngorm Cres. *Pais* —4A **98**
Cairngorm Cres. *Wis* —6F **145**

Cairngorm Gdns. *Cumb*
—4D **34**
Cairngorm Rd. *G43* —2A **118**
Cairnhill Av. *Air* —6A **92**
Cairnhill Cir. *G52* —2H **99**
Cairnhill Ct. *Carl* —3F **165**
Cairnhill Cres. *Coat* —2F **111**
Cairnhill Dri. *G52* —2H **99**
Cairnhill Pl. *G52* —2H **99**
Cairnhill Rd. *Air* —6H **91**
Cairnhill Rd. *Bear* —6F **45**
Cairnhope Av. *Air* —6H **91**
Cairnlea Dri. *G51* —5H **81**
Cairnlea Gdns. *Bell* —4D **126**
Cairnlea Rd. *Miln* —4E **25**
Cairnmuir Rd. *Clar* —4C **136**
Cairnmuir Rd. *E Kil* —3F **137**
Cairnoch Hill. *Cumb* —3E **35**
Cairn Pl. *E Kil* —5G **137**
Cairnryan. *E Kil* —6F **137**
Cairns Av. *Camb* —2B **122**
Cairns Dri. *Miln* —3G **25**
Cairnsmore Dri. *Bear* —6B **24**
Cairnsmore Rd. *G15* —5G **43**
Cairns Rd. *B'ton* —3G **39**
Cairns Rd. *Camb* —3B **122**
Cairns St. *Moth* —3G **143**
Cairn St. *G21* —3B **64**
Cairnswell Av. *Camb* —3C **122**
Cairnswell Pl. *Camb* —3C **122**
Cairntoul Ct. *Cumb* —4D **34**
Cairntoul Dri. *G14* —3A **60**
Cairntoul Pl. *G14* —4A **60**
Cairn View. *Air* —5H **91**
Cairn View. *Kirk* —6H **31**
Cairnview Rd. *Milt C* —6B **8**
Cairnwood Dri. *Air* —6H **91**
Caithness Rd. *E Kil* —6D **138**
Caithness St. *G4* —1F **83**
Caithness St. *G20* —5D **62**
Caithness St. *Blan* —3A **140**
Cala Sona Ct. *Wis* —3E **157**
Calcots Path. *G34* —2A **88**
Calcots Pl. *G34* —2B **88**
Caldarvan St. *G22* —6F **63**
Caldean Rd. *Coat* —6D **90**
Calder Av. *Barr* —6E **115**
Calder Av. *Coat* —1D **110**
Calder Av. *Newm* —3E **147**
Calderbank Rd. *C'bnk* —1A **112**
Calderbank Ter. *Moth*
—2H **143**
Calderbank View. *Bail* —1A **108**
Calderbraes Av. *Udd* —4C **108**
*Calder Ct. Coat —1D 110*
*(off Whifflet St.)*
Caldercuilt Rd. *G20* —1A **62**
Calder Dri. *Bell* —3E **127**
Calder Dri. *Camb* —2A **122**
Calderglen Av. *Camb* —4A **124**
Calderglen Rd. *E Kil* —2C **150**
Caldergrove. *Moth* —1G **143**
Calderpark Av. *Udd* —3H **107**
Calderpark Cres. *Udd* —3H **107**
Calder Pl. *Bail* —1H **107**
Calderrigg Pl. *Air* —4E **93**
Calder Rd. *Bell* —2E **127**
Calder Rd. *Camb* —2H **123**
Calder Rd. *Pais* —6E **77**
Calder Rd. *Udd* —4H **109**
Calderside Rd. *E Kil* —3D **150**
Calder St. *G42* —3E **103**
Calder St. *Blan* —1B **140**
Calder St. *C'bnk* —3C **112**
Calder St. *Coat* —1D **110**
Calder Tower. *E Kil* —6G **137**
Calder Tower. *Moth* —4G **143**
Caldervale St. *Air* —1E **113**
Calder View. *Ham* —3F **153**
Calder View. *Moth* —2H **143**

Calderview Av. *Coat* —1F **111**
Calderwood Av. *Bail* —2G **107**
Calderwood Dri. *Bail* —2G **107**
Calderwood Dri. *Blan* —3B **140**
Calderwood Gdns. *Bail*
—2G **107**
Calderwood Gdns. *E Kil*
—6E **139**
Calderwood Rd. *G43* —1B **118**
Calderwood Rd. *E Kil* —2A **150**
Calderwood Rd. *Ruth* —6E **105**
*Calderwood Sq. E Kil —6B 138*
*(off Pollok Pl.)*
Caldwell Av. *G13* —3A **60**
Caldwell Av. *Lin* —6F **75**
Caldwell Gro. *Bell* —5C **110**
Caldwell Quad. *Moth* —4E **143**
Caldwell Rd. *Carl* —5H **165**
Caledonia Av. *G5* —2G **103**
Caledonia Av. *Ruth* —5D **104**
Caledonia Ct. *Pais* —5H **77**
Caledonia Dri. *Bail* —2H **107**
Caledonia Dri. *Moth* —3E **129**
Caledonian Av. *Bell* —3B **126**
Caledonian Ct. *E Kil* —3G **149**
*Caledonian Cres. G12 —1C 82*
*(off Otago St.)*
Caledonian Rd. *Lark* —2E **161**
Caledonian Rd. *Wis* —2G **157**
Caledonia Rd. *G5* —1G **103**
Caledonia Rd. *Bail* —2G **107**
Caledonia St. *G5* —2G **103**
Caledonia St. *Clyd* —4B **42**
Caledonia St. *Pais* —5H **77**
Caledonia Ter. *Dumb* —4C **16**
Caledonia Way. *Glas A*
—2H **77**
Caledonia Way E. *Glas A*
—2A **78**
Caledonia Way W. *Glas A*
—2H **77**
*Caledon La. G12 —1A 82*
*(off Highburgh Rd.)*
Caledon St. *G12* —1A **82**
Caley Brae. *Udd* —1D **124**
Calfhill Rd. *G53* —2B **100**
Calfmuir Rd. *Kirk* —6G **31**
Calgary Pk. *E Kil* —3F **149**
Calgary Pl. *E Kil* —3F **149**
Calgary St. *G4* —2G **83**-(2F **5**)
Callaghan Wynd. *Blan*
—6H **123**
Callander Ct. *Cumb* —1H **35**
Callander Rd. *Chap* —4D **112**
Callander Rd. *Cumb* —1H **35**
Callander St. *G20* —6E **63**
Callieburn Rd. *B'rig* —1C **64**
Callon St. *Air* —4A **92**
Cally Av. *G15* —4A **44**
Calside. *Pais* —3H **97**
Calside Av. *Pais* —2H **97**
*Calton Entry. G40 —5A 84*
*(off Stevenson St.)*
Calvay Cres. *G33* —4D **86**
Calvay Rd. *G33* —4D **86**
Cambell Pl. *E Kil* —4G **149**
Cambourne Av. *Chry* —4D **52**
Cambridge Av. *Clyd* —4D **42**
Cambridge Rd. *Renf* —1E **79**
Cambridge St. *G3 & G2*
—3F **83**
Camburn St. *G32* —6H **85**
Cambusdoon Rd. *G33* —1C **86**
Cambuskenneth Gdns. *G32*
—6D **86**
Cambuskenneth Pl. *G33*
—1C **86**
Cambuslang Bri. *Camb*
—6A **106**
Cambuslang Ind. Pk. *G32*
—5A **106**

Cambuslang Investment Pk.
*G32* —5A **106**
Cambuslang Rd. *G32* —5H **105**
Cambuslang Rd. *Camb*
—5G **105**
Cambuslang Rd. *Ruth*
—4D **104**
CAMBUSLANG STATION. *Camb*
—1H **121**
Cambusmore Pl. *G33* —1C **86**
Cambusnethan St. *Wis*
—5C **146**
Cambus Pl. *G33* —1C **86**
Camden St. *G5* —1G **103**
Camelon Cres. *Blan* —2B **140**
Camelon St. *G32* —5H **85**
Cameron Av. *B'ton* —3H **39**
Cameron Ct. *Air* —3E **93**
Cameron Ct. *Ruth* —6C **104**
Cameron Cres. *Crmck*
—2A **136**
Cameron Cres. *Ham* —6F **141**
Cameron Dri. *Bear* —4G **45**
Cameron Dri. *Newt M*
—2E **133**
Cameron Dri. *Udd* —5E **109**
Cameronian Dri. *Carl* —4G **165**
Cameronian Pl. *Bell* —4B **126**
Cameronian Way. *Lark*
—4G **161**
*Cameron Path. Lark —4G 161*
*(off Donaldson Rd.)*
Cameron Rd. *Carl* —5H **165**
Cameron Sq. *Clyd* —1E **43**
Cameron St. *G52* —4G **79**
Cameron St. *Coat* —3D **90**
Cameron St. *Moth* —3F **143**
Camlachie St. *G31* —6D **84**
Campbell Av. *B'ton* —3H **39**
Campbell Av. *Dumb* —1C **18**
Campbell Av. *Miln* —4G **35**
Campbell Cres. *Both* —3E **125**
Campbell Cres. *Newt M*
—3E **133**
Campbell Dri. *Barr* —5E **115**
Campbell Dri. *Bear* —2D **44**
Campbell Dri. *Dumb* —1C **18**
Campbell Ho. *Cumb* —4G **35**
Campbell La. *Ham* —6A **142**
Campbell Pl. *Torr* —4D **28**
Campbell St. *G20* —2B **62**
Campbell St. *Bell* —2C **126**
Campbell St. *Ham* —6A **142**
Campbell St. *John* —3F **95**
Campbell St. *Renf* —5F **59**
Campbell St. *Wis* —6H **145**
Camperdown St. *Dumb* —1C **18**
Camphill. *Pais* —2H **97**
Camphill Av. *G41* —5C **102**
Camphill Av. *Kirk* —5C **30**
Camphill Gdns. *B'ton* —4A **40**
Camphill Ho. *G41* —4D **102**
Campion Rd. *Moth* —1G **143**
Camp Rd. *Bail* —6H **87**
Camp Rd. *Moth* —5G **143**
Camp Rd. *Ruth* —3B **104**
Campsie Gdns. *Clar* —1A **134**
Campsie Av. *Barr* —6E **115**
Campsie Ct. *Coat* —2E **111**
Campsie Cres. *Air* —3H **91**
Campsie Cres. *Kirk* —1C **50**
Campsie Dri. *Abb* —1A **78**
Campsie Dri. *Bear* —6D **24**
Campsie Dri. *Miln* —3B **25**
Campsie Dri. *Pais* —5H **97**
Campsie Dri. *Renf* —3C **78**
Campsie Pl. *Chry* —1A **68**
Campsie Rd. *Kirk* —4B **30**
Campsie Rd. *Milt C* —4H **7**
Campsie Rd. *Torr* —4E **29**

Campsie Rd. *Wis* —5E **145**
Campsie St. *G21* —4B **64**
Campsie View. *G33* —5D **66**
Campsie View. *Bail* —6D **88**
Campsie View. *Chry* —1A **68**
Campsie View. *Cumb* —2B **36**
Campsie View. *Ham* —1D **152**
Campsie View. *Kirk* —5A **30**
Campsie View. *Udd* —5E **109**
Campston Pl. *G33* —2B **86**
Camp St. *Moth* —4G **143**
Camstradden Dri. E. *Bear*
—3C **44**
Camstradden Dri. W. *Bear*
—3C **44**
Camus Pl. *G15* —3H **43**
Canal Av. *John* —3G **95**
Canal Gdns. *Eld* —2B **96**
Canal La. *Kirk* —4D **30**
Canal Rd. *John* —3F **95**
Canal St. *G4* —2G **83** (1F **5**)
Canal St. *Clyd* —1D **58**
Canal St. *Eld* —2B **96**
Canal St. *John* —2G **95**
Canal St. *Kirk* —4D **30**
Canal St. *Pais* —1H **97**
Canal St. *Renf* —5F **59**
Canal Ter. *Pais* —1A **98**
Canberra Av. *Clyd* —3H **41**
Canberra Ct. *Giff* —4C **118**
Canberra Dri. *E Kil* —3E **149**
Candermill & Marlage Rd. *Ashg*
—6B **162**
Canderrigg. *B'rig* —3C **48**
Cander St. *Lark* —5F **161**
Candimilne Ct. *Carl* —4H **165**
Candleriggs. *G1* —4H **83** (6G **5**)
Candren Rd. *Lin* —6B **76**
Candren Rd. *Pais* —6E **77**
Caneluk Av. *Carl* —5H **165**
Canmore Pl. *G31* —1F **105**
Canmore St. *G31* —1F **105**
Cannerton Cres. *Milt C* —6B **8**
Cannich Dri. *Pais* —4D **98**
Cannich Pl. *Newm* —3D **146**
Canniesburn Rd. *Bear* —5C **44**
Canniesburn Sq. *Bear* —5F **45**
Canniesburn Toll. *Bear* —4F **45**
Canniesbury Rd. *Bear* —4D **44**
Canonbie St. *G34* —2B **88**
Canon Ct. *Moth* —5D **128**
Canongate. *E Kil* —5D **138**
Canterbury. *E Kil* —5D **148**
Cantieslaw Dri. *E Kil* —6A **138**
Canton Way. *G51* —4A **82**
Canyon Rd. *Wis* —1D **156**
Capel Av. *Newt M* —3F **133**
Capel Gro. *E Kil* —6B **138**
Capelrigg Dri. *E Kil* —1B **150**
Capelrig La. *Newt M* —3D **132**
Capelrig La. *Newt M* —1D **132**
Capelrig St. *T'bnk* —3F **117**
Caplaw Pl. *Wis* —3F **157**
Caplaw Rd. *Pais* —6G **97**
Caplaw Tower. *Wis* —3F **157**
Caplethill Rd. *Pais* —6A **98**
Caprington St. *G33* —2A **86**
Cara Dri. *G51* —3E **81**
Caravelle Way. *Renf* —2F **79**
Carbarns. *Wis* —2D **156**
Carbarns E. *Wis* —2D **156**
Carbarns Rd. *Wis* —3C **156**
Carbarns W. *Wis* —2D **156**
Carberry Rd. *G41* —3B **102**
Carbeth St. *Miln* —4F **25**
Carbeth St. *G22* —5F **63**
Carbisdale St. *G22* —4A **64**
Carbost St. *G23* —6B **46**
*Carbrach Loan. Newm*
*(off Tiree Cres.)* —3D **146**

Carbrain Ind. Est. *Cumb*
—4B **36**
Carbrook St. *G21* —2C **64**
Carbrook St. *Pais* —1G **97**
Cardarrach St. *G21* —5C **64**
Cardean Rd. *Bell* —1G **127**
Cardell Av. *Pais* —2E **97**
Cardell Cres. *Chap* —3D **112**
Cardell Dri. *Pais* —2E **97**
Cardell Rd. *Pais* —2E **97**
Cardonald Dri. *G52* —1A **100**
Cardonald Gdns. *G52* —1B **100**
Cardonald Pk. *G52* —4B **80**
Cardonald Pl. Rd. *G52*
—1B **100**
CARDONALD STATION. *G52*
—5D **80**
Cardowan Dri. *Cumb* —4A **34**
Cardowan Dri. *Step* —4D **66**
Cardowan Pk. *Udd* —4F **109**
Cardowan Rd. *G32* —5H **85**
Cardowan Rd. *Step* —3E **67**
Cardow Rd. *G21* —5E **65**
Cardrona St. *G33* —6B **66**
Cardross Ct. *G31* —4B **84**
Cardross Rd. *Dumb* —2A **16**
Cardross St. *G31* —4B **84**
Cardwell St. *G41* —1E **103**
Cardyke St. *G21* —5C **64**
Careston Pl. *B'rig* —6F **49**
Carey Gdns. *Cle* —6H **129**
Carfin Ind. Est. *Carf* —5B **128**
Carfin Mill Rd. *Moth* —6C **128**
Carfin Rd. *Moth* —5D **128**
Carfin Rd. *Wis* —5C **144**
CARFIN STATION. *Carf*
—5D **128**
Carfin St. *G42* —3F **103**
Carfin St. *Coat* —1D **110**
Carfin St. *Moth* —4A **128**
Carfrae St. *G3* —3A **82**
Cargill Sq. *B'rig* —1E **65**
Cargill St. *G31* —1G **105**
Carham Cres. *G52* —6C **80**
Carham Dri. *G52* —6C **80**
Caribou Grn. *E Kil* —3D **148**
Carillon Rd. *G51* —6A **82**
Carinthia Sq. *Clyd* —5D **42**
Carisbrooke Cres. *B'rig*
—3D **48**
Carlaverock Rd. *G43* —1B **118**
Carleith Av. *Clyd* —1B **42**
Carleith Quad. *G51* —4D **80**
Carleith Ter. *Clyd* —1B **42**
Carleston St. *G21* —5B **64**
Carleton Ct. *Giff* —3A **118**
Carleton Dri. *Giff* —3A **118**
Carleton Ga. *Giff* —3A **118**
Carlibar Av. *G13* —3H **59**
Carlibar Dri. *Barr* —4E **115**
Carlibar Gdns. *Barr* —4E **115**
Carlibar Rd. *Barr* —4D **114**
Carlile Pl. *Pais* —5A **78**
Carlin La. *Carl* —4H **165**
Carlisle La. *Air* —4C **92**
Carlisle Rd. *Air* —5C **92**
Carlisle Rd. *Ham* —6B **142**
Carlisle St. *G21* —6H **63**
Carlock Wlk. *G32* —5C **86**
Carlouk La. *Carl* —4H **165**
Carlowrie Av. *Blan* —5A **124**
Carlton Ct. *G5* —5F **83**
Carlton Pl. *G5* —5F **83**
CARLUKE STATION. *Carl*
—4D **164**
Carlyle Av. *G52* —3H **79**
Carlyle Dri. *E Kil* —1A **150**
Carlyle Ter. *E Kil* —1B **150**
Carlyle Ter. *Ruth* —4D **104**
Carmaben Rd. *G33* —3E **87**
Carman View. *Dumb* —1G **17**

Carment Dri. *G41* —5B **102**
Carmichael Path. *Glenb*
*(off Oval, The)* —3G **69**
Carmichael Pl. *G42* —6D **102**
Carmichael St. *G51* —5H **81**
Carmichael St. *Law* —6D **158**
Carmichael Way. *Law*
—6D **158**
Carmunnock By-Pass. *Clar*
—6G **119**
Carmunnock Rd. *G44 & G45*
Carmunnock Rd. *Crmck*
—4C **136**
Carmunnock Rd. *Clar* —4E **135**
Carmunnock Rd. *E Kil*
—1F **149**
Carmyle Av. *G32* —3B **106**
CARMYLE STATION. *Carm*
—4B **106**
Carna Dri. *G44* —2G **119**
Carnarvon St. *G3* —2D **82**
Carnbooth Ct. *G45* —5B **120**
Carnbroe Rd. *Bell* —6D **110**
Carnbroe Rd. *Coat* —1F **111**
Carneddans Rd. *Miln* —1C **24**
Carnegie Pl. *E Kil* —3F **149**
Carnegie Rd. *G52* —4A **80**
Carney Hill. *E Kil* —3F **149**
Carnoch St. *G23* —6B **46**
Carnock Cres. *Barr* —6D **114**
Carnock Gdns. *Miln* —3E **25**
Carnock Rd. *G53* —5C **100**
Carnoustie Ct. *Both* —5D **124**
Carnoustie Cres. *B'rig* —6E **49**
Carnoustie Cres. *E Kil*
—5C **148**
Carnoustie Pl. *G5* —6D **82**
Carnoustie Pl. *Bell* —6C **110**
Carnoustie St. *G5* —6D **82**
Carnoustie Way. *Cumb*
—5H **13**
Carntynehall Rd. *G32* —4H **85**
Carntyne Ind. Est. *G32* —5G **85**
Carntyne Path. *G32* —4F **85**
Carntyne Pl. *G32* —4F **85**
Carntyne Rd. *G31 & G32*
—5E **85**
CARNTYNE STATION. *G32*
—5H **85**
Carnwadric Rd. *T'bnk* —3E **117**
Carnwath Av. *G43* —1D **118**
Carnwath Rd. *Carl* —4F **165**
Caroline St. *G31* —6G **85**
Carolside Av. *Clar* —2C **134**
Carolside St. *G15* —4B **44**
Carolside Gdns. *Clar* —2C **134**
Carousel Cres. *Wis* —6A **146**
Carradale Cres. *Cumb* —5B **34**
Carradale Gdns. *B'rig* —6E **49**
Carradale Gdns. *Carl* —5G **165**
Carradale Pl. *Lin* —5G **75**
Carradale St. *Coat* —4B **90**
(in two parts)
Carranbute Rd. *Carl* —2F **165**
Carrbridge Dri. *G20* —3B **62**
Carresbrook Av. *Kirk* —1G **51**
Carriagehill Av. *Pais* —3A **98**
Carriagehill Dri. *Pais* —4A **98**
Carrickarden Rd. *Bear* —4F **45**
Carrick Ct. *Kirk* —3G **31**
Carrick Cres. *Giff* —6A **118**
Carrick Cres. *Wis* —5G **145**
Carrick Dri. *G32* —1E **107**
Carrick Dri. *Coat* —4H **89**
Carrick Dri. *Ruth* —2C **120**
Carrick Gdns. *Bell* —5G **110**
Carrick Gdns. *Blan* —3B **140**
Carrick Gdns. *Carl* —5G **165**
Carrick Gdns. *Ham* —1C **152**
Carrick Gro. *G32* —1E **107**

Carrick Pl. *Bell* —6D **110**
Carrick Pl. *Coat* —4H **89**
Carrick Pl. *Glenb* —3A **70**
Carrick Pl. *Lark* —1F **161**
Carrick Rd. *B'rig* —6E **49**
Carrick Rd. *B'ton* —5A **40**
Carrick Rd. *Cumb* —1A **36**
Carrick Rd. *E Kil* —6H **137**
Carrick Rd. *Ruth* —2B **120**
Carrickstone Rd. *Cumb*
—6G **13**
Carrickstone Roundabout.
*Cumb* —6G **13**
Carrickstone View. *Cumb*
—6H **13**
Carrick St. *G2* —4E **83** (6B **4**)
Carrick St. *Lark* —3G **161**
Carrick Ter. *Dumb* —3B **16**
Carrick View. *Glenb* —3A **70**
Carrick Way. *Both* —4E **125**
*Carriden Path. G33 —4E 87*
*(off Langbar Cres.)*
Carrington St. *G4* —1D **82**
Carroglen Gdns. *G32* —6D **86**
Carroglen Gro. *G32* —6D **86**
Carron Ct. *Camb* —2D **122**
Carron Ct. *Ham* —2F **153**
Carron Cres. *G22* —4H **63**
Carron Cres. *Bear* —4C **44**
Carron Cres. *Lenz* —3E **51**
Carron Dri. *B'ton* —5A **40**
*Carron Ho. Cumb —3H 35*
*(off Cumbernauld Cen., The)*
Carron Pl. *G22* —4A **64**
Carron Pl. *Coat* —2H **89**
Carron Pl. *E Kil* —6H **149**
Carron St. *G22* —4A **64**
Carron St. *Wis* —2H **157**
*Carron Way. Cumb —3H 35*
*(off Cumbernauld Cen., The)*
Carron Way. *Moth* —3C **128**
Carron Way. *Pais* —4C **78**
Carrour Gdns. *B'rig* —5B **48**
Carrow Cres. *B'rig* —6D **48**
Carruth Rd. *Bri W* —3E **73**
Carsaig Dri. *G52* —6E **81**
Carsaig Loan. *Glenb* —3G **69**
Carscallan Rd. *Ham* —5H **153**
Carsegreen Av. *Pais* —6F **97**
Carsemeadow. *Bri W* —1A **72**
Carse View Dri. *Bear* —1G **45**
Carstairs St. *G40* —3B **104**
Carswell Gdns. *G41* —3C **102**
Carswell Pl. *Newt M* —4B **132**
Cartcraigs Rd. *G43* —1H **117**
Carter Dri. *Udd* —4E **125**
Cartha Cres. *Pais* —2C **98**
Cartha St. *G41* —6C **102**
Cartland Av. *Carl* —5F **165**
Cart La. *Pais* —5A **78**
Cartsbridge Rd. *Clar* —3C **134**
Cartside Av. *Inch* —5H **59**
Cartside Av. *John* —4D **94**
Cartside Dri. *Clar* —4E **135**
Cartside Quad. *G42* —6E **103**
Cartside Rd. *Clar* —4D **134**
Cartside St. *G42* —6D **102**
Cart St. *Clyd* —1D **58**
Cartvale La. *Pais* —5A **78**
Cartvale Rd. *G42* —6D **102**
Cartview Ct. *Clar* —3D **134**
Caskie Dri. *Blan* —6C **124**
Cassells St. *Moth* —1G **143**
Cassels Gro. *Moth* —6E **127**
Cassels St. *Carl* —4F **165**
Cassels St. *Moth* —1G **143**
Cassiltoun Gdns. *G45*
—5H **119**
Cassley Av. *Renf* —1H **79**
Castburn Rd. *Cumb* —5F **15**

Castle Av. *Eld* —4H **95**
Castle Av. *Moth* —1B **128**
Castle Av. *Udd* —3C **124**
Castle Bank Ct. *G13* —3E **61**
Castlebank Cres. *G11* —2G **81**
Castle Bank Gdns. *G13*
—3E **61**
Castlebank St. *G11* —2F **81**
Castle Bank Vs. *G13* —3E **61**
Castlebay Dri. *G22* —6G **47**
Castlebay Pl. *G22* —1G **63**
Castlebay St. *G22* —1G **63**
Castlebrae. *Dumb* —2C **16**
Castlecary Rd. *C'cry* —5C **14**
Castlecroft Gdns. *Udd*
—2D **124**
Castle Dri. *Moth* —1B **128**
Castlefern Rd. *Ruth* —4D **120**
Castlefield Gdns. *E Kil*
—6D **148**
Castle Gait. *Pais* —2H **97**
Castle Gdns. *Chry* —5D **52**
Castle Gdns. *Pais* —2H **97**
Castle Ga. *Newt M* —6G **133**
Castle Ga. *Udd* —2C **124**
Castleglen Rd. *E Kil* —5B **136**
Castlegreen Cres. *Dumb*
—5H **17**
Castlegreen La. *Dumb* —5G **17**
Castlegreen St. *Dumb* —5G **17**
Castle Gro. *Kils* —1G **11**
Castlehill Cres. *Bank* —1E **15**
Castlehill Cres. *Ham* —1B **154**
Castlehill Cres. *Ham* —2F **155**
(Allanton)
Castlehill Cres. *Law* —1A **164**
Castlehill Cres. *Renf* —5F **59**
Castlehill Dri. *Newt M*
—5F **133**
Castlehill Grn. *E Kil* —5B **136**
Castlehill Ind. Est. *Carl*
—1E **165**
Castlehill Quad. *Dumb* —2C **16**
Castlehill Rd. *Bear* —1B **44**
Castlehill Rd. *Carl* —1E **165**
Castlehill Rd. *Dumb* —2C **16**
Castlehill Rd. *Over* —3F **157**
Castlehill View. *Kils* —1G **11**
Castlelaw Gdns. *G32* —5B **86**
Castlelaw St. *G32* —5B **86**
Castle Mains Rd. *Miln* —3D **24**
Castlemilk Arc. *G45* —4A **120**
Castlemilk Cres. *G44* —2A **120**
Castlemilk Dri. *G45* —4A **120**
Castlemilk Rd. *G44* —6A **104**
Castlemount Av. *Newt M*
—6F **133**
Castle Pl. *Udd* —1C **124**
Castle Quad. *Air* —4D **92**
Castle Rd. *Air* —4D **92**
Castle Rd. *Bri W* —2F **73**
Castle Rd. *Dumb* —5G **17**
Castle Rd. *Eld* —2A **96**
Castle Rd. *Newt M* —5C **132**
Castle Sq. *Clyd* —4A **42**
Castle St. *G4* —3A **84**
Castle St. *G11* —2A **82**
Castle St. *Bail* —2G **107**
Castle St. *Chap* —3D **112**
Castle St. *Clyd* —4A **42**
Castle St. *Dumb* —4F **17**
Castle St. *Ham* —5B **142**
Castle St. *Pais* —1H **97**
Castle St. *Ruth* —5C **104**

Castle Ter. *Bri W* —4G **73**
(off Kilbarchan Rd.)
Castlelaw Av. *B'rig* —2A **64**
Castleton Av. *Newt M* —6F **133**
Castleton Ct. *G45* —5B **120**
Castleton Ct. *Newt M* —6F **133**
Castleton Cres. *Newt M*
—6F **133**
Castleton Dri. *Newt M*
—6F **133**
Castleton Gro. *Newt M*
—6F **133**
Castleview. *Cam G* —1B **6**
Castle View. *Clyd* —4D **42**
Castleview. *Cumb* —3E **15**
Castle View. *Wis* —3E **147**
Castleview Av. *Pais* —6E **97**
Castleview Dri. *Pais* —6E **97**
Castleview Pl. *Pais* —6E **97**
Castleview Ter. *Hag* —1G **15**
Castle Way. *Bail* —6D **88**
Castle Way. *Cumb* —1C **36**
Castle Wynd. *Both* —5F **125**
Cathay St. *G22* —1G **63**
Cathburn Rd. *Wis* —5F **147**
Cathburn Cres. *Pais* —2C **98**
Cathcart Pl. *Ruth* —6B **104**
Cathcart Rd. *G42* —6E **103**
Cathcart Rd. *Ruth* —6B **104**
CATHCART STATION. *G44*
—1E **119**
Cathedral Sq. *G4* —4A **84**
Cathedral St. *G1 & G4*
—3G **83** (4E 5)
Catherine St. *Kirk* —5C **30**
Catherine St. *Moth* —5G **143**
Catherines Wlk. *Blan* —3A **140**
Catherine Way. *Moth* —4H **127**
Cathkin Av. *Camb* —1G **121**
Cathkin Av. *Ruth* —6E **105**
Cathkin By-Pass. *Ruth*
—4F **121**
Cathkin Ct. *G45* —5B **120**
Cathkin Gdns. *Udd* —4C **108**
Cathkin Pl. *Camb* —1G **121**
Cathkin Rd. *G42* —6D **102**
Cathkin Rd. *Clar & Ruth*
—1A **136**
Cathkin Rd. *Udd* —4C **108**
Cathkin View. *Carm* —5B **106**
Cathkinview Pl. *G42* —6F **103**
Cathkinview Rd. *G42* —6E **103**
Catrine. *E Kil* —1F **149**
Catrine Cres. *Moth* —6A **144**
Catrine St. *Lark* —3G **161**
Catriona Way. *Moth* —2B **128**
Catter Gdns. *Miln* —2E **25**
Cauldstream Pl. *Miln* —4E **25**
Causewayside Cres. *G32*
—2A **106**
Causewayside St. *G32*
—3A **106**
Causeyside St. *Pais* —2A **98**
(in two parts)
Causeystanes. *Blan* —2A **140**
(off Burnbrae Rd.)
Cavendish Ct. *G5* —1F **103**
Cavendish Dri. *Newt M*
—3F **133**
Cavendish Pl. *G5* —1F **103**
Cavendish St. *G5* —1F **103**
Cavin Dri. *G45* —3A **120**
Cavin Rd. *G45* —3A **120**
Cawdor Cres. *B'ton* —5H **39**
Cawdor Way. *E Kil* —6F **137**
Cayton Gdns. *Bail* —1F **107**
Cecil St. *G12* —6B **62**
Cecil St. *Clar* —2C **134**
Cecil St. *Coat* —6C **90**
Cedar Av. *Clyd* —3H **41**
Cedar Av. *John* —5F **95**

Cedar Av. *Udd* —5F **109**
Cedar Ct. *G20* —1E **83**
Cedar Ct. *E Kil* —6E **149**
Cedar Ct. *Kilb* —2A **94**
Cedar Cres. *Ham* —2A **154**
Cedar Dri. *E Kil* —6E **149**
Cedar Dri. *Lenz* —2C **50**
Cedar Dri. *Udd* —5G **109**
Cedar Gdns. *Law* —5D **158**
Cedar Gdns. *N'hill* —3C **128**
Cedar Gdns. *Ruth* —3E **121**
Cedar La. *Air* —4C **92**
Cedar La. *Moth* —3B **128**
Cedar Pl. *Barr* —6E **115**
Cedar Pl. *Blan* —6A **124**
Cedar Pl. *E Kil* —6E **149**
Cedar Rd. *Bank* —1E **15**
Cedar Rd. *B'rig* —1D **64**
Cedar Rd. *Cumb* —2D **36**
Cedar Rd. *Milt C* —6C **8**
Cedar St. *G20* —1E **83**
Cedar St. *G20* —1A **62**
Cedarwood Av. *Newt M*
—5F **133**
Cedric Pl. *G13* —2D **60**
Cedric Rd. *G13* —2D **60**
Celtic St. *G20* —1A **62**
Cemetery Rd. *G52* —1D **100**
Cemetery Rd. *Blan* —3A **140**
Centenary Av. *Air* —4F **91**
Centenary Ct. *Clyd* —6D **42**
Centenary Gdns. *Coat* —6C **90**
Centenary Gdns. *Ham*
—1A **154**
Centenary Quad. *Moth*
—2A **128**
Central Av. *G11* —1F **81**
Central Av. *Blan* —4C **140**
Central Av. *Camb* —1H **121**
Central Av. *Clyd B* —5C **42**
Central Av. *Holy* —2C **92**
Central Av. *Moth* —5A **128**
Central Av. *Mt V* —2D **106**
Central Av. *Udd* —1G **125**
Central Cres. *Ashg* —5B **162**
Central Path. *G32* —2E **107**
Central Rd. *Pais* —6A **78**
CENTRAL STATION. *G2*
—4F **83**
Central Way. *Cumb* —5G **35**
Central Way. *Pais* —6A **78**
Centre Pk. Ct. *Coat* —5C **90**
Centre Roundabout, The. *E Kil*
—2H **149**
Centre St. *G5* —6E **83**
Centre St. *Chap* —3D **112**
Centre St. *Glenb* —3G **69**
Centre, The. *Barr* —5D **114**
Ceres Gdns. *B'rig* —6F **49**
Cessnock Pl. *Camb* —2D **122**
CESSNOCK STATION. *G51*
—5A **82**
Cessnock St. *G51* —5A **82**
Chalmers Ct. *G40* —5A **84**
(off Chalmers St.)
Chalmers Ct. *Udd* —1D **124**
Chalmers Cres. *E Kil* —4H **149**
Chalmers Dri. *E Kil* —4H **149**
Chalmers Ga. *G40* —5A **84**
(off Claythorn St.)
Chalmers Pl. *G40* —5A **84**
(off Claythorn St.)
Chalmers St. *G40* —5A **84**
Chalmers St. *Clyd* —6D **42**
Chamberlain La. *G13* —4E **61**
Chamberlain Rd. *G13* —3E **61**
Chancellor St. *G11* —1H **81**
Chantinghall Rd. *Ham* —6F **141**
Chantinghall Ter. *Ham*
—6F **141**
Chantree Ct. *Moth* —4C **128**

Chapel Ct. *Ruth* —5B **104**
Chapelcross Av. *Air* —2A **92**
Chapelhall Ind. Est. *Chap*
—1D **112**
Chapelhill Rd. *Pais* —3C **98**
Chapelknowe Rd. *Moth*
—6C **128**
Chapel La. *Hous* —1B **74**
Chapel Rd. *Clyd* —1C **42**
Chapel Rd. *Wis* —2F **159**
Chapelside Av. *Air* —3A **92**
Chapelside Rd. *E Kil* —3A **138**
Chapel St. *G20* —4C **62**
Chapel St. *Air* —3A **92**
Chapel St. *Carl* —3F **165**
Chapel St. *Cle* —6H **129**
Chapel St. *Len* —3F **7**
Chapel St. *Ruth* —5B **104**
Chapel St. Ind. Est. *G20*
—4C **62**
Chapelton Av. *Bear* —3F **45**
Chapelton Av. *Dumb* —2G **17**
Chapelton Gdns. *Bear* —3F **45**
Chapelton Gdns. *Dumb*
—2G **17**
Chapelton Rd. *Cumb* —1E **55**
Chapelton St. *G22* —3F **63**
Chaplet Av. *G13* —1C **60**
Chapman Av. *Glenb* —3G **69**
Chapman St. *G42* —3E **103**
Chappell St. *Barr* —4D **114**
Charing Cross La. *G3* —3D **82**
(off Granville St.)
CHARING CROSS STATION. *G2*
—3E **83**
Charles Av. *Renf* —5F **59**
Charles Cres. *Carl* —4H **165**
Charles Cres. *Lenz* —4D **50**
Charleson Row. *Kils* —2B **34**
Charles Path. *Chap* —4D **112**
Charles Quad. *Moth* —2A **128**
Charles St. *G21* —2A **84**
Charles St. *Kils* —2H **11**
Charles St. *Wis* —5C **144**
Charlotte Av. *Torr* —5D **28**
Charlotte Path. *Lark* —3E **161**
Charlotte Pl. *Pais* —3A **98**
Charlotte St. *G1* —5H **83**
Charlotte St. *Dumb* —3D **16**
Chartwell Rd. *B'ton* —4H **39**
Chassels St. *Coat* —3C **90**
Chateau Gro. *Ham* —1C **154**
Chatelherault Av. *Camb*
—2G **121**
Chatelherault Cres. *Ham*
—2A **154**
Chatelherault Wlk. *Ham*
—2A **154**
Chatham. *E Kil* —4E **149**
Cheapside St. *G3* —4D **82**
Chelmsford Dri. *G12* —4H **61**
Cherry Bank. *Kirk* —4B **50**
Cherrybank Rd. *G43* —1D **118**
Cherrybank Wlk. *Air* —3F **91**
Cherryhill View. *Lark* —2D **160**
Cherry La. *Bank* —1E **15**
Cherry Pl. *B'rig* —1D **64**
Cherry Pl. *John* —4G **95**
Cherry Pl. *Milt C* —1B **30**
Cherry Pl. *Moth* —2B **128**
Cherry Pl. *Udd* —6H **109**
Cherry Tree Cres. *Lark*
—6A **156**
Cherry Wlk. *Moth* —6G **143**
Cherrywood Rd. *Eld* —3A **96**
Chesterfield Av. *G12* —4G **61**
Chesters Cres. *Moth* —1E **143**
Chesters Pl. *Ruth* —6B **104**

Chesters Rd. *Bear* —3C **44**
Chester St. *G32* —6A **86**
Chestnut Av. *B'ton* —2F **39**
Chestnut Av. *Cumb* —6E **15**
Chestnut Ct. *Cumb* —6E **15**
Chestnut Ct. *Milt C* —6B **8**
Chestnut Cres. *E Kil* —6E **149**
Chestnut Cres. *Ham* —1A **154**
Chestnut Cres. *Udd* —6H **109**
Chestnut Dri. *Clyd* —2B **42**
Chestnut Dri. *Kirk* —1B **50**
Chestnut Gro. *Blan* —1A **140**
Chestnut Gro. *Carl* —4E **165**
Chestnut Gro. *Glenb* —3G **69**
Chestnut Gro. *Lark* —6A **156**
Chestnut Gro. *Moth* —4F **143**
Chestnut La. *Miln* —4E **25**
Chestnut Pl. *Cumb* —6E **15**
Chestnut Pl. *John* —5G **95**
Chestnut St. *G22* —4H **63**
Cheviot Av. *Barr* —5E **115**
Cheviot Ct. *Air* —1B **92**
Cheviot Ct. *Coat* —2E **111**
Cheviot Cres. *Wis* —5F **145**
Cheviot Dri. *Newt M* —6C **132**
Cheviot Gdns. *Bear* —6D **24**
Cheviot Rd. *G43* —2A **118**
Cheviot Rd. *Ham* —1B **154**
Cheviot Rd. *Lark* —3G **161**
Cheviot Rd. *Pais* —4A **98**
Cheviot St. *Blan* —2A **140**
Chillin Pl. *Lark* —2G **161**
Chirnside Pl. *Blan* —4C **140**
Chirnside Pl. *G52* —5A **80**
Chirnside Rd. *G52* —5A **80**
Chisholm Av. *B'ton* —4A **40**
Chisholm Dri. *Newt M*
—3E **133**
Chisholm St. *G1* —5H **83**
Chisholm St. *Coat* —3D **90**
Chrighton Grn. *Udd* —5E **109**
Chriss Av. *Ham* —4H **153**
Christchurch Pl. *E Kil* —4D **148**
Christian St. *G43* —5A **102**
Christie La. *Pais* —6A **78**
Christie Pl. *Camb* —2B **122**
Christie St. *Bell* —2F **127**
Christie St. *Pais* —6B **78**
Christopher St. *G21* —2C **84**
Chryston Rd. *Chry* —1B **68**
Chryston Rd. *Kirk* —1H **51**
Chryston Valley Bus. Cen. *Bail*
—1A **68**
Chuckie La. *Brkfld* —5C **74**
Church Av. *G33* —3D **66**
Church Av. *Newm* —5D **146**
Church Av. *Ruth* —2E **121**
Church Cres. *Air* —2E **93**
Church Cres. *Ham* —5H **153**
Church Dri. *Kirk* —1C **50**
Church Hill. *Pais* —6A **78**
Churchill Av. *E Kil* —2H **149**
Churchill Av. *John* —6C **94**
Churchill Cres. *Both* —4F **125**
Churchill Dri. *G11* —5F **61**
Churchill Dri. *B'ton* —4H **39**
Churchill Dri. *Kilb* —2A **94**
Churchill Pl. *Barr* —2E **131**
Churchill Way. *B'rig* —6B **48**
Church La. *Carl* —4F **165**
Church La. *Coat* —4C **90**
Church La. *Kils* —3H **11**
(off Church La.)
Church Pl. *Old K* —1E **41**
Church Rd. *Bri W* —4G **73**
Church Rd. *Clar* —3D **134**
Church Rd. *Muirh* —2A **68**
Church Rd. *Quar H* —1A **72**
Church Rd. *Wis* —2H **147**
Church St. *G11* —1A **82**

*A-Z Glasgow 179*

Church St. *Bail* —1A **108**
Church St. *Blan* —2C **140**
Church St. *Clyd* —4D **42**
Church St. *Coat* —4C **90**
Church St. *Dumb* —4F **17**
Church St. *Ham* —5A **142**
Church St. *John* —2F **95**
Church St. *Kilb* —2A **94**
Church St. *Kils* —3H **11**
Church St. *Lark* —2E **161**
Church St. *Moth* —3F **129**
Church St. *Udd* —2D **124**
Church View. *Camb* —6A **106**
Church View. *Coat* —4C **90**
Church View Ct. *Len* —2F **7**
Church View Gdns. *Bell*
　　　　　　　　 —2C **126**
Circus Dri. *G31* —4B **84**
Circus Pl. *G31* —4B **84**
Circus Pl. La. *G31* —3B **84**
Citadel Pl. *Moth* —1E **143**
Citizen La. *G2* —4G **83** (5E **5**)
Citrus Cres. *Udd* —5G **109**
Cityford Cres. *Ruth* —6B **104**
Cityford Dri. *Ruth* —1B **120**
*Civic Sq. Moth* —4H *143*
　*(off Camp St.)*
Civic St. *G4* —1F **83** (1C **4**)
Civic Way. *Kirk* —6C **30**
Clachan Dri. *G51* —3E **81**
Clachan, The. *Wis* —6H **145**
Claddens Pl. *Lenz* —3E **51**
Claddens Quad. *G22* —3G **63**
Claddens St. *G22* —3F **63**
Claddens Wynd. *Kirk* —3E **51**
Cladence Gro. *E Kil* —6H **149**
Claire St. *Newm* —4E **147**
Clairinch Gdns. *Renf* —2E **79**
Clairmont Gdns. *G3* —2D **82**
Clair Rd. *B'rig* —6F **49**
Clamp Rd. *Wis* —5C **144**
Clamps Gro. *E Kil* —3A **150**
Clamps Ter. *E Kil* —3B **150**
Clamps Wood. *E Kil* —3A **150**
Clanrye Dri. *Coat* —1C **110**
Clapperhow Rd. *Moth* —6A **128**
Claremont Av. *Kirk* —5B **30**
Claremont Dri. *Miln* —4G **25**
Claremont Gdns. *Miln* —4G **25**
*Claremont Pl. G3* —2D *82*
　*(off Lynedoch Ter.)*
Claremont St. *G3* —3C **82**
　(in two parts)
Claremont Ter. *G3* —2D **82**
*Claremont Ter. La. G3* —2D *82*
　*(off Clifton St.)*
Claremount Av. *Giff* —5A **118**
Clarence Dri. *G11* & *G12*
　　　　　　　 —6G **61**
Clarence Dri. *Pais* —6C **78**
Clarence St. *G11* —6G **61**
*Clarence La. G12* —6H *61*
　*(off Hyndland Rd.)*
Clarence St. *Clyd* —4D **42**
Clarence St. *Pais* —6C **78**
Clarendon Pl. *G20* —1E **83**
Clarendon Rd. *Wis* —2E **157**
Clarendon St. *G20* —1E **83**
Clare St. *G21* —2C **84**
Clarinda Cres. *Kirk* —3G **31**
Clarinda Pl. *Moth* —4C **128**
Clarion Cres. *G13* —1A **60**
Clarion Rd. *G13* —2A **60**
Clark Pl. *Newt M* —5B **132**
Clark Pl. *Torr* —5E **29**
Clarkston Av. *G44* —3D **118**
Clarkston Dri. *Air* —4D **92**
Clarkston Rd. *G44* —3D **118**
Clarkston Rd. *Clar* —1C **134**
CLARKSTON STATION. *Clar*
　　　　　　　　 —2C **134**

Clark St. *Air* —4B **92**
Clark St. *Clyd* —3B **42**
Clark St. *John* —2F **95**
Clark St. *Newm* —4D **146**
Clark St. *Pais* —5G **77**
Clark St. *Renf* —6D **58**
Clark Ter. *Newt M* —5G **133**
Clark Way. *Bell I* —6B **110**
Clarkwell Rd. *Ham* —1C **152**
Clarkwell Ter. *Ham* —6D **140**
Clathic Av. *Bear* —3G **45**
Claude Av. *Camb* —3E **123**
Claude St. *Lark* —2E **161**
Claud Rd. *Pais* —5C **78**
Clavens Rd. *G52* —5G **79**
Claverhouse Pl. *Pais* —2C **98**
Claverhouse Rd. *H'ton I*
　　　　　　　　 —4H **79**
Clavering St. E. *Pais* —6G **77**
Clavering St. W. *Pais* —6G **77**
Clay Cres. *Bell* —6D **110**
Clayhouse Rd. *G33* —5E **67**
Claymore Dri. *Hous* —3D **74**
Claypotts Pl. *G33* —2A **86**
Claypotts Rd. *G33* —2A **86**
Clay Rd. *Bell* —6D **110**
Clayslaps Rd. *G3* —2B **82**
Claythorn Av. *G40* —5A **84**
*Claythorn Ct. G40* —5A *84*
　*(off Claythorn St.)*
Claythorn Pk. *G40* —6A **84**
Claythorn St. *G40* —5A **84**
Claythorn Ter. *G40* —5A **84**
Clayton Cir. *G40* —5A **84**
Clayton Path. *Bell* —6D **110**
Clayton Ter. *G31* —4B **84**
Clearfield Av. *Ham* —5F **141**
Cleddans Cres. *Clyd* —1E **43**
Cleddans Rd. *Clyd* —2E **43**
Cleddans Rd. *Kirk* —4E **31**
Cleddans View. *Clyd* —3E **43**
Cleddans View. *Glenm* —5G **71**
*Cleddens Ct. Air* —3F *91*
　*(off Monkscourt Av.)*
Cleddens Ct. *B'rig* —6C **48**
Cleeves Quad. *G53* —2A **116**
Cleeves Rd. *G53* —2A **116**
Cleghorn St. *G22* —6F **63**
Cleland La. *G5* —6G **83**
Cleland Pl. *E Kil* —6A **138**
Cleland Rd. *Moth* —6C **128**
Cleland Rd. *N'hill* —4F **129**
Cleland Rd. *Wis* —6G **145**
Cleland St. *G5* —6G **83**
Clelland Av. *B'rig* —1C **64**
Clem Atlee Gdns. *Lark*
　　　　　　　　 —3F **161**
Clerwood St. *G32* —5F **85**
Cleuch Gdns. *Clar* —1B **134**
Clevans Rd. *Bri W* —4D **72**
Cleveden Cres. *G12* —4H **61**
Cleveden Cres. La. *G12*
　　　　　　　　 —4H **61**
Cleveden Dri. *G12* —4H **61**
Cleveden Dri. *Ruth* —1E **121**
Cleveden Dri. La. *G12* —5A **62**
Cleveden Gdns. *G12* —4A **62**
*Cleveden La. G12* —3H *61*
　*(off Northampton Dri.)*
Cleveden Pl. *G12* —3H **61**
Cleveden Rd. *G12* —4H **61**
Cleveden Rd. *G20* —2H **61**
*Cleveland La. G3* —3D *82*
　*(off Kent Rd.)*
Cleveland St. *G3* —3D **82**
Cliesh Av. *Bear* —5C **24**
Clifford Gdns. *G51* —6H **81**
Clifford La. *G51* —6B **82**
*Clifford Pl. G51* —6B *82*
　*(off Clifford La.)*
Clifford St. *G51* —6H **81**

Cliff Rd. *G3* —1D **82**
Clifton Ct. *Clar* —1H **135**
*Clifton Pl. G3* —2C *82*
　*(off Clifton St.)*
Clifton Pl. *Coat* —5E **91**
Clifton Rd. *Giff* —4H **117**
Clifton St. *G3* —2C **82**
Clifton Ter. *Camb* —4G **121**
Clifton Ter. *John* —3G **95**
*Cliftonville St. Coat* —5E *91*
　*(off Clifton Pl.)*
Clincarthill Rd. *Ruth* —6C **104**
Clincart Rd. *G42* —5F **103**
Clippens Rd. *Hous* —1E **75**
Clippens Rd. *Lin* —6H **75**
Cloan Av. *G15* —5B **44**
Cloan Cres. *B'rig* —3D **48**
Clober Farm La. *Miln* —2E **25**
Cloberfield. *Miln* —1F **25**
Cloberfield Gdns. *Miln* —2F **25**
Cloberhill Rd. *G13* —6C **44**
Clober Rd. *Miln* —2F **25**
Clochbar Av. *Miln* —2F **25**
Clochbar Gdns. *Miln* —3F **25**
*Clochoderick Av. Mill P*
　　　　　　　　 —3B **94**
Cloch St. *G33* —3A **86**
Clockerhill Pl. *Moth* —3E **129**
*Clock Sq. Cumb* —3H *35*
　*(off Cumbernauld Cen., The)*
Cloister Av. *Air* —1C **112**
Clonbeith St. *G33* —1E **87**
Closeburn St. *G22* —4G **63**
Cloth St. *Barr* —5E **115**
Clouden Rd. *Cumb* —3B **36**
Cloudhowe Ter. *Blan* —6A **124**
Clouston Ct. *G20* —5C **62**
Clouston La. *G20* —5C **62**
Clouston St. *G20* —5B **62**
Clova Pl. *Udd* —1D **124**
Clova St. *T'bnk* —3F **117**
Clove Mill Wynd. *Lark*
　　　　　　　　 —3C **160**
Clovend Dri. *Ruth* —4D **120**
Cloverbank St. *G21* —2C **84**
Clovergate. *B'rig* —6A **48**
Cloverhill Pl. *Chry* —1A **68**
Cloverhill Ter. *E Kil* —2G **149**
Cloverhill View. *E Kil* —2F **149**
Clunie Pl. *Coat* —2D **110**
Clunie Pl. *Wis* —3D **146**
Clunie Rd. *G52* —1E **101**
Cluny Av. *Bear* —5G **45**
Cluny Av. *Clyd* —6E **23**
Cluny Dri. *Bear* —5G **45**
Cluny Dri. *Pais* —5C **78**
Cluny Gdns. *G14* —5E **61**
Cluny Gdns. *Bail* —1G **107**
Cluny Vs. *G14* —5E **61**
Clutha Pl. *E Kil* —4C **148**
Clutha St. *G51* —5B **82**
Clyde Av. *Barr* —6F **115**
Clyde Av. *Both* —6D **124**
Clyde Av. *Ham* —2E **155**
Clyde Av. *Torr* —5D **28**
Clydebank Bus. Pk. *Clyd*
　　　　　　　　 —5C **42**
Clydebank Ind. Est. *Clyd*
　　　　　　　　 —5H **41**
Clydebrae Dri. *Both* —1F **141**
Clydebrae St. *G51* —3H **81**
Clyde Bri. *Ham* —4D **142**
Clyde Ct. *Clyd* —2A **42**
*Clyde Ct. Coat* —5E *91*
　*(off Clifton Pl.)*
Clyde Ct. *Dumb* —3E **17**
Clyde Dri. *Bell* —3E **127**
Clydeford Dri. *G32* —2G **105**
Clydeford Dri. *Udd* —6B **108**
Clydeford Rd. *G32* —6A **106**
Clydeford Rd. *Camb* —1B **122**

Clydeholm Rd. *G14* —1D **80**
Clydeholm Ter. *Clyd* —2F **59**
Clyde Ho. *Ham* —4A **142**
Clyde La. *Moth* —3A **128**
Clydeneuk Dri. *Udd* —6B **108**
Clyde Pl. *G5* —5E **83**
Clyde Pl. *Camb* —3D **122**
Clyde Pl. *John* —5C **94**
Clyde Pl. *Moth* —3A **128**
Clyde Rd. *Pais* —4D **78**
Clydesdale Av. *Ham* —5H **153**
Clydesdale Av. *Pais* —2C **78**
Clydesdale Av. *Wis* —2D **156**
Clydesdale Pl. *Ham* —5H **153**
Clydesdale St. *Bell* —3F **127**
Clydesdale St. *Ham* —5G **141**
Clydesdale St. *Lark* —1E **161**
Clyde Shopping Cen. *Clyd*
　　　　　　　　 —5D **42**
Clydeshore Rd. *Dumb* —5E **17**
Clydeside Expressway. *G14*
　　　　　　　　 —6D **60**
Clydeside Ind. Est. *G14*
　　　　　　　　 —1D **80**
Clydeside Rd. *Ruth* —3B **104**
Clydesmill Dri. *G32* —6A **106**
Clydesmill Gro. *G32* —6A **106**
Clydesmill Pl. *G32* —5A **106**
Clydesmill Rd. *G32* —5H **105**
*Clyde Sq. Cumb* —3H *35*
　*(off Cumbernauld Cen., The)*
Clyde St. *Carl* —3D **164**
Clyde St. *Clyd* —1E **59**
Clyde St. *Coat* —4E **91**
Clyde St. *Renf* —4F **59**
Clyde Ter. *Both* —6E **125**
Clyde Ter. *Moth* —1C **156**
Clyde Tower. *E Kil* —4B **150**
*Clyde Tower. Moth* —4G *143*
　*(off Airbles Rd.)*
Clyde Tunnel. *G51* —2E **81**
Clydevale. *Both* —6F **125**
Clyde Valley Av. *Moth*
　　　　　　　　 —5G **143**
Clydeview. *Both* —6G **125**
Clyde View. *Dumb* —5E **17**
Clyde View. *Ham* —2F **153**
Clyde View. *Pais* —3D **98**
Clyde View Ct. *Bowl* —5A **20**
Clydeview Shopping Cen. *Blan*
　　　　　　　　 —2C **140**
Clydeview Ter. *G32* —5C **106**
*Clyde Wlk. Cumb* —3H *35*
　*(off Cumbernauld Cen., The)*
Clyde Wlk. *Newm* —3E **147**
*Clyde Way. Cumb* —3H *35*
　*(off Cumbernauld Cen., The)*
Clyde Way. *Pais* —4D **78**
*Clydeway Ind. Est. G3* —3C *82*
　*(off Finnieston Sq.)*
Clynder St. *G51* —5H **81**
Clyth Dri. *Giff* —5B **118**
Coach Clo. *Kils* —3C **12**
Coach Pl. *Kils* —4A **12**
Coach Rd. *Kils* —4B **12**
Coalburn Rd. *Both* —2F **125**
Coalhall Av. *Moth* —6A **128**
Coatbank St. *Coat* —6D **90**
Coatbank Way. *Coat* —5D **90**
COATBRIDGE CENTRAL
　　STATION. *Coat* —4B **90**
Coatbridge Ind. Est. *Coat*
　　　　　　　　 —2C **90**
Coatbridge Rd. *Bail* —6B **88**
Coatbridge Rd. *G'csh* —1E **89**
Coatbridge Rd. *Glenb* —1E **91**
Coatbridge Rd. *Glenm* —4B **70**
COATBRIDGE SUNNYSIDE
　　STATION. *Coat* —3C **90**
COATDYKE STATION. *Coat*
　　　　　　　　 —4F **91**

Coathill St. *Coat* —1C **110**
Coats Cres. *Bail* —6G **87**
Coats Dri. *Pais* —2F **97**
Coatshill Av. *Blan* —6A **124**
Coats St. *Coat* —5D **90**
Cobbett Rd. *Moth* —4D **142**
Cobblerigg Way. *Udd* —2C **124**
Cobbleton Rd. *Moth* —5H **127**
Cobden Rd. *St R* —1B **84**
Cobington Pl. *G33* —2B **86**
Cobinshaw St. *G32* —5A **86**
Coburg St. *G5* —6F **83**
(in two parts)
Cochno Av. *Clyd* —5F **23**
Cochno Rd. *Hard* —6D **22**
Cochno St. *Clyd* —1E **59**
Cochrane Ct. *Miln* —5A **26**
Cochranemill Rd. *John* —4C **94**
Cochrane St. *G1*
　　　　　　　—4G **83** (5F **5**)
Cochrane St. *Barr* —5D **114**
Cochrane St. *Bell* —2B **126**
Cochran St. *Pais* —1B **98**
Cockburn Pl. *Coat* —1B **110**
Cockels Loan. *Renf* —2D **78**
Cockenzie St. *G32* —6A **86**
Cockmuir St. *G21* —5C **64**
Coddington Cres. *Moth*
　　　　　　　—6H **111**
Cogan Rd. *G43* —1A **118**
Cogan St. *G43* —6A **102**
Cogan St. *Barr* —5D **114**
Colbert St. *G40* —1B **104**
Colbreggan Ct. *Clyd* —1E **43**
Colbreggan Gdns. *Clyd*
　　　　　　　—1E **43**
Colbreggan Pl. *Clyd* —1E **43**
Colchester Dri. *G12* —3G **61**
Coldingham Av. *G14* —3G **59**
Coldstream Cres. *Wis* —4A **146**
Coldstream Dri. *Pais* —4E **97**
Coldstream Dri. *Ruth* —6F **105**
Coldstream Pl. *G21* —6G **63**
Coldstream Rd. *Clyd* —6D **42**
Coldstream St. *Blan* —2B **140**
Cole. *E Kil* —3C **150**
Colebrooke Pl. *G12* —6C **62**
Colebrooke St. *G12* —6C **62**
Colebrooke Ter. *G12* —6C **62**
Colebrook St. *Camb* —1A **122**
Coleridge. *E Kil* —4C **148**
Coleridge Av. *Both* —5F **125**
Colfin St. *G34* —2A **88**
Colgrain St. *G20* —3E **63**
Colgrave Cres. *G32* —2H **105**
Colinbar Circ. *Barr* —6D **114**
Colinslee Av. *Pais* —4B **98**
Colinslee Cres. *Pais* —4B **98**
Colinslee Dri. *Pais* —4B **98**
Colinslie Rd. *G53* —5D **100**
Colinton Pl. *G32* —4B **86**
Colintraive Av. *G33* —6G **65**
Colintraive Cres. *G33* —5G **65**
Collace Av. *Bri W* —4F **73**
Colla Gdns. *B'rig* —5F **49**
Coll Av. *Renf* —2F **79**
College La. *G1* —4H **83** (6H **5**)
College St. *G1* —4H **83** (6G **5**)
College St. *Dumb* —4F **17**
College Way Shopping Cen.
　　　　　　　*Dumb* —4F **17**
Collessie Dri. *G33* —1C **86**
Collier St. *John* —2F **95**
Colliertree Rd. *Air* —3D **92**
Collina St. *G20* —3A **62**
Collins St. *G4* —4A **84**
Collins St. *Clyd* —1E **43**
Coll Pl. *G21* —1D **84**
Coll St. *G21* —1D **84**
Coll St. *Wis* —3D **146**
Collylinn Rd. *Bear* —3E **45**

Colmonell Av. *G13* —2H **59**
Colonsay. *E Kil* —4B **150**
Colonsay Av. *Renf* —2E **79**
Colonsay Dri. *Newt M*
　　　　　　　—4B **132**
Colonsay Rd. *G52* —6E **81**
Colonsay Rd. *Pais* —6H **97**
Colquhoun Av. *G52* —4A **80**
Colquhoun Ct. *G41* —1A **102**
Colquhoun Dri. *Bear* —2D **44**
Colquhoun Rd. *Milt* —4E **19**
Colquhoun St. *Dumb* —3G **17**
Colston Av. *B'rig* —2B **64**
Colston Dri. *B'rig* —2B **64**
Colston Gdns. *Air* —4C **92**
Colston Gdns. *B'rig* —2A **64**
Colston Path. *B'rig* —2A **64**
Colston Pl. *Air* —4C **92**
Colston Pl. *B'rig* —2A **64**
Colston Rd. *Air* —4C **92**
Colston Rd. *B'rig* —2A **64**
Colston Ter. *Air* —4C **92**
Colt Av. *Coat* —3A **90**
Coltmuir Cres. *B'rig* —1A **64**
Coltmuir Dri. *B'rig* —1A **64**
Coltmuir Gdns. *B'rig* —1A **64**
Coltmuir St. *G22* —3F **63**
Coltness Dri. *Bell* —3D **126**
Coltness La. *G33* —4C **86**
Coltness Rd. *Wis* —3A **146**
Coltness St. *G33* —3C **86**
Coltpark Av. *B'rig* —1A **64**
Coltpark La. *B'rig* —1B **64**
Colt Pl. *Coat* —3C **90**
Coltsfoot Dri. *G53* —4B **116**
Coltswood Ct. *Coat* —3C **90**
Coltswood Rd. *Coat* —2C **90**
Colt Ter. *Coat* —3C **90**
Columba Cres. *Moth* —5F **127**
Columba St. *G51* —4H **81**
Columbia Path. *Blan* —1A **140**
Columbia Pl. *E Kil* —3D **148**
Columbia Way. *E Kil* —3D **148**
Columbine Way. *Carl* —5F **165**
Colvend St. *G40* —2B **104**
Colville Dri. *Ruth* —1F **121**
Colvilles Pl. *E Kil* —5B **150**
Colvilles Rd. *E Kil* —6A **150**
Colwood Av. *G53* —3A **116**
Colwood Gdns. *G53* —4A **116**
Colwood Path. *G53* —3A **116**
Colwood Pl. *G53* —4A **116**
Colwood Sq. *G53* —4A **116**
Colwyn Ct. *Air* —2A **92**
Colzium View. *Kils* —3A **12**
Combe Quad. *Bell* —4A **126**
Comedie Rd. *G33* —5E **67**
Comely Bank. *Ham* —6D **140**
Comelybank La. *Dumb*
　　　　　　　—3D **16**
Comelybank Rd. *Dumb*
　　　　　　　—3D **16**
Comelypark Pl. *G31* —5C **84**
(off Comelypark St.)
Comelypark St. *G31* —5B **84**
Commerce St. *G5* —6F **83**
Commercial Ct. *G5* —6H **83**
Commercial Rd. *G5* —1G **103**
Commercial Rd. *Barr* —4E **115**
Common Grn. *Ham* —5A **142**
Commonhead Av. *Air* —2H **91**
Commonhead La. *Air* —2H **91**
Commonhead Rd. *G34* —3B **88**
Commonhead St. *Air* —2H **91**
Commonside St. *Air* —2H **91**
Commore Av. *Barr* —6F **115**
Commore Dri. *G13* —2A **60**
Commore Pl. *Neil* —3C **130**
Community Av. *Bell* —5C **126**
Community Pl. *Bell* —4D **126**
Community Rd. *Bell* —4B **126**

Comrie Cres. *Ham* —6B **140**
Comrie Rd. *G33* —4C **66**
Comrie St. *G32* —2B **106**
Conan Ct. *Camb* —2D **122**
Cona St. *Giff* —3E **117**
Condor Glen. *Holy* —6G **111**
Condorrat Interchange. *Cumb*
　　　　　　　—5E **35**
Condorrat Ring Rd. *Cumb*
　　　　　　　—6C **34**
Condorrat Rd. *Cumb* —4D **54**
Condorrat Rd. *Glenm* —5F **55**
Coneypark Cres. *Bank* —1C **14**
Coneypark Pl. *Bank* —1C **14**
Congress Rd. *G3* —4B **82**
Conifer Pl. *Kirk* —1B **50**
Conisborough Path. *G34*
　　　　　　　—1F **87**
Conisborough Rd. *G34* —1F **87**
Coniston. *E Kil* —6B **148**
Coniston Dri. *Bell* —4D **126**
Conistone Cres. *Bail* —1F **107**
Connal St. *G40* —2D **104**
Connell Cres. *Miln* —4A **26**
Conniston St. *G32* —4G **85**
Connor Rd. *Barr* —4D **114**
Connor St. *Air* —2E **93**
Conolly's Land. *Clyd* —1C **42**
(off Dumbarton Rd.)
Conon Av. *Bear* —4C **44**
Consett La. *G33* —3C **86**
Consett St. *G33* —3C **86**
Constable Cres. *E Kil* —6F **137**
Constarry Rd. *Croy* —6A **12**
Contin Pl. *G20* —4B **62**
Convair Way. *Renf* —2F **79**
Cook St. *G5* —6E **83**
Cook St. *E Kil* —6B **138**
Coolgardie Grn. *E Kil* —4E **149**
Coolgardie Pl. *E Kil* —4E **149**
Co-operative Ter. *John*
　　　　　　　—2G **95**
Cooper's Well St. *G11* —2A **82**
Copenhagen Av. *E Kil*
　　　　　　　—5G **149**
Copland Pl. *G51* —5H **81**
Copland Quad. *G51* —5H **81**
Copland Rd. *G51* —6H **81**
Coplaw St. *G42* —2E **103**
Copperfield La. *Udd* —6E **109**
Coral Mt. Gdns. *Kirk* —6E **31**
Corbett Ct. *G32* —2H **105**
Corbett St. *G32* —2H **105**
Corbie Pl. *Miln* —3D **24**
Corbiston Way. *Cumb* —3B **36**
Cordiner St. *G44* —6F **103**
Corkerhill Gdns. *G52* —1E **101**
Corkerhill Pl. *G52* —3D **100**
Corkerhill Rd. *G52* —2D **100**
Corkerhill Rd. *G53* —4D **100**
**CORKERHILL STATION.** *G52*
　　　　　　　—3D **100**
Corlaich Av. *G42* —6A **104**
Corlaich Dri. *G42* —6A **104**
Cormack Av. *Torr* —4E **29**
Cormorant Av. *Hous* —3D **74**
Cornaig Rd. *G53* —5B **100**
Cornalee Gdns. *G53* —5A **100**
Cornalee Pl. *G53* —5A **100**
(in two parts)
Cornalee Rd. *G53* —5B **100**
Cornelian Ter. *Bell* —3C **126**
Cornelia St. *Moth* —6D **126**
Cornhill Dri. *Coat* —3A **90**
Cornhill St. *G21* —4C **64**
Cornish Ct. *Coat* —3B **90**
Cornock Cres. *Clyd* —4D **42**
Cornock St. *Clyd* —4D **42**
Cornsilloch Brae. *Lark*
　　　　　　　—2C **162**
Corn St. *G4* —1F **83**

Cornwall Av. *Ruth* —2F **121**
Cornwall Ct. *E Kil* —2H **149**
Cornwall St. *G41* —6B **82**
Cornwall St. *E Kil* —2F **149**
Cornwall S. *G41* —6B **82**
Cornwall Way. *E Kil* —2H **149**
Coronation Av. *Lark* —5E **161**
Coronation Cres. *Lark*
　　　　　　　—5E **161**
Coronation Pl. *G'csh* —2C **68**
Coronation Pl. *Lark* —5E **161**
Coronation Rd. *Moth* —3H **127**
Coronation Rd. E. *Moth*
　　　　　　　—4H **127**
Coronation St. *Wis* —6B **146**
Coronation Way. *Bear* —5F **45**
Corpach Pl. *G34* —2B **88**
Corra Linn. *Ham* —6E **141**
Corran Av. *Newt M* —3C **132**
Corran St. *G33* —3H **85**
Correen Gdns. *Bear* —6B **24**
Corrie Brae. *Kils* —2G **11**
Corrie Ct. *Ham* —1D **152**
Corrie Dri. *Moth* —2D **142**
Corrie Dri. *Pais* —1G **99**
Corrie Gro. *G44* —3D **118**
Corrie Pl. *Lenz* —3E **51**
Corrie Rd. *Kils* —2G **11**
Corrie View. *Cumb* —5B **34**
Corrie View Cotts. *Kils* —1C **32**
(off Alexander Av.)
Corrie Way. *Lark* —3F **161**
Corrour Rd. *G43* —6B **102**
Corrour Rd. *Newt M* —3C **132**
Corruna Ct. *Carl* —4H **165**
Corsebar Av. *Pais* —3G **97**
Corsebar Cres. *Pais* —4G **97**
Corsebar Dri. *Pais* —3G **97**
Corsebar La. *Pais* —4F **97**
Corsebar Rd. *Pais* —4F **97**
Corsebar Way. *Pais* —2G **97**
Corseford Av. *John* —5C **94**
Corsehill Path. *G34* —3A **88**
Corsehill Pl. *G34* —3A **88**
Corsehill St. *G34* —3A **88**
Corselet Rd. *G53* —4A **116**
Corselet Rd. *Barr* —1A **132**
Corse Rd. *G52* —5G **79**
Corsewall St. *Coat* —4A **90**
Corsford Dri. *G53* —1C **116**
Corsock Av. *Ham* —1C **152**
Corsock St. *G31* —4D **84**
Corston St. *G33* —3F **85**
Cortachy Pl. *B'rig* —6F **49**
Coruisk Dri. *Clar* —1B **134**
Coruisk Way. *Pais* —5C **96**
Corunna St. *G3* —3C **82**
Coshneuk Rd. *G33* —4B **66**
Cosy Neuk. *Lark* —4G **161**
Cottar St. *G20* —2C **62**
Cotton Av. *Lin* —6H **75**
Cotton St. *G40* —3C **104**
Cotton St. *Pais* —1B **98**
Cotton Vale. *Moth* —6E **129**
Couldridge Gdns. *Ham*
　　　　　　　—5C **140**
Coulter Av. *Coat* —3A **90**
Coulter Av. *Wis* —2A **146**
Countess Way. *Bail* —6E **89**
(off Princess Dri.)
County Av. *Camb* —6F **105**
County Pl. *Pais* —6A **78**
County Sq. *Pais* —6A **78**
Couper Pl. *G4* —2H **83** (2G **5**)
Couper St. *G4* —2H **83** (2G **5**)
Coursington Cres. *Moth*
　　　　　　　—2A **144**
Coursington Gdns. *Moth*
　　　　　　　—2H **143**
Coursington Pl. *Moth* —2H **143**

Coursington Rd. *Moth*
(in two parts) —2H **143**
*Coursington Tower. Moth*
—2H *143*
(off Coursington Rd.)
Courthill. *Bear* —1D **44**
Courthill Av. *G44* —2F **119**
Courthill Cres. *Kils* —3A **12**
Coustonholm Rd. *G43*
—6B **102**
Couther Quad. *Air* —1A **92**
Covanburn Av. *Ham* —2B **154**
Covenant Cres. *Lark* —3F **161**
Covenanters Way. *Wis*
—5A **158**
Covenant St. *Wis* —1C **156**
Coventry Dri. *G31* —3D **84**
Cowal Cres. *Kirk* —4H **31**
Cowal Dri. *Lin* —6G **75**
Cowal St. *G20* —2A **62**
Cowal View. *Clyd* —4D **42**
Cowan Cres. *Barr* —4F **115**
*Cowan La. G12 —1C 82*
(off Glasgow St.)
Cowan Rd. *Cumb* —3D **34**
Cowan St. *G12* —1C **82**
Cowan Wilson Av. *Blan*
—1B **140**
Cowan Wynd. *Wis* —4A **158**
Cowcaddens Rd. *G4*
—2F **83** (2C **4**)
COWCADDENS STATION. *G4*
—2F **83** (2C **4**)
Cowcaddens St. *G2*
—3F **83** (3D **4**)
Cowden Dri. *B'rig* —4C **48**
Cowdenhill Cir. *G13* —1D **60**
Cowdenhill Pl. *G13* —1D **60**
Cowdenhill Rd. *G13* —1C **60**
Cowden St. *G51* —4D **80**
Cowdray Cres. *Renf* —6F **59**
Cowgate. *Kirk* —4C **30**
Cowglen Rd. *G53* —6C **100**
Cowlairs Ind. Est. *G21* —5H **63**
Cowlairs Rd. *G21* —5A **64**
Coxdale Av. *Kirk* —5B **30**
Coxhill St. *G21* —6H **63**
Coxton Pl. *G33* —2D **86**
Coylton Cres. *Ham* —2C **152**
Coylton Rd. *G43* —2C **118**
Crabb Quad. *Moth* —6E **127**
Cragdale. *E Kil* —6E **137**
Craggan Dri. *G14* —3H **59**
Crags Av. *Pais* —4B **98**
Crags Cres. *Pais* —3B **98**
Crags Rd. *Pais* —4B **98**
Cragwell Pk. *Crmck* —2A **136**
Craigallan Av. *Camb* —3D **122**
Craigallian Av. *Miln* —1F **25**
Craiganour La. *G43* —1A **118**
Craigard Pl. *Ruth* —4F **121**
Craigash Quad. *Miln* —2E **25**
Craigash Rd. *Miln* —3E **25**
Craigbank Dri. *G53* —1A **116**
Craigbank Rd. *Lark* —5E **161**
Craigbank St. *Lark* —4E **161**
Craigbanzo St. *Clyd* —5F **23**
Craigbarnet Av. *Torr* —5C **28**
Craigbarnet Rd. *Miln* —3D **24**
Craigbet Av. *Quar H* —1A **72**
Craigbet Cres. *Quar H* —1A **72**
Craigbet Pl. *Quar H* —1A **72**
Craigbo Av. *G23* —6B **46**
Craigbo Ct. *G23* —1B **62**
Craigbo Dri. *G23* —6B **46**
Craigbog Av. *John* —4D **94**
Craigbog Rd. *John* —5F **95**
Craigbo Pl. *G23* —1B **62**
Craigbo Rd. *G23* —1B **62**
Craigbo St. *G23* —6B **46**
Craigburn Av. *Hous* —3D **74**

Craigburn Ct. *Ashg* —4B **162**
Craigburn Cres. *Hous* —4D **74**
Craigburn Pl. *Hous* —4D **74**
Craigburn St. *Ham* —3H **153**
Craig Cres. *Kirk* —6H **31**
Craigdhu Av. *Air* —4E **93**
Craigdhu Av. *Miln* —4F **25**
Craigdhu Cres. *Air* —4E **93**
Craigdhu Rd. *Bear* —5D **24**
Craigdonald Pl. *John* —2F **95**
Craigellan Rd. *G43* —1B **118**
Craigelvan Av. *Cumb* —1B **54**
Craigelvan Ct. *Cumb* —1B **54**
Craigelvan Dri. *Cumb* —1B **54**
Craigelvan Gdns. *Cumb*
—1B **54**
Craigelvan Gro. *Cumb* —1B **54**
Craigelvan Pl. *Cumb* —1B **54**
Craigelvan View. *Cumb*
—1B **54**
Craigenbay Cres. *Lenz* —2E **51**
Craigenbay Rd. *Lenz* —3D **50**
Craigenbay St. *G21* —5D **64**
Craigencart Ct. *Clyd* —1B **42**
Craigend Cres. *Miln* —3F **25**
Craigend Dri. *Coat* —1G **109**
Craigend Dri. W. *Miln* —3E **25**
Craigendmuir Cvn. Site. *Step*
—5D **66**
Craigendmuir Rd. *G33* —5E **67**
Craigendmuir St. *G33* —1F **85**
Craigendon Oval. *Pais* —6G **97**
Craigendon Rd. *Pais* —6G **97**
Craigend Pl. *G13* —3E **61**
Craigend Rd. *Cumb* —2B **54**
Craigends Av. *Quar H* —1A **72**
Craigends Dri. *Kilb* —2A **94**
Craigends Pl. *Quar H* —1A **72**
Craigends Rd. *Hous* —4D **74**
Craigend St. *G13* —3E **61**
Craigend View. *Cumb* —2B **54**
Craigenfeoch Av. *John* —4D **94**
Craigens Rd. *Air* —6F **93**
Craigfaulds Av. *Pais* —3F **97**
Craigfell Ct. *Ham* —1C **152**
Craigflower Av. *G53* —3A **116**
Craigflower Gdns. *G53*
—3A **116**
Craigflower Rd. *G53* —4A **116**
Craig Gdns. *Newt M* —5C **132**
Craighalbert Rd. *Cumb* —2E **35**
(in two parts)
Craighalbert Roundabout. *Cumb*
—1E **35**
Craighalbert Way. *Dull* —1E **35**
Craighall Quad. *Neil* —3D **130**
Craighall Rd. *G4* —1F **83** (1D **4**)
Craighaw St. *Clyd* —5F **23**
Craighead Av. *G33* —6F **65**
Craighead Av. *Milt C* —5C **8**
Craighead Rd. *B'ton* —5H **39**
Craighead Rd. *Milt C* —5C **8**
Craighead St. *Air* —3E **93**
Craighead Way. *Barr* —5D **114**
(in two parts)
Craig Hill. *E Kil* —4E **149**
Craighill Dri. *Clar* —3B **134**
Craighill Gro. *Clar* —3B **134**
Craighirst Rd. *Miln* —3D **24**
Craigholme. *Hous* —1D **74**
Craighouse St. *G33* —2A **86**
Craighton Gdns. *Len* —3H **7**
Craighurst Dri. *Clyd* —6C **22**
Craigiebar Dri. *Pais* —5G **97**
Craigieburn Gdns. *G20* —1H **61**
Craigieburn Rd. *Cumb* —4H **35**
Craigie Dri. *Newt M* —6E **133**
Craigiehall Av. *Ersk* —2E **57**
Craigiehall Cres. *Ersk* —2E **57**
Craigiehall Pl. *G51* —5B **82**
Craigiehall St. *G51* —5B **82**

Craigiehall Way. *Ersk* —2E **57**
*Craigie La. Lark —1F 161*
(off Duncan Graham St.)
Craigielea Ct. *Renf* —5E **59**
Craigielea Cres. *Miln* —3E **25**
Craigielea Dri. *Pais* —5F **77**
Craigielea Pk. *Renf* —6E **59**
Craigielea Rd. *Clyd* —6A **22**
Craigielea Rd. *Renf* —6E **59**
Craigielea St. *G31* —3C **84**
Craigielinn Av. *Pais* —6F **97**
Craigie Pk. *Lenz* —2E **51**
Craigie St. *G42* —3E **103**
Craigievar St. *G33* —1E **87**
Craiglea Pl. *Air* —3C **92**
Craiglea Ter. *Plain* —1F **93**
Craiglee. *E Kil* —6G **149**
Craiglelth St. *G32* —5G **85**
Craiglinn Pk. Rd. *Cumb*
—4C **34**
Craiglinn Roundabout. *Cumb*
—4C **34**
Craiglockhart St. *G33* —1D **86**
Craigmaddie Gdns. *Torr*
—5C **28**
Craigmaddie Rd. *Bard* —3D **26**
*Craigmaddie Ter. La. G3*
(off Derby St.) —2C *82*
Craigmarloch Av. *Torr* —5D **28**
Craigmarloch Roundabout.
*Cumb* —2E **35**
Craigmillar Av. *Miln* —3H **25**
Craigmillar Rd. *G42* —6E **103**
Craigmochan Av. *Air* —1H **91**
Craigmont Dri. *G20* —3C **62**
Craigmont St. *G20* —3C **62**
Craigmore Rd. *Bear* —6B **24**
Craigmore St. *G31* —5E **85**
Craigmount Av. *Pais* —6G **97**
Craigmount St. *Kirk* —6D **30**
Craigmuir Cres. *G52* —5H **79**
Craigmuir Gdns. *Blan* —3H **139**
Craigmuir Pl. *G52* —5G **79**
Craigmuir Rd. *G52* —5G **79**
Craigmuir Rd. *Blan* —3H **139**
Craigneil St. *G33* —1E **87**
Craigneith Ct. *E Kil* —5E **139**
Craignethan Rd. *Carl* —2E **165**
Craignethan Rd. *Giff* —2G **133**
Craigneuk Av. *Air* —5C **92**
Craigneuk St. *Moth & Wis*
—4B **144**
Craignure Cres. *Air* —4E **93**
Craignure Rd. *Ruth* —4D **120**
Craigpark. *G31* —4C **84**
Craigpark Dri. *G31* —4C **84**
Craigpark St. *Clyd* —6F **23**
Craigpark Way. *Udd* —6E **109**
Craig Pl. *Newt M* —4B **132**
Craig Rd. *G44* —2E **119**
Craig Rd. *Lin* —4F **75**
Craig Rd. *Neil* —3D **130**
Craigs Av. *Clyd* —1E **43**
Craigsheen Av. *Crmck*
—2H **135**
Craigside Ct. *Cumb* —6B **34**
Craigside Pl. *Cumb* —6B **34**
Craigside Rd. *Cumb* —6B **34**
Craigson Pl. *Air* —5F **93**
Craigstone View. *Kils* —3B **12**
Craigston Pl. *John* —3F **95**
Craigston Rd. *John* —3E **95**
Craig St. *Air* —4H **91**
Craig St. *Blan* —3C **140**
Craig St. *Coat* —1B **110**
Craigthornhill Rd. *Ham*
—6A **160**
Craigton Av. *Barr* —6G **115**
Craigton Av. *Miln* —3F **25**
Craigton Clo. *Newt M* —4B **132**
Craigton Dri. *G51* —5F **81**

Craigton Dri. *Barr* —6G **115**
Craigton Dri. *Newt M* —4C **132**
Craigton Gdns. *Miln* —2E **25**
Craigton Ind. Est. *G52* —6E **81**
Craigton Pl. *G51* —5E **81**
Craigton Pl. *Blan* —6B **124**
Craigton Rd. *G51* —5F **81**
Craigton Rd. *Miln* —2C **24**
Craigton Rd. *Newt M* —6H **131**
Craigton St. *Clyd* —5F **23**
Craigvicar Gdns. *G32* —6D **86**
Craigview Av. *John* —5D **94**
Craigview Rd. *Moth* —1H **143**
Craigview Ter. *John* —4D **94**
Craigwell Av. *Ruth* —1F **121**
Crail St. *G31* —6F **85**
Craithie Ct. *G11* —1G **81**
Crammond Av. *Coat* —1G **109**
Cramond Av. *Renf* —1G **79**
Cramond St. *G5* —3H **103**
Cramond Ter. *G32* —6B **86**
Cranborne Rd. *G12* —4G **61**
Cranbrooke Dri. *G20* —2B **62**
Crannog Rd. *Milt* —4E **19**
Cranston St. *G3* —4D **82**
*Cranworth La. G12 —6B 62*
(off Gt. George St.)
Cranworth St. *G12* —6B **62**
Crarae Av. *Bear* —5E **45**
Crathes Ct. *G44* —3C **118**
Crathie Ct. *Carl* —2E **165**
Crathie Dri. *G11* —1G **81**
Crathie Dri. *Glenm* —5H **71**
Crathie Quad. *Wis* —4H **145**
Crauchlan Av. *Pais* —5A **98**
Crawford Av. *Lenz* —4D **50**
Crawford Cres. *Blan* —6B **124**
Crawford Cres. *Udd* —6C **108**
Crawford Dri. *G15* —6H **43**
Crawford Dri. *E Kil* —1B **150**
Crawford Hill. *E Kil* —1B **150**
*Crawford La. G11 —1G 81*
(off Crawford St.)
Crawford Path. *G11 —1G 81*
(off Crawford St.)
Crawford Rd. *Hous* —2D **74**
Crawford Rd. *Miln* —1F **25**
Crawford Rd. *Ruth* —3D **120**
Crawford St. *G11* —1G **81**
Crawford St. *Ham* —4E **141**
Crawford St. *Moth* —3E **143**
Crawford St. *Pais* —5F **77**
Crawford Gdns. *Ruth* —3E **121**
Crawriggs Av. *Kirk* —1D **50**
Craw Rd. *Pais* —2G **97**
Creamery Rd. *Wis* —2B **158**
Crebar Dri. *Barr* —5E **115**
Crebar St. *T'bnk* —3E **117**
Credon Dri. *Air* —6A **92**
Credon Gdns. *Ruth* —3E **121**
Cree Av. *B'rig* —6F **49**
Cree Gdns. *G32* —6H **85**
Cree Pl. *E Kil* —2D **148**
Creighton Gro. *E Kil* —2G **149**
Creran Ct. *Ham* —2E **153**
Creran Dri. *Renf* —5D **58**
*Creran Path. Newm —3D 146*
(off Tiree Cres.)
*Crescent Ct. Clyd —4A 42*
(off Crescent, The)
Crescent Rd. *G14 & G13*
—4B **60**
Crescent, The. *Clar* —4E **135**
Crescent, The. *Clyd* —4A **42**
*Cresswell La. G12 —6B 62*
(off Cresswell St.)
Cresswell St. *G12* —6B **62**
Cressy St. *G51* —3E **81**
Crest Av. *G13* —1B **60**
Crestlea Av. *Pais* —5A **98**
Crichton Ct. *G45* —5B **120**

Crichton St. *G21* —5A **64**
Crichton St. *Coat* —3C **90**
Cricketfield La. *Hous* —1B **74**
Criffell Gdns. *G32* —2D **106**
Criffell Rd. *G32* —1D **106**
Criffel Pl. *Moth* —4C **128**
  (off Clarinda Pl.)
Crighton Wynd. *Bell* —1F **125**
Crimea St. *G2* —4E **83** (6A **4**)
Crimond Pl. *Kils* —2F **11**
Crinan Cres. *Coat* —2H **89**
Crinan Gdns. *B'rig* —6E **49**
Crinan Pl. *Bell* —3D **126**
Crinan Pl. *Coat* —2H **89**
Crinan Rd. *B'rig* —6E **49**
Crinan St. *G31* —3D **84**
Crindledyke Cres. *Newm*
  —3F **147**
Cripps Av. *Clyd* —6F **43**
Croftbank Av. *Both* —6F **125**
Croftbank Cres. *Both* —6F **125**
Croftbank Cres. *Udd* —1D **124**
Croftbank St. *G21* —5B **64**
Croftburn Dri. *G44* —3H **119**
Croftcot Av. *Bell* —4B **126**
Croftcroighn Rd. *G33* —2B **86**
Croftend Av. *G44* —1A **120**
Croftend La. *Ruth* —2B **120**
Croftfoot Cres. *G45* —3C **120**
Croftfoot Dri. *G45* —3B **120**
Croftfoot Quad. *G45* —3A **120**
Croftfoot Rd. *G44* —3H **119**
Croftfoot Rd. *G45* —3B **120**
CROFTFOOT STATION. *Ruth*
  —1A **120**
Croftfoot St. *G45* —3C **120**
Croftfoot Ter. *G45* —3B **120**
Crofthead Cres. *Bell* —4B **126**
Crofthead Dri. *Len* —2E **7**
Crofthead Pl. *Bell* —4B **126**
Crofthead Pl. *Newt M* —6E **133**
Crofthead St. *Udd* —2D **124**
Crofthill Av. *Udd* —1D **124**
Crofthill Rd. *G44* —1H **119**
Crofthouse Dri. *G44* —3A **120**
Croftmont Av. *G44* —3A **120**
Croftmoraig Av. *Chry* —3E **53**
Crofton Av. *G44* —3H **119**
Croftpark Av. *G44* —3G **119**
Croftpark Cres. *Blan* —3C **140**
Croftpark Rd. *Clyd* —6D **22**
Croftpark St. *Bell* —1C **126**
Croft Pl. *Lark* —2D **160**
Croft Rd. *Camb* —2B **122**
Croft Rd. *E Kil* —4G **149**
Croft Rd. *Lark* —3D **160**
Croft Rd. *Torr* —5A **28**
Croftside Av. *G44* —3A **120**
Croftspar Av. *G32* —5C **86**
Croftspar Dri. *G32* —5C **86**
Croftspar Pl. *G32* —5C **86**
Croftwood. *B'rig* —3C **48**
Croftwood Av. *G44* —3H **119**
Croftwood Rd. *Ham* —2H **153**
Croft Wynd. *Udd* —1E **125**
Crogal Cres. *Chap* —3D **112**
Cromalt Cres. *Bear* —5C **24**
Cromarty Av. *G43* —1D **118**
Cromarty Av. *B'rig* —5F **49**
Cromarty Cres. *Bear* —6F **25**
Cromarty Gdns. *Clar* —6E **119**
Cromarty Pl. *Chry* —6B **52**
Cromarty Pl. *E Kil* —6C **138**
Cromarty Rd. *Air* —6H **91**
Crombie Gdns. *Bail* —2F **107**
Cromdale St. *G51* —4E **81**
Cromer St. *G20* —4D **62**
Cromer Way. *Pais* —4H **77**
Crompton Av. *G44* —2F **119**
Cromwell La. *G20* —1E **83**
  (off Cromwell St.)

Cromwell St. *G20* —1E **83**
Crona Dri. *Ham* —5C **140**
Cronberry Quad. *G52* —2H **99**
Cronberry Ter. *G52* —2H **99**
Cronin Pl. *Bell* —6D **110**
Cronulla Pl. *Kils* —3B **12**
Crookedshields Rd. *E Kil*
  —2A **138**
Crookfur Cottage Homes.
  *Newt M* —4D **132**
Crookfur Rd. *Newt M* —3B **132**
Crookston Av. *G52* —1A **100**
Crookston Ct. *G52* —1A **100**
Crookston Dri. *Pais & G52*
  —1H **99**
Crookston Gdns. *G52* —1H **99**
Crookston Gro. *G52* —1A **100**
Crookstonhill Path. *G52*
  —1H **99**
  (off Crookston Quad.)
Crookston Path. *G52* —1H **99**
  (off Crookston Quad.)
Crookston Pl. *G52* —1H **99**
Crookston Quad. *G52* —1H **99**
Crookston Rd. *G52* —2H **99**
Crookston Rd. *G53* —6A **100**
CROOKSTON STATION. *G52*
  —1H **99**
Crookston Ter. *G52* —1H **99**
Crosbie Dri. *Pais* —6C **96**
Crosbie La. *G20* —1A **62**
Crosbie St. *G20* —1A **62**
Crosbie Wood. *Pais* —4F **97**
Cross Arthurlie St. *Barr*
  —4D **114**
Crossbank Av. *G42* —4A **104**
Crossbank Dri. *G42* —4H **103**
Crossbank Rd. *G42* —4H **103**
Crossbank Ter. *G42* —4H **103**
Crossburn Av. *Miln* —4F **25**
Cross Ct. *B'rig* —6B **48**
Crossdykes. *Kirk* —6G **31**
Crossen La. *Carl* —4H **165**
  (off Kilcadzow Rd.)
Crossflat Cres. *Pais* —6C **78**
Crossford Dri. *G23* —6C **46**
Crossgate. *Kirk* —4D **30**
Cross Gates. *Bell* —3C **126**
Crossgates. *B'ton* —3F **39**
Crossgates Av. *Cle* —4H **129**
Crossgates St. *Lark* —1D **160**
Crosshill Av. *G42* —4F **103**
Crosshill Av. *Kirk* —1D **50**
Crosshill Dri. *Cle* —4H **129**
Crosshill Dri. *Ruth* —1D **120**
Crosshill Rd. *B'rig* —2E **49**
Crosshill Rd. *Kirk* —4B **50**
CROSSHILL STATION. *G42*
  —4F **103**
Crosshill St. *Air* —4H **91**
Crosshill St. *Coat* —1F **109**
Crosshill St. *Len* —2F **7**
Crosshill St. *Moth* —3H **143**
Crosshouse Rd. *E Kil* —6B **148**
Crosslee Cres. *Hous* —2C **74**
Crosslee Pk. *C'lee* —3C **74**
Crosslee Rd. *Bri W* —5H **73**
Crosslees Dri. *T'bnk* —4F **117**
Crosslees Pk. *T'bnk* —4F **117**
Crosslees Rd. *T'bnk* —5F **117**
Crosslee St. *G52* —6D **80**
Crosslet Av. *Dumb* —1C **18**
Crosslet Ct. *Dumb* —2C **18**
Crosslet Pl. *Dumb* —4H **17**
Crosslet Rd. *Dumb* —3G **17**
Crossloan Rd. *G51* —4F **81**
Crossloan Ter. *G51* —4F **81**
Crossmill Av. *Barr* —3F **115**
Crossmount Ct. *Carl* —3E **165**
Crossmyloof Gdns. *G41*
  —4B **102**

CROSSMYLOOF STATION. *G41*
  —4B **102**
Cross Orchard Way. *Bell*
  —2C **126**
Crosspoint Dri. *G23* —6C **46**
Cross Rd. *Pais* —3F **97**
Cross St. *G32* —4C **106**
Cross St. *Pais* —1G **97**
Cross, The. *Kilb* —2A **94**
Cross, The. *Pais* —6A **78**
Crosstobs Rd. *G53* —4A **100**
Crossveggate. *Miln* —4H **25**
Crossview Av. *Bail* —6B **88**
Crossview Pl. *Bail* —6B **88**
Crossways. *Hous* —1D **74**
Crovie Rd. *G53* —6A **100**
Crow Av. *Moth* —2B **128**
Crowflats Rd. *Udd* —1C **124**
Crowfoot View. *Udd* —4G **109**
Crowhill Cres. *Air* —1H **91**
Crowhill Rd. *B'rig* —2B **64**
Crowhill St. *G22* —3G **63**
Crow La. *G13* —4F **61**
Crowlin Cres. *G33* —3B **86**
Crown Av. *Clyd* —4C **42**
Crown Cir. *G12* —6A **62**
Crown Gdns. *G12* —6A **62**
Crownpoint Rd. *G40* —6B **84**
Crown Rd. N. *G12* —6H **61**
Crown Rd. S. *G12* —6H **61**
Crown St. *G5* —1F **103**
Crown St. *Bail* —2F **107**
Crown St. *C'bnk* —2B **112**
Crown St. *Coat* —4E **91**
Crown Ter. *G12* —6H **61**
Crow Rd. *G11* —5F **61**
Crow Rd. *G13* —3F **61**
Crow Rd. *Len* —1F **7**
Crow-Wood Cres. *C'bnk*
  —3B **112**
Crow-Wood Dri. *Air* —4D **92**
Crow-Wood Rd. *C'bnk*
  —3B **112**
Crow Wood Rd. *Chry* —2H **67**
Crow Wood Ter. *Chry* —2H **67**
Croy. *E Kil* —6F **137**
Croy Av. *Newt M* —4G **133**
Croy Pl. *G21* —4E **65**
Croy Rd. *G21* —4E **65**
Croy Rd. *Coat* —1A **110**
CROY STATION. *Cumb* —2B **34**
Cruachan Av. *Renf* —2E **79**
Cruachan Dri. *Barr* —6E **115**
Cruachan Dri. *Newt M*
  —6F **133**
Cruachan Rd. *Bear* —6B **24**
Cruachan Rd. *Ruth* —4F **121**
Cruachan St. *T'bnk* —3F **117**
Cruachan Way. *Barr* —6E **115**
Cruden St. *G51* —5F **81**
Crum Av. *T'bnk* —4G **117**
Crusader Av. *G13* —6D **44**
Cubie St. *G40* —6B **84**
Cuckoo Way. *Moth* —2B **128**
Cuilhill Rd. *Bail* —3D **88**
Cuillins, The. *Mood* —3E **53**
Cuillin Way. *Barr* —5E **115**
Cuilmuir Ter. *Kils* —1B **34**
Cuilmuir View. *Kils* —6B **12**
Culbin Dri. *G13* —1H **59**
Cullen. *Ersk* —4E **41**
Cullen La. *E Kil* —4G **149**
Cullen Pl. *Udd* —5E **109**
Cullen Rd. *E Kil* —4F **149**
Cullen Rd. *Moth* —4E **143**
Cullen St. *G32* —1A **106**
Cullin Gdns. *G22* —5H **63**
  (in two parts)
Cullins Rd. *Ruth* —4F **121**
Cullins, The. *Udd* —4C **108**
Cullion Way. *Moth* —2G **129**

Cullochrig Rd. *Rigg* —5G **55**
Culloch Rd. *Bear* —5C **24**
Culloden St. *G31* —3D **84**
Culrain Gdns. *G32* —6A **86**
Culrain St. *G32* —6A **86**
Culross Hill. *E Kil* —2F **149**
Culross La. *G32* —1A **106**
Culross Pl. *Coat* —4B **90**
Culross Pl. *E Kil* —2F **149**
Culross St. *G32* —1C **106**
Culross Way. *Mood* —4E **53**
Culterfell Path. *Cle* —5H **129**
Cult Rd. *Lenz* —3E **51**
Cults St. *G51* —5F **81**
Culvain Av. *Bear* —6B **24**
Culzean. *Glenm* —4H **71**
Culzean Av. *Coat* —6A **90**
Culzean Ct. *Coat* —6A **90**
  (off Torriden St.)
Culzean Cres. *Bail* —1G **107**
Culzean Cres. *Newt M*
  —4G **133**
Culzean Dri. *G32* —1D **106**
Culzean Dri. *E Kil* —6F **137**
Culzean Dri. *N'hill* —4D **128**
Culzean Pl. *E Kil* —6F **137**
Cumberland Arc. *G5* —1G **103**
Cumberland Pl. *G5* —1G **103**
Cumberland Pl. *Coat* —6G **89**
Cumberland St. *G5* —6F **83**
  (in two parts)
Cumberland Cen., The. *Cumb*
  —3H **35**
Cumbernauld Rd. *G31 & G33*
  —4D **84**
Cumbernauld Rd. *Cumb*
  —3H **53**
Cumbernauld Rd. *Longc*
  —1F **15**
Cumbernauld Rd. *Muir* —2G **67**
CUMBERNAULD STATION.
  *Cumb* —5A **36**
Cumbrae. *E Kil* —2C **150**
Cumbrae Ct. *Clyd* —5D **42**
Cumbrae Cres. *Coat* —6G **91**
Cumbrae Cres. N. *Dumb*
  —2C **16**
Cumbrae Cres. S. *Dumb*
  —2B **16**
Cumbrae Dri. *Moth* —1E **143**
Cumbrae Pl. *Coat* —1G **111**
Cumbrae Rd. *Pais* —6A **98**
Cumbrae Rd. *Renf* —2F **79**
Cumbrae St. *G33* —3A **86**
Cumlodden Dri. *G20* —2A **62**
Cumming Dri. *G42* —5F **103**
Cummock Dri. *Barr* —6F **115**
Cumnock Dri. *Ham* —2B **152**
Cumnock Rd. *G33* —3G **65**
Cumroch Rd. *Len* —2E **7**
Cunard Ct. *Clyd* —1D **58**
Cunard St. *Clyd* —1D **58**
Cunningair Dri. *Moth* —5G **143**
Cunningham Dri. *Clyd* —1B **42**
Cunningham Dri. *Giff* —4C **118**
Cunninghame Rd. *E Kil*
  —2G **149**
Cunninghame Rd. *Kilb* —2B **94**
Cunninghame Rd. *Ruth*
  —5E **105**
Cunningham Rd. *G52* —3H **79**
Cunningham St. *Moth* —3G **143**
Cuparhead Av. *Coat* —1H **109**
Curfew Rd. *G13* —6D **44**
Curle St. *G14* —1D **80**
  (in three parts)
Curlew Pl. *John* —6C **94**
Curling Cres. *G44* —6G **103**
Curlinghaugh Cres. *Wis*
  —6A **146**
Curlingmire. *E Kil* —4G **149**

*A-Z Glasgow* 183

Derrywood Rd. Milt C —5C **8**
Derwent Dri. Coat —1G **89**
Derwent St. G22 —5F **63**
Derwentwater. E Kil —5B **148**
Despard Av. G32 —1D **106**
Despard Gdns. G32 —1E **107**
Deveron Av. Giff —5B **118**
Deveron Cres. Ham —5B **140**
Deveron Rd. Bear —5C **44**
Deveron Rd. E Kil —2A **150**
Deveron Rd. Moth —1B **128**
Deveron Rd. G33 —2F **85**
Deveron St. Coat —1D **89**
Deveron Way. Pais —4D **96**
Devine Gro. Newm —2E **147**
Devlin Gro. Blan —2C **140**
Devol Cres. G53 —5B **100**
Devondale Av. Blan —6A **142**
Devon Dri. B'ton —4A **40**
Devon Gdns. B'rig —4B **48**
Devon Gdns. Carl —3E **165**
Devonhill Av. Ham —4H **153**
Devon Pl. G41 —1F **103**
Devonport Pk. E Kil —4C **148**
Devonshire Gdns. La. G12
—5H **61**
Devonshire Ter. G12 —5H **61**
Devonshire Ter. La. G12
—5H **61**
Devon St. G5 —1F **103**
Devonview Pl. Air —5H **91**
Devonview St. Air —4H **91**
Devon Wlk. Cumb —5A **34**
Devon Way. Moth —3D **142**
Dewar Clo. Udd —4E **109**
Diamond St. Bell —3C **126**
Diana Av. G13 —1B **60**
Diana Quad. Moth —2A **128**
Dickens Av. Clyd —3B **42**
Dickson Sq. Cle —6H **129**
Dickson St. Lark —4G **161**
Dicks Pk. E Kil —3F **149**
Dick St. G20 —6D **62**
Differ Av. Twe —3D **32**
Dilwara Av. G14 —1E **81**
Dimity St. John —3F **95**
Dimsdale Cres. Wis —2A **158**
Dimsdale Rd. Wis —2A **158**
Dinard Dri. Giff —3A **118**
Dinart St. G33 —2F **85**
Dinduff St. G34 —2A **88**
Dinmont Av. Pais —4D **96**
Dinmont Cres. Moth —5E **127**
Dinmont Pl. G41 —4C **102**
(off Dinmont Rd.)
Dinmont Rd. G41 —4B **102**
Dinmont Way. Pais —4C **96**
Dinnet Way. Newm —3D **146**
(off Isla Av.)
Dinwiddie St. G21 —1E **85**
Dinyra St. Glenb —3G **69**
Dipple Pl. G15 —5B **44**
Dirleton Dri. G41 —5C **102**
Dirleton Dri. Pais —4E **97**
Dirleton Ga. Bear —4A **44**
Dirleton Pl. G41 —5C **102**
Divernia Way. Barr —6E **115**
Dixon Av. G42 —3E **103**
Dixon Av. Dumb —4E **17**
Dixon Dri. Dumb —5D **16**
Dixon Pl. E Kil —6D **136**
Dixon Rd. G42 —4F **103**
Dixons Blazes Ind. Est. G5
—2G **103**
Dixon St. G1 —5F **83**
Dixon St. Coat —1D **110**
Dixon St. Ham —6H **141**
Dixon St. Pais —1B **98**
Dobbies Ct. Law —5E **159**

Dobbie's Loan. G4
—2F **83** (1D **4**)
Dobbies Loan Pl. G4 —3H **83**
Dochart Av. Renf —2G **79**
Dochart Dri. Coat —1G **89**
Dochart St. G33 —1G **85**
Dock St. Clyd —2F **59**
Dodhill Pl. G13 —3B **60**
Dodside Gdns. G32 —1C **106**
Dodside Pl. G32 —1C **106**
Dodside Rd. Newt M —4A **132**
Dodside St. G32 —1C **106**
Dolan St. Bail —6H **87**
Dollar Pk. Moth —6B **144**
Dollar Ter. G20 —1A **62**
(off Crosbie St.)
Dolley Rd. Wis —6G **145**
Dolphin Rd. G41 —3B **102**
Dominica Grn. E Kil —2C **148**
Donaldfield Rd. Bri W —4D **72**
Donaldson Av. Kils —4H **11**
Donaldson Cres. Kirk —6C **30**
Donaldson Dri. Renf —6E **59**
Donaldson Grn. Udd —5E **109**
Donaldson Pl. Kirk —5D **30**
Donaldson Rd. Lark —4G **161**
Donaldson St. Ham —4E **141**
Donaldson St. Kirk —6C **30**
Donaldswood Pk. Pais —5G **97**
Donaldswood Rd. Pais —5G **97**
Donald Ter. Ham —2G **153**
Donald Way. Udd —6E **109**
Don Av. Renf —1G **79**
Doncaster St. G20 —6E **63**
Don Ct. Ham —3E **153**
Don Dri. Pais —4D **96**
Donnelly Way. Wis —5C **144**
Donnie Clo. Udd —5F **109**
Donnies Brae. Barr —1F **131**
Don Path. Lark —5E **161**
Don Pl. John —5C **94**
Don St. G33 —3F **85**
Doon Cres. Bear —4D **44**
Doonfoot Ct. E Kil —1F **149**
Doonfoot Gdns. E Kil —1F **149**
Doonfoot Rd. G43 —1B **118**
Doon Pl. Kirk —3F **31**
Doon Rd. Kirk —4F **31**
Doonside. Cumb —3B **36**
Doonside Tower. Moth
—5B **144**
Doon St. Clyd —4F **43**
Doon St. Lark —3G **161**
Doon St. Moth —5A **144**
Doon Way. Kirk —4G **31**
Dorain Rd. Moth —4D **128**
Dora St. G40 —2C **104**
Dorchester Av. G12 —3G **61**
Dorchester Pl. G12 —3G **61**
Dorian Dri. Clar —1H **133**
Dorlin Rd. G33 —4E **67**
Dormanside Ct. G53 —2B **100**
Dormanside Gro. G53
—2B **100**
Dormanside Rd. G53 —2B **100**
Dornal Av. G13 —2G **59**
Dornford Av. G32 —3D **106**
Dornford Rd. G32 —3D **106**
Dornie Dri. G32 —5B **106**
Dornie Dri. Newm —3D **146**
(off Isla Av.)
Dornoch Av. Giff —6A **118**
Dornoch Ct. Bell —1C **126**
Dornoch Pl. B'rig —5F **49**
Dornoch Pl. Chry —6B **52**
Dornoch Pl. E Kil —1E **149**
Dornoch Rd. Bear —5D **44**
Dornoch Rd. Moth —3B **128**
Dornoch St. G40 —6B **84**
Dornoch Way. Air —6H **91**
Dornoch Way. Cumb —6A **14**

Dorset Sq. G3 —3D **82**
(off Dorset St.)
Dorset St. G3 —3D **82**
Dosk Av. G13 —1H **59**
Dosk Pl. G13 —1H **59**
Double Edge Rd. Neil —3D **130**
Dougalston Av. Miln —4H **25**
Dougalston Cres. Miln —4H **25**
Dougalston Gdns. N. Miln
—4H **25**
Dougalston Gdns. S. Miln
—4H **25**
Dougalston Rd. G23 —6C **46**
Douglas Av. G32 —4B **106**
Douglas Av. Eld —3H **95**
Douglas Av. Giff —6A **118**
Douglas Av. Lenz —2D **50**
Douglas Av. Ruth —2E **121**
Douglas Ct. Lenz —2D **50**
Douglas Cres. Air —5A **92**
Douglas Cres. Ersk —4D **40**
Douglas Cres. Ham —5H **153**
Douglas Cres. Udd —5F **109**
Douglasdale. E Kil —1F **149**
Douglas Dri. G15 —6H **43**
Douglas Dri. Ashg —5B **162**
Douglas Dri. Bail —6F **87**
Douglas Dri. Bell —3E **127**
Douglas Dri. Both —6E **125**
Douglas Dri. Camb —2H **121**
Douglas Dri. E Kil —4A **148**
Douglas Dri. Newt M —3E **133**
Douglas Gdns. Bear —3F **45**
Douglas Gdns. Giff —6A **118**
Douglas Gdns. Lenz —2D **50**
Douglas Gdns. Udd —2D **124**
Douglas Ho. Cumb —3H **35**
Douglas La. G2 —3E **83** (4B **4**)
(off Pitt St.)
Douglas Muir Dri. Miln
—2C **24**
Douglas Muir Gdns. Miln
—2C **24**
Douglas Muir Pl. Miln —2C **24**
Douglasmuir Rd. Clyd —6F **23**
Douglas Muir Rd. Miln —3C **24**
Douglas Pk. Cres. Bear
—1G **45**
Douglas Pk. La. Ham —5G **141**
Douglas Pl. Bear —2E **45**
Douglas Pl. Ham —5H **153**
Douglas Pl. Kirk —2D **50**
Douglas Rd. Dumb —4H **17**
Douglas Rd. Renf —3C **78**
Douglas St. G2 —3E **83** (5B **4**)
Douglas St. Air —5A **92**
Douglas St. Blan —3A **140**
Douglas St. Carl —3E **165**
Douglas St. Ham —4G **141**
(in two parts)
Douglas St. Lark —1E **161**
Douglas St. Miln —4G **25**
Douglas St. Moth —2F **143**
Douglas St. Pais —6G **77**
Douglas St. Udd —5F **109**
Douglas St. Wis —4B **158**
Douglas Ter. G41 —3D **102**
Douglas Tower. Udd —3B **124**
Douglas View. Coat —1B **110**
Dougrie Dri. G45 —4H **119**
Dougrie Pl. G45 —4A **120**
Dougrie Rd. G45 —5G **119**
Dougrie St. G45 —4H **119**
Dougrie Ter. G45 —4H **119**
Doune Cres. B'rig —3D **48**
Doune Cres. Chap —4D **112**
Doune Cres. Newt M —4F **133**
Doune Gdns. G20 —6C **62**
Doune Gdns. La. G20 —6C **62**
Doune Quad. G20 —6C **62**

Doune Ter. Coat —2H **89**
Dovcothall St. Barr —4F **115**
Dovecot. G43 —5A **102**
Dovecote View. Kirk —6F **31**
Dovecotwood. Kils —2H **11**
Dove Pl. E Kil —5B **148**
Dover St. G3 —3C **82**
Dover St. Coat —1H **89**
Dove St. G53 —2A **116**
Dove Wynd. Stra B —6A **110**
Dowanfield Rd. Cumb —4F **35**
Dowanhill St. G11 & G12
—1A **82**
Dowan Rd. Miln —6C **26**
Downcraig Dri. G45 —5H **119**
Downcraig Rd. G45 —6G **119**
Downcraig Ter. G45 —5H **119**
Downfield Dri. Ham —4F **153**
Downfield Gdns. Both
—5D **124**
Downfield St. G32 —2G **105**
Downiebrae Rd. Ruth
—3D **104**
Downie St. Ham —2H **153**
Downs St. G21 —4B **64**
Dowrie Cres. G53 —4B **100**
Draffan Tower. Moth —2H **143**
Draffen Ct. Moth —2H **143**
Draffen St. Moth —2H **143**
Drakemire Av. G45 —3G **119**
Drakemire Dri. G45 & G44
—5F **119**
Drake St. G40 —6A **84**
Dreghorn St. G31 —4E **85**
Drimmin Rd. G33 —4F **67**
Drive Rd. G51 —3E **81**
Drochil St. G34 —2G **87**
Dromore St. Kirk —6D **30**
Drove Hill. Cumb —2D **34**
Drumaling Ter. Len —3H **7**
Drumbathie Rd. Air —3B **92**
Drumbathie Ter. Air —3C **92**
Drumbeg Dri. G53 —1A **116**
Drumbeg Pl. G53 —1A **116**
Drumbeg Ter. Miln —3D **24**
Drumbottie Rd. G21 —4C **64**
Drumbreck Pl. G33 —3E **51**
Drumby Cres. Clar —6B **118**
Drumby Dri. Clar —1B **134**
Drumcarn Dri. Miln —4F **25**
Drumcavel Rd. Muir —2B **68**
Drumchapel Gdns. G15
—5A **44**
Drumchapel Rd. G15 —5A **44**
DRUMCHAPEL STATION. G15
—6A **44**
Drumclair Pl. Air —4D **92**
Drumclog Av. Miln —1G **25**
Drumclog Gdns. G33 —3H **65**
Drumcross Rd. G53 —4C **100**
Drumcross Rd. B'ton —4B **40**
Drumduff. E Kil —6F **149**
DRUMGELLOCH STATION. Air
—4D **92**
Drumgelloch St. Air —2D **92**
Drumglass View. Croy —1B **34**
Drumhead Pl. G32 —4H **105**
Drumhead Rd. G32 —4H **105**
Drumhill. Kirk —3H **31**
Drumilaw Cres. Ruth —2C **120**
Drumilaw Rd. Ruth —2C **120**
Drumilaw Way. Ruth —2C **120**
Drumlaken Av. G23 —6A **46**
(off Drumlaken St.)
Drumlaken Ct. G23 —6B **46**
Drumlaken Pl. G23 —6B **46**
(off Drumlaken Ct.)

Drumlaken St. *G23* —6A **46**
Drumlanrig Av. *G34* —2A **88**
Drumlanrig Pl. *G34* —3B **88**
Drumlanrig Quad. *G34* —2B **88**
Drumlin Dri. *Miln* —5F **25**
Drumloch Gdns. *E Kil*
—6G **149**
Drumlochy Rd. *G33* —2A **86**
Drum Mains Pk. *Cumb*
—6G **33**
Drummond Av. *Ruth* —5B **104**
Drummond Dri. *Pais* —1F **99**
Drummond Dri. *Wis* —1H **157**
Drummond Hill. *E Kil* —6B **138**
Drummond Ho. *Cumb* —2A **36**
Drummond Pl. *E Kil* —6B **138**
Drummore Rd. *G15* —2A **44**
Drumnessie Ct. *Cumb* —5B **34**
Drumnessie Rd. *Cumb* —5B **34**
Drumnessie View. *Cumb*
—5B **34**
Drumore Av. *Chap* —4D **112**
Drumover Dri. *G31* —1G **105**
Drumoyne Av. *G51* —4E **81**
Drumoyne Cir. *G51* —5E **81**
Drumoyne Dri. *G51* —4E **81**
Drumoyne Pl. *G51* —5E **81**
Drumoyne Quad. *G51* —5E **81**
Drumoyne Rd. *G51* —5E **81**
Drumoyne Sq. *G51* —4E **81**
Drumpark St. *Coat* —1F **109**
Drumpark St. *T'bnk* —3F **117**
Drumpellier Av. *Bail* —2H **107**
Drumpellier Av. *Coat* —4G **89**
Drumpellier Av. *Cumb* —1E **55**
Drumpellier Ct. *Cumb* —6E **35**
Drumpellier Cres. —5H **89**
Drumpellier Gdns. *Cumb*
—6E **35**
Drumpellier Gro. *Cumb*
—6E **35**
Drumpellier Pl. *Bail* —1H **107**
Drumpellier Pl. *Coat* —4H **89**
Drumpellier Pl. *Cumb* —6E **35**
Drumpellier Rd. *Bail* —2G **107**
Drumpellier St. *G33* —1F **85**
Drumreoch Dri. *G42* —5A **104**
Drumreoch Pl. *G42* —5A **104**
Drumry Rd. *Clyd* —4D **42**
Drumry Rd. E. *G15* —5G **43**
Drumsack Av. *Chry* —1A **68**
Drumsargard Rd. *Ruth*
—2F **121**
Drums Av. *Pais* —5G **77**
Drums Cres. *Pais* —6G **77**
Drumshangie St. *Air* —1A **92**
Drumshaw Dri. *G32* —5C **106**
Drums Rd. *G53* —2A **100**
Drumtrocher St. *Kils* —3H **11**
Drumvale Dri. *Chry* —5C **52**
Drury La. Ct. *E Kil* —5C **138**
*(off Bosworth Rd.)*
Drury St. *G2* —4F **83** (5D **4**)
Dryad St. *T'bnk* —2E **117**
Dryburgh Av. *Pais* —4E **97**
Dryburgh Av. *Ruth* —6D **104**
Dryburgh Gdns. *G20* —6D **62**
Dryburgh Hill. *E Kil* —2F **149**
Dryburgh La. *E Kil* —2F **149**
Dryburgh Pl. *Coat* —4B **90**
Dryburgh Pl. *Kirk* —5F **31**
Dryburgh Rd. *Bear* —1C **44**
Dryburgh Rd. *Wis* —6G **145**
Dryburgh St. *Ham* —3F **141**
Dryburgh Wlk. *Mood* —4E **53**
Dryburn Av. *G52* —6A **80**
Dryden St. *Ham* —3F **141**
Drygate. *G4* —4A **84**
Drygate St. *Lark* —1E **161**
Drygrange Rd. *G33* —1C **86**
Drymen Pl. *Lenz* —4D **50**

Drymen Rd. *Bear* —1D **44**
Drymen St. *G52* —6E **81**
Drynoch Pl. *G22* —2F **63**
Drysdale St. *G14* —4H **59**
Duart Dri. *E Kil* —6F **137**
Duart Dri. *Eld* —4H **95**
Duart Dri. *Newt M* —4G **133**
Duart St. *G20* —1A **62**
Dubs Rd. *Barr* —4G **115**
Dubton Path. *G34* —2H **87**
Dubton St. *G34* —2H **87**
Duchall Pl. *G14* —5B **60**
Duchess Ct. *Ham* —1C **154**
Duchess Pl. *Ruth* —5E **105**
Duchess Rd. *Ruth* —4E **105**
*Duchess Way. Bail* —6D **88**
*(off Park Rd.)*
Duchray Dri. *Pais* —2G **99**
Duchray La. *G33* —2F **85**
Duchray St. *G33* —2F **85**
Ducraig St. *G32* —6A **86**
Dudhope St. *G33* —1D **86**
Dudley Dri. *G12* —6G **61**
Dudley Dri. *Coat* —1G **89**
Dudley La. *G12* —6G **61**
Duffus Pl. *G32* —5C **106**
Duffus St. *G34* —2G **87**
Duffus Ter. *G32* —5C **106**
Duich Gdns. *G23* —5C **46**
Duisdale Rd. *G32* —5C **106**
Dukes Ga. *Both* —3C **124**
Dukes Pl. *Ham* —5H **153**
Dukes Rd. *Bail* —6D **88**
Duke's Rd. *Ruth* —2E **121**
Duke St. *G1* —5F **83**
Duke St. *G4* —4A **84** (5H **5**)
Duke St. *G31* —5D **84**
Duke St. *Ham* —6A **142**
Duke St. *Lark* —1E **161**
Duke St. *Moth* —1G **143**
Duke St. *Newm* —3D **146**
Duke St. *Pais* —3A **98**
DUKE ST. STATION. *G31*
—4D **84**
Dullatur Roundabout. *Cumb*
—6H **13**
Dulnain St. *Camb* —2D **122**
Dulsie Rd. *G21* —3E **65**
DUMBARTON CENTRAL
STATION. *Dumb* —3F **17**
DUMBARTON EAST STATION.
*Dumb* —4H **17**
Dumbarton Rd. *G11* —1F **81**
Dumbarton Rd. *G14* —3G **59**
Dumbarton Rd. *Bowl* —5H **19**
Dumbarton Rd. *Dun* —1B **42**
Dumbarton Rd. *Milt* —4E **19**
Dumbarton Rd. *Old K* —6D **20**
Dumbreck Av. *G41* —1G **101**
Dumbreck Ct. *G41* —2G **101**
*Dumbreck Path. G41* —2G **101**
*(off Dumbreck Pl.)*
Dumbreck Pl. *G41* —2G **101**
Dumbreck Rd. *G41* —6G **81**
Dumbreck Sq. *G41* —1G **101**
DUMBRECK STATION.
—1A **102**
Dumbreck Ter. *Kils* —3D **10**
Dumbrock Rd. *Miln* —3D **24**
Dumbuck Cres. *Dumb* —5H **17**
Dumbuck Rd. *Dumb* —2C **18**
*(Crosslet)*
Dumbuck Rd. *Dumb* —2H **17**
*(in two parts)*
Dumbuie Av. *Dumb* —3H **17**
Dumfries Cres. *Air* —6H **91**
Dumgoyne Av. *Miln* —4F **25**
*Dumgoyne Dri. Bear* —6D **24**
Dumgoyne Gdns. *Miln* —4F **25**

Dumgoyne Pl. *Clar* —2A **134**
Dunagoil Rd. *G45* —5H **119**
Dunagoil St. *G45* —5A **120**
Dunagoil Ter. *G45* —5A **120**
Dunalastair Dri. *G33* —4B **66**
Dunan Pl. *G33* —4E **87**
*Dunard Ct. Carl —2F 165*
*(off Carranbute Rd.)*
Dunard Rd. *Ruth* —6D **104**
Dunard St. *G20* —5D **62**
Dunard Way. *Pais* —4H **77**
Dunaskin St. *G11* —2A **82**
Dunbar Av. *Coat* —1H **109**
Dunbar Av. *John* —6E **95**
Dunbar Av. *Ruth* —6E **105**
Dunbar Dri. *Moth* —5A **144**
Dunbar Pais. —4E **97**
Dunbar Hill. *E Kil* —2E **149**
Dunbar Pl. *E Kil* —2E **149**
Dunbar St. *Ham* —4F **141**
Dunbeath Av. *Newt M*
—4F **133**
Dunbeith Pl. *G20* —4B **62**
Dunbeth Av. *Coat* —4D **90**
Dunbeth Ct. *Coat* —4D **90**
Dunbeth Rd. *Coat* —3D **90**
Dunblane Dri. *E Kil* —6H **137**
Dunblane Pl. *Coat* —1B **110**
Dunblane Pl. *E Kil* —1H **149**
Dunblane St. *G4*
—2F **83** (1D **4**)
Dunbrach Rd. *Cumb* —2D **34**
Dunbritton Rd. *Dumb* —2C **18**
Duncan Av. *G14* —6G **60**
Duncan Graham St. *Lark*
—1F **161**
Duncan La. N. *G14* —5C **60**
*(off Norse La. N.)*
Duncan Macintosh Rd. *Ward N*
—4C **14**
Duncansby Rd. *G33* —5D **86**
Duncarnock Av. *Neil* —2E **131**
Duncarnock Cres. *Neil*
—2E **131**
Dunchatten St. *G31* —4B **84**
Dunchurch Rd. *Pais* —6F **79**
Dunclutha Dri. *Both* —6E **125**
Dunclutha St. *G40* —3D **104**
Duncolm Pl. *Miln* —3D **24**
Duncombe Av. *Clyd* —6D **22**
Duncombe View. *Clyd* —4E **43**
Duncraig Cres. *John* —5D **94**
Duncrub Dri. *B'rig* —6A **48**
Duncruin St. *G20* —2A **62**
Duncruin Ter. *G20* —2B **62**
Duncryne Av. *G32* —1D **106**
Duncryne Gdns. *G32* —1E **107**
Duncryne Pl. *B'rig* —1A **64**
Dundaff Hill. *Cumb* —3E **35**
Dundas Av. *Torr* —6B **28**
Dundas Cotts. *Alla* —1G **15**
Dundas Ct. *E Kil* —1G **149**
Dundashill. *G4* —1F **83**
Dundas La. *G1* —3G **83** (4E **5**)
Dundas Pl. *E Kil* —1G **149**
Dundas St. *G1* —3G **83** (4E **5**)
Dundasvale Ct. *G4*
—2F **83** (1C **4**)
Dundee Dri. *G52* —1B **100**
Dundee Path. *G52* —2C **100**
Dundonald Av. *John* —4D **94**
Dundonald Cres. *Newt M*
—5G **133**
Dundonald Dri. *Ham* —4H **153**
Dundonald Pl. *Neil* —2D **130**
Dundonald Rd. *G12* —6A **62**
Dundonald Rd. *Pais* —4C **78**
Dundonald St. *Blan* —1A **140**
Dundrennan Rd. *G42* —6D **102**
Dundyvan Gdns. *Coat* —6C **90**

Dundyvan Ga. *Coat* —6C **90**
Dundyvan Ind. Est. *Coat*
—6C **90**
Dundyvan La. *Wis* —1G **157**
Dundyvan Rd. *Coat* —5B **90**
Dundyvan St. *Wis* —1G **157**
Dundyvan Way. *Coat* —6B **90**
Dunearn Pl. *Pais* —2C **98**
Dunearn St. *G4* —1D **82**
Duneaton Wynd. *Lark* —5F **161**
Dunedin Ct. *E Kil* —3C **148**
Dunedin Dri. *E Kil* —2C **148**
Dunedin Rd. *Lark* —4F **161**
Dunellan Dri. *Clyd* —6D **22**
Dunellan Rd. *Miln* —3D **24**
Dunellan St. *G52* —6E **81**
Dungavel Gdns. *Ham* —3A **154**
*Dungavel La. Carl —4H 165*
*(off Kelso Dri.)*
Dungeonhill Rd. *G34* —3B **88**
Dunglass Av. *G14* —5C **60**
Dunglass Av. *E Kil* —6H **137**
*Dunglass La. G14 —5C 60*
*(off Norse Rd.)*
Dunglass La. N. *G14 —5C 60*
*(off Danes Dri.)*
Dunglass Pl. *Miln* —2E **25**
Dunglass Pl. *Newt M* —4F **133**
Dunglass Rd. *B'ton* —5A **40**
Dunglass Sq. *E Kil* —6H **137**
Dungoil Av. *Cumb* —2D **34**
Dungoil Rd. *Lenz* —3E **51**
Dungoyne St. *G20* —1A **62**
Dunholme Pk. *Clyd* —4H **41**
Dunira St. *G32* —2H **105**
Duniston Rd. *Chap* —1H **113**
Dunkeld Av. *Ruth* —6D **104**
Dunkeld Dri. *Bear* —3H **45**
Dunkeld Gdns. *B'rig* —5D **48**
Dunkeld La. *Chry* —5E **53**
Dunkeld Pl. *Coat* —1B **110**
Dunkeld Pl. *Ham* —6C **140**
Dunkeld St. *G31* —1E **105**
Dunkenny Pl. *G15* —3H **43**
Dunkenny Rd. *G15* —4H **43**
Dunkenny Sq. *G15* —4H **43**
Dunlin. *E Kil* —5G **137**
Dunlin Ct. *Stra B* —5A **110**
Dunlin Cres. *C'lee* —2C **74**
Dunlop Ct. *Ham* —4A **154**
Dunlop Cres. *Both* —6F **125**
Dunlop Cres. *Renf* —5F **59**
Dunlop Gro. *Udd* —4E **109**
Dunlop Pl. *Ashg* —5C **162**
Dunlop Pl. *Miln* —2E **25**
Dunlop St. *G1* —5G **83**
*(in two parts)*
Dunlop St. *Camb* —1E **123**
Dunlop St. *Lin* —5A **76**
*Dunlop St. Renf —5F 59*
*(off Dunlop Cres.)*
*Dunlop Tower. E Kil —3G 149*
*(off Denholm Cres.)*
Dunmore Dri. *Miln* —5A **26**
Dunmore St. *Clyd* —1E **59**
Dunnachie Dri. *Coat* —1F **109**
Dunnachie Pl. *Coat* —1G **109**
Dunnegan Dri. *B'rig* —5B **48**
Dunnet Av. *Glenm* —4H **71**
Dunnet Dri. *C'lee* —2B **74**
Dunnichen Gdns. *B'rig* —6F **49**
Dunnikier Wlk. *Cumb* —4A **34**
Dunning St. *G31* —2F **105**
Dunnolly St. *G21* —2C **84**
*Dunnotar Wlk. Newm —3D 146*
*(off Tiree Cres.)*
Dunnottar Ct. *E Kil* —6E **137**
Dunnottar Cres. *E Kil* —6E **137**
Dunnottar St. *G33* —1B **86**
Dunnottar St. *B'rig* —5F **49**
Dunn Sq. *Pais* —1A **98**
Dunn St. *G40* —2B **104**

Dunn St. *Clyd* —4A **42**
Dunn St. *Dun* —1B **42**
Dunn St. *Pais* —6C **78**
Dunns Wood Rd. *Ward S*
—5D **14**
Dunolly Dri. *Newt M* —4F **133**
Dunottar Av. *Coat* —3D **110**
Dunottar Pl. *Coat* —2D **110**
Dunphail Dri. *G34* —3B **88**
Dunphail Rd. *G34* —3B **88**
Dunragit St. *G31* —4E **85**
Dunrobin Av. *Eld* —4A **96**
Dunrobin Ct. *Clyd* —5C **42**
Dunrobin Ct. *E Kil* —6F **137**
Dunrobin Cres. *E Kil* —6F **137**
Dunrobin Dri. *E Kil* —6F **137**
Dunrobin Gdns. *Air* —5E **93**
Dunrobin Pl. *Coat* —4B **90**
Dunrobin Rd. *Air* —4E **93**
Dunrobin St. *G31* —5D **84**
Dunrod Hill. *E Kil* —6H **137**
Dunrod St. *G32* —1B **106**
Dunscore Brae. *Ham* —1C **152**
Duns Cres. *Wis* —3A **146**
Dunside Dri. *G53* —1A **116**
Dunskaith Pl. *G34* —4B **88**
Dunskaith St. *G34* —3B **88**
Dunsmore Rd. *B'ton* —3G **39**
Dunsmuir St. *G51* —4H **81**
Duns Path. *Coat* —2F **111**
Dunster Gdns. *B'rig* —3D **48**
Dunswin Av. *Clyd* —4A **42**
Dunswin Ct. *Clyd* —4A **42**
Dunsyre Pl. *G23* —6C **46**
Dunsyre St. *G33* —3G **85**
Duntarvie Cres. *G34* —3A **88**
Duntarvie Pl. *G34* —3H **87**
Duntarvie Quad. *G34* —3A **88**
Duntarvie Rd. *G34* —3H **87**
Dunterlie Av. *G13* —3A **60**
Dunterlie Ct. *Barr* —4E **115**
Duntiblae Rd. *Kirk* —6G **31**
Duntiglennan Rd. *Clyd* —1C **42**
Duntocher Rd. *Clyd & Bear*
—6G **23**
Duntocher Rd. *Dun* —2C **42**
Duntocher Rd. *Dun* —4A **42**
Duntreath Av. *G13* —1G **59**
Duntreath Av. *G15* —6H **43**
Duntreath Dri. *G15* —6H **43**
Duntreath Gdns. *G15* —5H **43**
Duntreath Gro. *G15* —5A **44**
Duntreath Ter. *Kils* —3H **11**
Duntroon Pl. *Bell* —4D **126**
*(off Glencalder Cres.)*
Duntroon St. *G31* —3D **84**
Dunure Dri. *Ham* —1B **152**
Dunure Dri. *Newt M* —4G **133**
Dunure Dri. *Ruth* —2B **120**
Dunure Pl. *Coat* —2A **110**
Dunure Pl. *Newt M* —5G **133**
Dunure St. *G20* —2B **62**
Dunure St. *Coat* —2A **110**
Dunvaig St. *G33* —4D **86**
Dunvegan. *Glenm* —5G **71**
Dunvegan Av. *Coat* —2H **89**
Dunvegan Av. *Eld* —4H **95**
Dunvegan Dri. *Newt M*
—4G **133**
Dunvegan Pl. *E Kil* —6F **137**
Dunvegan Pl. *Udd* —5B **108**
Dunvegan Quad. *Renf* —5D **58**
Dunwan Av. *G13* —2H **59**
Dunwan Pl. *G13* —2H **59**
Durban Av. *Clyd* —3G **41**
Durham St. *G41* —6B **82**
Durisdeer Dri. *Ham* —2C **152**
Durne Path. *G33* —4E **87**
Durness Av. *Bear* —2H **45**
Duror St. *G32* —6A **86**
Durris Gdns. *G32* —2D **106**

Durrockstock Cres. *Pais*
—6D **96**
Durrockstock Rd. *Pais* —6D **96**
Durrockstock Way. *Pais*
—6D **96**
Durward. *E Kil* —5E **139**
Durward Av. *G41* —4B **102**
Durward Ct. *G41* —4B **102**
Durward Ct. *Moth* —5F **127**
Durward Cres. *Pais* —4D **96**
Durward Way. *Pais* —4D **96**
Duthil St. *G51* —5D **80**
Dyce La. *G11* —1G **81**
Dyer's La. *G1* —5H **83**
Dyer's Wynd. *Pais* —6A **78**
Dyfrig St. *Blan* —1A **140**
Dykebar Av. *G13* —3B **60**
Dykebar Cres. *Pais* —3D **98**
Dykehead La. *G33* —4D **86**
Dykehead Rd. *Air* —1H **91**
Dykehead Rd. *Bail* —6D **88**
Dykehead Rd. *Dull* —5E **13**
Dykehead Rd. *Kils* —2C **10**
Dykehead Sq. *Ham* —6D **140**
Dykehead St. *G33* —4D **86**
Dykemuir Pl. *G21* —5D **64**
Dykemuir Quad. *G21* —5C **64**
Dykemuir St. *G21* —5C **64**
Dyke Rd. *G13* —1A **60**
Dyke Rd. *G14* —4H **59**
Dyke St. *Bail* —6A **88**
Dyke St. *Coat* —1F **109**
Dysart Ct. *Cumb* —4A **34**
Dysart Way. *Air* —5G **93**

**E**agle Cres. *Bear* —1B **44**
Eaglesham Ct. *G51* —5C **82**
Eaglesham Path. *Glenb*
—3G **69**
Eaglesham Rd. *G51* —5C **82**
Eaglesham Rd. *Clar* —6B **134**
Eaglesham Rd. *E Kil* —3A **148**
Eaglesham Rd. *Newt M*
—5D **132**
Eagle St. *G4* —1G **83**
Earlbank Av. *G14* —5C **60**
Earlbank Av. *G14* —5C **60**
*(off Earlbank Av.)*
Earlbank La. N. *G14* —5C **60**
Earlbank La. S. *G14* —5C **60**
Earl Haig Rd. *G52* —4H **79**
Earl La. *G14* —6C **60**
Earl Pl. *G14* —5C **60**
Earl Pl. *Bri W* —5F **73**
Earlsburn Rd. *Lenz* —3E **51**
Earlscourt. *Mood* —6D **52**
Earl's Ga. *Both* —4C **124**
Earl's Hill. *Cumb* —3D **34**
Earlspark Av. *G43* —1D **118**
Earlston Cres. *Coat* —2F **111**
Earlston St. *Wis* —3A **146**
Earl St. *G14* —5A **60**
Earl View. *Moth* —4A **128**
Earn Av. *Bear* —3H **45**
Earn Av. *Renf* —1G **79**
Earn Av. *Rig I* —1A **126**
Earn Cres. *Wis* —2H **157**
Earn Gdns. *Lark* —5E **161**
Earn La. *Moth* —2A **128**
*(off Howden Pl.)*
Earnock Av. *Moth* —3E **143**
Earnock Rd. *Ham* —1B **152**
Earnock St. *G33* —5F **65**
Earnock St. *Ham* —5E **141**
Earn Rd. *Newt M* —2D **132**
Earnside St. *G32* —6B **86**
Earn St. *G33* —2G **85**
Easdale. *E Kil* —4B **150**
Easdale Dri. *G32* —1A **106**

Easdale Path. *Glenb* —3G **69**
Easdale Pl. *Newt M* —4B **132**
Easdale Rise. *Ham* —6C **140**
E. Academy St. *Wis* —1H **157**
East Av. *Blan* —4B **140**
East Av. *Carl* —3D **164**
East Av. *Moth* —5A **128**
East Av. *Plain* —1G **93**
East Av. *Renf* —6F **59**
East Av. *Udd* —1G **125**
E. Barns St. *Clyd* —1F **59**
E. Bath La. *G2* —3G **83** (4E **5**)
E. Buchanan St. *Pais* —6B **78**
Eastburn Rd. *G21* —4D **64**
E. Burnside St. *Kils* —3H **11**
E. Campbell St. *G1* —5A **84**
Eastcote Av. *G14* —5E **61**
Eastcroft. *Ruth* —5D **104**
Eastcroft Ter. *G21* —5C **64**
E. Dean St. *Bell* —2D **126**
Eastend Av. *Moth* —6B **128**
Easter Craigs. *G31* —3D **84**
Easter Cres. *Wis* —5C **146**
Easter Garngaber Rd. *Lenz*
—2E **51**
Eastergreens Av. *Kirk* —6C **30**
Easterhill Pl. *G32* —2H **105**
Easterhill St. *G32* —2H **105**
Easterhouse Path. *G34* —3A **88**
Easterhouse Pl. *G34* —3A **88**
Easterhouse Quad. *G34*
—4A **88**
Easterhouse Rd. *Bail & G34*
—6H **87**
EASTERHOUSE STATION. *Bail*
—5A **88**
Easterhouse Township Cen.
*G34* —3G **87**
Eastermains. *Kirk* —3H **31**
Easter M. *Udd* —2C **124**
Easter Queenslie Rd. *G33*
—3E **87**
Easter Rd. *Clar* —3E **135**
Easterton Av. *Clar* —4E **135**
Easter Wood Cres. *Udd*
—4H **109**
Eastfield Av. *Camb* —1G **121**
Eastfield Cres. *Dumb* —5H **17**
Eastfield Pl. *Dumb* —5H **17**
Eastfield Rd. *G21* —5A **64**
Eastfield Rd. *Carl* —4G **165**
Eastfield Rd. *Cumb* —3C **34**
Eastfield Ter. *Bell* —3F **127**
E. Gartferry Rd. *Bail* —5C **52**
Eastgate. *G'csh* —4E **69**
East Ga. *Glenb* —2H **69**
East Ga. *Wis* —6B **146**
E. George St. *Coat* —3D **90**
E. Glebe Ter. *Ham* —1H **153**
E. Greenlees Av. *Camb*
—4C **122**
E. Greenlees Cres. *Camb*
—4B **122**
E. Greenlees Dri. *Camb*
—4C **122**
E. Greenlees Rd. *Camb*
—4A **122**
E. Hallhill Rd. *Bail* —5F **87**
E. Hamilton St. *Wis* —1H **157**
E. High St. *Air* —3A **92**
E. High St. *Kirk* —4C **30**
E. Kilbride Rd. *Clar* —3E **135**
E. Kilbride Rd. *Ruth* —2E **121**
EAST KILBRIDE STATION. *E Kil*
—1G **149**
East La. *Pais* —1C **98**
Eastlea Pl. *Air* —5B **92**
E. Machen St. *Lark* —4F **161**
E. Mains Rd. *E Kil* —1G **149**
E. Milton Gro. *E Kil* —2D **148**
Eastmuir St. *G32* —6B **86**

Eastmuir St. *Wis* —5C **146**
Easton Pl. *Coat* —6D **90**
East Rd. *Kilb* —1A **94**
East Rd. *Moth* —3A **128**
E. Scott Ter. *Ham* —2H **153**
Eastside. *Kirk* —4D **30**
E. Springfield Ter. *B'rig*
—1D **64**
E. Station Ind. Est. *Lark*
—1F **161**
E. Stewart Pl. *Coat* —4E **91**
E. Stewart St. *Coat* —5E **91**
E. Thomson St. *Clyd* —4D **42**
E. Thornlie St. *Wis* —1H **157**
Eastvale Pl. *G3* —3A **82**
E. Wellbrae Cres. *Ham*
—2F **153**
E. Wellington St. *G31* —6F **85**
Eastwood Av. *G41* —5B **102**
Eastwood Av. *Giff* —4A **118**
Eastwood Cres. *T'bnk* —3F **117**
Eastwood Dri. *Newm* —3E **147**
Eastwoodmains Rd. *Giff*
—6H **117**
Eastwood Rd. *Chry* —5D **52**
Eastwood Toll. *T'bnk* —6H **117**
Eastwood View. *Camb*
—1E **123**
Eastwood Way. *Lark* —1F **161**
*(off Antrim La.)*
Easwald Bank. *Mill P* —3B **94**
Ebroch Dri. *Kils* —3A **12**
Ebroch Pk. *Kils* —3A **12**
Eccles St. *G22* —4A **64**
Eckford St. *G32* —1A **106**
*Eck Path. Moth —2A 128*
*(off Howden Pl.)*
Eday St. *G22* —3H **63**
Edderton Pl. *G34* —4G **87**
Eddington Dri. *Newt M*
—6C **132**
Eddleston Pl. *Camb* —2E **123**
Eddlewood Path. *G33* —4F **87**
Eddlewood Rd. *G33* —4F **87**
Eden Dri. *E Kil* —5B **148**
Eden Gdns. *E Kil* —4B **148**
Eden La. *G33* —2F **85**
Eden Pk. *Both* —5D **124**
Eden Pl. *Camb* —2D **122**
Eden Pl. *Renf* —1G **79**
Edenside. *Cumb* —4B **14**
Eden St. *G33* —2F **85**
Edenwood St. *G31* —6G **85**
Edgam Dri. *G52* —6C **80**
Edgefauld Av. *G21* —6B **64**
Edgefauld Dri. *G21* —5B **64**
Edgefauld Pl. *G21* —4B **64**
Edgefauld Rd. *G21* —4B **64**
Edgehill La. *G11* —5G **61**
Edgehill Rd. *G11* —5F **61**
Edgehill Rd. *Bear* —1E **45**
Edgemont Pk. *Ham* —3G **153**
Edgemont St. *G41* —5C **102**
Edinbeg Av. *G42* —5A **104**
Edinbeg Pl. *G42* —5A **104**
Edinburgh Rd. *G33 & Bail*
—4F **85**
Edinburgh Rd. *Ham* —5B **142**
Edinburgh Rd. *Moth* —1C **128**
Edington Gdns. *Chry* —4D **52**
Edington St. *G4* —1F **83**
Edison St. *G52* —3G **79**
*(in three parts)*
Edmiston Dri. *G51* —5F **81**
Edmiston Dri. *Lin* —5F **75**
Edmonstone Ct. *Clyd* —2F **59**
Edmonstone Dri. *Kils* —4H **11**
Edmonton Ter. *E Kil* —3E **149**
Edmund Kean. *E Kil* —4C **138**
Edrich Ct. *Coat* —5B **90**
*(off Kirk St.)*

Edrom Ct. *G32* —6H **85**
Edrom Path. *G32* —6H **85**
Edrom St. *G32* —1H **105**
(in two parts)
Edward Av. *Renf* —5G **59**
Edward St. *Bail* —6D **88**
Edward St. *Clyd* —2F **59**
Edward St. *Ham* —1H **153**
Edward St. *Kils* —2H **11**
Edward St. *Moth* —4H **143**
Edwin St. *G51* —6B **82**
Edzell Ct. *G14* —1D **80**
Edzell Dri. *Eld* —3B **96**
Edzell Dri. *Newt M* —5E **133**
Edzell Gdns. *B'rig* —1E **65**
Edzell Pl. *G14* —6D **60**
Edzell St. *G14* —1D **80**
Edzell St. *Coat* —1H **109**
Egidia Av. *Giff* —5A **118**
Egilsay Cres. *G22* —1G **63**
Egilsay Pl. *G22* —1G **63**
Egilsay St. *G22* —1G **63**
Egilsay Ter. *G22* —1G **63**
Eglinton Ct. *G5* —6F **83**
Eglinton Dri. *Giff* —5A **118**
Eglinton Dri. *G41 & G5*
—1E **103**
Eglinton St. *Coat* —3D **90**
Egmont Pk. *E Kil* —4C **148**
Eider Av. *E Kil* —6C **148**
Eider Gro. *E Kil* —6C **148**
Eider Pl. *E Kil* —6C **148**
Eighth St. *Udd* —4C **108**
Eildon Dri. *Barr* —6E **115**
Eildon Rd. *Kirk* —5F **31**
Eileen Gdns. *B'rig* —5D **48**
Elcho St. *G40* —5B **84**
Elderbank. *Bear* —4E **45**
Elder Gro. *Udd* —5F **109**
Elderpark Gdns. *G51* —4F **81**
Elderpark Gro. *G51* —4F **81**
Elderpark St. *G51* —4F **81**
Elderslea Rd. *Carl* —5G **165**
Elderslie St. *G3* —2D **82**
Elder St. *G51* —4F **81**
(in two parts)
Eldin Pl. *Bri W* —5G **73**
Eldin Pl. *Eld* —3H **95**
Eldon Ct. *G11* —1H **81**
Eldon Gdns. *B'rig* —6A **48**
Eldon St. *G3* —1C **82**
Elgin Av. *E Kil* —6H **137**
Elgin Gdns. *Clar* —1D **134**
Elgin Pl. *Air* —6G **91**
Elgin Pl. *Coat* —2D **110**
Elgin Pl. *E Kil* —6H **137**
Elgin Pl. *Kils* —2H **11**
Elgin Rd. *Bear* —6F **25**
Elgin Ter. *Ham* —5C **140**
Elgin Way. *Bell* —1C **126**
Elibank St. *G33* —2A **86**
Elie St. *G11* —1A **82**
Eliot Cres. *Ham* —2H **153**
Eliot Ter. *Ham* —1H **153**
Elizabethan Way. *Renf* —2E **79**
Elizabeth Av. *Milt C* —5B **8**
Elizabeth Cres. *T'bnk* —4G **117**
Elizabeth Quad. *Moth* —2A **128**
Elizabeth St. *G51* —6A **82**
Elizabeth Wynd. *Ham* —4H **153**
Ella Gdns. *Bell* —3E **127**
Ellangowan Rd. *G41* —5A **102**
Ellangowan Rd. *Miln* —3E **25**
Ellergreen Rd. *Bear* —3E **45**
Ellerslie St. *John* —2G **95**
Ellesmere St. *G22* —6E **63**
Ellinger Ct. *Clyd* —3A **42**
Elliot Av. *Giff* —5A **118**
Elliot Av. *Pais* —6C **96**
Elliot Cres. *E Kil* —1B **150**
Elliot Dri. *Giff* —4A **118**

Elliot Pl. *G3* —4C **82**
Elliot St. *G3* —4C **82**
(in two parts)
Ellisland. *E Kil* —6D **138**
Ellisland. *Kirk* —3H **31**
Ellisland Av. *Clyd* —4E **43**
Ellisland Cres. *Ruth* —2B **120**
Ellisland Dri. *Blan* —3H **139**
Ellisland Dri. *Kirk* —3G **31**
Ellisland Rd. *G43* —1B **118**
Ellisland Rd. *Clar* —4C **134**
Ellisland Rd. *Cumb* —3B **36**
Ellisland Wynd. *Moth* —4C **128**
Ellismuir Farm Rd. *Bail*
—1B **108**
Ellismuir Pl. *Bail* —1A **108**
Ellismuir Rd. *Bail* —1A **108**
Ellismuir St. *Coat* —2H **109**
(in two parts)
Ellis St. *Coat* —4C **90**
Elliston Av. *G53* —2C **116**
Elliston Cres. *G53* —2C **116**
Elliston Dri. *G53* —2C **116**
Ellis Way. *Moth* —4H **143**
Ellon Dri. *Lin* —6G **75**
Ellon Way. *Pais* —4C **78**
Ellrig. *E Kil* —6F **149**
Elm Av. *Lenz* —1C **50**
Elm Av. *Renf* —5E **59**
Elm Bank. *B'rig* —6D **48**
Elm Bank. *Kirk* —4D **30**
Elmbank Av. *Udd* —6F **109**
Elmbank Cres. *G2* —3E **83**
Elmbank Cres. *Ham* —5E **141**
Elmbank Dri. *Lark* —4G **161**
Elmbank St. *G2* —3E **83** (4A **4**)
Elmbank St. *Bell* —2C **126**
Elmbank St. *Carl* —5G **165**
Elmbank St. La. *G2*
—3E **83** (4A **4**)
(off Elmbank St.)
Elm Cres. *Udd* —6H **109**
Elm Dri. *Camb* —2C **122**
Elm Dri. *Cumb* —1F **37**
Elm Dri. *John* —5F **95**
Elmfoot St. *G5* —3H **103**
Elm Gdns. *Bear* —1E **45**
Elmhurst. *Moth* —5F **143**
Elmira Rd. *Muirh* —2B **68**
*Elm La. W. G14 —6D 60*
*(off Lime St.)*
Elmore Av. *G44* —2F **119**
Elmore La. *G44* —2F **119**
Elm Pl. *E Kil* —5E **149**
Elm Quad. *Air* —4D **92**
Elm Rd. *Bri W* —2G **73**
Elm Rd. *Broad 1* —3F **17**
Elm Rd. *Clyd* —2C **42**
Elm Rd. *Moth* —2B **128**
Elm Rd. *Pais* —4C **98**
Elm Rd. *Ruth* —3D **120**
Elmslie Ct. *Bail* —1A **108**
Elms, The. *G44* —3F **119**
Elm St. *G14* —6D **60**
Elm St. *Blan* —2C **140**
Elm St. *Clar* —3D **134**
Elm St. *Coat* —6E **91**
Elm St. *Len* —3G **7**
Elm St. *Moth* —2F **143**
*Elm St. E. G14 —6D 60*
*(off Elm St.)*
Elmvale Rd. *G21* —4A **64**
Elmvale St. *G21* —4A **64**
Elm View Ct. *Bell* —3F **127**
Elm Wlk. *Bear* —1E **45**
Elm Way. *Lark* —6A **156**
Elmwood Av. *G11* —5F **61**
Elmwood Av. *Newt M*
—3F **133**
Elmwood Ct. *Both* —5E **125**
Elmwood Gdns. *Kirk* —2A **50**

*Elmwood La. G11 —5F 61*
*(off Elmwood Av.)*
Elphinstone Cres. *E Kil*
—4H **149**
Elphinstone Pl. *G51* —4A **82**
Elphinstone Rd. *Giff* —2G **133**
Elphin St. *G23* —6B **46**
Elrig Rd. *G44* —2D **118**
Elsinore Path. *E Kil* —6G **149**
Elspeth Gdns. *B'rig* —5E **49**
Eltham St. *G22* —6F **63**
Elvan Ct. *Moth* —3F **143**
Elvan Pl. *E Kil* —4A **148**
Elvan St. *G32* —6H **85**
Elvan St. *Moth* —2F **143**
Elvan Tower. *Moth* —4G **143**
Embo Dri. *G13* —3B **60**
Emerald Ter. *Bell* —3C **126**
Emerson Av. *B'rig* —6C **48**
Emerson Rd. W. *B'rig* —6C **48**
Emerson St. *G20* —3E **63**
Emily Dri. *Moth* —5G **143**
Emma Jay Rd. *Bell* —2D **126**
Endfield Av. *G12* —3H **61**
Endrick Bank. *B'rig* —3C **48**
Endrick Dri. *Bear* —4F **45**
Endrick Dri. *Pais* —5D **78**
Endrick Gdns. *Miln* —3E **25**
Endrick St. *G21* —6H **63**
English St. *Wis* —6D **144**
Ennerdale. *E Kil* —5B **148**
Ennisfree Rd. *Blan* —1B **140**
Ensay St. *G22* —2H **63**
Enterkin St. *G32* —1H **105**
Eribol Pl. *G22* —2F **63**
Eriboll St. *G22* —2F **63**
Eribol Wlk. *Moth* —4D **128**
Ericht Rd. *G43* —2A **118**
Eriska Av. *G14* —4A **60**
Eriskay Av. *Ham* —1D **152**
Eriskay Av. *Newt M* —4B **132**
Eriskay Cres. *Newt M* —4B **132**
*Eriskay Pl. Old K —1G 41*
Erradale St. *G22* —2E **63**
Errogie St. *G34* —3H **87**
Erskine Av. *G41* —1H **101**
Erskine Bri. *B'ton* —3D **40**
*Erskine Ct. Air —3E 93*
*(off Katherine St.)*
Erskine Cres. *Air* —6H **91**
Erskinefauld Rd. *Lin* —5G **75**
Erskine Ferry Rd. *Old K*
—2F **41**
Erskine Rd. *Giff* —3H **133**
Erskine Sq. *G52* —4H **79**
Erskine View. *Clyd* —4D **42**
Erskine View. *Old K* —1E **41**
Ervie St. *G34* —4A **88**
Escarp Rd. *Carl* —2F **165**
Esdaile Ct. *Moth* —4A **128**
Esk Av. *Renf* —1G **79**
Eskbank St. *G32* —5A **86**
Eskdale. *E Kil* —6E **137**
Eskdale. *Newt M* —4H **133**
Eskdale Dri. *Ruth* —6F **105**
Eskdale Rd. *Bear* —5D **44**
Eskdale St. *G42* —4F **103**
Esk Dri. *Pais* —4C **96**
Esk St. *G14* —4H **59**
*Esk Wlk. Cumb —3H 35*
*(off Cumbernauld Cen., The)*
Esk Way. *Pais* —4C **96**
Esmond St. *G3* —2A **82**
Espedair St. *Pais* —2A **98**
Espieside Cres. *Coat* —3H **89**
Essendale Av. *G15* —5B **44**
Essex Dri. *G14* —5D **60**
Essex La. *G14* —5D **60**
Esslemont Av. *G14* —4B **60**
Esslemont La. *G14* —4C **60**

Estate Quad. *G32* —4C **106**
Estate Rd. *G32* —4C **106**
Etive Av. *Bear* —3H **45**
Etive Av. *Ham* —2E **153**
Etive Ct. *Clyd* —2E **43**
Etive Ct. *Coat* —2D **110**
Etive Ct. *Cumb* —1D **54**
Etive Cres. *B'rig* —6D **48**
Etive Cres. *Cumb* —1D **54**
Etive Cres. *Wis* —3H **157**
Etive Dri. *Air* —6C **92**
Etive Dri. *B'ton* —5A **40**
Etive Dri. *Cumb* —1D **54**
Etive Dri. *Giff* —6B **118**
Etive Pl. *Cumb* —1E **55**
Etive St. *G32* —6A **86**
Etive St. *Wis* —2H **157**
Etna Ind. Est. *Wis* —5C **144**
Etna St. *Wis* —5C **144**
*Eton La. G12 —1C 82*
*(off Gt. George St.)*
Ettrick Av. *Bell* —6C **110**
Ettrick Av. *Renf* —1H **79**
*Etterick Wynd. Blan —2A 140*
*(off Winton Cres.)*
Ettrick Ct. *Camb* —2D **122**
Ettrick Ct. *Coat* —2E **111**
Ettrick Cres. *Ruth* —6E **105**
Ettrick Dri. *Bear* —6C **24**
Ettrick Dri. *B'ton* —5A **40**
Ettrick Hill. *E Kil* —6A **138**
Ettrick Oval. *Pais* —5C **96**
Ettrick Pl. *G41* —6B **102**
*Ettrick Sq. Cumb —3H 35*
*(off Cumbernauld Cen., The)*
Ettrick St. *Wis* —4G **145**
Ettrick Ter. *John* —5C **94**
*Ettrick Wlk. Cumb —3H 35*
*(off Cumbernauld Cen., The)*
*Ettrick Way. Cumb —3H 35*
*(off Cumbernauld Cen., The)*
Eurocentral Ind. Est. *Moth*
—6H **111**
Evan Cres. *Giff* —5B **118**
Evan Dri. *Giff* —5B **118**
Evanton Dri. *Giff* —5E **117**
Evanton Pl. *T'bnk* —4E **117**
Everall Dri. *Wis* —4E **147**
Everard Ct. *G21* —2A **64**
Everard Dri. *G21* —3A **64**
Everard Pl. *G21* —2A **64**
Everard Quad. *G21* —3A **64**
Everglades, The. *Chry* —1H **67**
Eversley St. *G32* —2A **106**
Everton Rd. *G53* —3C **100**
Ewart Cres. *Ham* —1E **153**
Ewart Ter. *Ham* —1F **153**
Ewing Ct. *Ham* —4G **153**
Ewing Pl. *G31* —6E **85**
Ewing St. *Kilb* —2A **94**
Ewing St. *Ruth* —6C **104**
Ewing Wlk. *Miln* —4A **26**
Excelsior St. *Wis* —6D **144**
*Exchange Pl. G1*
—4G **83** (5E **5**)
*(off Buchanan St.)*
Exchange Pl. *Coat* —5C **90**
Exeter Dri. *G11* —1G **81**
*Exeter La. G11 —1G 81*
*(off Dumbarton Rd.)*
Exeter St. *Coat* —6C **90**
EXHIBITION CENTRE STATION.
*G3* —3C **82**
Exhibition Way. *G3* —4C **82**
Eynort St. *G22* —2E **63**

**F**actory Rd. *Moth* —4G **143**
Fagan Ct. *Blan* —6C **124**
Faifley Rd. *Clyd* —6F **23**
Fairbairn Cres. *T'bnk* —5G **117**

Fairbairn St. *G40* —1C **104**
Fairburn St. *G32* —1H **105**
Fairfax Av. *G44* —2G **119**
Fairfield Ct. *Clar* —4C **134**
Fairfield Dri. *Clar* —4C **134**
Fairfield Gdns. *G51* —3F **81**
Fairfield Pl. *G51* —3F **81**
Fairfield Pl. *Both* —5F **125**
Fairfield Pl. *E Kil* —1D **148**
Fairfield Pl. *Ham* —2A **154**
Fairfield St. *G51* —3F **81**
Fairford Dri. *Cumb* —6F **35**
Fairhaven Rd. *G23* —1C **62**
Fairhill Av. *G53* —6C **100**
Fairhill Av. *Ham* —2G **153**
Fairhill Cres. *Ham* —2G **153**
Fairhill Pl. *Ham* —4F **153**
Fairholm Av. *Ham* —2F **155**
Fairholm St. *G32* —1H **105**
Fairholm St. *Lark* —1D **160**
Fairley St. *G51* —5H **81**
Fairlie. *E Kil* —6F **137**
Fairlie Pk. Dri. *G11* —1G **81**
Fair Oaks. *Crmck* —1A **136**
Fairway. *Bear* —2B **44**
Fairway Av. *Pais* —5H **97**
Fairways. *Lark* —2G **161**
Fairways View. *Hard* —1F **43**
Fairweather Pl. *Newt M*
—5C **132**
Fairyknowe Gdns. *Both*
—5F **125**
Faith Av. *Bri W* —1A **72**
Falconbridge Rd. *E Kil*
—5C **138**
Falcon Cres. *Pais* —5F **77**
Falconer Ter. *Ham* —2G **153**
Falcon Rd. *John* —6D **94**
Falcon Ter. *G20* —1A **62**
Falfield St. *G5* —1E **103**
Falkland Av. *Newt M* —4G **133**
Falkland Cres. *B'rig* —1F **65**
Falkland Dri. *E Kil* —2E **149**
Falkland La. *G12* —6H **61**
Falkland Pk. *E Kil* —2F **149**
Falkland Pl. *Coat* —2D **110**
Falkland Pl. *E Kil* —2F **149**
Falkland St. *G12* —6H **61**
Falloch Pl. *Newm* —3D **146**
Falloch Rd. *G42* —6E **103**
Falloch Rd. *Bear* —5C **44**
Falloch Rd. *Miln* —3D **24**
Fallside Av. *Udd* —1G **125**
Fallside Rd. *Both* —5E **125**
Falside Av. *Pais* —4A **98**
Falside Rd. *G32* —3A **106**
Falside Rd. *Pais* —4H **97**
Falstaff. *E Kil* —4C **138**
Fancett Sq. *E Kil* —3H **149**
Faraday Av. *Wis* —6A **146**
Faraday Retail Pk. *Coat*
—5C **90**
Fara St. *G23* —1D **62**
Farie St. *Ruth* —5B **104**
Farm Ct. *Both* —3F **125**
Farm Cres. *Moth* —3F **129**
Farme Cross. *Ruth* —4D **104**
Farmeloan Rd. *Ruth* —5D **104**
Farmgate Sq. *Bell* —3B **126**
Farmington Av. *G32* —6D **86**
Farmington Gdns. *G32* —6D **86**
Farmington Ga. *G32* —1D **106**
Farmington Gro. *G32* —6D **86**
Farm La. *Bell* —4B **126**
Farm Pk. *Lenz* —3D **50**
Farm Rd. *G41* —6H **81**
Farm Rd. *Blan* —6B **124**
Farm Rd. *Dalm* —4H **41**
Farm Rd. *Dun* —6C **22**
Farm Rd. *Ham* —5D **140**
Farm St. *Moth* —2F **143**

Farm Ter. *Ham* —5D **140**
Farndale. *E Kil* —6E **137**
Farne Dri. *G44* —3F **119**
Farnell St. *G4* —1F **83**
Farrier Ct. *John* —2F **95**
Faskally Wlk. *Newm* —3D **146**
Faskin Cres. *G53* —6H **99**
Faskine Av. *Air* —5H **91**
Faskine Av. *C'bnk* —3B **112**
Faskine Cres. *Air* —5H **91**
Faskin Pl. *G53* —6H **99**
Faskin Rd. *G53* —6H **99**
Faskley Av. *B'rig* —4A **48**
Fasque Pl. *G15* —3G **43**
Fastnet St. *G33* —3A **86**
Fauldhouse St. *G5* —2H **103**
Faulds. *Bail* —6A **88**
Faulds Gdns. *Bail* —6A **88**
Fauldshead Rd. *Renf* —6E **59**
Faulds La. *Coat* —2B **110**
Fauldspark Cres. *Bail* —5A **88**
Faulds St. *Coat* —2A **110**
Fauldswood Cres. *Pais* —3F **97**
Fauldswood Dri. *Pais* —3F **97**
Fearnmore Rd. *G20* —2B **62**
Fells, The. *Len* —3G **7**
Fellsview Av. *Kirk* —4F **31**
Felton St. *G13* —2H **59**
Fendoch St. *G32* —1A **106**
Fenella St. *G32* —6B **86**
Fennsbank Av. *Ruth* —4F **121**
Fenwick Dri. *Barr* —6E **115**
Fenwick Dri. *Ham* —4A **154**
Fenwick Pl. *Giff* —6H **117**
Fenwick Rd. *Giff* —6H **117**
Ferclay St. *Clyd* —6F **23**
Fereneze Av. *Barr* —4D **114**
Fereneze Av. *Clar* —1A **134**
Fereneze Av. *Renf* —3C **78**
Fereneze Cres. *G13* —2A **60**
Fereneze Cres. *Ham* —6D **140**
Fereneze Dri. *Pais* —5F **97**
Fereneze Rd. *Neil* —2A **130**
Fergus Av. *Pais* —6E **77**
Fergus Ct. *G20* —5C **62**
Fergus Dri. *G20* —5C **62**
Fergus Dri. *Pais* —6E **77**
Fergus Gdns. *Ham* —1B **154**
Fergus La. *G20* —5D **62**
Ferguslie. *Pais* —2D **96**
Ferguslie Pk. Av. *Pais* —6E **77**
Ferguslie Pk. Oval. *Pais*
—6E **77**
Ferguslie Wlk. *Pais* —1F **97**
(in two parts)
Ferguson Av. *Miln* —3F **25**
Ferguson Av. *Renf* —6F **59**
Ferguson Dri. *Moth* —6G **143**
Ferguson St. *John* —2E **95**
Ferguson St. *Renf* —5F **59**
Fergusson Pl. *E Kil* —4D **138**
Fergusson Rd. *Cumb* —3H **35**
Fergusson Ter. *Milt C* —5C **9**
Ferguston Rd. *Bear* —3F **45**
Fernan St. *G32* —6H **85**
Fern Av. *B'rig* —1D **64**
Fern Av. *Ersk* —2F **57**
Fern Av. *Lenz* —3C **50**
Fernbank Av. *Camb* —3C **122**
Fernbank St. *G21* —4A **64**
Fernbrae Av. *Ruth* —4D **120**
Fernbrae Way. *Ruth* —4D **120**
Fern Cotts. *G13* —4F **61**
Ferncroft Dri. *G44* —2H **119**
Ferndale. *Lark* —4E **161**
Ferndale Ct. *G23* —1B **62**
Ferndale Dri. *G23* —1B **62**
Ferndale Gdns. *G23* —1B **62**
Ferndale Pl. *G23* —1B **62**
Fern Dri. *Barr* —3D **114**
Ferness Oval. *G21* —2E **65**

Ferness Pl. *G21* —2E **65**
Ferness Rd. *G21* —3E **65**
Ferngrove Av. *G12* —3H **61**
Fernhill Grange. *Both* —6E **125**
Fernhill Rd. *Ruth* —2C **120**
Fern La. *G13* —4F **61**
Fernlea. *Bear* —4E **45**
Fernleigh Pl. *Chry* —5D **52**
Fernleigh Rd. *G43* —2B **118**
Fernside Wlk. *Ham* —2A **154**
Fernslea Av. *Blan* —1A **140**
Fern St. *Moth* —5A **144**
Ferry Rd. *G3* —3H **81**
Ferry Rd. *B'ton* —4G **39**
Ferry Rd. *Both* —5E **125**
Ferry Rd. *Renf* —5F **59**
Ferry Rd. *Udd* —1B **124**
Fersit St. *G43* —1A **118**
Fetlar Dri. *G44* —2G **119**
Fetlar Rd. *Bri W* —3E **73**
Fettercairn Av. *G15* —4G **43**
Fettercairn Gdns. *B'rig* —6E **49**
Fettes St. *G33* —3H **85**
Fiddoch Ct. *Newm* —2D **146**
Fidra St. *G33* —3H **85**
Fielden Pl. *G40* —6C **84**
Fielden St. *G40* —6C **84**
Field Gro. *Clar* —4D **134**
Fieldhead Dri. *G43* —2G **117**
Fieldhead Sq. *G43* —2G **117**
Field Rd. *Clar* —4D **134**
Field Rd. *Clyd* —5F **23**
Field Rd. *Lark* —3F **161**
Fields La. *Hous* —1B **74**
Field St. *Ham* —2H **153**
Fife Av. *G52* —1B **100**
Fife Av. *Air* —6A **92**
Fife Cres. *Both* —6E **125**
Fife Dri. *Moth* —5F **127**
Fife Way. *B'rig* —1F **65**
Fifth Av. *G12* —4F **61**
Fifth Av. *Air* —3C **92**
Fifth Av. *Blan* —4C **140**
Fifth Av. *Renf* —1E **79**
Fifth Av. *Step* —4B **66**
Fifty Pitches Pl. *G52* —4B **80**
Fifty Pitches Rd. *G52* —4B **80**
Finart Dri. *Pais* —4D **98**
Finaven Gdns. *Bear* —5B **24**
Finch Dri. *G13* —1H **59**
Finch Pl. *John* —6D **94**
Findhorn. *Ersk* —4E **41**
Findhorn Av. *Pais* —4D **96**
Findhorn Av. *Renf* —6G **59**
Findhorn Ct. *E Kil* —3A **148**
Findhorn Pl. *E Kil* —3A **148**
Findhorn St. *G33* —3F **85**
Findlay St. *Kils* —3H **11**
Findlay St. *Moth* —4H **143**
Findochty. *Ersk* —4E **41**
Findochty St. *G33* —2D **86**
Fingal La. *G20* —2A **62**
Fingal St. *G20* —2B **62**
Fingalton Rd. *Newt M*
—4A **132**
Fingask St. *G32* —1C **106**
Finglas Av. *Pais* —4D **98**
Finglen Pl. *G53* —3B **116**
Fingleton Av. *Barr* —6F **115**
Finhaven St. *G32* —2G **105**
Finlarig St. *G34* —4A **88**
Finlas St. *G22* —5H **63**
Finlay Dri. *G31* —4C **84**
Finlay Dri. *Lin* —6F **75**
Finlay Rise. *Miln* —5H **25**
Finlayson Dri. *Air* —4E **93**
Finlayson Quad. *Air* —4E **93**
Finlaystone St. *Coat* —4A **90**
Finnart Sq. *G40* —2B **104**
Finnart St. *G40* —2B **104**

Finnieston Sq. *G3* —3C **82**
Finnieston St. *G3* —4C **82**
Finnie Wynd. *Moth* —5B **144**
Finsbay St. *G51* —5D **80**
Fintrie Ter. *Ham* —5C **140**
Fintry Av. *Pais* —5A **98**
Fintry Ct. *Coat* —2E **111**
Fintry Cres. *Barr* —6E **115**
Fintry Cres. *B'rig* —6E **49**
Fintry Dri. *G44* —6G **103**
Fintry Gdns. *Bear* —5C **24**
Fir Bank Av. *Lark* —3F **161**
Firbank Av. *Torr* —5D **28**
Firbank Ter. *Barr* —6G **115**
Fir Ct. *Coat* —1A **110**
Firdon Cres. *G15* —6A **44**
Fir Dri. *E Kil* —6D **148**
Fir Gro. *Udd* —5F **109**
Firhill Av. *Air* —5H **91**
Firhill Rd. *G20* —5D **62**
Firhill St. *G20* —5E **63**
Firlee. *E Kil* —3B **148**
Firpark Rd. *B'rig* —1D **64**
Firpark St. *G31* —3B **84**
Fir Pk. St. *Moth* —5H **143**
Firpark Ter. *G31* —4B **84**
Fir Pl. *Bail* —2G **107**
Fir Pl. *Camb* —1C **122**
Fir Pl. *Cle* —6H **129**
Fir Pl. *John* —4G **95**
First Av. *G44* —5D **118**
First Av. *Bear* —4G **45**
First Av. *Dumb* —3C **18**
First Av. *Kirk* —6D **50**
First Av. *Mille* —4B **66**
First Av. *Renf* —1E **79**
First Av. *Udd* —5C **108**
First Gdns. *G41* —1G **101**
Firs, The. *G44* —2F **119**
First Rd. *Blan* —4C **140**
First St. *Udd* —5D **108**
First Ter. *Clyd* —4C **42**
Firthview Ter. *Dumb* —4C **16**
Firtree Pl. *Newm* —3F **147**
Firtree Rd. *Newm* —3F **147**
Fir View. *C'bnk* —3B **112**
Firwood Ct. *Newt M* —5E **133**
Firwood Dri. *G44* —1G **119**
Firwood Rd. *Newt M* —4E **133**
Fischer Gdns. *Pais* —1D **96**
Fisher Av. *Kils* —3H **11**
Fisher Av. *Pais* —1D **96**
Fisher Ct. *G31* —4B **84**
Fisher Cres. *Clyd* —1D **42**
Fisher Dri. *Pais* —1D **96**
Fishers Rd. *Renf* —3E **59**
Fisher St. *Lark* —4F **161**
Fisher Way. *Pais* —1D **96**
Fishescoates Av. *Ruth*
(in two parts) —3E **121**
Fishescoates Gdns. *Ruth*
—2F **121**
Fitzalan Dri. *Pais* —5C **78**
Fitzalan Rd. *Renf* —2C **78**
Fitzroy La. *G3* —3C **82**
*Fitzroy Pl. G3* —3C **82**
(off Royal Cres.)
Flakefield. *E Kil* —1D **148**
Flanders St. *Clyd* —6E **23**
Flaxford Gro. *Moth* —5F **127**
Flaxmill Av. *Wis* —5D **144**
Flax Rd. *Udd* —2E **125**
Fleet Av. *Renf* —2G **79**
Fleet St. *G32* —1B **106**
Fleming Av. *Chry* —1A **68**
Fleming Av. *Clyd* —1F **59**
Fleming Ct. *Carl* —4E **165**
Fleming Ct. *Clyd* —5D **42**
Fleming Ct. *Ham* —5C **140**
Fleming Dri. *Moth* —5A **144**
Fleming Pl. *E Kil* —3G **149**

Fleming Rd. *Bell* —1D **126**
Fleming Rd. *B'ton* —4H **39**
Fleming Rd. *Cumb* —3H **35**
Fleming Rd. *Hous* —1A **74**
Fleming St. *G31* —5D **84**
Fleming St. *Pais* —4A **78**
Flemington Ind. Est. *Camb*
—3E **123**
Flemington Rd. *G21* —6A **64**
Flemington Rd. *Camb* —2E **139**
Fleming Way. *Ham* —5B **140**
*Fleming Way. Lark* —4G **161**
(off Donaldson Rd.)
Flenders Av. *Clar* —3A **134**
Flenders Rd. *Clar* —3A **134**
Fleurs Av. *G41* —1H **101**
Fleurs Rd. *G41* —1H **101**
Flinders Pl. *E Kil* —3D **148**
Flloyd St. *Coat* —4B **90**
Floorsburn Cres. *John* —3E **95**
Floors St. *John* —3E **95**
Flora Gdns. *B'rig* —5E **49**
Florence Dri. *Giff* —5A **118**
Florence Gdns. *Ruth* —3E **121**
Florence St. *G5* —1G **103**
Florida Av. *G42* —5F **103**
Florida Cres. *G42* —5F **103**
Florida Dri. *G42* —5E **103**
Florida Gdns. *Bail* —6G **87**
Florida Sq. *G42* —5F **103**
Florida St. *G42* —5F **103**
Flowerdale Pl. *G53* —4B **116**
Flowerhill Ind. Est. *Air* —3B **92**
Flowerhill St. *Air* —3B **92**
Flures Av. *Ersk* —1A **58**
Flures Cres. *Ersk* —2A **58**
Flures Dri. *Ersk* —1A **58**
Flures Pl. *Ersk* —1A **58**
Fochabers Dri. *G52* —5C **80**
Fogo Pl. *G20* —3B **62**
Footfield Rd. *Bell* —3B **126**
Forbes Dri. *G40* —6B **84**
Forbes Dri. *Moth* —5D **126**
Forbes Pl. *Pais* —1A **98**
Forbes St. *G40* —5B **84**
Fordneuk St. *G40* —6C **84**
Fordoun St. *G34* —3B **88**
Ford Rd. *G12* —5B **62**
Ford Rd. *Newt M* —6D **132**
Fordyce Ct. *Newt M* —5D **132**
Fordyce St. *G11* —1H **81**
Forehouse Rd. *Kilb* —1A **94**
*Foremount Ter. La. G12*
(off Hyndland Rd.) —6H **61**
Fore Row. *Ham* —5A **142**
Forest Av. *Ham* —5H **153**
*Forestburn Ct. Air* —4F **91**
(off Monkscourt Av.)
Forest Dri. *Both* —4E **125**
Forest Gdns. *Kirk* —3A **50**
Foresthall Dri. *G21* —6C **64**
Foresthall Gdns. *G21* —6C **64**
Forest Kirk. *Carl* —5H **165**
Forest La. *Ham* —5H **153**
Forest Pk. *Wis* —4B **146**
Forest Pl. *Kirk* —3A **50**
Forest Pl. *Pais* —3A **98**
Fore St. *G14* —6C **60**
Forest Rd. *Cumb* —4C **36**
Forest Rd. *Lark* —3F **161**
Forest View. *Cumb* —2C **36**
Forfar Av. *G52* —1B **100**
Forfar Cres. *B'rig* —1E **65**
Forgan Gdns. *B'rig* —1F **65**
Forge Dri. *Coat* —4B **90**
Forge Pl. *G21* —1D **84**
Forge Rd. *Air* —5F **93**
Forge Shopping Cen., The. *G31*
—6E **85**
Forge St. *G21* —1D **84**
Forgewood Path. *Air* —5F **93**

Forgewood Rd. *Moth* —5E **127**
Forglen St. *G34* —2H **87**
Formby Dri. *G23* —6B **46**
Forres Av. *Giff* —4A **118**
Forres Cres. *Bell* —1C **126**
Forres Ga. *Giff* —5B **118**
Forres Quad. *Wis* —4H **145**
Forres St. *G23* —6C **46**
Forres St. *Blan* —3A **140**
Forrest Cres. *Ham* —2F **153**
Forrest Dri. *Bear* —4B **24**
Forrest Dri. *Bell* —4C **127**
Forrester Ct. *B'rig* —1B **64**
Forrestfield Cres. *Newt M*
—4E **133**
Forrestfield Gdns. *Newt M*
—4D **132**
Forrestfield St. *G21* —2C **84**
Forrest Ga. *Udd* —4F **109**
Forrestlea Rd. *Carl* —5G **165**
Forrest St. *G40* —6C **84**
Forrest St. *Air* —3C **92**
Forrest St. *Blan* —2D **140**
Forsyth St. *Air* —3B **92**
Fortevoit Av. *Bail* —6A **88**
Fortevoit Pl. *Bail* —6A **88**
Forth Av. *Pais* —4D **96**
Forth Ct. *E Kil* —4A **148**
Forth Cres. *E Kil* —3A **148**
Forth Gro. *E Kil* —4A **148**
Forth Pl. *John* —5C **94**
Forth Pl. *Lark* —5F **161**
Forth Rd. *Bear* —5D **44**
Forth Rd. *Torr* —5D **28**
Forth St. *G41* —2D **102**
Forth St. *Clyd* —1E **59**
Forth Ter. *Ham* —3F **153**
*Forth Wlk. Cumb* —3H **35**
(off Cumbernauld Cen., The)
Forties Ct. *T'bnk* —2G **117**
Forties Cres. *T'bnk* —2G **117**
Forties Rd. *Hous* —3C **74**
Fortieth Av. *E Kil* —6H **149**
Fortingale Av. *G12* —3A **62**
Fortingale Pl. *G12* —3A **62**
Fortingall Rd. *Blan* —4D **140**
Fortrose St. *G11* —1H **81**
Fort St. *Moth* —1D **142**
Fossil Gro. *Kirk* —4G **31**
Foswell Pl. *G15* —2H **43**
Fotheringay La. *G41* —3B **102**
Fotheringay Rd. *G41* —3B **102**
Foulis La. *G13* —3F **61**
Foulis St. *G13* —3F **61**
Foulsykes Rd. *Wis* —5C **146**
Foundry La. *Barr* —5E **115**
Foundry Rd. *Cle* —5H **129**
Fountain Av. *Inch* —5F **57**
Fountain Cres. *Inch* —4F **57**
Fountain Dri. *Inch* —5G **57**
Fountainwell Av. *G21* —1H **83**
Fountainwell Dri. *G21* —1H **83**
Fountainwell Pl. *G21* —1H **83**
Fountainwell Rd. *G21* —1H **83**
Fountainwell Sq. *G21* —1A **84**
Fountainwell Ter. *G21* —1A **84**
Fourth Av. *G33* —4B **66**
Fourth Av. *Dumb* —2C **18**
Fourth Av. *Kirk* —6D **50**
Fourth Av. *Renf* —1F **78**
Fourth Gdns. *G41* —1G **101**
Fourth Rd. *Blan* —4C **140**
Fourth St. *Udd* —4D **108**
Four Windings. *Hous* —1B **74**
Fowlis Dri. *Newt M* —3C **132**
Foxbar Cres. *Pais* —6C **96**
Foxbar Dri. *G13* —3B **60**
Foxbar Dri. *Pais* —6C **96**
Foxbar Rd. *Eld & Pais* —6B **96**
Foxes Gro. *Lenz* —2E **51**
Foxglove Pl. *G53* —4B **116**

Fox Gro. *Moth* —2D **142**
Foxhills Pl. *G23* —6C **46**
Foxley St. *G32* —4C **106**
Fox St. *G1* —5F **83**
Foyers Ter. *G21* —5C **64**
Francis St. *G5* —1E **103**
Franconia Sq. *Clyd* —6D **42**
Frankel Ter. *E Kil* —1C **150**
Frankfield Rd. *G33* —4E **67**
Frankfield St. *G33* —1F **85**
Frankfort St. *G41* —4C **102**
Franklin Pl. *E Kil* —2D **148**
Franklin St. *G40* —2B **104**
Fraser Av. *B'ton* —3H **39**
Fraser Av. *Dumb* —1C **18**
Fraser Av. *John* —3G **95**
Fraser Av. *Newt M* —3E **133**
Fraser Av. *Ruth* —5E **105**
*Fraser Ct. Air* —3E **93**
(off Katherine St.)
Fraser Cres. *Ham* —1F **153**
Fraser Gdns. *Kirk* —5B **30**
Fraser St. *Camb* —1G **121**
Fraser St. *Cle* —5H **129**
Frazer River Tower. *E Kil*
—3F **149**
Frazer St. *G40* —6D **84**
Frederick St. *Coat* —3A **90**
*Freeland Brae. E Kil* —3H **149**
(off Telford Rd.)
Freeland Ct. *G53* —1C **116**
Freeland Cres. *G53* —1B **116**
Freeland Dri. *G53* —1B **116**
Freeland Dri. *Bri W* —2F **73**
Freeland Dri. *Inch* —3G **57**
*Freeland La. E Kil* —3H **149**
(off Telford Rd.)
Freeland Pl. *Kirk* —5D **30**
Freeland Rd. *Ersk* —2F **57**
Freelands Ct. *Old K* —3G **41**
Freelands Cres. *Old K* —2G **41**
Freelands Pl. *Old K* —3G **41**
Freelands Rd. *Old K* —3G **41**
Freesia Ct. *Moth* —4G **143**
French St. *G40* —2B **104**
French St. *Clyd* —4A **42**
French St. *Renf* —1D **78**
French St. *Wis* —6H **145**
Freuchie St. *G34* —4H **87**
Frew St. *Air* —3C **92**
Friar Av. *B'rig* —4D **48**
Friarscourt Av. *G13* —6D **44**
Friarscourt Rd. *Chry* —6H **51**
Friars Croft. *Kirk* —5E **31**
Friars Pl. *G13* —1D **60**
Friars Way. *Air* —1C **112**
Friarton Rd. *G43* —2D **118**
Friendship Way. *Renf* —2F **79**
Frood St. *Moth* —6E **127**
Fruin Av. *Newt M* —3E **133**
Fruin Dri. *Wis* —6C **146**
Fruin Pl. *G22* —5G **63**
Fruin Rise. *Ham* —1C **152**
Fruin Rd. *G15* —6H **43**
Fruin St. *G22* —5G **63**
Fulbar Av. *Pais* —3D **96**
Fulbar Av. *Renf* —5E **59**
Fulbar Ct. *Renf* —5F **59**
Fulbar La. *Renf* —5F **59**
Fulbar Rd. *G51* —4C **80**
Fulbar Rd. *Pais* —3D **96**
Fulbar St. *Renf* —5F **59**
Fulfar Cres. *Pais* —3D **96**
Fullarton Av. *G32* —3A **106**
Fullarton La. *G32* —3A **106**
Fullarton Pl. *Coat* —2A **110**
Fullarton Rd. *G32* —5H **105**
Fullarton Rd. *Cumb* —6G **13**
Fullarton St. *Coat* —2A **110**
Fullers Ga. *Clyd* —6E **23**
Fullerton St. *Pais* —4H **77**

Fullerton Ter. *Pais* —4A **78**
Fullwood Ind. Est. *Ham*
—5F **141**
Fulmar Ct. *B'rig* —1B **64**
Fulmar Pk. *E Kil* —6F **137**
Fulmar Pl. *John* —6C **94**
Fulton Cres. *Kilb* —2A **94**
Fulton Dri. *Hous* —4E **75**
Fulton Gdns. *Hous* —3E **75**
Fulton Rd. *Miln* —4H **25**
Fulton St. *G13* —2D **60**
Fulwood Av. *G13* —2H **59**
Fulwood Av. *Lin* —5H **75**
Fulwood Pl. *G13* —2H **59**
Furlongs, The. *Ham* —4A **142**
Fyneart St. *Wis* —5C **146**
Fyne Av. *Rig I* —6A **110**
Fyne Ct. *Ham* —2E **153**
*Fyne Way. Moth* —2A **128**
(off Howden Pl.)
Fynloch Pl. *Clyd* —6A **22**
Fyvie Av. *G43* —2G **117**

## Gadie Av. *Renf* —1G **79**
Gadie St. *G33* —3F **85**
Gadloch Av. *Kirk* —5D **50**
Gadloch Gdns. *Kirk* —4D **50**
Gadloch St. *G22* —3G **63**
Gadloch View. *Kirk* —5D **50**
Gadsburn Ct. *G21* —3E **65**
Gadshill St. *G21* —2B **84**
Gailes Pk. *Both* —5D **124**
Gailes Rd. *Cumb* —6H **13**
Gailes St. *G40* —1D **104**
Gainburn Ct. *Cumb* —1B **54**
Gainburn Cres. *Cumb* —2B **54**
Gainburn Gdns. *Cumb* —2B **54**
Gainburn Pl. *Cumb* —1B **54**
Gainburn View. *Cumb* —1C **54**
Gain Rd. *Anna* —6B **54**
Gain & Shankburn Rd. *Rigg*
—6D **54**
Gainside Rd. *Glenb* —3G **69**
Gairbraid Av. *G20* —3A **62**
Gairbraid Ct. *G20* —3A **62**
Gairbraid Pl. *G20* —3B **62**
Gairbraid Ter. *Bail* —6E **89**
Gair Cres. *Carl* —2G **165**
Gair Cres. *Wis* —2H **157**
Gairloch Gdns. *Kirk* —4H **31**
Gair Rd. *Carl* —1G **165**
Gala Av. *Renf* —1G **79**
Gala Cres. *Wis* —4G **153**
Gala St. *G33* —1G **85**
Galbraith Cres. *Law* —5E **159**
Galbraith Dri. *G51* —3D **80**
Galbraith Dri. *Miln* —5F **25**
Galdenoch St. *G33* —1B **86**
Gallacher Av. *Pais* —4E **97**
Gallacher Ct. *Moth* —6B **144**
Gallacher Ct. *Pais* —6G **77**
Gallan Av. *G23* —6C **46**
Galloway Av. *Ham* —4G **153**
Galloway Dri. *Ruth* —4D **120**
Galloway Rd. *Air* —6H **91**
Galloway Rd. *E Kil* —6C **138**
Galloway St. *G21* —3B **64**
Gallowflat St. *Ruth* —5D **104**
Gallowgate. *G1, G4, G40 & G31*
—5H **83**
Gallowhill. *Lark* —3E **161**
Gallowhill Av. *Lenz* —1C **50**
Gallowhill Ct. *Pais* —3C **78**
Gallowhill Gro. *Kirk* —6C **30**
Gallowhill Rd. *Crmck* —1H **135**
Gallowhill Rd. *Kirk* —1C **50**
Gallowhill Rd. *Pais* —5B **78**
Galston Av. *Newt M* —4A **133**
Galston Ct. *Ham* —4A **154**
Galston St. *G53* —1H **115**

Galt Pl. *E Kil* —4F **149**
Gamrie Dri. *G53* —6A **100**
Gamrie Gdns. *G53* —6A **100**
Gamrie Rd. *G53* —5A **100**
Gannochy Dri. *B'rig* —6E **49**
Gantock Cres. *G33* —4B **86**
Gardenhall. *E Kil* —3A **148**
Gardenhall Ct. *E Kil* —3A **148**
Gardenside. *Bell* —3C **126**
Gardenside Av. *G32* —5B **106**
Gardenside Av. *Udd* —1C **124**
Gardenside Cres. *G32*
    —5B **106**
Gardenside Gro. *G32* —5B **106**
Gardenside Pl. *G32* —5B **106**
Gardenside Rd. *Ham* —1H **153**
Gardenside St. *Udd* —1C **124**
Garden Sq. Wlk. *Air* —3F **91**
Gardner Gro. *Udd* —5E **109**
Gardner St. *G11* —1H **81**
Gardyne St. *G34* —2G **87**
Gareloch Av. *Air* —1H **91**
Gareloch Av. *Pais* —3E **97**
Garfield Av. *Bell* —2E **127**
Garfield Dri. *Bell* —3E **127**
Garfield St. *G31* —5C **84**
Garforth Rd. *Bail* —1F **107**
Gargrave Av. *Bail* —1F **107**
Garion Dri. *G13* —4B **60**
Garlieston Rd. *G33* —5F **87**
Garliston Ter. *Bail* —6E **89**
Garmouth Ct. *G51* —3G **81**
Garmouth Gdns. *G51* —3G **81**
Garmouth St. *G51* —3F **81**
Garnethill St. *G3*
    —2E **83** (2B **4**)
Garnet St. *G3* —2E **83** (2A **4**)
Garngaber Av. *Lenz* —2D **50**
Garngaber Ct. *Kirk* —2E **51**
Garngrew Rd. *Hag* —1F **15**
Garnhall Farm Rd. *Cumb*
    —3E **15**
Garnie Av. *Ersk* —6H **41**
Garnieland Rd. *Ersk* —6H **41**
Garnie La. *Ersk* —6H **41**
Garnie Oval. *Ersk* —6A **42**
Garnie Pl. *Ersk* —6H **41**
Garnkirk La. *G33* —4E **67**
Garnock Pl. *E Kil* —2B **150**
Garnock St. *G21* —2B **84**
Garrell Av. *Kils* —2H **11**
Garrell Gro. *Kils* —1H **11**
Garrell Pl. *Kils* —3G **11**
Garrell Rd. *Kils* —4G **11**
Garrell Way. *Cumb* —3G **35**
Garrell Way. *Kils* —3G **11**
Garrioch Cres. *G20* —4B **62**
Garrioch Dri. *G20* —4B **62**
Garrioch Ga. *G20* —4B **62**
Garriochmill Rd. *G20* —6C **62**
(in two parts)
Garrioch Quad. *G20* —4B **62**
Garrioch Rd. *G20* —5B **62**
Garrion Bus. Pk. *Wis* —3H **157**
Garrion Pl. *Ashg* —4B **162**
Garrion St. *Wis* —5A **158**
Garrochmill Rd. *G20* —6D **62**
*Garrochmill Way. G20* —6D **62**
(off Henderson St.)
Garrowhill Dri. *Bail* —6F **87**
GARROWHILL STATION. *Bail*
    —6F **87**
Garry Av. *Bear* —5H **45**
Garry Dri. *Pais* —3E **97**
Garry St. *G44* —6E **103**
Garscadden Rd. *G15* —4H **43**
Garscadden Rd. S. *G13*
    —1A **60**
GARSCADDEN STATION. *G14*
    —3A **60**
Garscadden View. *Clyd* —4F **43**

Garscube Rd. *G4*
    —2F **83** (1C **4**)
Garscube Rd. *G20 & G4*
    —6E **63**
Garshake Av. *Dumb* —1C **18**
Garshake Rd. *Dumb* —3H **17**
Garshake Ter. *Dumb* —1C **18**
Garside Ct. *Ham* —1D **152**
Gartartan Rd. *Pais* —6H **79**
Gartcarron Hill. *Cumb* —2E **35**
Gartcloss Rd. *Coat* —1G **89**
Gartconnell Dri. *Bear* —1E **45**
Gartconnell Gdns. *Bear*
    —1E **45**
Gartconnell Rd. *Bear* —1E **45**
Gartconner Av. *Kirk* —5H **31**
Gartcosh Rd. *Bail* —5D **88**
Gartcosh Rd. *G'csh* —1E **89**
Gartcosh Wlk. *Bell* —2B **126**
*Gartcraig Path. G33* —2A **86**
(off Gartcraig Rd.)
Gartcraig Pl. *G33* —2A **86**
Gartcraig Rd. *G33* —3G **85**
Gartferry Av. *Chry* —5D **52**
Gartferry Rd. *Mood* —5B **52**
Gartferry St. *G21* —5C **64**
Gartfield St. *Air* —5B **92**
Gartgill Rd. *Coat* —1A **90**
Garthamlock Rd. *G33* —2E **87**
Garthland Dri. *G31* —4C **84**
Garthland La. *Pais* —6B **78**
Garth St. *G1* —4G **83** (6F **5**)
Gartlea Av. *Air* —4B **92**
Gartlea Gdns. *Air* —4B **92**
Gartleahill. *Air* —5A **92**
Gartlea Rd. *Air* —4A **92**
Gartliston Rd. *Coat* —6B **70**
Gartloch Cotts. *Bail* —6C **68**
Gartloch Rd. *G33 & G34*
    —1H **85**
Gartloch Rd. *G'csh* —6H **67**
Gartly St. *G44* —3D **118**
Gartmore Gdns. *Udd* —5C **108**
Gartmore La. *Chry* —5E **53**
Gartmore Rd. *Pais* —1D **98**
Gartmore Ter. *Camb* —4G **121**
Gartness Dri. *Air* —6E **93**
Gartness Rd. *Air* —2G **113**
Gartocher Rd. *G32* —6C **86**
Gartocher Ter. *G32* —6C **86**
Gartons Rd. *G21* —4E **65**
Gartsherrie Av. *Glenb* —4B **70**
Gartsherrie Ind. Est. *Coat*
    —2B **90**
Gartsherrie Rd. *Coat* —3A **90**
Gartshore Cres. *Twe* —3D **32**
Gartshore Gdns. *Cumb* —4A **34**
Garturk St. *G42* —3F **103**
Garturk St. *Coat* —1D **110**
Garvald Ct. *G40* —2D **104**
Garvald St. *G40* —2D **104**
Garve Av. *G44* —3E **119**
Garvel Cres. *G33* —5E **87**
Garvel Pl. *Miln* —3D **24**
Garvel Rd. *G33* —5E **87**
Garvel Rd. *Miln* —3E **25**
Garvin Lea. *Bell* —5C **110**
Garvock Dri. *G43* —2H **117**
Garwhitter Dri. *Miln* —3H **25**
Gascoyne. *E Kil* —4E **149**
Gaskin Path. *G33* —4E **67**
Gask Pl. *G13* —1H **59**
Gas St. *John* —2G **95**
Gasworks Rd. *Carl* —2C **164**
Gatehouse St. *G32* —6B **86**
Gateside Av. *Camb* —2D **122**
Gateside Av. *Kils* —3F **11**
Gateside Ct. *Barr* —5C **114**
Gateside Cres. *Air* —3A **92**
Gateside Cres. *Barr* —6C **114**
Gateside Pk. *Kils* —2F **11**

Gateside Pl. *Kilb* —2A **94**
Gateside Rd. *Barr* —6B **114**
Gateside Rd. *Wis* —5E **145**
Gateside St. *G31* —5D **84**
Gateside St. *Ham* —1A **154**
Gateway, The. *E Kil* —5A **138**
Gauldry Av. *G52* —2C **100**
Gauze Av. *Pais* —6B **78**
Gavell Rd. *Kils* —4D **10**
Gavinburn Gdns. *Old K* —6E **21**
Gavinburn Pl. *Old K* —6E **21**
Gavinburn St. *Old K* —6E **21**
Gavin's Mill Rd. *Miln* —4G **25**
Gavins Rd. *Clyd* —2D **42**
Gavin St. *Moth* —4G **143**
Gavinton St. *G44* —2D **118**
Gayne Dri. *Glenb* —3G **69**
Gean Ct. *Cumb* —1F **37**
Geary St. *G23* —6B **46**
Geddes Hill. *E Kil* —5B **138**
Geddes Rd. *G21* —2E **65**
Geelong Gdns. *Len* —2F **7**
Geils Av. *Dumb* —2C **18**
Geils Quadrant. *Dumb* —2C **18**
Gelston St. *G32* —1B **106**
Gemini Gro. *Moth* —2B **128**
Gemmel Pl. *Newt M* —5B **132**
Generals Ga. *Udd* —1C **124**
Gentle Row. *Clyd* —1B **42**
George Av. *Clyd* —4E **43**
George Ct. *Ham* —4E **141**
George Ct. *Pais* —1H **97**
George Cres. *Clyd* —4E **43**
George IV Bri. *G5* —5F **83**
George Gray St. *Ruth* —5E **105**
George La. *Ham* —1B **154**
George La. *Pais* —1A **98**
George Mann Ter. *Ruth*
    —3C **120**
George Pl. *Pais* —1A **98**
George Reith Av. *G12* —4F **61**
George Sq. *G2* —4G **83** (5E **5**)
George St. *G1* —4G **83** (5F **5**)
George St. *Air* —4G **91**
George St. *Bail* —1H **107**
George St. *Barr* —4D **114**
George St. *Bell* —2B **126**
George St. *Chap* —2D **112**
George St. *Ham* —4E **141**
George St. *John* —2F **95**
George St. *Moth* —5G **143**
George St. *New S* —3B **128**
George St. *Pais* —1G **97**
*George Way. Lark* —1F **161**
(off Duncan Graham St.)
Gerard Pl. *Bell* —6D **110**
Gertrude Pl. *Barr* —5C **114**
Ghillies La. *Moth* —6E **127**
Gibbon Cres. *E Kil* —6C **138**
Gibb St. *Chap* —2D **112**
Gibb St. *Cle* —6H **129**
Gibson Av. *Dumb* —3H **17**
Gibson Cres. *John* —3E **95**
Gibson Quad. *Moth* —6E **127**
Gibson Rd. *Renf* —3D **78**
Gibson St. *G12* —1B **82**
Gibson St. *G40* —5A **84**
Gibson St. *Dumb* —3G **17**
Giffnock Pk. Av. *Giff* —3A **118**
GIFFNOCK STATION. *Giff*
    —4A **118**
Gifford Dri. *G52* —6A **80**
Gigha Gdns. *Carl* —5G **165**
Gigha Quad. *Wis* —2E **157**
Gilbertfield Path. *G33* —1B **86**
Gilbertfield Pl. *G33* —1B **86**
Gilbertfield Rd. *Camb* —4C **122**
Gilbertfield St. *G33* —1B **86**
Gilbert St. *G3* —3A **82**
Gilchrist Pl. *John* —4E **95**
(off Tannahill Cres.)

Gilchrist Gdns. *Udd* —6F **125**
Gilchrist St. *Coat* —3D **90**
Gilderdale. *E Kil* —1E **149**
Gilfillan Pl. *Over* —4A **158**
Gilfillan Way. *Pais* —5C **96**
Gilhill St. *G20* —2B **62**
Gillbank Av. *Carl* —3D **164**
*Gillbank La. Lark* —4G **161**
(off Donaldson Rd.)
Gillburn St. *Wis* —5A **158**
Gillies Ct. *Air* —3E **93**
Gillies Cres. *E Kil* —4D **138**
Gillies La. *Bail* —1A **108**
Gill Rd. *Wis* —4A **158**
Gilmartin Rd. *Lin* —5E **75**
Gilmerton St. *G32* —1A **106**
Gilmour Av. *Clyd* —2D **42**
Gilmour Av. *T'hall* —6F **135**
Gilmour Cres. *Ruth* —5B **104**
Gilmour Dri. *Ham* —1D **152**
Gilmour Pl. *G5* —1G **103**
Gilmour Pl. *Bell* —2A **126**
Gilmour St. *Clyd* —3D **90**
Gilmour St. *Clyd* —3E **43**
Gilmour St. *Pais* —6A **78**
Gilmourton Cres. *Newt M*
    —6D **132**
Gimmerscroft Cres. *Air*
    —5F **93**
Girthon St. *G32* —1C **106**
Girvan St. *G33* —2F **85**
*Glade, The. Lark* —3F **161**
Gladney Av. *G13* —1G **59**
Gladsmuir Rd. *G52* —5A **80**
Gladstone Av. *Barr* —5D **114**
Gladstone Av. *John* —6D **94**
Gladstone Ct. *Ham* —4E **141**
Gladstone St. *G4* —1E **83**
Gladstone St. *Bell* —2D **126**
Glaive Rd. *G13* —6D **44**
Glamis Av. *Carl* —3F **165**
Glamis Av. *Eld* —4H **95**
Glamis Av. *Newt M* —4F **133**
Glamis Dri. *E Kil* —6H **137**
Glamis Gdns. *B'rig* —3D **48**
Glamis Rd. *G31* —1F **105**
Glanderston Av. *Newt M*
    —3B **132**
Glanderston Dri. *G13* —2A **60**
Glanderston Ga. *Newt M*
    —3B **132**
Glanderston Rd. *Barr* —3H **131**
Glandston Av. *Barr* —5G **115**
Glasgow Airport. *Abb* —1H **77**
Glasgow Bri. *G5* —5F **83**
Glasgow & Edinburgh Rd. *Bail*
    —6B **88**
Glasgow & Edinburgh Rd. *Moth*
    —5E **113**
Glasgow Fish Mkt. *G21*
    —2D **84**
Glasgow Fruit Mkt. *G21*
    —2C **84**
Glasgow Rd. *Bail* —1F **107**
Glasgow Rd. *Barg & Coat*
    —5F **89**
Glasgow Rd. *Barr* —4F **115**
Glasgow Rd. *Blan* —6H **123**
Glasgow Rd. *Camb* —6G **105**
Glasgow Rd. *Clar* —6B **134**
Glasgow Rd. *Clyd* —1D **58**
Glasgow Rd. *Cumb* —5E **35**
Glasgow Rd. *Cumb* —1B **36**
(Cumbernauld Village)
Glasgow Rd. *Dumb* —3E **17**
Glasgow Rd. *Ham* —4E **141**
Glasgow Rd. *Hard* —1E **43**
Glasgow Rd. *Kils* —3E **11**
Glasgow Rd. *Kirk* —5A **30**
Glasgow Rd. *Miln* —5G **25**
Glasgow Rd. *Pais* —6B **78**

Glasgow Rd. *Renf* —6G **59**
Glasgow Rd. *Ruth* —3B **104**
Glasgow Rd. *Ruth* —5G **121**
  (Cathkin)
Glasgow Rd. *Udd* —4A **108**
Glasgow Rd. *Wis* —6D **144**
Glasgow St. *G12* —6C **62**
Glassel Rd. *G34* —2B **88**
Glasserton Pl. *G43* —2D **118**
Glasserton Rd. *G43* —2D **118**
Glassford St. *G1*
                —4G **83** (6F **5**)
Glassford St. *Miln* —3H **25**
Glassford St. *Moth* —5A **144**
*Glassford Tower. Moth*
  *(off Burnside Ct.)* —5A **144**
Glaudhall Av. *G'csh* —2C **68**
Glazert Meadow. *Len* —4G **7**
Glazert Pk. Dri. *Len* —4G **7**
Glazert Pl. *Milt C* —6B **8**
Glebe Av. *Both* —5F **125**
Glebe Av. *Clar* —2H **135**
Glebe Av. *Coat* —1H **109**
Glebe Ct. *G4* —3H **83** (3H **5**)
Glebe Cres. *Air* —3D **92**
Glebe Cres. *E Kil* —2H **149**
Glebe Cres. *Ham* —1G **153**
Glebe Gdns. *Hous* —1B **74**
Glebe Hollow. *Both* —5F **125**
Glebe La. *Newt M* —5D **132**
Glebe Pk. *Dumb* —2H **17**
Glebe Pl. *Camb* —2B **122**
Glebe Pl. *Ruth* —5B **104**
Glebe Rd. *Newt M* —5D **132**
Glebe St. *G4* —2H **83** (2H **5**)
  (in three parts)
Glebe St. *Bell* —2B **126**
Glebe St. *E Kil* —1H **149**
Glebe St. *Ham* —1G **153**
Glebe St. *Renf* —6F **59**
Glebe, The. *Both* —5F **125**
Glebe Wynd. *Both* —5F **125**
Gleddoch Rd. *G52* —5G **79**
Gledstane Rd. *B'ton* —5H **39**
Glenacre Cres. *Udd* —5C **108**
Glenacre Dri. *G45* —4H **119**
Glenacre Dri. *Air* —5D **92**
Glenacre Quad. *G45* —4H **119**
Glenacre Rd. *Cumb* —5H **35**
Glenacre St. *G45* —4H **119**
Glenacre Ter. *G45* —4H **119**
Glenafeoch Rd. *Carl* —4F **165**
Glen Affric. *E Kil* —2B **150**
Glen Affric Av. *G53* —3C **116**
Glen Affric Dri. *G53* —3D **116**
*Glen Affric Way. Chap*
  *(off Glen Avon Dri.)* —4D **112**
Glenafton View. *Ham* —3F **153**
Glen Alby Pl. *G53* —3C **116**
Glenallan Way. *Pais* —6B **96**
Glen Almond. *E Kil* —1D **150**
Glenalmond Rd. *Ruth* —4F **121**
Glenalmond St. *G32* —1A **106**
Glenapp Av. *Pais* —4D **98**
Glenapp Pl. *Mood* —4D **52**
Glenapp Rd. *Pais* —4D **98**
Glenapp St. *G41* —2D **102**
Glenarklet Dri. *Pais* —4C **98**
Glenartney. *Hous* —1A **74**
Glenartney Rd. *Chry* —6A **52**
Glenashdale Way. *Pais* —4C **98**
Glen Av. *G32* —5B **86**
Glen Av. *Lark* —5D **160**
Glen Av. *Mood* —5D **52**
Glen Av. *Neil* —2E **131**
Glenavon Ct. *Ham* —2F **153**
Glenavon Rd. *G20* —2B **62**
Glenbank Av. *Lenz* —3D **50**
Glenbank Dri. *T'bnk* —5F **117**

Glenbank Rd. *Lenz* —3D **50**
Glenbarr St. *G21* —2B **84**
Glen Bervie. *E Kil* —1B **150**
Glenbervie Cres. *Cumb*
                —1H **35**
Glenbervie Pl. *G23* —6B **46**
Glenboig Farm Rd. *Glenb*
                —3A **70**
Glenboig New Rd. *Glenb*
                —3B **70**
Glenboig Rd. *G'csh* —1F **69**
Glen Brae. *Bri W* —3E **73**
Glenbrittle Dri. *Pais* —4C **98**
Glenbrittle Way. *Pais* —4C **98**
Glenbuck Av. *G33* —3H **65**
Glenbuck Dri. *G33* —3H **65**
Glenburn Av. *Bail* —6A **88**
Glenburn Av. *Camb* —2F **121**
Glenburn Av. *Chry* —5D **52**
Glenburn Av. *Moth* —3C **128**
Glenburn Cres. *Milt C* —6C **8**
Glenburn Cres. *Pais* —5H **97**
Glenburn Cres. *Udd* —5G **109**
Glenburn Gdns. *B'rig* —5B **48**
Glenburn Gdns. *Glenb* —3G **69**
Glenburnie Pl. *G34* —4F **87**
Glenburn Rd. *Bear* —2D **44**
Glenburn Rd. *E Kil* —6C **136**
Glenburn Rd. *Giff* —6H **117**
Glenburn Rd. *Ham* —6F **141**
Glenburn Rd. *Pais* —5F **97**
Glenburn St. *G20* —2C **62**
Glenburn Ter. *Carl* —5E **165**
Glenburn Ter. *Moth* —6C **128**
Glenburn Wlk. *Bail* —6A **88**
Glenburn Way. *E Kil* —6B **136**
*Glenburn Wynd. Lark* —1F **161**
  *(off Muirshot Rd.)*
Glencairn Av. *Wis* —5D **144**
*Glencairn Ct. Pais* —3D **78**
  *(off Montgomery Rd.)*
Glencairn Dri. *G41* —3B **102**
Glencairn Dri. *Chry* —5C **52**
Glencairn Dri. *Ruth* —5B **104**
Glencairn Gdns. *G41* —3C **102**
*Glencairn Gdns. Camb*
                —2D **122**
Glencairn La. *G41* —3C **102**
*Glencairn Path. G32* —5C **86**
  *(off Mansionhouse Dri.)*
Glencairn Rd. *Cumb* —3C **36**
Glencairn Rd. *Dumb* —4C **16**
Glencairn Rd. *Pais* —4C **78**
Glencairn St. *Kirk* —6D **30**
Glencairn St. *Moth* —4G **143**
*Glencairn Tower. Moth*
                —4G **143**
Glen Calder Ct. *Air* —6D **92**
Glencalder Cres. *Bell* —4D **126**
Glen Cally. *E Kil* —1B **150**
Glencally Av. *Pais* —4D **98**
Glen Cannich. *E Kil* —2B **150**
Glen Carron. *E Kil* —2B **150**
Glencart Gro. *Mill P* —4C **94**
Glencleland Rd. *Wis* —5D **144**
Glenclora Dri. *Pais* —4C **98**
Glencloy St. *G20* —2A **62**
Glen Clunie. *E Kil* —1D **150**
Glen Clunie Av. *G53* —3C **116**
Glen Clunie Dri. *G53* —3C **116**
Glen Clunie Pl. *G53* —3C **116**
Glencoats Cres. *Pais* —6F **77**
Glencoats Dri. *Pais* —6E **77**
Glencoe Dri. *Moth* —2A **128**
Glencoe Pl. *G13* —2F **61**
Glencoe Pl. *Ham* —3F **153**
Glencoe Rd. *Carl* —5G **165**
Glencoe Rd. *Ruth* —4F **121**
Glencoe St. *G13* —2F **61**
Glen Cona Dri. *G53* —2C **116**
Glenconner Way. *Kirk* —4G **31**

Glencorse Rd. *Pais* —3G **97**
Glencorse St. *G32* —4G **85**
Glen Ct. *Coat* —6H **89**
Glen Ct. *Moth* —5B **144**
Glen Cova. *E Kil* —1B **150**
Glencraig St. *Air* —4G **91**
Glen Crerand Clo. *Neil*
                —3C **130**
Glen Cres. *G13* —2G **59**
Glencroft Av. *G44* —1H **119**
Glencroft Av. *Udd* —5C **108**
Glencroft Rd. *G44* —2H **119**
Glencryan Rd. *Cumb* —5A **36**
Glendale Av. *Air* —5D **92**
Glendale Cres. *B'rig* —1E **65**
Glendale Dri. *B'rig* —1E **65**
Glendale Pl. *B'rig* —2E **65**
Glendale St. *G31* —5D **84**
Glendaruel Av. *Bear* —3H **45**
Glendarvel Rd. *Ruth* —5G **121**
Glendee Gdns. *Renf* —1F **79**
Glendee Rd. *Renf* —1F **79**
Glendentan Rd. *Bri W* —4E **73**
Glendermott Ct. *Carl* —2F **165**
Glen Derry. *E Kil* —6D **138**
Glen Dessary. *E Kil* —3B **150**
Glen Devon. *E Kil* —2D **150**
Glendevon Pl. *Clyd* —4B **42**
Glendevon Pl. *Ham* —3F **153**
Glendevon Sq. *G33* —1B **86**
Glendinning Rd. *G13* —6E **45**
Glen Doll. *E Kil* —1B **150**
Glendoll Rd. *Neil* —3B **130**
Glendorch Av. *Wis* —2A **146**
Glendore St. *G14* —1E **81**
Glen Douglas Dri. *Cumb*
                —1E **35**
Glendoune Rd. *Clar* —4C **134**
Glendower Way. *Pais* —5C **96**
Glen Dri. *Moth* —2B **128**
Glenduffhill Rd. *Bail* —6F **87**
Glen Dye. *E Kil* —1B **150**
Glen Eagles. *E Kil* —2C **150**
Gleneagles Av. *Cumb* —6A **14**
Gleneagles Dri. *B'rig* —4C **48**
*Gleneagles Dri. Newt M*
                —5H **133**
Gleneagles Gdns. *B'rig* —4B **48**
Gleneagles La. N. *G14* —5C **60**
Gleneagles La. S. *G14* —6C **60**
Gleneagles Pk. *Both* —5D **124**
Glenelg Cres. *Kirk* —4G **31**
Glenelg Path. *Glenb* —3G **69**
Glenelg Quad. *G34* —2B **88**
Glenelm Pl. *Bell* —1C **126**
Glen Esk. *E Kil* —1C **150**
Glen Esk Cres. *G53* —3C **116**
Glen Esk Dri. *G53* —3C **116**
Glen Etive Pl. *Ruth* —5G **121**
Glen Falloch. *E Kil* —2C **150**
Glen Falloch Cres. *Neil*
                —4D **130**
Glen Farg. *E Kil* —2D **150**
Glenfarg Ct. *Ham* —3F **153**
Glenfarg Cres. *Bear* —3H **45**
Glenfarg Rd. *Ruth* —3D **120**
Glenfarg St. *G20* —1E **83**
Glenfarm Rd. *Moth* —3E **129**
Glen Farrar. *E Kil* —2B **150**
Glen Feshie. *E Kil* —3B **150**
Glenfield Av. *Pais* —6H **97**
Glenfield Cres. *Pais* —6H **97**
Glenfield Rd. *E Kil* —6A **150**
Glenfield Rd. *Pais* —6G **97**
Glen Finlet Rd. *Neil* —3C **130**
Glenfinnan Dri. *G20* —3B **62**
Glenfinnan Dri. *Bear* —4H **45**
*Glenfinnan Pl. G20* —3B **62**
  *(off Glenfinnan Rd.)*
Glenfinnan Rd. *G20* —3B **62**
Glenfruin Cres. *Pais* —4D **98**

Glen Fruin Dri. *Lark* —4G **161**
*Glen Fruin Pl. Chap* —3D **112**
  *(off Glen Rannoch Dri.)*
Glenfruin Rd. *Blan* —1A **140**
Glen Fyne Rd. *Cumb* —1D **34**
Glen Gairn. *E Kil* —1D **150**
Glen Gairn Cres. *Neil* —3C **130**
Glen Gdns. *Eld* —2A **96**
Glen Garrell Pl. *Kils* —2F **11**
Glengarriff Rd. *Bell* —5D **110**
Glen Garry. *E Kil* —3B **150**
Glengarry Dri. *G52* —6C **80**
Glengavel Cres. *G33* —3H **65**
Glengavel Gdns. *Wis* —2A **146**
Glengonnar St. *Lark* —5E **161**
Glengowan Rd. *Bri W* —3E **73**
Glen Gro. *E Kil* —4F **149**
Glen Gro. *Kils* —1H **11**
Glengyre St. *G34* —2A **88**
Glenhead Cres. *G22* —3G **63**
Glenhead Cres. *Clyd* —6C **22**
Glenhead Rd. *Clyd* —2B **42**
Glenhead Rd. *Lenz* —3D **50**
Glenhead St. *G22* —3G **63**
Glenholme Av. *Pais* —4F **97**
Glenhove Rd. *Cumb* —3A **36**
Gleniffer Av. *G13* —3A **60**
Gleniffer Ct. *Air* —1B **92**
Gleniffer Ct. *Pais* —6F **97**
Gleniffer Cres. *Eld* —4A **96**
Gleniffer Dri. *Barr* —2C **114**
Gleniffer Rd. *Pais* —6D **96**
Gleniffer Rd. *Renf* —3D **78**
Gleniffer View. *Clyd* —4F **43**
Gleniffer View. *Neil* —1D **130**
Glen Isla. *E Kil* —1C **150**
Glenisla Av. *Chry* —3E **53**
Glen Isla Av. *Neil* —4C **130**
Glenisla St. *G31* —2F **105**
Glenkirk Dri. *G15* —5B **44**
Glen La. *Pais* —6A **78**
Glen Lednock Dri. *Cumb*
                —1D **34**
Glen Lee. *E Kil* —1C **150**
Glenlee St. *Ham* —4D **140**
Glen Lethnot. *E Kil* —1C **150**
Glen Livet Pl. *G53* —3C **116**
Glenlivet Rd. *Neil* —3C **130**
Glen Lochay Gdns. *Cumb*
                —1D **34**
Glenlora Dri. *G53* —6A **100**
Glenlora Ter. *G53* —6B **100**
Glen Loy Pl. *G53* —3C **116**
Glenluce Dri. *G32* —2D **106**
Glenluce Gdns. *Mood* —4E **53**
Glenluce Ter. *E Kil* —1E **149**
Glenluggie Rd. *Kirk* —6G **31**
Glenlui Av. *Ruth* —2D **120**
Glen Luss Gdns. *Cumb*
                —1D **34**
Glen Luss Pl. *Coat* —6F **91**
Glen Lyon. *E Kil* —2C **150**
Glen Lyon Ct. *Cumb* —1D **34**
Glenlyon Ct. *Ham* —3F **153**
Glenlyon Pl. *Ruth* —4E **121**
Glen Lyon Rd. *Neil* —3C **130**
Glen Mair Rd. *Neil* —3C **130**
Glen Mallie. *E Kil* —2C **150**
Glenmalloch Pl. *Eld* —2A **96**
Glenmanor Av. *Mood* —5C **52**
Glenmanor Rd. *Chry* —5C **52**
Glenmare Av. *Kirk* —6G **31**
Glen Mark. *E Kil* —1C **150**
Glen Markie Dri. *G53* —3C **116**
Glen Mark Rd. *Neil* —3C **130**
Glenmavis Cres. *Carl* —4G **165**
Glenmavis Rd. *Glenm* —6G **71**
Glenmavis St. *G4*
                —2F **83** (1D **4**)
Glen More. *E Kil* —2A **150**
Glenmore Av. *G42* —5A **104**

Greenfaulds Cres. *Cumb*
—5A **36**
Greenfaulds Rd. *Cumb* —6F **35**
Greenfaulds Rd. *Cumb* —5A **36**
(Lenziemill)
GREENFAULDS STATION.
*Cumb* —6H **35**
Greenfield Av. *G32* —5B **86**
Greenfield Cres. *Wis* —5B **146**
Greenfield Dri. *Wis* —5B **146**
Greenfield Pl. *G32* —5B **86**
Greenfield Quad. *Moth*
—3F **129**
Greenfield Rd. *G32* —4C **86**
Greenfield Rd. *Carl* —2F **165**
Greenfield Rd. *Clar* —3C **134**
Greenfield Rd. *Ham* —3E **141**
Greenfield St. *G51* —4F **81**
Greenfield St. *Wis* —5B **146**
Greengairs Av. *G51* —3D **80**
Green Gdns. *Cle* —5H **129**
Greenhall Pl. *Blan* —3A **140**
Greenhead Av. *Dumb* —4H **17**
Greenhead Gdns. *Dumb*
—3C **18**
Greenhead Rd. *Bear* —3F **45**
Greenhead Rd. *Dumb* —4H **17**
Greenhead Rd. *Inch* —2G **57**
Greenhead Rd. *Len* —3G **7**
Greenhead Rd. *Wis* —1A **158**
Greenhead St. *G40* —6A **84**
Greenhill. *B'rig* —1E **65**
Greenhill Av. *G'csh* —2C **68**
Greenhill Av. *Giff* —6H **117**
Greenhill Ct. *Ruth* —5C **104**
Greenhill Cres. *Eld* —3B **96**
Greenhill Cres. *Lin* —5H **75**
Greenhill Dri. *Lin* —5A **76**
Greenhill Rd. *Pais* —5G **77**
Greenhill Rd. *Ruth* —5C **104**
Greenhills Cres. *E Kil* —6D **148**
Greenhills Rd. *E Kil* —3A **148**
Greenhills Sq. *E Kil* —5C **148**
Greenhill St. *Ruth* —6C **104**
Greenhills Way. *E Kil* —5F **149**
Greenholm Av. *Clar* —2C **134**
Greenholm Av. *Udd* —6C **108**
Greenholme Ct. *G44* —1F **119**
Greenholme St. *G44* —1F **119**
Greenknowe Dri. *Law*
—5D **158**
Greenknowe Rd. *G43* —1H **117**
Greenknowe St. *Wis* —5H **157**
Greenlaw Av. *Pais* —6C **78**
Greenlaw Av. *Wis* —4A **146**
Greenlaw Cres. *Pais* —5C **78**
Greenlaw Dri. *Newt M*
—4C **132**
Greenlaw Dri. *Pais* —6C **78**
Greenlaw Ind. Est. *Pais*
—5B **78**
Greenlaw Rd. *G14* —3F **59**
Greenlaw Rd. *Newt M*
—4C **132**
Greenlea Rd. *Chry* —1H **67**
Greenlea St. *G13* —3E **61**
Greenlees Gdns. *Camb*
—4H **121**
Greenlees Pk. *Camb* —4A **122**
Greenlees Rd. *Camb* —5H **121**
Greenless Gro. *Coat* —6F **91**
Green Loan. *Moth* —4A **128**
Greenloan Av. *G51* —3D **80**
Greenloan View. *Lark* —4F **161**
(off Keir Hardie Rd.)
Greenlodge Ter. *G40* —1B **104**
Greenmoss Pl. *Bell* —2D **126**
Greenmount. *G22* —2E **63**
Greenock Av. *G44* —2F **119**
Greenock Rd. *B'ton & Inch*
—1A **38**

Greenock Rd. *Pais* —4H **77**
Green Pl. *Both* —5F **125**
Green Pl. *C'bnk* —3B **112**
Greenrig. *Udd* —1D **124**
Greenrigg Rd. *Cumb* —4A **36**
Greenrig St. *G33* —6F **65**
Greenrig St. *Udd* —1D **124**
Green Rd. *Pais* —2D **96**
Green Rd. *Ruth* —5C **104**
Greens Av. *Kirk* —6C **30**
Greens Cres. *Kirk* —6C **30**
Greenshields Rd. *Bail* —6H **87**
Greenside Cres. *G33* —6G **65**
Greenside Pl. *Bear* —5C **24**
Greenside Rd. *Clar* —1A **136**
Greenside Rd. *Clyd* —6D **22**
Greenside Rd. *Moth* —6C **112**
Greenside Rd. *Wis* —1A **158**
Greenside St. *G33* —6G **65**
Greenside St. *Coat* —2D **90**
Greenside St. *Moth* —3F **129**
Greens Rd. *Cumb* —1H **55**
Green St. *G40* —6A **84**
Green St. *Both* —5F **125**
Green St. *Clyd* —4C **42**
Green, The. *G40* —1A **104**
Greentree Dri. *Bail* —2F **107**
Greenview St. *G43* —5A **102**
Greenway La. *Blan* —3A **140**
Greenways Av. *Pais* —3E **97**
Greenways Ct. *Pais* —3E **97**
Greenwood Av. *Camb* —1E **123**
Greenwood Av. *Chry* —5D **52**
Greenwood Ct. *Clar* —2C **134**
Greenwood Cres. *Coat* —6E **91**
Greenwood Dri. *Bear* —3G **45**
Greenwood Quad. *Clyd* —6F **43**
Greenwood Rd. *Clar* —2B **134**
Greenyards Interchange. *Cumb*
—4C **36**
Greer Quad. *Clyd* —3D **42**
Grenada Pl. *E Kil* —2C **148**
Grenadier Gdns. *Moth*
—6F **143**
Grenville Dri. *Camb* —3H **121**
Greta Meek La. *Milt C* —5C **8**
Gretna St. *G40* —1D **104**
Greyfriars Rd. *Udd* —5A **108**
Greyfriars St. *G32* —4H **85**
Greystone Av. *Ruth* —1E **121**
Greywood St. *G13* —2E **61**
Grier Path. *G31* —6F **85**
Grier Pl. *Lark* —3D **160**
Grierson St. *G33* —3F **85**
Grieve Croft. *Both* —6E **125**
Grieve Rd. *Cumb* —2A **36**
Griffin Pl. *Bell* —5C **110**
Griffin Pl. *Law* —1H **163**
Griffiths Way. *Law* —1H **163**
Griqua Ter. *Both* —5F **125**
Grogan Ct. *G32* —5C **86**
Grogarry Rd. *G15* —3A **44**
Grosvenor Cres. *G12* —6B **62**
Grosvenor Cres. La. *G12*
—6B **62**
Grosvenor La. *G12* —6B **62**
Grosvenor Ter. *G12* —6B **62**
Groveburn Av. *T'bnk* —3G **117**
Grove Cres. *Lark* —3G **161**
Grove Pk. *Lenz* —3D **50**
Grovepark Ct. *G20* —1E **83**
Grove Pk. Gdns. *G20* —1E **83**
Grovepark St. *G20* —6E **63**
Grove, The. *B'ton* —4G **39**
Grove, The. *Bri W* —5G **73**
Grove, The. *Giff* —1H **133**
Grove, The. *Kilb* —1A **94**
Grove, The. *Neil* —3C **130**
Grove Way. *Bell* —2B **126**
Grovewood Bus. Cen. *Bell*
—5A **110**

Grove Wood N. *Udd* —4H **109**
Grove Wynd. *Moth* —4A **128**
Grudie St. *G34* —3G **87**
Gryfebank Av. *Hous* —2E **75**
Gryfebank Clo. *Hous* —2E **75**
Gryfee St. *G44* —6E **103**
Gryfewood Cres. *Hous* —2E **75**
Gryfewood Way. *Hous* —2E **75**
Gryffe Av. *Bri W* —2E **73**
Gryffe Av. *Renf* —4D **58**
Gryffe Cres. *Pais* —4D **96**
Gryffe Gro. *Bri W* —3F **73**
Gryffe Pk. *Bri W* —2E **73**
Gryffe Rd. *Bri W* —4F **73**
Guildford St. *G33* —2C **86**
Gullane Ct. *Ham* —3F **153**
Gullane Cres. *Cumb* —5H **13**
Gullane St. *G11* —2H **81**
Gunderson Rd. *G2* —4F **83**
Gunn Quad. *Bell* —4A **126**
Guthrie Dri. *Udd* —4E **109**
Guthrie Pl. *E Kil* —1H **149**
Guthrie St. *Torr* —5E **29**
Guthrie St. *G20* —3B **62**
Guthrie St. *Ham* —5H **141**

**H**aberlea Av. *G53* —4C **116**
Haberlea Gdns. *G53* —5C **116**
Haddow Gro. *Udd* —5E **109**
Haddow St. *Ham* —6A **142**
Hadrian Ter. *Moth* —1E **143**
Hagart Rd. *Hous* —1B **74**
Hagg Cres. *John* —2E **95**
Hagg Pl. *John* —2E **95**
Hagg Rd. *John* —3E **95**
Haggs La. *G41* —3A **102**
Haggs Rd. *G41* —4A **102**
Haggswood Av. *G41* —3A **102**
Haghill Rd. *G31* —5E **85**
Hagmill Cres. *Coat* —3E **111**
Hagmill Rd. *Coat* —3C **110**
Haig Dri. *Bail* —1F **107**
Haig St. *G21* —5B **64**
Hailes Av. *G32* —6D **86**
Haining Rd. *Renf* —6F **59**
Haining, The. *Renf* —1F **79**
Hairmyres Dri. *E Kil* —3A **148**
Hairmyres La. *E Kil* —2A **148**
Hairmyres Pk. *E Kil* —3B **148**
Hairmyres Roundabout. *E Kil*
—2B **148**
HAIRMYRES STATION. *E Kil*
—2B **148**
Hairmyres St. *G42* —3G **103**
Hairst St. *Renf* —5F **59**
Halbeath Av. *G15* —4H **43**
Halbert St. *G41* —4C **102**
*Haldane La. G14* —6D **60**
(off Haldane St.)
Haldane Pl. *E Kil* —4H **149**
Haldane St. *G14* —6D **60**
Halfmerk N. *E Kil* —1A **150**
Halfmerk St. *E Kil* —1A **150**
Halgreen Av. *G15* —4G **43**
Halifax Way. *Renf* —2E **79**
(off Tiree Av.)
Hallbrae St. *G33* —1G **85**
Hallburton Cres. *G34* —4F **87**
Hallburton Ter. *G34* —4F **87**
Hallcraig Pl. *Carl* —3D **164**
Hallcraig St. *Air* —3A **92**
Halley Dri. *G13* —2G **59**
Halley Pl. *G13* —3G **59**
Halley Sq. *G13* —2H **59**
Halley St. *G13* —2G **59**
Hallforest St. *G33* —1B **86**
Hallhill Cres. *G33* —5E **87**
Hallhill Rd. *G32* —6B **86**
Hallhill Rd. *Bail* —5G **87**
Hallhill Rd. *John* —6C **94**

Hallidale Cres. *Renf* —1H **79**
Hallinan Gdns. *Wis* —2F **157**
Hallrule Dri. *G52* —6C **80**
Hallside Av. *Camb* —2E **123**
Hallside Cres. *Camb* —2E **123**
Hallside Dri. *Camb* —2E **123**
Hallside Gdns. *Wis* —5C **146**
Hallside Pl. *G5* —1G **103**
Hallside Rd. *Camb* —3E **123**
Hall St. *Clyd* —6C **42**
Hall St. *Ham* —2H **153**
Hall St. *Moth* —3A **128**
Hallydown Dri. *G13* —4C **60**
Halpin Clo. *Bell* —2H **125**
Halston St. *Pais* —1C **98**
Halton Gdns. *Bail* —1F **107**
Hamersley Pl. *E Kil* —4D **148**
Hamilcomb Rd. *Bell* —4C **126**
Hamill Dri. *Kils* —3B **12**
Hamilton Av. *G41* —2H **101**
Hamilton Bus. Pk. *Ham*
—4H **141**
HAMILTON CENTRAL STATION.
*Ham* —6A **142**
Hamilton Ct. *Pais* —3A **98**
Hamilton Cres. *Bear* —6E **25**
Hamilton Cres. *B'ton* —4F **39**
Hamilton Cres. *Camb* —3B **122**
Hamilton Cres. *Coat* —6C **90**
Hamilton Cres. *Renf* —4F **59**
Hamilton Dri. *G12* —6G **62**
Hamilton Dri. *Air* —2B **92**
Hamilton Dri. *Blan* —4H **139**
Hamilton Dri. *Both* —6F **125**
Hamilton Dri. *Camb* —2A **122**
Hamilton Dri. *Ersk* —4D **40**
Hamilton Dri. *Giff* —5B **118**
Hamilton Dri. *Moth* —5H **143**
Hamiltonhill Cres. *G22* —5F **63**
Hamiltonhill Rd. *G22* —6F **63**
Hamilton International
Technology Pk. *Ham* —4A **140**
Hamilton Pk. Av. *G12* —6C **62**
Hamilton Pl. *Carf* —3C **128**
Hamilton Pl. *E Kil* —4G **149**
Hamilton Pl. *Ham* —5H **153**
Hamilton Pl. *New S* —3B **128**
Hamilton Rd. *G32* —2B **106**
Hamilton Rd. *Bell* —4B **126**
Hamilton Rd. *Both* —6F **125**
Hamilton Rd. *Camb* —1A **122**
Hamilton Rd. *E Kil* —4C **138**
Hamilton Rd. *Lark* —6H **155**
Hamilton Rd. *Moth* —4D **142**
Hamilton Rd. *Ruth* —5D **104**
Hamilton St. *G42* —4G **103**
Hamilton St. *Carl* —4F **165**
Hamilton St. *Clyd* —2F **59**
Hamilton St. *Dumb* —3G **17**
Hamilton St. *Lark* —1E **161**
Hamilton St. *Pais* —6B **78**
Hamilton Ter. *Clyd* —2F **59**
Hamilton Tower. *Udd* —3B **124**
Hamilton View. *Udd* —6E **109**
HAMILTON WEST STATION.
*Ham* —5G **141**
Hamlet. *E Kil* —5B **138**
Hampden Dri. *G42* —6F **103**
Hampden La. *G42* —5F **103**
Hampden Ter. *G42* —5F **103**
Hampden Way. *Renf* —2F **79**
Hanginshaw Pl. *G42* —5G **103**
Hanover Clo. *G42* —5E **103**
Hanover Ct. *G1* —3G **83** (4F **5**)
Hanover Ct. *G11* —1G **81**
Hanover Ct. *Pais* —6C **78**
Hanover Gdns. *B'rig* —6C **48**
Hanover Gdns. *Pais* —1G **97**
Hanover St. *G1* —4G **83** (5E **5**)
Hanson St. *G31* —4B **84**
Hapland Av. *G53* —3C **100**

Hapland Rd. *G53* —3C **100**
Harbour La. *Pais* —6A **78**
Harbour Rd. *Pais* —4A **78**
Harburn Pl. *G14* —3H **59**
Harburn Pl. *G23* —6C **46**
Harcourt Dri. *G31* —3D **84**
Hardgate Dri. *G51* —3C **80**
Hardgate Gdns. *G51* —3C **80**
Hardgate Pl. *G51* —3C **80**
Hardgate Rd. *G51* —3C **80**
Hardie Av. *Ruth* —5E **105**
Hardie St. *Blan* —2B **140**
Hardie St. *Ham* —1F **153**
Hardie St. *Moth* —1G **143**
Hardmuir Gdns. *Kirk* —4E **31**
Hardmuir Rd. *Kirk* —4E **31**
Hardridge Av. *G52* —3E **101**
Hardridge Pl. *G52* —3E **101**
Hardridge Rd. *G52* —3D **100**
Harefield Dri. *G14* —4B **60**
Harelaw Av. *G44* —3C **118**
Harelaw Av. *Barr* —6F **115**
Harelaw Av. *Neil* —3D **130**
Harelaw Cres. *Pais* —6G **97**
Hareleeshill Rd. *Lark* —3F **161**
Harestanes Gdns. *Kirk* —4G **31**
Harestone Cres. *Wis* —1A **158**
Harestone Rd. *Wis* —1A **158**
Harhill St. *G51* —4F **81**
Harkins Av. *Blan* —2A **140**
Harkness Av. *Milt C* —6B **8**
Harland Cotts. *G14* —6C **60**
Harland St. *G14* —6C **60**
Harlaw Gdns. *B'rig* —5F **49**
Harley St. *G51* —5A **82**
Harmetray St. *G22* —3H **63**
Harmony Pl. *G51* —4G **81**
Harmony Row. *G51* —4G **81**
(in two parts)
Harmony Sq. *G51* —4G **81**
Harmsworth St. *G11* —1E **81**
Harper Cres. *Wis* —5C **146**
Harport St. *T'bnk* —2E **117**
Harriet Pl. *G43* —1H **117**
Harriet St. *Ruth* —6C **104**
Harrington Rd. *E Kil* —2G **149**
Harris Clo. *Newt M* —3B **132**
Harris Cres. *Old K* —2F **41**
Harris Dri. *Old K* —2F **41**
Harris Gdns. *Old K* —2G **41**
Harrison Dri. *G51* —5H **81**
Harrison Quad. *Wis* —4C **146**
Harris Rd. *G23* —6C **46**
Harris Rd. *Old K* —2F **41**
Harrow Ct. *G15* —4H **43**
Harrow Pl. *G15* —4H **43**
Hartfield Ct. *Dumb* —3G **17**
Hartfield Cres. *Neil* —2E **131**
Hartfield Gdns. *Dumb* —3G **17**
Hartfield Ter. *Pais* —3B **98**
Hartlaw Cres. *G52* —5A **80**
Hartstone Pl. *G53* —6B **100**
Hartstone Rd. *G53* —6B **100**
Hartstone Ter. *G53* —6B **100**
Hart St. *G31* —6G **85**
Hart St. *Lin* —6H **75**
Harvest Dri. *Moth* —5F **143**
Harvey St. *G4* —1G **83**
Harvey Way. *Bell* —6E **111**
Harvie Av. *Newt M* —4C **132**
Harvie St. *G51* —5B **82**
Harwood Gdns. *Mood* —4E **53**
Harwood St. *G32* —4G **85**
Hastie St. *G3* —2B **82**
Hastings. *E Kil* —4D **148**
Hatchard Gdns. *Lin* —5H **75**
Hatfield Dri. *G12* —4F **61**
Hathaway Dri. *Giff* —5H **117**
Hathaway La. *G20* —4C **62**
Hathaway St. *G20* —4C **62**

Hathersage Av. *Bail* —6H **87**
Hathersage Dri. *Bail* —6H **87**
Hathersage Gdns. *Bail* —6H **87**
Hatton Gdns. *G52* —1A **100**
Hattonhill. *Moth* —5C **128**
Hatton Path. *G52* —1A **100**
(off Hatton Gdns.)
Hatton Pl. *Moth* —5C **128**
Hattonrigg Rd. *Bell* —1D **126**
Hatton Ter. *Moth* —5C **128**
Haughburn Pl. *G53* —6B **100**
Haughburn Rd. *G53* —6B **100**
Haughburn Ter. *G53* —6C **100**
Haughhead Bri. *Udd* —5A **108**
Haugh Pl. *Ham* —2A **154**
Haugh Rd. *G3* —3B **82**
Haugh Rd. *Kils* —3G **11**
Haughton Av. *Kils* —3A **12**
Haughview Rd. *Moth* —3D **142**
Havelock La. *G11* —1A **82**
(off Havelock St.)
Havelock Pk. *E Kil* —2C **148**
Havelock St. *G11* —1A **82**
Haven Pl. *E Kil* —5B **148**
Havoc Rd. *Dumb* —4B **16**
Hawbank Rd. *E Kil* —6C **136**
Hawbank Roundabout. *E Kil*
—1D **148**
Hawick Av. *Pais* —4F **97**
Hawick Cres. *Lark* —3E **161**
Hawick Dri. *Coat* —2F **111**
Hawick St. *G13* —3G **59**
Hawick St. *Wis* —4A **146**
Hawkhead Av. *Pais* —3D **98**
Hawkhead Rd. *Pais* —1D **98**
HAWKHEAD STATION. *Pais*
—1D **98**
Hawksland Wlk. *Ham* —2A **154**
Hawkwood. *E Kil* —6F **149**
Hawkwood Rd. *Glenm* —5H **71**
Hawthorn Av. *Bear* —6G **25**
Hawthorn Av. *B'rig* —1D **64**
Hawthorn Av. *Dumb* —2B **16**
Hawthorn Av. *Ersk* —1A **58**
Hawthorn Av. *John* —4G **95**
Hawthorn Av. *Lenz* —2C **50**
Hawthorn Av. *Newm* —4G **147**
Hawthorn Ct. *Clar* —3C **134**
Hawthorn Cres. *Ersk* —1A **58**
Hawthornden Gdns. *G23*
—5C **46**
Hawthorn Dri. *Air* —4D **92**
Hawthorn Dri. *Bank* —1E **15**
Hawthorn Dri. *Barr* —6F **115**
Hawthorn Dri. *Coat* —6F **91**
Hawthorn Dri. *Moth* —4B **128**
Hawthorn Dri. *Wis* —1A **158**
Hawthorn Gdns. *Bell* —3E **127**
Hawthorn Gdns. *Clar* —3C **134**
Hawthorn Gdns. *Lark* —3G **161**
Hawthorn Gro. *Law* —5D **158**
Hawthorn Hill. *Ham* —2A **154**
Hawthornhill Rd. *Dumb*
—2B **16**
Hawthorn Pl. *Blan* —2C **140**
Hawthorn Quad. *G22* —4G **63**
Hawthorn Rd. *Clar* —3C **134**
Hawthorn Rd. *Cumb* —1F **37**
Hawthorn Rd. *Ersk* —1A **58**
Hawthorn St. *G22* —4G **63**
Hawthorn St. *Clyd* —3C **42**
Hawthorn St. *Torr* —4E **29**
Hawthorn Ter. *E Kil* —5D **148**
Hawthorn Ter. *Udd* —6F **109**
Hawthorn Wlk. *B'rig* —1F **65**
Hawthorn Wlk. *Camb* —2F **121**
Hawthorn Way. *Ersk* —1A **58**
Hawthorn Way. *Milt C* —6C **8**
Hay Av. *B'ton* —4A **40**
Hayburn Cres. *G11* —6G **61**
Hayburn Ga. *G11* —1H **81**

Hayburn La. *G12* —6G **61**
Hayburn St. *G11* —2G **81**
Hay Dri. *John* —2H **95**
Hayfield St. *G5* —1H **103**
Hayle Gdns. *Chry* —4D **52**
Haylynn St. *G14* —1E **81**
Haymarket St. *G32* —4G **85**
Haystack Pl. *Lenz* —3D **50**
Hayston Cres. *G22* —4F **63**
Hayston Rd. *Kirk* —5A **30**
Hayston St. *G22* —4F **63**
Haywood St. *G22* —3F **63**
Hazel Av. *G44* —3D **118**
Hazel Av. *Bear* —6G **25**
Hazel Av. *Dumb* —2B **16**
Hazel Av. *John* —4G **95**
Hazel Av. *Lenz* —1D **50**
Hazel Bank. *Milt C* —1B **30**
Hazelbank. *Moth* —2B **128**
Hazelbank Wlk. *Air* —3F **91**
Hazeldean Cres. *Wis* —4A **146**
Hazel Dene. *B'rig* —6D **48**
Hazeldene La. *Lark* —4G **161**
(off Donaldson Rd.)
Hazel Gdns. *Moth* —6G **143**
Hazel Gro. *Kirk* —1D **50**
Hazel Gro. *Law* —5D **158**
Hazelhead. *E Kil* —1B **150**
Hazellea Dri. *Giff* —3C **118**
Hazel Pk. *Ham* —1A **154**
Hazel Path. *Cle* —6H **129**
Hazel Rd. *Bank* —1E **15**
Hazel Rd. *Cumb* —2D **36**
Hazel Ter. *Udd* —6E **109**
Hazel Wood. *Wis* —4B **146**
Hazelwood Av. *Bri W* —4G **73**
Hazelwood Av. *Newt M*
—5E **133**
Hazelwood Av. *Pais* —6C **96**
Hazelwood Gdns. *Ruth*
—3E **121**
Hazelwood La. *Bri W* —4F **73**
Hazelwood Rd. *G41* —1A **102**
Hazelwood Rd. *Bri W* —4F **73**
Hazelwood Dri. *Blan* —1A **140**
Hazlitt St. *G20* —3F **63**
Headhouse Ct. *E Kil* —3F **149**
Headhouse Grn. *E Kil* —3G **149**
Headsmuir Av. *Carl* —3D **164**
Hearn Pl. *Bail* —4D **68**
Heath Av. *B'rig* —1D **64**
Heath Av. *Lenz* —3C **50**
Heathcliffe Av. *Blan* —6A **124**
Heathcot Av. *G15* —5G **43**
Heathcot Pl. *G15* —5G **43**
Heather Av. *Barr* —2C **114**
Heather Av. *Bear* —5D **24**
Heather Av. *Clyd* —6C **22**
Heather Av. *Moth* —2A **128**
Heatherbank Wlk. *Air* —3F **91**
Heatherbrae. *B'rig* —6A **48**
Heather Dri. *Kirk* —3A **50**
Heather Gdns. *Kirk* —3A **50**
Heather Gro. *E Kil* —4G **149**
(off Heathery Knowe)
Heather Pl. *John* —3G **95**
Heather Pl. *Kirk* —2A **50**
Heather Row. *Carl* —1E **165**
Heather View. *Len* —2G **7**
Heather Way. *Moth* —3A **128**
Heathery Knowe. *E Kil*
—4G **149**
Heatheryknowe Rd. *Barg*
—4C **88**
Heathery Rd. *Wis* —6F **145**
Heathfield. *Wis* —4G **157**
Heathfield Av. *Mood* —5D **52**
Heathfield Dri. *Miln* —2G **25**
Heathfield St. *G33* —3C **86**
Heath Rd. *Lark* —2F **161**

Heathside Rd. *Giff* —4B **118**
Heathwood Dri. *T'bnk*
—4G **117**
Hecla Av. *G15* —4H **43**
Hecla Pl. *G15* —4H **43**
Hecla Sq. *G15* —5H **43**
Hector Rd. *G41* —5B **102**
Helena Pl. *Clar* —1C **134**
Helena Ter. *Clyd* —1C **42**
Helensburgh Dri. *G13* —3D **60**
Helenslea. *Camb* —3D **122**
Helenslea Pl. *Bell* —3B **126**
Helenslee Ct. *Dumb* —4D **16**
Helenslee Cres. *Dumb* —4D **16**
Helenslee Rd. *Dumb* —4D **16**
Helen St. *G51* —4G **81**
Helen St. *G52* —6F **81**
Helenvale Ct. *G31* —6F **85**
Helenvale St. *G31* —1E **105**
Helmsdale Av. *Blan* —4A **124**
Helmsdale Ct. *Camb* —2D **122**
Hemlock St. *G13* —2F **61**
Hemmingen Ct. *Carl* —2E **165**
Henderland Ga. *Bear* —5E **45**
Henderland Rd. *Bear* —5E **45**
Henderson Av. *Camb* —1D **122**
Henderson St. *G20* —6D **62**
Henderson St. *Air* —3B **92**
Henderson St. *Clyd* —1G **59**
Henderson St. *Coat* —5B **90**
Henderson St. *Pais* —6H **77**
Hendy Ct. *Clyd* —5C **42**
Henrietta St. *G14* —6C **60**
Henry Bell Grn. *E Kil* —3H **149**
(off Telford Rd.)
Henry St. *Barr* —4D **114**
Hepburn Hill. *Ham* —3F **153**
Hepburn Rd. *G52* —4B **80**
Herald Av. *G13* —6D **44**
Herald Gro. *Moth* —5F **143**
Herald Way. *Renf* —2E **79**
Herbertson Gro. *Blan* —6A **124**
Herbertson St. *G5* —6F **83**
Herbertson St. *Blan* —2C **140**
Herbert St. *G20* —6D **62**
Hercules Way. *Renf* —2F **79**
Heriot Av. *Pais* —5C **96**
Heriot Ct. *Pais* —5D **96**
Heriot Cres. *B'rig* —4C **48**
Heriot Rd. *Lenz* —4C **50**
Heritage Ct. *Newt M* —4E **133**
Heritage View. *Coat* —3B **90**
Heritage Way. *Coat* —4B **90**
Herma St. *G23* —1C **62**
Hermes Way. *Bell* —2H **127**
Hermiston Av. *G32* —5C **86**
Hermiston Pl. *G32* —5C **86**
Hermiston Pl. *Moth* —2A **128**
(off Windsor Rd.)
Hermiston Rd. *G32* —4B **86**
Hermitage Av. *G13* —2C **60**
Hermitage Cres. *Coat* —2D **110**
Herndon Ct. *Newt M* —3G **133**
Heron Ct. *Clyd* —2D **42**
Heron Pl. *John* —6D **94**
Heron St. *G40* —1B **104**
Heron Way. *Renf* —2E **79**
Herries Rd. *G41* —4A **102**
Herriet St. *G41* —2D **102**
Herriot St. *Coat* —3A **90**
Herschell St. *G13* —3F **61**
Hertford Av. *G12* —3H **61**
Hewett Cres. *C'lee* —2C **74**
Hexham Gdns. *G41* —4B **102**
Heys St. *Barr* —5E **115**
Hickman St. *G42* —4F **103**
Hickory Cres. *Udd* —4G **109**
Hickory St. *G22* —4A **64**
High Avon St. *Lark* —1D **160**
High Barholm. *Kilb* —2A **94**
High Barrwood Rd. *Kils* —3A **12**

*A-Z Glasgow 195*

High Beeches. Crmck —1A **136**
High Blantyre Rd. Ham
—4D **140**
Highburgh Dri. Ruth —2D **120**
Highburgh Rd. G12 —6A **62**
High Burnside Av. Coat
—6A **90**
High Calside. Pais —2H **97**
High Coats. Coat —4D **90**
High Comn. Rd. E Kil —4B **150**
Highcraig Av. John —4D **94**
High Craigends. Kils —3H **11**
High Craighall Rd. G4 —1F **83**
Highcroft Av. G44 —2H **119**
Highcross Av. Coat —1H **109**
Highfield Av. Kirk —4E **31**
Highfield Av. Pais —6H **97**
Highfield Ct. Kirk —5F **31**
Highfield Cres. Moth —1A **144**
Highfield Cres. Pais —6H **97**
Highfield Dri. G12 —3H **61**
Highfield Dri. Clar —2B **134**
Highfield Dri. Ruth —4E **121**
Highfield Gro. Kirk —4E **31**
Highfield Pl. G12 —3H **61**
Highfield Pl. E Kil —6H **137**
Highfield Rd. Kirk —4E **31**
Highfield Rd. Lark —2F **161**
High Flender Rd. Clar —3A **134**
High Kirk View. John —3F **95**
Highland Av. Blan —1A **140**
Highland La. G51 —3A **82**
Highland Pk. Kils —2G **11**
Highland Pl. Kils —1G **11**
High Mains Av. Dumb —2C **18**
High Meadow. Carl —5H **165**
(in two parts)
High Mill Rd. Carl —3G **165**
High Parksail. Ersk —1G **57**
High Parks Cres. Ham
—5H **153**
High Patrick St. Ham —1A **154**
High Pleasance. Lark —2E **161**
High Rd. Cast —2G **97**
High Rd. Moth —2F **143**
High Row. B'rig —2D **48**
Highstonehall Rd. Ham
—4C **152**
High St. Airdrie, Air —3H **91**
High St. Carluke, Carl —3F **165**
High St. Dumbarton, Dumb
—4E **17**
High St. Glasgow, G1 & G4
—5H **83** (6G **5**)
High St. Johnstone, John
—2E **95**
High St. Neilston, Neil
—2D **130**
High St. Newarthill, N'hill
—3E **129**
High St. Paisley, Pais —1H **97**
High St. Renfrew, Renf
—5F **59**
High St. Rutherglen, Ruth
—5C **104**
HIGH ST. STATION. G1
—4H **83** (6H **5**)
High Whitehills Rd. E Kil
—6F **149**
Hilary Dri. Bail —6F **87**
Hilda Cres. G33 —5G **65**
Hillary Av. Ruth —1F **121**
Hill Av. Newt M —5C **132**
Hill Cres. Clar —3C **134**
Hillcrest. Crmck —1H **135**
Hillcrest. Chry —1B **68**
Hillcrest Av. Clyd —6C **22**
Hillcrest Av. Coat —5E **91**
Hillcrest Av. Cumb —6H **35**
Hillcrest Av. Mt V —5B **106**
Hillcrest Av. Muir —3C **118**

Hillcrest Av. Pais —6G **97**
Hillcrest Av. Wis —6E **145**
Hillcrest Ct. Cumb —4H **35**
Hillcrest Dri. Newt M —4G **133**
Hillcrest Rd. G32 —4G **165**
Hillcrest Rd. Bear —3F **45**
Hillcrest Rd. Kils —3C **10**
Hillcrest Rd. Udd —6E **109**
Hillcrest St. Miln —3G **25**
Hillcrest Ter. Both —4F **125**
Hillcroft Ter. B'rig —1B **64**
Hillend Cres. Clar —3A **134**
Hillend Cres. Clyd —1B **42**
Hillend Rd. G22 —2E **63**
Hillend Rd. Clar —3A **134**
Hillend Rd. Ruth —2D **120**
Hillfoot. Hous —3A **74**
Hillfoot Av. Dumb —1C **18**
Hillfoot Av. Ruth —6C **104**
Hillfoot Av. Wis —2B **146**
Hillfoot Cres. Wis —2B **146**
Hillfoot Dri. Bear —2F **45**
Hillfoot Dri. Coat —5H **89**
Hillfoot Dri. Wis —2B **146**
Hillfoot Gdns. Udd —5C **108**
Hillfoot Gdns. Wis —2B **146**
Hillfoot Rd. Air —5A **92**
HILLFOOT STATION. Bear
—2G **45**
Hillfoot St. G31 —4C **84**
Hillfoot Ter. Carl —4G **165**
Hillhead Av. Bank —1E **15**
Hillhead Av. Carl —3G **165**
Hillhead Av. Chry —5D **52**
Hillhead Av. Moth —5A **128**
Hillhead Av. Ruth —3D **120**
Hillhead Cres. Ham —6C **140**
Hillhead Cres. Moth —5A **128**
Hillhead Dri. Air —5A **92**
Hillhead Dri. Moth —6A **128**
Hillhead Pl. Ruth —3D **120**
Hillhead Rd. G21 —2F **65**
Hillhead Rd. Kirk —4D **30**
HILLHEAD STATION. G12
—6B **62**
Hillhead St. G12 —1B **82**
Hillhead St. Miln —3G **25**
Hillhead Ter. Ham —6C **140**
Hillhouse Cres. Ham —6D **140**
Hillhouse Ga. Carl —5H **165**
Hillhouse Pk. Ind. Est. Ham
—5E **141**
Hillhouse Rd. Ham —4H **139**
Hillhouse St. G21 —5C **64**
Hillhouse Ter. Ham —6D **140**
HILLINGTON EAST STATION.
G52 —5B **80**
Hillington Gdns. G52 —1C **100**
Hillington Ind. Est. G52
(off Lothian St.) —3H **79**
Hillington Pk. Cir. G52 —6H **79**
Hillington Quad. G52 —6A **80**
Hillington Rd. H'ton I —4A **80**
Hillington Rd. S. G52 —5A **80**
Hillington Ter. G52 —6A **80**
HILLINGTON WEST STATION.
G52 —4H **79**
Hillkirk La. G21 —5B **64**
(off Hillkirk St.)
Hillkirk Pl. G21 —5B **64**
Hillkirk St. G21 —5B **64**
Hillneuk Av. Bear —2F **45**
Hillneuk Dri. Bear —2G **45**
Hillpark Av. Pais —4H **97**
Hillpark Dri. G43 —1H **117**
Hill Pl. Bell —4B **126**
Hill Pl. Moth —5C **128**
Hillrigg Av. Air —3C **92**
Hill Rd. Cumb —3G **35**
Hill Rd. Kils —1H **11**

Hillsborough Rd. Bail —6F **87**
Hillside. Croy —6B **12**
Hillside. Hous —3E **75**
Hillside Av. Bear —2F **45**
Hillside Av. Clar —2B **134**
Hillside Cotts. Glenb —3A **70**
Hillside Ct. T'bnk —4F **117**
Hillside Cres. Coat —1B **110**
Hillside Cres. Ham —1H **153**
Hillside Cres. Moth —3D **128**
Hillside Cres. Neil —2D **130**
Hillside Dri. Barr —4C **114**
Hillside Dri. Bear —2G **45**
Hillside Dri. B'rig —5C **48**
Hillside Gro. Barr —5C **114**
Hillside Gro. B'rig —1E **65**
Hillside La. Ham —1G **153**
Hillside Pk. Hard —1D **42**
Hillside Pl. Moth —4D **128**
Hillside Quad. G43 —2H **117**
Hillside Rd. G43 —2H **117**
Hillside Rd. Barr —5B **114**
Hillside Rd. Neil —2D **130**
Hillside Rd. Pais —3C **98**
Hillside Ter. Ham —1G **153**
Hillside Ter. Milt C —6B **8**
Hillside Ter. Old K —1F **41**
Hill St. G3 —2E **83** (2A **4**)
Hill St. Chap —3D **112**
Hill St. Dumb —4D **16**
Hill St. Ham —6D **140**
Hill St. Wis —1G **157**
Hillswick Cres. G22 —1F **63**
Hill Ter. Moth —5C **128**
Hilltop Av. Bell —6C **110**
Hilltop Ter. Bail —5D **52**
Hill View. E Kil —3G **149**
Hillview. Milt —4F **19**
Hillview Av. Kils —4H **11**
Hillview Av. Len —3G **7**
Hillview Cres. Bell —5C **110**
Hillview Cres. Lark —3F **161**
Hillview Cres. Udd —6C **108**
Hillview Dri. Blan —5A **124**
Hillview Dri. Clar —2B **134**
Hill View Gdns. B'rig —1F **65**
Hillview Pl. Clar —2C **134**
Hillview Pl. Newt M —5D **132**
Hillview Rd. Bri W —4G **73**
Hillview Rd. Eld —3H **95**
Hillview St. G32 —6H **85**
Hillview Ter. Old K —2F **41**
Hiltonbank St. Ham —5F **141**
Hilton Ct. B'rig —4C **48**
Hilton Gdns. G13 —2F **61**
Hilton Gdns. La. G13 —2F **61**
Hilton Pk. B'rig —3B **48**
Hilton Rd. B'rig —4B **48**
Hilton Rd. Miln —3E **25**
Hilton Ter. G13 —2E **61**
Hilton Ter. B'rig —3B **48**
Hilton Ter. Camb —4G **121**
Hindsland Rd. Lark —4F **161**
Hinshaw St. G20 —6E **63**
Hinshelwood Dri. G51 —5G **81**
Hinshelwood Pl. G51 —6H **81**
Hirsel Pl. Both —5F **125**
Hobart Cres. Clyd —2H **41**
Hobart Quad. Wis —6C **146**
Hobart Rd. E Kil —4E **149**
Hobart St. G22 —5F **63**
Hobden St. G21 —6C **64**
Hoddam Av. G45 —4B **120**
Hoddam Ter. G45 —4C **120**
Hoey Dri. Wis —4A **158**
Hogan Ct. Clyd —1B **42**
Hogarth Av. G32 —4F **85**
Hogarth Cres. G32 —4F **85**
Hogarth Dri. G32 —4F **85**
Hogarth Gdns. G32 —4F **85**
Hogganfield St. G33 —1F **85**

Hogg Av. John —4E **95**
Hogg Rd. Chap —1D **112**
Hogg St. Air —4A **92**
Holeburn La. G43 —1A **118**
Holeburn Rd. G43 —1A **118**
Holehills Dri. Air —1B **92**
Holehills Pl. Air —1B **92**
Holehouse Brae. Neil —2C **130**
Holehouse Dri. G13 —3A **60**
Holehouse Ter. Neil —2C **130**
Hollandbush Cres. Bank
—1F **15**
Hollandbush Gro. Ham
—3H **153**
Hollandhurst Rd. Coat —2B **90**
Holland St. G2 —3E **83** (4A **4**)
Hollinwell Rd. G23 —1B **62**
Hollowglen Rd. G32 —5B **86**
Hollows Av. Pais —6D **96**
Hollows Cres. Pais —6D **96**
Holly Av. Milt C —6B **8**
Hollybank Pl. Camb —3B **122**
Hollybank St. G21 —2C **84**
Hollybrook St. G42 —3F **103**
(in two parts)
Hollybush Av. Pais —6F **97**
Hollybush Rd. G52 —6H **79**
Holly Dri. G21 —6C **64**
Holly Dri. Dumb —2B **16**
Holly Gro. Bank —1F **15**
Holly Gro. Bell —2H **127**
Hollymount. Bear —5F **45**
Holly Pl. John —5G **95**
Holly St. Air —4C **92**
Holly St. Clyd —3C **42**
Holm Av. Pais —3B **98**
Holm Av. Udd —6C **108**
Holmbank Av. G41 —6B **102**
Holmbrae Av. Udd —6D **108**
Holmbrae Rd. Udd —6D **108**
Holmbyre Rd. G45 —6F **119**
Holmbyre Ter. G45 —5G **119**
Holmes Av. Renf —2E **79**
Holmes Quad. Bell —4D **126**
Holmfauldhead Pl. G51 —3E **81**
Holmfauld Pl. G51 —3E **81**
Holmfauld Rd. G51 —3E **81**
Holmfield. Kirk —6E **31**
Holmhead Cres. G44 —1E **119**
Holmhead Pl. G44 —1E **119**
Holmhead Rd. G44 —2E **119**
Holmhill Av. Camb —3A **122**
Holmhills Dri. Camb —4H **121**
Holmhills Gdns. Camb
—3H **121**
Holmhills Gro. Camb —3H **121**
Holmhills Pl. Camb —3H **121**
Holmhills Rd. Camb —3H **121**
Holmhills Ter. Camb —3H **121**
Holm La. E Kil —2G **149**
Holmlea Rd. G42 & G44
—6E **103**
Holmpark. B'ton —4G **39**
Holm Pl. Lark —3C **160**
Holm Pl. Lin —4H **75**
Holms Cres. Ersk —5D **40**
Holms Pl. G'csh —2C **69**
Holm St. G2 —4E **83** (6B **4**)
Holm St. Carl —3E **165**
Holm St. Moth —4A **128**
Holmswood Av. Blan —1A **140**
Holmwood Av. Udd —6D **108**
Holmwood Gdns. Udd
—1D **124**
Holmwood Gro. G44 —3E **119**
Holyknowe Cres. Len —3G **7**
Holyknowe Rd. Len —4G **7**
Holyrood Cres. G20 —1D **82**
Holyrood Quad. G20 —1D **82**
(off Holyrood Cres.)

Holyrood St. *Ham* —4E **141**
Holytown Rd. *Bell & Moth*
—2G **127**
HOLYTOWN STATION. *Holy*
—4A **128**
Holywell St. *G31* —6D **84**
Homeblair Ho. *Giff* —2A **118**
Homeglen Ho. *Giff* —5A **118**
Homer Pl. *Bell* —2G **127**
Homeston Av. *Both* —4E **125**
Honeybank Cres. *Carl* —2F **165**
Honeybog Rd. *G52* —5G **79**
Honeywell Cres. *Chap* —4E **113**
Hood St. *Clyd* —5E **43**
Hope Av. *Bri W* —1A **72**
Hope Cres. *Lark* —2F **161**
Hopefield Av. *G12* —4A **62**
Hopehill Rd. *G20* —6E **63**
(in two paths)
Hopeman. *Ersk* —4E **41**
Hopeman Av. *T'bnk* —3E **117**
Hopeman Dri. *Giff* —3E **117**
Hopeman Path. *T'bnk* —2E **117**
Hopeman Rd. *T'bnk* —3E **117**
Hopeman St. *T'bnk* —3E **117**
Hope St. *G2* —4F **83** (6C **4**)
Hope St. *Ham* —6A **142**
Hope St. *Moth* —2G **143**
Hope St. *Newm* —5E **147**
Hopetoun Pl. *G23* —6C **46**
Hopkins Brae. *Kirk* —4D **30**
Horatius St. *Moth* —6D **126**
Hornal Rd. *Udd* —3E **125**
Hornbeam Dri. *Clyd* —3C **42**
Hornbeam Rd. *Cumb* —6E **15**
Hornbeam Rd. *Udd* —5F **109**
Horndeak Ct. *B'rig* —3C **48**
Horndean Cres. *G33* —2D **86**
Horne St. *G22* —4A **64**
Hornock Rd. *Coat* —2B **90**
Hornshill Dri. *Cle* —5H **129**
Hornshill Farm Rd. *Step*
—3E **67**
Hornshill St. *G21* —5C **64**
Horsbrugh Av. *Kils* —2H **11**
Horsburgh St. *G33* —1D **86**
Horse Shoe La. *Bear* —2E **45**
Horsewood Rd. *Bri W* —4E **73**
Horslethill Rd. *G12* —5A **62**
Horslet St. *Coat* —1G **109**
Horsley Brae. *Wis* —2C **162**
Hospital St. *G5* —6G **83**
Hospital St. *Coat* —1C **110**
Hotspur St. *G20* —4C **62**
Houldsworth La. *G3* —3C **82**
(off Elliot St.)
Houldsworth St. *G3* —3C **82**
Househillmuir Cres. *G53*
—1C **116**
Househillmuir Pl. *G53*
—6C **100**
Househillmuir Rd. *G53*
—2A **116**
Househillwood Cres. *G53*
—6B **100**
Househillwood Rd. *G53*
—1A **116**
Housel Av. *G13* —2B **60**
*Houston Ct. John* —2F **95**
(off Houston Sq.)
Houstonfield Quad. *Hous*
—1A **74**
Houstonfield Rd. *Hous* —1A **74**
Houston Pl. *G5* —5D **82**
Houston Pl. *Eld* —3A **96**
Houston Rd. *B'ton* —5B **38**
Houston Rd. *Bri W* —3F **73**
Houston Rd. *Hous* —1B **74**
Houston Rd. *Inch* —5D **56**
Houston St. *G5* —6D **82**

Houston St. *Ham* —2H **153**
Houston St. *Renf* —5F **59**
Houston St. *Wis* —2B **158**
Houston Ter. *E Kil* —1F **149**
Houstoun Sq. *John* —2F **95**
Howard Av. *E Kil* —4A **138**
Howard Ct. *E Kil* —4A **138**
Howard St. *G1* —5F **83**
Howard St. *Lark* —4G **161**
Howard St. *Pais* —6C **78**
Howatshaws Rd. *Dumb*
—1H **17**
Howat St. *G51* —3G **81**
*Howcraigs Ct. Clyd* —2F **59**
(off Clydeholm Ter.)
Howden Av. *Moth* —5D **112**
Howden Dri. *Linn* —6G **75**
Howden Pl. *Moth* —2A **128**
Howe Rd. *Kils* —4H **11**
Howes St. *Coat* —1D **110**
Howe St. *Pais* —1D **96**
Howford Rd. *G52* —1B **100**
Howgate Av. *G15* —4H **43**
Howgate Rd. *Ham* —3F **153**
Howie Bldgs. *Clar* —1C **134**
Howieshill Av. *Camb* —2B **122**
Howieshill Rd. *Camb* —3B **122**
Howie St. *Lark* —4F **161**
Howletnest Rd. *Air* —5C **92**
Howlet Pl. *Ham* —2A **154**
Howson Lea. *Moth* —5B **144**
Howson View. *Moth* —2D **142**
Howth Dri. *G13* —1F **61**
Howth Ter. *G13* —1F **61**
Hoylake Pk. *Both* —5D **124**
Hoylake Pl. *G23* —6C **46**
Hozier Cres. *Udd* —5D **108**
*Hozier Loan. Lark* —1F **161**
(off Duncan Graham St.)
Hozier Pl. *Both* —4F **125**
Hozier St. *Carl* —3F **165**
Hozier St. *Coat* —6C **90**
Hudson Ter. *E Kil* —3D **148**
Hudson Way. *E Kil* —3D **148**
Hughenden Dri. *G12* —5H **61**
Hughenden Gdns. *G12* —5G **61**
Hughenden La. *G12* —5H **61**
Hughenden Rd. *G12* —5H **61**
Hughenden Ter. *G12* —5H **61**
Hugh Murray Dri. *Camb*
—2C **122**
Hugo St. *G20* —4D **62**
Humbie Ct. *Newt M* —6E **133**
Humbie Ga. *Newt M* —6E **133**
Humbie Gro. *Newt M* —6E **133**
Humbie Lawns. *Newt M*
—6E **133**
Humbie Rd. *Newt M* —6E **133**
Hume Dri. *Both* —4E **125**
Hume Dri. *Udd* —6C **108**
Hume Pl. *E Kil* —3F **149**
Hume Rd. *Cumb* —2A **36**
Hume St. *Clyd* —6D **42**
Hunterfield Dri. *Camb*
—2G **121**
Hunterhill Av. *Pais* —2B **98**
Hunterhill Rd. *Pais* —2B **98**
Hunter Rd. *Kilb* —3A **94**
Hunter Pl. *Miln* —4E **25**
Hunter Rd. *Ham* —3F **141**
Hunter Rd. *Miln* —3E **25**
Hunter Rd. *Ruth* —4E **105**
Hunter's Av. *Dumb* —2D **18**
Huntersfield Rd. *John* —4C **94**
Hunters Hill Ct. *G21* —3B **64**
Huntershill Rd. *B'rig* —1B **64**
Hunter St. *G4* —4A **84**
Hunter St. *Air* —2H **91**
Hunter St. *Bell* —2C **126**
Hunter St. *E Kil* —1H **149**
Hunter St. *Pais* —6A **78**

Hunthill La. *Blan* —3H **139**
Hunthill Pl. *Clar* —4E **135**
Hunthill Rd. *Blan* —3H **139**
Huntingdon Rd. *G21* —1A **84**
Huntingdon Sq. *G21* —1A **84**
Hunting Lodge Gdns. *Ham*
—1C **154**
Huntingtower Rd. *Bail* —1F **107**
Huntly Av. *Bell* —1C **126**
Huntly Av. *Giff* —5B **118**
Huntly Ct. *B'rig* —1C **64**
Huntly Dri. *Bear* —6E **25**
Huntly Dri. *Camb* —3B **122**
Huntly Dri. *Coat* —1H **109**
Huntly Gdns. *G12* —6B **62**
Huntly Ga. *Giff* —4B **118**
Huntly Path. *Chry* —5E **53**
Huntly Quad. *Wis* —4H **145**
Huntly Rd. *G12* —6A **62**
Huntly Rd. *H'ton I* —3H **79**
Huntly Ter. *Pais* —4C **98**
Huntshill St. *G21* —3A **64**
Hurlawcrook Rd. *E Kil*
—6A **150**
Hurlet Rd. *Pais & G53* —4E **99**
Hurley Hawkin. *B'rig* —1F **65**
Hurlford Av. *G13* —2H **59**
Hutcheson Rd. *T'bnk* —5G **117**
Hutcheson St. *G1*
—4G **83** (6F **5**)
Hutchinson Pl. *Camb* —4E **123**
Hutchinson Town Ct. *G5*
—1G **103**
Hutchison Ct. *Giff* —6H **117**
Hutchison Dri. *Bear* —5G **45**
Hutchison Pl. *Coat* —5B **90**
Hutchison St. *Ham* —3H **153**
Hutchison St. *Wis* —4B **158**
Hutton Av. *C'lee* —3C **74**
Hutton Dri. *G51* —3E **81**
Huxley St. *G20* —3D **62**
Hyacinth Way. *Carl* —5F **165**
Hydepark St. *G3* —4D **82**
Hyndal Av. *G53* —4C **100**
Hyndland Av. *G11* —1H **81**
Hyndland Rd. *G12* —6H **61**
HYNDLAND STATION. *G11*
—5G **61**
Hyndland St. *G11* —1A **82**
Hyndlee Dri. *G52* —6C **80**
Hyndshaw Rd. *Carl* —2F **165**
Hyndshaw View. *Law* —1A **164**
Hyslop Pl. *Clyd* —4C **42**
Hyslop St. *Air* —3G **91**

Iain Dri. *Bear* —1C **44**
Iain Rd. *Bear* —2C **44**
Ian Smith Ct. *Clyd* —1F **59**
Ibroxholm Av. *G51* —6H **81**
Ibroxholm Oval. *G51* —5H **81**
Ibroxholm Pl. *G51* —6H **81**
Ibrox Ind. Est. *G51* —5H **81**
IBROX STATION. *G51* —5H **81**
Ibrox St. *G51* —5A **82**
Ibrox Ter. *G51* —5H **81**
Ida Quad. *Bell* —2B **126**
Iddesleigh Av. *Miln* —3G **25**
Ilay Av. *Bear* —1G **61**
Ilay Ct. *Bear* —1G **61**
Ilay Rd. *Bear* —1G **61**
Imperial Dri. *Air* —6H **91**
Inchbrae Rd. *G52* —1C **100**
Inchcolm Gdns. *Mood* —4E **53**
Inchcolm Pl. *E Kil* —1E **149**
Inchfad Dri. *G15* —4G **43**
Inch Garvie. *E Kil* —2D **150**
Inchinnan Ind. Est. *Inch*
—5F **57**
Inchinnan Rd. *Bell* —6B **110**
Inchinnan Rd. *Pais* —4A **78**

Inchinnan Rd. *Renf* —5D **58**
Inch Keith. *E Kil* —2D **150**
Inchkeith Pl. *G32* —4B **86**
Inchlee St. *G14* —1E **81**
Inch Marnock. *E Kil* —3C **150**
Inch Murrin. *E Kil* —2D **150**
Inchmurrin Av. *Kirk* —5H **31**
Inchmurrin Dri. *Ruth* —5F **121**
Inchmurrin Gdns. *Ruth*
—5F **121**
Inchmurrin Pl. *Ruth* —5F **121**
Inchneuk Rd. *Glenb* —3A **70**
Inchoch St. *G33* —1E **87**
*Incholm La. G11* —1E **81**
(off Incholm St.)
Incholm St. *G11* —1E **81**
Inchrory Pl. *G15* —3G **43**
Inchwood Ct. *Cumb* —6B **34**
Inchwood Pl. *Cumb* —6B **34**
Inchwood Rd. *Cumb* —6B **34**
Incle St. *Pais* —6B **78**
India Dri. *Inch* —3G **57**
India St. *G2* —3E **83**
Industry St. *Kirk* —6D **30**
Inga St. *G20* —2C **62**
Ingerbreck Av. *Ruth* —3F **121**
Ingleby Dri. *G31* —4C **84**
Ingleby Pl. *Neil* —2E **131**
Inglefield Ct. *Air* —4A **92**
Inglefield St. *G42* —3F **103**
Ingleneuk Av. *G33* —4B **66**
Ingleside. *Kirk* —1C **50**
Inglestone Av. *T'bnk* —5G **117**
Inglewood Cres. *E Kil* —3C **148**
Inglis Pl. *E Kil* —4H **149**
Inglis St. *G31* —5C **84**
Inglis St. *Wis* —1D **156**
Ingliston Dri. *B'ton* —4F **39**
Ingram St. *G1* —4G **83** (5E **5**)
Inishail Rd. *G33* —2C **86**
Inkerman Rd. *G52* —6H **79**
Innerleithen Dri. *Wis* —3A **146**
Innermanse Quad. *Moth*
—2F **129**
Innerwick Dri. *G52* —6B **80**
Innes Ct. *Air* —3E **93**
Innes Ct. *E Kil* —5G **137**
Innspark. *Kils* —2H **11**
International Av. *Ham* —5B **140**
Inveraray Dri. *B'rig* —3D **48**
Inveravon Dri. *Moth* —4D **142**
Inverbervie. *Ersk* —5E **41**
Invercanny Dri. *G15* —3H **43**
Invercanny Pl. *G15* —3A **44**
Invercargill. *E Kil* —4C **148**
Inverclyde Gdns. *Ruth* —4F **121**
*Invercree Wlk. Glenb* —3G **69**
(off Dinyra Pl.)
Inveresk Pl. *Coat* —3C **90**
Inveresk Quad. *G32* —5A **86**
Inveresk St. *G32* —5H **85**
Inverewe Av. *T'bnk* —5D **116**
Inverewe Dri. *T'bnk* —5D **116**
Inverewe Gdns. *T'bnk*
—5D **116**
Inverewe Pl. *T'bnk* —4D **116**
Inverewe Way. *Newt M*
—4B **132**
Invergarry Av. *T'bnk* —6D **116**
Invergarry Ct. *T'bnk* —6E **117**
Invergarry Dri. *T'bnk* —5D **116**
Invergarry Gdns. *T'bnk*
—6D **116**
Invergarry Gro. *T'bnk* —5D **116**
Invergarry Pl. *T'bnk* —5E **117**
Invergarry Quad. *T'bnk*
—5E **117**
Invergarry View. *T'bnk*
—5E **117**
Inverglas Av. *Renf* —2H **79**
Invergordon Av. *G43* —6D **102**

*A-Z Glasgow 197*

Invergyle Dri. *G52* —6B **80**
Inverkar Dri. *Pais* —3E **97**
Inverlair Av. *G43 & G44*
　　　　　　—1D **118**
Inverleith St. *G32* —5F **85**
Inverlochy St. *G33* —2D **86**
Inverness St. *G51* —5D **80**
Invernia Sq. *Clyd* —5D **42**
Inveroran Dri. *Bear* —3H **45**
Inver Rd. *G33* —4E **87**
Invershiel Rd. *G23* —6B **46**
Invershin Dri. *G20* —4B **62**
Inverurie St. *G21* —6H **63**
Invervale Av. *Air* —5F **93**
Inzievar Ter. *G32* —4B **106**
Iona. *Air* —6D **92**
Iona Av. *E Kil* —5A **138**
Iona Ct. *G51* —4H **81**
Iona Cres. *Old K* —2G **41**
Iona Dri. *Pais* —6H **97**
Iona Gdns. *Old K* —2G **41**
Iona La. *Chry* —5E **53**
Iona Path. *Blan* —2A **140**
Iona Pl. *Coat* —2H **89**
Iona Pl. *Old K* —2G **41**
Iona Quad. *Wis* —4C **146**
Iona Ridge. *Ham* —2C **152**
Iona Rd. *Newm* —3D **146**
Iona Rd. *Renf* —2E **79**
Iona Rd. *Ruth* —4G **121**
Iona St. *G51* —4H **81**
Iona St. *Moth* —6F **127**
Iona Way. *G33* —5E **67**
Iona Way. *Kirk* —5G **31**
Iris Av. *G45* —4C **120**
Irongray St. *G31* —4B **84**
Irvine Cres. *Coat* —4E **91**
Irvine Dri. *Lin* —4F **75**
Irvine Gdns. *Milt C* —6B **8**
Irvine Pl. *Kils* —2F **11**
Irvine St. *G40* —2D **104**
Irvine St. *Glenm* —5H **71**
Irvine Ter. *Ham* —3H **153**
Irving Av. *Clyd* —1D **42**
Irving Ct. *Clyd* —1D **42**
Irving Quad. *Clyd* —1D **42**
Isabella Gdns. *Ham* —2D **154**
Iser La. *G41* —5C **102**
Isla Av. *Newm* —3D **146**
Island Rd. *Cumb* —5F **35**
Islay. *Air* —5E **93**
Islay Av. *Bear* —1F **61**
Islay Av. *Ruth* —4G **121**
Islay Ct. *Ham* —1D **152**
Islay Cres. *Old K* —2G **41**
Islay Cres. *Pais* —6H **97**
Islay Dri. *Newt M* —4B **132**
Islay Dri. *Old K* —2G **41**
Islay Gdns. *Carl* —5F **165**
Islay Gdns. *Lark* —2F **161**
Islay Quad. *Wis* —2E **157**
Islay Rd. *Kirk* —5G **31**
Ivanhoe. *E Kil* —5D **138**
Ivanhoe Ct. *Carl* —4D **164**
Ivanhoe Cres. *Wis* —6H **145**
Ivanhoe Dri. *Kirk* —5E **31**
Ivanhoe Pl. *Moth* —2B **128**
Ivanhoe Rd. *G13* —1D **60**
Ivanhoe Rd. *Cumb* —5G **35**
Ivanhoe Rd. *Pais* —4D **96**
Ivanhoe Way. *Pais* —5D **96**
Ivybank Av. *Camb* —3C **122**
Ivy Gro. *Coat* —5D **90**
Ivy Pl. *Blan* —1A **140**
Ivy Pl. *Moth* —4A **128**
Ivy Rd. *Udd* —5G **109**
Ivy Ter. *Moth* —2A **128**

**J**ackson Ct. *Coat* —5D **90**
Jackson Pl. *Carl* —2E **165**

Jackson St. *Coat* —4D **90**
Jack St. *Ham* —3H **153**
Jack St. *Moth* —5B **144**
Jackton Rd. *E Kil* —6A **148**
Jacob's Ladder. *Wis* —5B **158**
Jacob's Ladder Way. *Wis*
　　　　　　—4A **158**
Jade Ter. *Bell* —3C **126**
Jagger Gdns. *Bail* —1F **107**
Jamaica Dri. *E Kil* —2C **148**
Jamaica St. *G1* —5F **83** (6D **4**)
James Dempsey Ct. *Coat*
　　　　　　—5B **90**
James Dempsey Gdns. *Coat*
　　　　　　—5B **90**
James Dunlop Gdns. *B'rig*
　　　　　　—2D **64**
James Gray St. *G41* —5C **102**
James Hamilton Dri. *Bell*
　　　　　　—2D **126**
James Healy Dri. *Ham*
　　　　　　—4G **153**
James Hemphill Ct. *Len* —3G **7**
James Leeson Ct. *Milt C*
　　　　　　—5C **8**
James Morrison St. *G1*
　　　　　　—5H **83**
James Nisbet St. *G21* —2B **84**
James St. *G40* —1A **104**
James St. *Carl* —4F **165**
James St. *Moth* —2F **143**
James St. *Rig I* —1A **126**
James View. *Moth* —4H **127**
James Watt Av. *E Kil* —3H **149**
James Watt La. *G2* —4E **83**
James Watt Pl. *E Kil* —6D **136**
James Watt Rd. *Miln* —2F **25**
James Watt St. *G2*
　　　　　　—4E **83** (6B **4**)
Jamieson Ct. *G42* —3F **103**
Jamieson Ct. *Clyd* —6D **22**
Jamieson Dri. *E Kil* —1A **150**
Jamieson St. *G42* —3F **103**
(in two parts)
Janebank Av. *Camb* —3C **122**
Jane Ct. *Lark* —3E **161**
Janefield Av. *John* —3E **95**
Janefield Pl. *Blan* —3A **140**
Janefield Pl. *Len* —2F **7**
Janefield St. *G31* —6D **84**
Jane's Brae. *Cumb* —5H **35**
Jane's Brae Interchange. *Cumb*
　　　　　　—5H **35**
Janesmith St. *Wis* —5C **144**
Janetta St. *Clyd* —4C **42**
Jardine St. *G20* —6D **62**
Jardine Ter. *G'csh* —4D **68**
Jarvie Av. *Plain* —1G **93**
Jarvie Cres. *Kils* —4H **11**
Jarvie Way. *Pais* —5C **96**
Jasmine Pl. *Cumb* —6D **34**
Jasmine Way. *Carl* —5E **165**
Java St. *Moth* —6E **127**
Jean Armour Dri. *Clyd* —4E **43**
Jeanette Av. *Ham* —4H **153**
Jean Maclean Pl. *B'rig* —2D **48**
Jedburgh Av. *Ruth* —6D **104**
Jedburgh Dri. *Pais* —4E **97**
Jedburgh Gdns. *G20* —6D **62**
Jedburgh Pl. *Coat* —2B **110**
Jedburgh Pl. *E Kil* —1H **149**
Jedburgh St. *Blan* —2B **140**
Jedburgh St. *Wis* —4A **146**
Jedworth Av. *G15* —4B **44**
Jedworth Rd. *G15* —4B **44**
Jeffrey Pl. *Kils* —2G **11**
Jellicoe St. *Clyd* —4A **42**
Jennie Lee Dri. *Over* —4H **157**
Jennys Well Ct. *Pais* —3E **99**
Jennys Well Rd. *Pais* —3D **98**
Jervis Ter. *E Kil* —4D **148**

Jerviston Ct. *Moth* —6A **128**
Jerviston Rd. *G33* —1C **86**
Jerviston Rd. *Moth* —5A **128**
Jerviston St. *Moth* —1H **143**
Jerviston St. *New S* —4A **128**
(in two parts)
Jerviswood. *Moth* —6A **128**
Jessie St. *G42* —3H **103**
Jessiman Sq. *Renf* —2D **78**
Jimmy Sneddon Way. *Moth*
　　　　　　—5F **127**
Joanna Ter. *Blan* —1B **140**
John Bassy Dri. *Bank* —1D **14**
John Brannan Way. *Bell*
　　　　　　—1H **125**
John Brown Pl. *Chry* —1A **68**
John Burnside Dri. *Clyd*
　　　　　　—6E **23**
John Ewing Gdns. *Lark*
　　　　　　—1E **161**
John Hendry Rd. *Udd* —3E **125**
John Jarvis Sq. *Kils* —2H **11**
John Knox La. *Ham* —5B **140**
John Knox St. *G4* —4A **84**
John Knox St. *Clyd* —1E **59**
John Lang St. *John* —2G **95**
John McEwan Way. *Torr*
　　　　　　—5D **28**
John Murray Ct. *Moth*
　　　　　　—6G **143**
Johnsburn Dri. *G53* —1B **116**
Johnsburn Rd. *G53* —1B **116**
Johnshaven. *Ersk* —5E **41**
Johnshaven St. *G43* —6A **102**
John Smith Ct. *Air* —3H **91**
John Smith Gdns. *Coat*
　　　　　　—6F **91**
Johnson Dri. *Camb* —2A **122**
Johnston Av. *Clyd* —1F **59**
Johnston Av. *Kils* —4H **11**
Johnstone Av. *H'ton I* —5B **80**
Johnstone By-Pass.
　　　*How & John* —6A **94**
Johnstone Dri. *Ruth* —6C **104**
Johnstone La. *Carl* —4H **165**
(off Kilcadzow Rd.)
Johnstone Rd. *Ham* —1A **154**
JOHNSTONE STATION. *John*
　　　　　　—3G **95**
Johnstone St. *Bell* —2E **127**
Johnstone Ter. *Kils* —2D **32**
Johnston Rd. *G'csh* —3D **68**
Johnston St. *Air* —3B **92**
Johnston St. *Pais* —1A **98**
John St. *G1* —4G **83** (5F **5**)
John St. *Barr* —4D **114**
John St. *Bell* —2C **126**
John St. *Blan* —2C **140**
John St. *Carl* —4F **165**
John St. *Ham* —6A **142**
John St. *Kirk* —4D **30**
John St. *Lark* —3E **161**
John St. *Wis* —5C **144**
John Wilson Dri. *Kils* —2F **11**
Jones Wynd. *Moth* —6E **129**
Jonquil Way. *Carl* —5F **165**
Joppa St. *G33* —4G **85**
Jordanhill Cres. *G13* —4D **60**
Jordanhill Dri. *G13* —4C **60**
Jordanhill La. *G13* —4E **61**
(off Munro Rd.)
JORDANHILL STATION. *G13*
　　　　　　—5F **61**
Jordan St. *G14* —1D **80**
Jordanvale Av. *G14* —1D **80**
Jowitt Av. *Clyd* —6F **43**
Joycelyn Sq. *G1* —5G **83**
Jubilee Bank. *Kirk* —4C **50**
Jubilee Gdns. *Bear* —4D **45**
Jubilee Ter. *John* —3D **94**
Julian Av. *G12* —5A **62**

Julian La. *G12* —5A **62**
Juniper Av. *E Kil* —5F **149**
Juniper Ct. *Kirk* —2B **50**
Juniper Dri. *Milt C* —1B **30**
Juniper Gro. *Ham* —1B **154**
Juniper Pl. *G32* —1E **107**
Juniper Pl. *John* —5G **95**
Juniper Pl. *Udd* —5H **109**
Juniper Rd. *Udd* —6H **109**
Juniper Ter. *G32* —1E **107**
Juniper Wynd. *Moth* —2B **128**
(off Dornoch Rd.)
Juno St. *Moth* —6F **127**
Jupiter St. *Moth* —6F **127**
Jura. *E Kil* —4B **150**
Jura Av. *Renf* —2F **79**
Jura Ct. *G52* —6E **81**
Jura Dri. *Blan* —4A **124**
Jura Dri. *Kirk* —5G **31**
Jura Dri. *Newt M* —3B **132**
Jura Dri. *Old K* —2G **41**
Jura Gdns. *Carl* —5G **165**
Jura Gdns. *Ham* —1B **153**
Jura Gdns. *Lark* —2G **161**
Jura Gdns. *Old K* —2G **41**
Jura Pl. *Old K* —2G **41**
Jura Quad. *Wis* —2E **157**
Jura Rd. *Old K* —2G **41**
Jura Rd. *Pais* —6H **97**
Jura St. *G52* —6F **81**
Jura Wynd. *Glenb* —3G **69**

**K**aim Dri. *G53* —1C **116**
Karadale Gdns. *Lark* —3E **161**
Karol Path. *G4* —1E **83**
Katewell Av. *G15* —3G **43**
Katherine St. *Air* —3E **93**
Kathkin Dri. *Clar* —1A **134**
Katrin Ct. *G20* —1E **83**
(off Cedar St.)
Katrine Av. *B'rig* —6D **48**
Katrine Av. *Rig I* —1H **125**
Katrine Cres. *Air* —2H **91**
Katrine Dri. *Newt M* —5H **133**
Katrine Dri. *Pais* —3D **96**
Katrine Pl. *Camb* —1A **122**
Katrine Pl. *Coat* —2H **89**
Katrine Wynd. *Moth* —2A **128**
(off Glencoe Dri.)
Katriona Path. *Lark* —4G **161**
(off Donaldson Rd.)
Kay Gdns. *Moth* —3D **142**
Kaystone Rd. *G15* —6A **44**
Kay St. *G21* —5B **64**
Keal Av. *G15* —1A **60**
Keal Cres. *G15* —1A **60**
Keal Dri. *G15* —1A **60**
Keal Pl. *G15* —1A **60**
Kearn Av. *G15* —6B **44**
Kearn Pl. *G15* —6B **44**
Keats Pk. *Both* —4F **125**
Keil Cres. *Dumb* —4D **16**
Keir Cres. *Wis* —5H **145**
Keir Dri. *B'rig* —5B **48**
Keir Hardie Av. *Moth* —2B **128**
Keir Hardie Ct. *B'rig* —6C **48**
Keir Hardie Dri. *Bell* —3B **126**
Keir Hardie Dri. *Kils* —4H **11**
Keir Hardie Pl. *Bell* —3B **126**
Keir Hardie Rd. *Lark* —4F **161**
Keir St. *G41* —2D **102**
Keir's Wlk. *Camb* —1A **122**
Keith Av. *Giff* —4B **118**
Keith Ct. *G11* —2A **82**
Keith Quad. *Wis* —4H **145**
Keith St. *G11* —1A **82**
Keith St. *Bell* —1C **126**
Keith St. *Ham* —5B **142**
Kelbourne Cres. *Bell* —2B **126**
Kelbourne St. *G20* —5C **62**

Kelburne Dri. *Pais* —6D **78**
Kelburne Gdns. *Bail* —2G **107**
Kelburne Gdns. *Pais* —6C **78**
Kelburne Oval. *Pais* —6C **78**
Kelburn St. *Barr* —6C **114**
Kelhead Av. *G52* —6H **79**
Kelhead Dri. *G52* —6H **79**
Kelhead Path. *G52* —6H **79**
Kelhead Pl. *G52* —6H **79**
Kellas St. *G51* —5G **81**
Kellock Av. *Coat* —1H **109**
Kellock Cres. *Coat* —1H **109**
Kells Pl. *G15* —3G **43**
Kelly's La. *Carl* —4H **165**
(off Kelso Dri.)
Kelso Av. *Bri W* —4F **73**
Kelso Av. *Pais* —4E **97**
Kelso Av. *Ruth* —6D **104**
Kelso Cres. *Wis* —3H **145**
Kelso Dri. *Carl* —4H **165**
Kelso Dri. *E Kil* —6A **138**
Kelso Gdns. *Mood* —4D **52**
Kelso Pl. *G14* —3G **59**
Kelso Quad. *Coat* —3B **90**
Kelso St. *G14 & G13* —3G **59**
Kelton St. *G32* —1B **106**
Kelvie Gro. *E Kil* —6F **137**
Kelvin Av. *H'ton I* —2H **79**
Kelvinbridge Roundabout. *B'rig*
—5D **28**
KELVINBRIDGE STATION. *G4*
—1C **82**
Kelvin Ct. *G12* —4G **61**
Kelvin Cres. *Bear* —5F **45**
Kelvindale. *Torr* —4E **29**
Kelvindale Bldgs. *G12* —4A **62**
Kelvindale Gdns. *G20* —3A **62**
Kelvindale Pl. *G20* —3B **62**
Kelvindale Rd. *G12 & G20*
—4H **61**
Kelvin Dri. *G20* —5B **62**
Kelvin Dri. *Air* —2B **92**
Kelvin Dri. *Barr* —6F **115**
Kelvin Dri. *B'rig* —5C **48**
Kelvin Dri. *Chry* —5C **52**
Kelvin Dri. *E Kil* —4H **149**
Kelvin Dri. *Kirk* —5A **30**
Kelvin Gdns. *Ham* —5C **140**
Kelvin Gdns. *Kils* —4H **11**
Kelvingrove St. *G3* —3C **82**
KELVINHALL STATION. *G11*
—1A **82**
Kelvinhaugh Pl. *G3* —3B **82**
Kelvinhaugh St. *G3* —3A **82**
Kelvinhead Rd. *Kils* —1G **13**
Kelvin Pk. S. *E Kil* —6A **150**
Kelvin Pl. *E Kil* —4A **150**
Kelvin Rd. *Bell* —6D **110**
Kelvin Rd. *Cumb* —5A **36**
Kelvin Rd. *E Kil* —4H **149**
Kelvin Rd. *Miln* —2E **25**
Kelvin Rd. *Udd* —6C **108**
Kelvin Rd. N. *Cumb* —5A **36**
Kelvinside Av. *G20* —5C **62**
Kelvinside Dri. *G20* —5D **62**
Kelvinside Gdns. *G20* —5C **62**
Kelvinside Gdns. E. *G20*
—6D **62**
Kelvinside Gdns. La. *G20*
—6C **62**
Kelvinside Ter. S. *G20* —6C **62**
Kelvinside Ter. W. *G20* —6C **62**
Kelvin S. Business Pk. *E Kil*
—6A **150**
Kelvin St. *Coat* —6E **91**
Kelvin Ter. *Kils* —3D **32**
Kelvinvale. *Kirk* —4D **30**
Kelvin View. *Torr* —5E **29**
Kelvin View. *Twe* —3D **32**
Kelvinview Av. *Bank* —1E **15**
Kelvin Way. *G3* —2B **82**

Kelvin Way. *Kils* —2G **11**
Kelvin Way. *Kirk* —5A **30**
Kemp Av. *Pais* —2C **78**
Kemp Ct. *Ham* —6A **142**
Kempock St. *G40* —1E **105**
Kempsthorn Cres. *G53*
—4B **100**
*Kempsthorn Path. G53*
—4B **100**
(off Kempsthorn Cres.)
Kempsthorn Rd. *G53* —4A **100**
Kemp St. *G21* —5A **64**
Kemp St. *Ham* —6H **141**
Kenbank Cres. *Bri W* —3F **73**
Kenbank Rd. *Bri W* —3F **73**
Kendal Av. *G12* —3G **61**
Kendal Av. *Giff* —4A **118**
Kendal Dri. *G12* —3G **61**
Kendal Rd. *E Kil* —5B **148**
Kendoon Av. *G15* —4G **43**
Kenilburn Av. *Air* —1B **92**
Kenilburn Cres. *Air* —1B **92**
Kenilworth. *E Kil* —5D **138**
Kenilworth Av. *G41* —5B **102**
Kenilworth Av. *Pais* —5D **96**
Kenilworth Av. *Wis* —6H **145**
Kenilworth Ct. *Carl* —4E **165**
Kenilworth Ct. *Moth* —2B **128**
(off Rowantree Ter.)
Kenilworth Cres. *Bear* —1C **44**
Kenilworth Cres. *Bell* —1C **126**
Kenilworth Cres. *Ham* —5D **140**
Kenilworth Dri. *Air* —3C **92**
Kenilworth Rd. *Kirk* —5E **31**
Kenilworth Way. *Pais* —4D **96**
Kenmar Gdns. *Udd* —5E **108**
Kenmar Rd. *Ham* —4F **141**
Kenmar Ter. *Ham* —4F **141**
Kenmore Gdns. *Bear* —2H **45**
Kenmore Rd. *Cumb* —3B **36**
Kenmore St. *G32* —6A **86**
Kenmore Way. *Carl* —2F **165**
Kenmuiraid Pl. *Bell* —4B **126**
Kenmuir Av. *G32* —2E **107**
Kenmuirhill Rd. *G32* —3D **106**
Kenmuir Rd. *G32* —5C **106**
(in two parts)
Kenmuir St. *Coat* —1F **109**
Kenmure Av. *B'rig* —6A **48**
Kenmure Cres. *B'rig* —6A **48**
Kenmure Dri. *B'rig* —6B **48**
Kenmure Gdns. *B'rig* —6A **48**
Kenmure La. *B'rig* —6B **48**
Kenmure Rd. *Giff* —3H **133**
Kenmure St. *G41* —2D **102**
Kenmure Way. *Ruth* —4D **120**
Kennedar Dri. *G51* —3E **81**
Kennedy Ct. *Giff* —3A **118**
Kennedy Dri. *Air* —4G **91**
Kennedy Path. *G4*
—3H **83** (3G 5)
Kennedy St. *G4* —3G **83** (3F 5)
Kennedy St. *Wis* —4A **146**
Kennelburn Rd. *Chap* —4D **112**
Kenneth Rd. *Moth* —4E **143**
Kennihill. *Air* —1A **92**
Kennihill St. *Air* —2A **92**
Kennishead Av. *T'bnk* —2E **117**
*Kennishead Path. T'bnk*
—2E **117**
(off Kennishead Av.)
Kennishead Pl. *T'bnk* —3E **117**
Kennishead Rd. *G53* —3B **116**
Kennishead Rd. *T'bnk* —3F **117**
KENNISHEAD STATION. *T'bnk*
—2E **117**
Kennisholm Av. *Giff* —2E **117**
*Kennisholm Path. T'bnk*
—2E **117**
(off Kennisholme Av.)

Kennisholm Pl. *T'bnk* —2E **117**
Kennoway Dri. *G11* —1F **81**
*Kennoway La. G11* —1F **81**
(off Thornwood Av.)
Kennyhill Sq. *G31* —3D **84**
Kenshaw Av. *Lark* —5E **161**
Kenshaw Pl. *Lark* —5E **161**
Kensington Dri. *Giff* —6B **118**
Kensington Ga. *G12* —5A **62**
Kensington Ga. La. *G12*
—5A **62**
Kensington Rd. *G12* —5A **62**
Kentallen Rd. *G33* —5E **87**
Kent Dri. *Ruth* —2F **121**
Kentigern Ter. *B'rig* —1D **64**
Kentmere Clo. *E Kil* —5C **148**
Kentmere Dri. *E Kil* —5C **148**
Kentmere Pl. *E Kil* —5C **148**
Kent Pl. *E Kil* —5B **148**
Kent Rd. *G3* —3C **82**
Kent St. *G40* —5A **84**
Keppel Dri. *G44* —6A **104**
Keppochhill Rd. *G21* —6G **63**
Keppoch St. *G21* —6H **63**
Kerfield Pl. *G15* —3G **43**
Kerr Cres. *Ham* —2G **153**
Kerr Dri. *Moth* —3E **143**
Kerrera Pl. *G33* —5D **86**
Kerrera Rd. *G33* —5D **86**
Kerr Gdns. *Udd* —5E **109**
Ker Rd. *Miln* —2E **25**
Kerr Pl. *G40* —6B **84**
Kerr St. *G40* —6B **84**
Kerr St. *Barr* —5C **114**
Kerr St. *Blan* —1C **140**
Kerr St. *Kirk* —5C **30**
Kerr St. *Pais* —6H **77**
Kerrycroy Av. *G42* —6H **103**
Kerrycroy Pl. *G42* —5H **103**
Kerrycroy St. *G42* —5H **103**
Kerrydale St. *G40* —1D **104**
Kerrylamont Av. *G42* —6A **104**
Kerry Pl. *G15* —4G **43**
Kershaw St. *Wis* —4A **158**
Kersland Dri. *Miln* —3H **25**
*Kersland La. G12* —6B **62**
(off Kersland St.)
Kersland La. *Miln* —3H **25**
Kersland St. *G12* —6B **62**
Kessington Dri. *Bear* —3G **45**
Kessington Rd. *Bear* —4G **45**
Kessock Dri. *G22* —6F **63**
Kessock Pl. *G22* —6F **63**
Kestrel Ct. *Clyd* —2C **42**
Kestrel Pl. *John* —6D **94**
Kestrel Rd. *G13* —3C **60**
Keswick Rd. *E Kil* —5B **148**
Kethers La. *Moth* —2E **143**
Kethers St. *Moth* —2E **143**
Kew Gdns. *Udd* —6F **109**
Kew La. *G12* —6B **62**
Kew Ter. *G12* —6B **62**
Keynes Sq. *Bell* —3F **127**
Keystone Av. *Miln* —5G **25**
Keystone Quad. *Miln* —5F **25**
Keystone Rd. *Miln* —5G **25**
Kibbleston Rd. *Kilb* —2A **94**
Kidston St. *G5* —1G **103**
Kierhill. *Cumb* —3E **35**
Kilallan Av. *Bri W* —2F **73**
Kilbarchan Rd. *Bri W* —4G **73**
Kilbarchan Rd. *John* —4D **94**
Kilbarchan Rd. *Mill P* —3C **94**
Kilbarchan St. *G5* —6F **83**
Kilbeg Ter. *T'bnk* —4D **116**
Kilberry St. *G21* —2C **84**
Kilbirnie Pl. *G5* —1E **103**
Kilbirnie St. *G5* —1E **103**
Kilbowie Ct. *Clyd* —4D **42**
Kilbowie Rd. *Cumb* —4A **36**
Kilbowie Rd. *Hard* —2D **42**

Kilbreck Gdns. *Bear* —5C **24**
Kilbreck La. *Moth* —3C **128**
Kilbrennan Dri. *Moth* —2D **142**
Kilbrennan Rd. *Lin* —5H **75**
Kilbride St. *G5* —3H **103**
Kilbride View. *Udd* —6E **109**
Kilburn Gro. *Blan* —6B **124**
Kilburn Pl. *G13* —3B **60**
Kilcadzow Rd. *Carl* —4H **165**
Kilchattan Dri. *G44* —6G **103**
Kilchoan Rd. *G33* —1C **86**
Kilcloy Av. *G15* —3A **44**
Kildale Way. *Ruth* —5B **104**
Kildary Av. *G44* —2E **119**
Kildary Rd. *G44* —2E **119**
Kildermorie Path. *G34* —3G **87**
Kildermorie Rd. *G34* —3F **87**
Kildonan Ct. *Newm* —2D **146**
Kildonan Dri. *G11* —1G **81**
Kildonan Pl. *Moth* —2E **143**
Kildonan St. *Coat* —4D **90**
Kildrostan St. *G41* —3D **102**
Kildrummy Pl. *E Kil* —6E **137**
Kildrum Rd. *Cumb* —2B **36**
Kildrum S. Interchange. *Cumb*
—4B **36**
Kildrum S. Roundabout. *Cumb*
—4B **36**
Kilearn Rd. *Pais* —4D **78**
Kilearn Sq. *Pais* —4D **78**
Kilearn Way. *Pais* —4D **78**
(in two parts)
Kilfinan St. *G22* —2F **63**
Kilgarth St. *Coat* —1F **109**
Kilgraston Rd. *Bri W* —5E **73**
Kilkerran Dri. *G33* —3H **65**
Killearn Dri. *Pais* —1H **99**
Killearn St. *G22* —5F **63**
Killermont Ct. *Bear* —4H **45**
Killermont Meadows. *Both*
—5C **124**
Killermont Rd. *Bear* —4F **45**
Killermont St. *G2*
—3G **83** (3E 5)
Killermont View. *G20* —5G **45**
Killiegrew Rd. *G41* —3B **102**
Killin Ct. *Coat* —2D **110**
Killin Dri. *Lin* —6F **75**
Killin St. *G32* —2B **106**
Killoch Av. *Pais* —6E **77**
Killoch Dri. *G13* —2A **60**
Killoch Dri. *Barr* —6F **115**
Killoch Rd. *Pais* —6E **77**
Kilmacolm Rd. *Bri W* —1C **72**
Kilmacolm Rd. *Hous* —1B **74**
Kilmailing Rd. *G44* —2F **119**
Kilmair Pl. *G20* —4B **62**
Kilmaluag Ter. *T'bnk* —4D **116**
Kilmannan Gdns. *Miln* —2D **24**
Kilmany Dri. *G32* —6H **85**
Kilmany Gdns. *G32* —6H **85**
Kilmardinny Av. *Bear* —2F **45**
Kilmardinny Cres. *Bear* —1F **45**
Kilmardinny Dri. *Bear* —1F **45**
Kilmardinny Ga. *Bear* —2F **45**
Kilmardinny Gro. *Bear* —1F **45**
Kilmarnock Rd *G43 & G41*
—2B **118**
Kilmartin La. *Carl* —2F **165**
Kilmartin Pl. *T'bnk* —3E **117**
Kilmartin Pl. *Udd* —4E **109**
Kilmaurs Dri. *Giff* —4C **118**
Kilmaurs St. *G51* —5F **81**
Kilmeny Cres. *Wis* —4A **146**
Kilmichael Av. *Newm* —3E **147**
Kilmorie Dri. *Ruth* —6A **104**
Kilmory Av. *Udd* —6E **109**
Kilmory Dri. *Newt M* —3E **133**
Kilmory Gdns. *Carl* —2F **165**
Kilmory Rd. *Carl* —5H **165**
Kilmuir Cres. *T'bnk* —3D **116**

Kilmuir Dri. *T'bnk* —3E **117**
(in two parts)
Kilmuir Rd. *T'bnk* —4D **116**
Kilmuir Rd. *Udd* —4D **108**
Kilmun St. *G20* —2A **62**
Kilnburn Rd. *Moth* —2E **143**
Kilncroft La. *Pais* —4A **98**
Kilnside Rd. *Pais* —6B **78**
Kilnwell Quad. *Moth* —2F **143**
Kiloran St. *T'bnk* —3E **117**
Kilpatrick Av. *Pais* —3F **97**
Kilpatrick Ct. *Old K* —1E **41**
Kilpatrick Cres. *Pais* —4H **97**
Kilpatrick Dri. *Bear* —5C **24**
Kilpatrick Dri. *Renf* —3D **78**
Kilpatrick Gdns. *Clar* —1H **133**
KILPATRICK STATION. *Old K*
—1F **41**
Kilpatrick View. *Dumb* —3H **17**
Kilpatrick Way. *Udd* —5E **109**
Kilsyth Rd. *Bank* —1C **14**
Kilsyth Rd. *Kirk* —4D **30**
Kilsyth Rd. *Queen* —5B **10**
Kiltarie Cres. *Air* —4F **93**
Kiltearn Rd. *G33* —4F **87**
*Kiltongue Cotts. Air —3F 91*
*(off Monkscourt Av.)*
Kilvaxter Dri. *T'bnk* —3E **117**
Kilwinning Cres. *Ham* —2C **152**
Kilwynet Way. *Pais* —4C **78**
Kimberley Gdns. *E Kil* —3E **149**
Kimberley St. *Clyd* —2H **41**
Kimberley St. *Wis* —5C **144**
Kinalty Rd. *G44* —2E **119**
Kinarvie Cres. *G53* —6H **99**
Kinarvie Gdns. *G53* —6H **99**
Kinarvie Pl. *G53* —6H **99**
Kinarvie Rd. *G53* —6H **99**
Kinarvie Ter. *G53* —6H **99**
Kinbuck Pas. *G22* —5H **63**
Kinbuck St. *G22* —5H **63**
Kincaid Dri. *Len* —2E **7**
Kincaid Field. *Milt C* —6C **8**
Kincaid Gdns. *Camb* —1A **122**
Kincaid Way. *Milt C* —6B **8**
Kincardine Dri. *B'rig* —1D **64**
Kincardine Pl. *B'rig* —2E **65**
Kincardine Pl. *E Kil* —6C **138**
Kincardine Sq. *G33* —2D **86**
Kincath Av. *Ruth* —4F **121**
Kinclaven Av. *G15* —4A **44**
Kincraig St. *G51* —5D **80**
Kinellan Rd. *Bear* —6F **45**
Kinellar Dri. *G14* —3A **60**
Kinfauns Dri. *G15* —3H **43**
Kinfauns Dri. *Newt M* —4F **133**
Kingarth St. *G42* —3E **103**
Kingarth St. *Ham* —3H **153**
*King Edward La. G13 —4E 61*
*(off Woodend Dri.)*
King Edward Rd. *G13* —4F **61**
Kingfisher Dri. *G13* —2H **59**
Kinghorn Dri. *G44* —1G **119**
Kinghorn La. *G44* —6G **103**
Kinglas Rd. *Bear* —5C **44**
King Pl. *Bail* —6E **89**
Kingsacre Rd. *G44* —6G **103**
Kingsacre Rd. *Ruth* —1A **120**
Kingsbarns Dri. *G44* —6F **103**
Kingsborough Gdns. *G12*
—6H **61**
Kingsborough Ga. *G12* —6H **61**
Kingsborough La. *G12* —6H **61**
Kingsborough La. E. *G12*
—6H **61**
Kingsbrae Av. *G44* —6G **103**
King's Bri. *G5* —1H **103**
Kingsbridge Cres. *G44*
—1H **119**
Kingsbridge Dri. *G44* —1H **119**
Kingsbridge Dri. *Ruth* —1A **120**

Kingsburgh Dri. *Pais* —6D **78**
Kingsburn Dri. *Ruth* —1C **120**
Kingsburn Gro. *Ruth* —1B **120**
Kingscliffe Av. *G44* —1G **119**
Kingscourt Av. *G44* —6H **103**
Kings Cres. *Camb* —2B **122**
King's Cres. *Carl* —3G **165**
Kings Cres. *Eld* —2A **96**
Kingsdale Av. *G44* —6G **103**
King's Dri. *G40* —1A **104**
King's Dri. *Cumb* —5H **13**
Kings Dri. *Moth* —4H **127**
Kings Dri. *Newt M* —6F **133**
Kingsdyke Av. *G44* —6G **103**
Kingsford Av. *G44* —3C **118**
Kingsford Ct. *Newt M*
—3B **132**
King's Gdns. *Newt M* —6G **133**
Kingsgate Retail Pk. *E Kil*
—3H **137**
Kingsheath Av. *Ruth* —1A **120**
Kingshill Av. *Cumb* —4A **34**
Kingshill Dri. *G44* —1G **119**
Kingshill View. *Law* —1A **164**
Kingshouse Av. *G44* —6G **103**
Kingshurst Av. *G44* —6G **103**
King's Inch Rd. *Renf* —4F **59**
Kingsknowe Dri. *Ruth*
—1A **120**
Kingsland Cres. *G52* —5B **80**
Kingsland Dri. *G52* —5B **80**
Kingsland La. *G52* —5C **80**
Kingslea Rd. *Hous* —1B **74**
Kingsley Av. *G42* —4F **103**
Kingsley Ct. *Udd* —6E **109**
Kingslynn Dri. *G44* —1H **119**
Kingsmuir Dri. *Ruth* —1A **120**
King's Pk. *Torr* —4E **29**
King's Pk. Av. *G44* —1F **119**
King's Pk. Rd. *G44* —6F **103**
KING'S PK. STATION. *G44*
—1G **119**
King's Pl. *G22* —3F **63**
King's Rd. *Eld* —3H **95**
Kingston Av. *Air* —4C **92**
Kingston Av. *Neil* —3D **130**
Kingston Av. *Udd* —5E **109**
Kingston Bri. *G5* —5D **82**
Kingston Flats. *Kils* —2H **11**
Kingston Gro. *B'ton* —4H **39**
Kingston Pl. *Clyd* —3H **41**
Kingston Rd. *B'ton* —5H **39**
(in two parts)
Kingston Rd. *Kils* —2H **11**
Kingston Rd. *Neil* —5C **130**
Kingston St. *G5* —5E **83**
King St. *G1* —5G **83**
King St. *Clyd* —1F **59**
King St. *Coat* —5A **90**
King St. *Ham* —4D **140**
King St. *Kils* —3H **11**
King St. *Lark* —1E **161**
King St. *Newm* —4D **146**
King St. *Pais* —6G **77**
King St. *Ruth* —5C **104**
King St. *Wis* —1H **157**
*King St. La. Kils —3H 11*
*(off King St.)*
King St. La. *Ruth* —5C **104**
King's View. *Cumb* —5H **13**
Kingsway. *G14* —4A **60**
King's Way. *Dumb* —2C **16**
Kingsway. *E Kil* —4A **138**
Kingsway. *Kils* —2H **11**
Kingsway. *Kirk* —3H **31**
Kingsway Ct. *G14* —4A **60**
Kingswood Dri. *G44* —1G **119**
Kingswood Rd. *B'ton* —3F **39**
Kingussie Dri. *G44* —1G **119**
Kiniver Dri. *G15* —6A **44**
Kinkell Gdns. *Kirk* —4H **31**

Kinloch Av. *Camb* —3B **122**
Kinloch Av. *Lin* —6G **75**
Kinloch Dri. *Moth* —5F **127**
Kinloch Rd. *Newt M* —3C **132**
Kinloch Rd. *Renf* —3D **78**
Kinloch St. *G40* —1E **105**
Kinloss Pl. *E Kil* —1H **149**
Kinmount Av. *G44* —6F **103**
Kinnaird Av. *Newt M* —4G **133**
Kinnaird Cres. *Bear* —3H **45**
Kinnaird Dri. *Lin* —5H **75**
Kinnaird Pl. *B'rig* —2D **64**
Kinnear Dri. *G40* —2C **104**
Kinneil Ho. *Ham* —4A **142**
Kinneil Pl. *Ham* —1D **152**
Kinnell Av. *G52* —2C **100**
Kinnell Cres. *G52* —2C **100**
Kinnell Path. *G52* —2C **100**
Kinnell Pl. *G52* —2D **100**
Kinnell Sq. *G52* —2C **100**
Kinning Pk. Ind. Est. *G5*
—6D **82**
KINNING PK. STATION. *G41*
—6B **82**
Kinning St. *G5* —6E **83**
Kinnoul Gdns. *Bear* —6D **24**
Kinnoull Pl. *Blan* —2B **140**
Kinpurnie Rd. *Pais* —6F **79**
Kinross Av. *G52* —1B **100**
Kinross Pk. *E Kil* —6D **138**
Kinsail Dri. *G52* —5H **79**
Kinstone Av. *G14* —4A **60**
Kintail Gdns. *Kirk* —4H **31**
Kintessack Pl. *B'rig* —5F **49**
Kintillo Dri. *G13* —3B **60**
Kintore Pk. *Ham* —4F **153**
Kintore Rd. *G43* —1D **118**
Kintore Tower. *Camb* —4G **121**
Kintra St. *G51* —5H **81**
(in two parts)
Kintyre Av. *Lin* —1G **95**
Kintyre Cres. *Newt M* —3C **132**
Kintyre Cres. *Plain* —1F **93**
Kintyre Gro. *Kirk* —4H **31**
Kintyre Rd. *Blan* —1A **140**
Kintyre St. *G21* —2C **84**
Kintyre Wynd. *Carl* —2F **165**
Kipland Wlk. *Coat* —6F **91**
Kippen Dri. *Clar* —4E **135**
Kippen St. *G22* —3H **63**
Kippen St. *Air* —5F **91**
Kipperoch Rd. *Dumb* —1B **16**
Kippford St. *G32* —1C **106**
Kipps Av. *Air* —3G **91**
*Kippsbyre Ct. Air —4F 91*
*(off Monkscourt Av.)*
Kirkaig Av. *Renf* —1H **79**
Kirk Bean Av. *Ruth* —3C **120**
Kirkburn Av. *Camb* —3A **122**
Kirkcaldy Rd. *G41* —3B **102**
Kirkconnel Av. *G13* —3H **59**
Kirkconnel Av. *Cumb* —4A **34**
Kirkconnel Dri. *Ruth* —2B **120**
Kirk Cres. *Old K* —6E **21**
Kirkcudbright Pl. *E Kil*
—6D **138**
Kirkdale Dri. *G52* —1E **101**
Kirkdene Av. *Newt M* —4H **133**
Kirkdene Bank. *Newt M*
—4H **133**
Kirkdene Cres. *Newt M*
—4H **133**
Kirkdene Gro. *Newt M*
—5H **133**
Kirkdene Pl. *Newt M* —4H **133**
Kirkfieldbank Way. *Ham*
—6E **141**
Kirkfield Rd. *Both* —4E **125**
Kirkford Rd. *Chry* —5C **52**
Kirk Glebe. *Neil* —2E **131**
Kirkhall Rd. *Moth* —3D **128**

Kirkhill Av. *Camb* —4A **122**
Kirkhill Cres. *Neil* —1E **131**
Kirkhill Dri. *G20* —4B **62**
Kirkhill Gdns. *Camb* —4A **122**
Kirkhill Ga. *Newt M* —5H **133**
Kirkhill Gro. *Camb* —4A **122**
Kirkhill Pl. *G20* —4B **62**
Kirkhill Pl. *Wis* —1C **156**
Kirkhill Rd. *G'csh* —4D **68**
Kirkhill Rd. *Newt M* —4H **133**
Kirkhill Rd. *Udd* —5C **108**
Kirkhill Rd. *Wis* —2B **156**
KIRKHILL STATION. *Camb*
—2A **122**
Kirkhill St. *Wis* —2D **156**
Kirkhill Ter. *Camb* —4A **122**
Kirkhope Dri. *G15* —6B **44**
Kirkinner Rd. *G32* —2D **106**
Kirkintilloch Ind. Est. *Kirk*
—3C **30**
Kirkintilloch Rd. *B'rig* —2B **64**
Kirkintilloch Rd. *Kils* —2H **29**
Kirkintilloch Rd. *Kirk* —2C **50**
Kirkland Gro. *John* —2F **95**
Kirklandneuk Cres. *Renf*
—5C **58**
Kirklandneuk Rd. *Renf* —5C **58**
Kirklands Cres. *Both* —4E **125**
Kirklands Cres. *Kils* —4H **11**
Kirkland St. *G20* —6D **62**
Kirkland St. *Moth* —2F **143**
Kirk La. *G43* —6A **102**
Kirk La. *Bear* —2E **45**
Kirklea Av. *Pais* —6E **77**
Kirkle Dri. *Newt M* —4H **133**
Kirklee Cir. *G12* —5B **62**
Kirklee Gdns. *G12* —4B **62**
Kirklee Gdns. La. *G12* —4B **62**
Kirklee Pl. *G12* —5B **62**
Kirklee Quad. *G12* —5B **62**
Kirklee Quad. La. *G12* —5B **62**
Kirklee Rd. *G12* —5A **62**
Kirklee Rd. *Bell* —3F **127**
Kirklee Rd. *Moth* —6G **127**
Kirklee Ter. *G12* —5A **62**
Kirklee Ter. La. *G12* —5B **62**
Kirklee Ter. Rd. *G12* —5A **62**
Kirkliston St. *G32* —5H **85**
Kirkmichael Av. *G11* —6G **61**
Kirkmichael Gdns. *G11*
—6G **61**
Kirkmuir Dri. *Ruth* —4D **120**
Kirkness St. *Air* —3A **92**
Kirknethan. *Wis* —2C **156**
Kirknewton St. *G32* —5B **86**
Kirkoswald. *E Kil* —6D **138**
Kirkoswald Dri. *Clyd* —4E **43**
Kirkoswald Rd. *G43* —1B **118**
Kirkoswald Rd. *Moth* —3E **128**
Kirkpatrick St. *G40* —6C **84**
Kirk Pl. *Bear* —2E **45**
Kirk Pl. *Cumb* —6C **34**
Kirk Pl. *Udd* —2C **124**
Kirkriggs Av. *Ruth* —2D **120**
Kirkriggs Gdns. *Ruth* —2D **120**
*Kirkriggs Way. Ruth —2D 120*
*(off Kirkriggs Gdns.)*
Kirk Rd. *Bear* —2E **45**
Kirk Rd. *Carl* —3E **165**
Kirk Rd. *Crmck* —2H **135**
Kirk Rd. *Dals* —3D **162**
Kirk Rd. *Hous* —1B **74**
Kirk Rd. *Moth* —6D **112**
Kirk Rd. *Wis* —6H **145**
Kirkshaws Av. *Coat* —2A **110**
Kirkshaws Pl. *Coat* —2B **110**
Kirkshaws Rd. *Coat* —2H **109**
Kirkstall Gdns. *B'rig* —3D **48**
Kirkstone. *Newt M* —4H **133**
Kirkstone Clo. *E Kil* —5B **148**
Kirk St. *Carl* —3E **165**

Kirk St. *Coat* —5B **90**
(in two parts)
Kirk St. *Miln* —3E **25**
Kirk St. *Moth* —2G **143**
Kirkstyle Av. *Carl* —4E **165**
Kirkstyle Cres. *Air* —1H **91**
Kirkstyle Cres. *Neil* —2D **130**
Kirkstyle La. *Barr* —2E **131**
Kirkstyle Pl. *Glenm* —5F **71**
Kirksyde Av. *Kirk* —6D **30**
Kirkton. *Ersk* —4E **41**
Kirkton. *Old K* —6E **21**
Kirkton Av. *G13* —3A **60**
Kirkton Av. *Barr* —5D **114**
Kirkton Av. *Blan* —4A **140**
Kirkton Av. *Carl* —3E **165**
Kirkton Ct. *Carl* —4E **165**
Kirkton Cres. *G13* —3A **60**
Kirkton Cres. *Coat* —2F **111**
Kirkton Cres. *Milt C* —6C **8**
Kirktonfield Rd. *Neil* —2E **131**
Kirkton Ga. *E Kil* —1G **149**
Kirktonholme Cres. *E Kil*
—1F **149**
Kirktonholme Rd. *E Kil*
—1D **148**
Kirkton Ho. *Blan* —3M **140**
Kirkton Pk. *E Kil* —1H **149**
Kirkton Pl. *Blan* —3B **140**
Kirkton Pl. *Coat* —1F **111**
Kirkton Pl. *E Kil* —1H **149**
(in two parts)
Kirkton Rd. *Camb* —2B **122**
Kirkton Rd. *Dumb* —4D **16**
Kirkton Rd. *Neil* —3D **130**
Kirkton Side. *Barr* —6D **114**
Kirkton Ter. *Carl* —4F **165**
Kirkton Ter. *Cam G* —1B **6**
Kirkvale Ct. *Newt M* —4H **133**
Kirkvale Cres. *Newt M*
—4H **133**
Kirkvale Dri. *Newt M* —4H **133**
Kirkview. *Cumb* —1C **54**
Kirkview Ct. *Cumb* —1C **54**
Kirkview Cres. *Newt M*
—6E **133**
Kirkview Gdns. *Udd* —5D **108**
Kirkwall. *Cumb* —6A **14**
Kirkwall Av. *Blan* —5A **124**
Kirkwall Rd. *G44* —2F **119**
Kirkwood Av. *Clyd* —6F **43**
Kirkwood Pl. *Coat* —6A **90**
Kirkwood Quad. *Clyd* —6F **43**
Kirkwood Rd. *Udd* —5D **108**
KIRKWOOD STATION. *Coat*
—6H **89**
Kirkwood St. *G51* —6A **82**
Kirkwood St. *Coat* —5A **90**
Kirkwood St. *Ruth* —5C **104**
Kirn St. *G20* —1A **62**
Kirriemuir. *E Kil* —4D **138**
Kirriemuir Av. *G52* —2C **100**
Kirriemuir Gdns. *B'rig* —5E **49**
Kirriemuir Pl. *G52* —1C **100**
(off Bucklaw Gdns.)
Kirriemuir Rd. *B'rig* —6E **49**
Kirtle Dri. *Renf* —1G **79**
Kirtle Pl. *E Kil* —4A **148**
Kishorn Pl. *G33* —2C **86**
Kitchener St. *Wis* —6G **145**
Kittoch Pl. *E Kil* —1H **149**
Kittochside Rd. *Crmck*
—2A **136**
Kittoch St. *E Kil* —1G **149**
Knapdale St. *G22* —2E **63**
Knightsbridge St. *G13* —2D **60**
Knightscliffe Av. *G13* —1D **60**
Knights Ga. *Both* —2C **124**
Knightswood Cross. *G13*
—2D **60**
Knightswood Rd. *G13* —6C **44**

Knightswood Ter. *Blan*
—6C **124**
Knivysbridge Pl. *Bell* —4B **126**
Knockburnie Rd. *Both*
—3E **125**
Knockhall St. *G33* —1D **86**
Knockhill Dri. *G44* —5D **103**
Knockhill Rd. *Renf* —2D **78**
Knockside Av. *Pais* —6H **97**
Knock Way. *Pais* —4C **78**
Knollpark Dri. *Clar* —2B **134**
Knowe Cres. *Moth* —3D **128**
Knowehead Dri. *Udd* —1C **124**
Knowehead Gdns. *Udd*
—1C **124**
Knowehead Rd. *Wis* —1A **158**
Knowe Rd. *Chry* —1A **68**
Knowe Rd. *Pais* —4D **78**
Knowes Av. *Newt M* —4E **133**
Knowes Rd. *Newt M* —4F **133**
Knowe St. *Miln* —3F **25**
Knowetap St. *G20* —2C **62**
Knowetop Av. *Moth* —4H **143**
Knowetop Cres. *Dumb* —2C **16**
Knowhead Gdns. *G41* —2C **102**
Knowhead Ter. *G41* —2C **102**
Knownoble St. *Moth* —5H **129**
Knox Av. *Bri W* —4E **73**
Knoxland Sq. *Dumb* —5G **17**
Knoxland St. *Dumb* —5G **17**
Knox Pl. *Newt M* —5B **132**
Knox St. *Air* —3B **92**
Knox St. *Pais* —1F **97**
Kronberg Way. *E Kil* —6F **149**
Kyleakin Gdns. *Blan* —5H **123**
Kyleakin Rd. *T'bnk* —4D **116**
Kyleakin Ter. *T'bnk* —4D **116**
Kyle Ct. *Camb* —1A **122**
Kyle Dri. *Giff* —4C **118**
Kyle Gro. *Moth* —4A **128**
Kylemore Cres. *Moth* —5F **127**
Kylepark Av. *Udd* —1B **124**
Kylepark Cres. *Udd* —6B **108**
Kylepark Dri. *Udd* —6B **108**
Kyle Quad. *Moth* —3C **128**
Kyle Quad. *Wis* —2E **157**
Kylerhea Rd. *T'bnk* —4D **116**
Kyle Rd. *Cumb* —2B **36**
Kyle Sq. *Ruth* —2B **120**
Kyle St. *G4* —2G **83** (2F **5**)
Kyle St. *Moth* —2D **142**
Kyle Ter. *Dumb* —2B **16**

**L**a Belle Allee. *G3* —2C **82**
(off Claremont St.)
La Belle Pl. *G3* —2C **82**
Laburnam Cres. *Wis* —4H **145**
Laburnum Av. *E Kil* —5E **149**
Laburnum Ct. *E Kil* —5E **149**
Laburnum Gdns. *Kirk* —3B **50**
Laburnum Gro. *Coat* —6D **90**
Laburnum Gro. *Kirk* —2B **50**
Laburnum Lea. *Ham* —2A **154**
Laburnum Pl. *John* —5G **95**
Laburnum Rd. *G41* —1A **102**
Laburnum Rd. *Bank* —1E **15**
Laburnum Rd. *Cumb* —3D **36**
Laburnum Rd. *Udd* —4G **109**
Lachlan Cres. *Ersk* —6C **40**
La Crusse Ter. *G12* —6C **62**
Lacy St. *Pais* —6C **78**
Ladeside Clo. *Newt M*
—3C **132**
Ladeside Dri. *John* —3D **94**
Ladeside Dri. *Kils* —2A **12**
Lade Ter. *G52* —1A **100**
Ladhope Pl. *G13* —1G **59**
Ladyacres. *Inch* —3H **57**
Ladyacres Way. *Inch* —3H **57**
Lady Ann Cres. *Air* —5C **92**

Lady Anne St. *G14* —3H **59**
Ladybank. *Cumb* —5H **13**
Ladybank Ct. *E Kil* —1G **149**
Ladybank Dri. *G52* —1E **101**
Ladybank Gdns. *E Kil* —1H **149**
Ladybank Pl. *E Kil* —1G **149**
Ladyburn Dri. *Kils* —6B **8**
Ladyburn St. *Pais* —1C **98**
Ladyhill Dri. *Bail* —1G **107**
Lady Isle Cres. *Udd* —1C **124**
Lady Jane Ga. *Both* —3B **124**
Ladykirk Cres. *G52* —5B **80**
Ladykirk Cres. *Pais* —2B **98**
Ladykirk Dri. *G52* —5B **80**
Lady La. *Pais* —1H **97**
Ladyloan Av. *G15* —3G **43**
Ladyloan Pl. *G15* —3G **43**
Lady Mary Wlk. *Ham* —2A **154**
Ladymuir Circ. *Ersk* —6D **40**
Ladymuir Cres. *G53* —3C **100**
Ladysmith Av. *Mill P* —3B **94**
Ladysmith St. *Wis* —5C **144**
Lady Watson Gdns. *Ham*
—1E **153**
Ladywell Rd. *Moth* —3D **142**
Ladywell St. *G4* —4A **84**
Lady Wilson St. *Air* —5B **92**
Ladywood. *Miln* —3H **25**
Lagan Rd. *Carl* —4F **165**
Laggan Quad. *Air* —2G **91**
Laggan Rd. *G43* —2C **118**
Laggan Rd. *Air* —2H **91**
Laggan Rd. *B'rig* —6D **48**
Laggan Rd. *Newt M* —2D **132**
Laggan Ter. *Renf* —5D **58**
Laggan Way. *Newm* —2D **146**
Lagholm Dri. *Lin* —6A **76**
Laidlaw Av. *Moth* —4H **127**
Laidlaw Gdns. *Udd* —4D **108**
Laidlaw St. *G5* —6E **83**
(in three parts)
Laidon Rd. *Air* —2H **91**
Laidon Wlk. *Newm* —3D **146**
(off Murdostoun View)
Laighcartside St. *John* —2G **95**
Laighlands Rd. *Both* —5F **125**
Laighmuir St. *Udd* —2D **124**
Laighpark Av. *B'ton* —4H **39**
Laigh Rd. *Newt M* —4H **133**
Laighstonehall Rd. *Ham*
—1F **153**
Laighton Ct. *Cumb* —1C **54**
Laightoun Dri. *Cumb* —1C **54**
Laightoun Gdns. *Cumb*
—1C **54**
Lainshaw Dri. *G45* —5E **119**
Laird Gro. *Udd* —5E **109**
Laird Pl. *G40* —1B **104**
Lairds Ga. *Udd* —2B **124**
Lairds Hill. *Cumb* —3G **35**
Laird's Hill Ct. *Kils* —3E **11**
Laird's Hill Pl. *Kils* —3E **11**
Laird St. *Coat* —4D **90**
Lairhills Rd. *E Kil* —4G **149**
Lamberton Dri. *G52* —5B **80**
Lambhill Quad. *G41* —6C **82**
LAMBHILL STATION. *G23*
—2C **62**
Lambhill St. *G41* —6B **82**
Lambie Cres. *Newt M* —4C **132**
Lamb St. *G22* —3F **63**
Lamb St. *Ham* —6A **142**
Lamerton Rd. *Cumb* —3C **36**
Lamington Rd. *G52* —1B **100**
Lamlash Cres. *G33* —3B **86**
Lamlash Pl. *G33* —3B **86**
Lamlash Pl. *Moth* —2E **143**
Lamlash Sq. *G33* —3C **86**
Lammermoor. *E Kil* —5E **139**
Lammermoor Av. *G52*
—1C **100**

Lammermoor Cres. *Kirk*
—5F **31**
Lammermoor Dri. *Cumb*
—6G **35**
Lammermoor Gdns. *Kirk*
—5F **31**
Lammermoor Rd. *Kirk* —5F **31**
Lammermoor Ter. *Wis*
—6H **145**
Lammermuir Ct. *Pais* —5A **98**
Lammermuir Dri. *Pais* —5H **97**
Lammermuir Gdns. *Bear*
—6C **24**
Lammermuir Pl. *Moth*
(off Cherry Pl.) —3B **128**
Lammer Wynd. *Lark* —4G **161**
(off Donaldson Rd.)
Lamont Av. *B'ton* —4A **40**
Lamont Rd. *G21* —3D **64**
Lanark Av. *Air* —1A **112**
Lanark Rd. *Carl* —4F **165**
Lanark Rd. *Lark* —4H **155**
Lanark Rd. End. *Lark* —4G **155**
Lanark St. *G1* —5H **83**
Lancaster Av. *Chap* —4D **112**
Lancaster Cres. *G12* —5A **62**
Lancaster Cres. La. *G12*
—5A **62**
Lancaster Rd. *B'rig* —3D **48**
Lancaster Ter. *G12* —5A **62**
Lancaster Ter. La. *G12* —5A **62**
Lancaster Way. *Renf* —2E **79**
Lancefield Quay. *G3* —4C **82**
Lancefield St. *G3* —4D **82**
Landemer Dri. *Ruth* —1B **120**
Landressy Pl. *G40* —1B **104**
Landressy St. *G40* —6B **84**
Landsdowne Gdns. *Ham*
—6B **142**
Landsdowne Rd. *Lark*
—3G **161**
Lane Gdns. *G11* —6H **61**
(off Partickhill Av.)
Lane, The. *Dull* —5F **13**
Lanfine Rd. *Pais* —1D **98**
Langa Gro. *G20* —2C **62**
(off Lochburn Cres.)
Langa St. *G20* —2C **62**
Lang Av. *B'ton* —4A **40**
Lang Av. *Renf* —1E **79**
Langbank St. *G5* —6F **83**
Langbar Cres. *G33* —4D **86**
Langbar Path. *G33* —4D **86**
(off Langbar Cres.)
Langcraigs. *Dumb* —2G **17**
Langcraigs Ct. *Pais* —5G **97**
Langcraigs Dri. *Pais* —6G **97**
Langcraigs Ter. *Pais* —6G **97**
Langcroft Dri. *Camb* —3C **122**
Langcroft Pl. *G51* —4C **80**
Langcroft Rd. *G51* —4C **80**
Langcroft Ter. *G51* —4D **80**
Langdale. *E Kil* —6E **137**
Langdale. *Newt M* —4H **133**
Langdale Av. *G33* —6G **65**
Langdale Rd. *Chry* —5D **52**
Langdales Av. *Cumb* —3F **35**
Langdales St. *G33* —6G **65**
Langfaulds Cres. *Clyd* —6F **23**
Langford Dri. *G53* —4A **116**
Langford Pl. *G53* —4B **116**
Langhill Dri. *Cumb* —2F **35**
Langholm. *E Kil* —5B **148**
Langholm Cres. *Wis* —3H **145**
Langholm Dri. *Lin* —5H **75**
Langholm Path. *Blan* —2A **140**
Langlands Av. *G51* —4D **80**
Langlands Av. *E Kil* —6H **149**
Langlands Ct. *G51* —3F **81**
Langlands Dri. *G51* —3C **80**
Langlands Dri. *E Kil* —6H **149**

Langlands Rd. *G51* —4D **80**
(in two parts)
Langlands-Seafar Interchange.
*Cumb* —5H **35**
Langlands Ter. *Dumb* —1H **17**
Langlea Av. *Camb* —3F **121**
Langlea Rd. *Camb* —3G **121**
Langlees Av. *Newt M* —4H **133**
Langley Av. *G13* —1B **60**
Langley Gro. *Camb* —3G **121**
Langloan Cres. *Coat* —6A **90**
Langloan Pl. *Coat* —5A **90**
Langloan St. *Coat* —6A **90**
Langmuir Av. *Kirk* —4E **31**
Langmuirhead Rd. *Kirk*
—1H **65**
Langmuir Rd. *Barg* —6E **89**
Langmuir Rd. *Kirk* —4F **31**
Langmuir Way. *Bail* —6E **89**
Langness Rd. *G33* —3B **86**
Langorth Av. *Ham* —1D **152**
Langrig Rd. *G21* —4C **64**
Langrig Rd. *Newt M* —6C **132**
Langshaw Cres. *Carl* —3F **165**
Langshot St. *G51* —6B **82**
Langside Av. *G41* —4C **102**
Langside Av. *Udd* —1G **125**
Langside Ct. *Both* —6F **125**
Langside Dri. *G43* —3C **118**
Langside Dri. *Kilb* —3A **94**
Langside La. *G42* —4E **103**
Langside Pk. *Kilb* —3A **94**
Langside Pl. *G41* —5D **102**
Langside Rd. *G42* —5D **102**
Langside Rd. *Both* —6F **125**
LANGSIDE STATION. *G43*
—1C **118**
Langside St. *Clyd* —1G **43**
Langstile Pl. *G52* —6H **79**
Langstile Rd. *G52* —6H **79**
Lang St. *Pais* —1C **98**
Langton Cres. *G53* —4C **100**
Langton Cres. *Barr* —6F **115**
Langton Gdns. *Bail* —1F **107**
Langton Ga. *Newt M* —4C **132**
Langton Pl. *Newt M* —4C **132**
Langton Rd. *G53* —4C **100**
Langtree Av. *Giff* —6G **117**
Lanrig Pl. *Chry* —1A **68**
Lanrig Rd. *Chry* —6A **52**
Lansbury Gdns. *Pais* —4H **77**
Lansbury Ter. *Lark* —4G **161**
Lansdowne Cres. *G20* —1D **82**
Lansdowne Cres. La. *G20*
—1D **82**
(off Gt. Western Rd.)
Lansdowne Dri. *Cumb* —6H **13**
Lantana Gro. *Moth* —1F **143**
Lanton Dri. *G52* ←6B **80**
Lanton Rd. *G43* —2C **118**
Lappin St. *Clyd* —1F **59**
Larbert St. *G4* —2F **83** (2D **4**)
Larch Av. *B'rig* —1D **64**
Larch Av. *Lenz* —1C **50**
Larch Ct. *Blan* —1A **140**
Larch Ct. *Cumb* —1D **36**
Larch Ct. *E Kil* —6D **148**
Larch Cres. *Kirk* —1C **50**
Larch Dri. *Bank* —1E **15**
Larch Dri. *E Kil* —6D **148**
Larches, The. *Mood* —3E **53**
Larchfield Av. *G14* —5B **60**
Larchfield Av. *Newt M*
—5E **133**
Larchfield Av. *Newt M*
—5D **132**
Larchfield Cres. *Wis* —3A **146**
Larchfield Dri. *Ruth* —3D **120**
Larchfield Gdns. *Wis* —3B **146**
Larchfield Gro. *Wis* —3B **146**
Larchfield Pl. *G14* —5B **60**

Larchfield Pl. *Wis* —3B **146**
Larchfield Rd. *Bear* —6F **45**
Larch Gro. *Cumb* —1D **36**
Larch Gro. *Ham* —1A **154**
Larch Gro. *Milt C* —6B **8**
Larch Gro. *Moth* —2B **128**
Larchgrove Av. *G32* —5C **86**
Larchgrove Pl. *G32* —4C **86**
Larchgrove Rd. *G32* —4C **86**
Larch Pl. *E Kil* —6D **148**
Larch Pl. *John* —5G **95**
Larch Pl. *Udd* —5H **109**
Larch Rd. *G41* —1H **101**
Larch Rd. *Cumb* —1D **36**
Larchwood Ter. *Barr* —6F **115**
Larg Dri. *Blan* —5A **124**
Largie Rd. *G43* —2D **118**
Largo Pl. *G51* —4E **81**
Larkfield Ct. *Blan* —3A **140**
Larkfield Dri. *Blan* —3B **140**
Larkfield Rd. *Lenz* —1E **51**
Larkfield St. *G42* —2F **103**
Larkhall Ind. Est. *Lark*
—5G **161**
Larkin Gdns. *Pais* —4H **77**
Larkin Way. *Bell* —6B **110**
Larksfield Dri. *Carl* —5G **165**
Larkspur Dri. *E Kil* —5E **137**
Larkspur Way. *Carl* —5F **165**
Lashley Gro. *Over* —4A **158**
Lasswade St. *G14* —3G **59**
Latherton Dri. *G20* —4B **62**
Latimer Gdns. *G52* —1A **100**
*Latimer Path. G52 —1A 100*
(off Hatton Gdns.)
Latta St. *Dumb* —3G **17**
Lauchlin Pl. *Kirk* —6H **31**
Lauchope Rd. *Moth* —6D **112**
Lauchope St. *Chap* —3E **113**
Lauder Cres. *Wis* —3H **145**
Lauderdale Dri. *Newt M*
—6C **132**
Lauderdale Gdns. *G12* —6H **61**
Lauderdale La. *G12* —6H **61**
Lauder Dri. *Lin* —6H **75**
Lauder Dri. *Ruth* —1F **121**
Lauder Gdns. *Blan* —5A **124**
Lauder Gdns. *Coat* —2F **111**
Lauder Grn. *E Kil* —5B **138**
Lauder La. *Ham* —6C **140**
Lauder St. *G5* —1E **103**
Laughland Dri. *Moth* —4D **128**
Laundry La. *G33* —4C **66**
Lauranne Pl. *Bell* —2A **126**
Laurel Av. *Clyd* —3H **41**
Laurel Av. *Lenz* —1D **50**
Laurel Bank. *Coat* —3C **90**
Laurel Bank. *Ham* —3G **153**
Laurelbank Rd. *G32* —5C **106**
Laurelbank Rd. *Chry* —2H **67**
Laurel Clo. *E Kil* —6E **149**
Laurel Dri. *E Kil* —6E **149**
Laurel Dri. *Lark* —3G **161**
Laurel Dri. *Wis* —5D **144**
Laurel Gdns. *Chap* —3E **113**
Laurel Gdns. *Udd* —5D **108**
*Laurel La. Lark —4G 161*
(off Donaldson Rd.)
Laurel Pl. *G11* —1G **81**
Laurel Sq. *Bank* —1E **15**
Laurels, The. *Newt M* —4D **132**
Laurel St. *G11* —1G **81**
Laurel Wlk. *Ruth* —4E **121**
Laurel Way. *Barr* —4D **114**
Laurence Dri. *Bear* —1D **44**
*Laurenstone Ter. E Kil*
(off Capelrig Dri.) —1B **150**
Lauren View. *Air* —4H **91**
Laurie Ct. *Udd* —6G **109**
Laurieston Rd. *G5* —1F **103**
Lauriston Way. *Ruth* —3D **120**

Lavelle Dri. *Coat* —4E **91**
Lavender Dri. *E Kil* —6F **149**
Lavender La. *Carl* —5E **165**
Laverock Av. *Ham* —1C **154**
Laverockhall St. *G21* —6B **64**
Laverock Rd. *Air* —1B **92**
Laverock Ter. *Chry* —6D **52**
Law Dri. *Moth* —3C **128**
Lawers Dri. *Bear* —1C **44**
Lawers La. *Moth* —3C **128**
Lawers Rd. *G43* —2H **117**
Lawers Rd. *Renf* —2E **79**
Lawfield Av. *Newt M* —4H **133**
Lawhill Av. *G45* —3H **119**
Lawhill Rd. *Law* —6D **158**
Lawhope Mill Rd. *Chap*
—2F **113**
Lawmarnock Cres. *Bri W*
—4E **73**
Lawmarnock Rd. *Bri W*
—5E **73**
Lawmoor Av. *Dix B* —3G **103**
Lawmoor Pl. *G5* —3G **103**
Lawmoor Rd. *G5* —2G **103**
Lawmoor St. *G5* —2G **103**
Lawmuir Cres. *Clyd* —6G **23**
Lawmuir Pl. *Bell* —5C **126**
Lawmuir Rd. *Bell* —4C **126**
Lawmuir Rd. *Law* —6D **158**
Lawn Pk. *Miln* —4A **26**
Lawn St. *Pais* —6B **78**
Law Pl. *E Kil* —5G **137**
Lawrence Av. *Giff* —6A **118**
Lawrence St. *G11* —1A **82**
Lawrie St. *Newm* —4D **146**
Lawrie St. *G11* —1H **81**
Lawrie Way. *Lark* —4G **161**
Law Roundabout. *E Kil*
—5G **137**
Lawson Av. *Moth* —6G **143**
Law St. *G40* —6C **84**
Law View. *Wis* —5A **158**
Laxford Av. *G44* —3E **119**
Laxford Pl. *Coat* —1F **111**
Laxford Rd. *Ersk* —6C **40**
Laxford Way. *Moth* —3C **128**
Laxton Dri. *Lenz* —3E **51**
Lea Av. *Neil* —2D **130**
Leabank Av. *Pais* —5A **98**
Leadburn Rd. *G21* —5E **65**
Leadburn St. *G32* —4G **85**
Leader St. *G33* —2F **85**
Leaend Rd. *Air* —2G **91**
Leander Cres. *Bell* —2G **127**
Leander Cres. *Renf* —1G **79**
Learigg Rd. *Plain* —1H **93**
Learmouth Pl. *Miln* —3F **25**
Leathem Pl. *Wis* —2C **156**
Leathen Pl. *Ersk* —6C **40**
Leckethill Av. *Cumb* —6B **34**
Leckethill Ct. *Cumb* —6B **34**
Leckethill Pl. *Cumb* —6A **34**
Leckethill View. *Cumb* —6B **34**
Leckie Dri. *Ham* —5G **141**
Leckie St. *G43* —5A **102**
Ledaig St. *G31* —4B **84**
Ledard Rd. *G42* —5D **102**
Ledcameroch Cres. *Bear*
—3D **44**
Ledcameroch Pk. *Bear* —3D **44**
Ledcameroch Rd. *Bear* —3D **44**
Ledgate. *Kirk* —4D **30**
Ledgowan Pl. *G20* —1B **62**
Ledi Dri. *Bear* —6B **24**
Ledi Path. *Moth* —4C **128**
Ledi Rd. *G43* —2A **118**
Ledmore Dri. *G15* —3H **43**
Lednock Rd. *G52* —6A **80**
Lednock Rd. *Step* —4C **66**
Lee Av. *G33* —2G **85**
Leebank Dri. *G44* —6D **118**

Leeburn Av. *C'lee* —2C **74**
Leechlee St. *Ham* —6A **142**
Lee Cres. *B'rig* —1C **64**
Leefield Dri. *G44* —5D **118**
Leehill Rd. *G21* —2A **64**
Lee Pl. *Bell* —3F **127**
Leesburn Pl. *E Kil* —5H **137**
Leeside Rd. *G21* —2A **64**
Leesland. *Udd* —5E **109**
Leeward Circ. *E Kil* —2C **148**
Leewood Dri. *G44* —5E **119**
Le Froy Gdns. *E Kil* —3E **149**
Le Froy La. *E Kil* —3E **149**
Lefroy St. *Coat* —4A **90**
Legbrannock Av. *Moth*
—6D **112**
Legbrannock Cres. *Moth*
—3D **128**
Legbrannock Rd. *Moth*
—1E **129**
Leicester Av. *G12* —4H **61**
Leighton St. *G20* —3C **62**
Leighton St. *Wis* —1H **157**
Leitchland Rd. *Eld & Pais*
—5B **96**
Leithington Rd. *Giff* —2G **133**
Leithland Av. *G53* —4B **100**
Leithland Rd. *G53* —4B **100**
Leith St. *G33* —3F **85**
Leman Dri. *Hous* —3D **74**
Leman Gro. *Hous* —3D **74**
Lembert Dri. *Clar* —1B **134**
Lendale La. *B'rig* —3C **48**
Lendalfoot Gdns. *Ham*
—1B **152**
Lendel Pl. *E Kil* —5A **148**
Lendel Pl. *G51* —5B **82**
Lenihall Dri. *G45* —5A **120**
Lenihall Ter. *G45* —5A **120**
Lennox Av. *G14* —6C **60**
Lennox Av. *B'ton* —4H **39**
Lennox Av. *Coat* —4A **90**
Lennox Av. *Miln* —4G **25**
Lennox St. Kirk —5E **31**
(off Highfield Rd.)
Lennox Cres. *B'rig* —1B **64**
Lennox Dri. *Bear* —1F **45**
Lennox Dri. *Clyd* —6C **23**
Lennox Gdns. *G14* —5D **60**
Lennox La. E. *G14* —6D **60**
*Lennox La. W. G14 —5D 60*
(off Norse La.)
Lennox Pl. *Clyd* —4A **42**
Lennox Rd. *Cumb* —3H **35**
Lennox Rd. *Dumb* —4H **17**
Lennox Rd. *Len* —2E **7**
Lennox Rd. *Milt* —4E **19**
Lennox St. *G20* —2A **62**
Lennox St. *Dumb* —4G **17**
Lennox St. *Wis* —5C **146**
Lennox Ter. *Pais* —3C **78**
Lennox View. *Clyd* —4D **42**
Lentran St. *G34* —4A **88**
Leny St. *G20* —5D **62**
Lenziemill Rd. *Cumb* —6H **35**
LENZIE STATION. *Lenz*
—3C **50**
Lenzie St. *G21* —4B **64**
Lenzie Ter. *G21* —3A **64**
Lesley Quad. *Bell* —5B **126**
Leslie Av. *B'ton* —3E **39**
Leslie Av. *Newt M* —2E **133**
Leslie Rd. *G41* —3C **102**
Leslie St. *G41* —2D **102**
Leslie St. *Moth* —2H **143**
Lesmuir Dri. *G14* —4H **59**
Lesmuir Pl. *G14* —4H **59**
Letham Ct. *G43* —2C **118**

Letham Dri. *G43* —2C **118**
Letham Dri. *B'rig* —1E **65**
Lethame Grange. *Cumb*
   —1H **35**
Lethamhill Cres. *G33* —2H **85**
Lethamhill Pl. *G33* —2G **85**
Lethamhill Rd. *G33* —2G **85**
Lethbridge Pl. *E Kil* —3E **149**
Letherby Dri. *G44* —6F **103**
Letheron Dri. *Wis* —4H **145**
Lethington Av. *G41* —5C **102**
Lethington Pl. *G41* —5D **102**
Letterfearn Dri. *G23* —6C **46**
Letterickhills Cres. *Camb*
   —4E **123**
Lettoch St. *G51* —5G **81**
Leven Av. *B'rig* —6D **48**
Leven Ct. *Barr* —2D **114**
Leven Ct. *Dumb* —3E **17**
Leven Ct. *Bear* —3F **45**
Leven Dri. *Ham* —3F **153**
Levenford Ter. *Dumb* —4E **17**
Levengrove Ct. *Dumb* —4E **17**
Levengrove Ter. *Dumb* —4E **17**
Leven Path. *Moth* —2A **128**
   *(off Graham St.)*
Leven Pl. *Ersk* —6C **40**
Leven Quad. *Air* —1H **91**
Leven Rd. *Coat* —2G **89**
Leven Sq. *Renf* —5D **58**
Leven St. *G41* —2D **102**
Leven St. *Dumb* —4G **17**
Leven St. *Moth* —4G **143**
Leven Ter. *Moth* —5C **128**
Leven Valley Enterprise Cen.
   *Dumb* —3D **16**
Leven View. *Clyd* —4D **42**
Leven Way. *Cumb* —3H **35**
   *(off Cumbernauld Cen., The)*
Leven Way. *E Kil* —5B **148**
Leven Way. *Pais* —4C **96**
Levern Cres. *Barr* —5D **114**
Levernside Ind. Cen. *G53*
   —5H **99**
Levern Rd. *G53* —1G **115**
Levernside Av. *G53* —5C **100**
Levernside Av. *Barr* —5C **114**
Levernside Cres. *G53* —4B **100**
Levernside Rd. *G53* —4B **100**
Lewis Av. *Renf* —2F **79**
Lewis Av. *Wis* —4C **146**
Lewis Cres. *Mill P* —3C **94**
Lewis Cres. *Old K* —2G **41**
Lewis Dri. *Old K* —2F **41**
Lewis Gdns. *Bear* —1B **44**
Lewis Gdns. *Old K* —2G **41**
Lewis Gro. *Old K* —2G **41**
Lewis Pl. *Newt M* —3B **132**
Lewis Pl. *Old K* —2G **41**
Lewiston Dri. *G23* —6B **46**
   *(off Lewiston Rd.)*
Lewiston Pl. *G23* —6B **46**
   *(off Lewiston Rd.)*
Lewiston Rd. *G23* —6B **46**
Lexwell Av. *Eld* —2F **95**
Lexwell Rd. *Pais* —3D **96**
Leyden Ct. *G20* —4C **62**
Leyden Gdns. *G20* —4D **62**
Leyden St. *G20* —4C **62**
Leys Pk. *Ham* —5E **141**
Leys, The. *B'rig* —6C **48**
Libberton Way. *Ham* —6E **141**
Liberton St. *G33* —3F **85**
Liberty Av. *Bail* —6E **89**
Liberty Path. *Blan* —2B **140**
Liberty Rd. *Bell* —3C **126**
Libo Av. *G53* —4D **100**
Libo Pl. *Ersk* —5C **40**
Library La. *Giff* —4F **117**
Library Rd. *Wis* —6H **145**
Lickprivick Rd. *E Kil* —6D **148**

Liddel Gro. *E Kil* —4F **149**
Liddells Ct. *B'rig* —2C **64**
Liddell St. *G32* —4C **106**
Liddel Rd. *Cumb* —4G **35**
Liddel Rd. *Cumb* —4A **36**
   (Carbrain)
Liddesdale Pass. *G22* —2G **63**
Liddesdale Pl. *G22* —2A **64**
Liddesdale Rd. *G22* —2F **63**
Liddesdale Sq. *G22* —2H **63**
Liddesdale Ter. *G22* —2A **64**
Liddoch Way. *Ruth* —5B **104**
Liff Gdns. *B'rig* —1F **65**
Liff Pl. *G34* —2A **88**
Lightburn Pl. *G32* —4B **86**
Lightburn Rd. *G31* —5E **85**
Lightburn Rd. *Camb* —3D **122**
Lilac Av. *Clyd* —2H **41**
Lilac Av. *Cumb* —6E **15**
Lilac Ct. *Cumb* —6F **15**
Lilac Cres. *Udd* —5F **109**
Lilac Gdns. *B'rig* —1D **64**
Lilac Hill. *Cumb* —6F **15**
Lilac Hill. *Ham* —1B **154**
Lilac Pl. *Cumb* —6F **15**
Lilac Way. *Moth* —2B **128**
Lillyburn Pl. *G15* —3G **43**
Lilybank Av. *Camb* —3B **122**
Lilybank Av. *Muirh* —2A **68**
Lilybank Gdns. *G12* —1B **82**
Lilybank Gdns. La. *G12*
   *(off Lilybank Gdns.)* —1B **82**
Lilybank La. *G12* —1B **82**
   *(off Lilybank Gdns.)*
Lilybank St. *Ham* —5G **141**
Lilybank Ter. *G12* —1B **82**
Lilybank Ter. La. *G12* —1B **82**
   *(off Gt. George St.)*
Lily St. *G40* —2D **104**
Limdores St. *G42* —5F **103**
Limecraigs Av. *Pais* —6G **97**
Limecraigs Cres. *Pais* —6G **97**
Limecraigs Rd. *Pais* —6F **97**
Lime Cres. *Air* —4C **92**
Lime Cres. *Cumb* —2E **37**
Lime Gro. *Blan* —6A **124**
Lime Gro. *Lenz* —2D **50**
Lime Gro. *Moth* —5G **143**
Limegrove St. *Bell* —6C **110**
Limekilns Rd. *Cumb* —1H **55**
Limekilns St. *Clyd* —6F **23**
Lime La. *G14* —6D **60**
   *(off Dumbarton Rd.)*
Lime Loan. *Moth* —3B **128**
Lime Rd. *Broad I* —3F **17**
Limeside Av. *Ruth* —6D **104**
Limeside Gdns. *Ruth* —6E **105**
Limes, The. *G44* —3F **119**
Lime St. *G14* —6D **60**
Limetree Av. *Udd* —5F **109**
Limetree Ct. *Ham* —4E **141**
Limetree Cres. *Newt M*
   —5D **132**
Limetree Dri. *Clyd* —3C **42**
Limetree Quad. *Udd* —5G **109**
Limetree Wlk. *Milt C* —1B **30**
Limeview Av. *Pais* —6F **97**
Limeview Cres. *Pais* —6F **97**
Limeview Rd. *Pais* —6F **97**
Limeview Way. *Pais* —6F **97**
Linacre Dri. *G32* —6C **86**
Linacre Gdns. *G32* —6D **86**
Linburn Pl. *G52* —5A **80**
Linburn Rd. *G52* —4G **79**
Linburn Rd. *Ersk* —6C **40**
Linclive Interchange. *Lin*
   —6B **76**
Linclive Spur. *Lin* —6B **76**
Linclive Ter. *Lin* —6B **76**
Lincoln Av. *G13* —2C **60**

Lincoln Av. *Udd* —4D **108**
Lincuan Av. *Giff* —6A **118**
Lindams. *Udd* —2D **124**
Lindcres Av. *Ruth* —6D **104**
Linden Av. *Wis* —3A **146**
Linden Ct. *Clyd* —1C **42**
Linden Dri. *Bank* —1E **15**
Linden Dri. *Clyd* —1C **42**
Linden Lea. *Ham* —5F **141**
Linden Lea. *Milt C* —6B **8**
Linden Pl. *G13* —2F **61**
Linden St. *G13* —2F **61**
Linden Way. *G13* —2F **61**
Lindores Dri. *E Kil* —1D **148**
Lindores Pl. *E Kil* —2E **149**
Lindrick Dri. *G23* —6C **46**
Lindsaybeg Ct. *Chry* —5H **51**
Lindsaybeg Rd. *Lenz* —3D **50**
Lindsay Dri. *G12* —3H **61**
Lindsayfield Gro. *E Kil* —6D **148**
Lindsay Gro. *E Kil* —1H **149**
Lindsay Pl. *G12* —3H **61**
Lindsay Pl. *E Kil* —2A **150**
Lindsay Pl. *John* —2G **95**
   *(off John Lang St.)*
Lindsay Pl. *Lenz* —4D **50**
Lindsay Rd. *E Kil* —2H **149**
Lindsay Ter. *Len* —3G **7**
Lindum Cres. *Moth* —1D **142**
Lindum St. *Moth* —1D **142**
Linfern Rd. *G12* —6A **62**
Linghope Pl. *Wis* —3F **157**
Lingley Av. *Air* —5A **92**
Linhope Pl. *E Kil* —4A **148**
Links Rd. *G32* —2D **106**
Links Rd. *G44* —3F **119**
Links, The. *Cumb* —5B **14**
Links View. *Lark* —3G **161**
Linksview Rd. *Moth* —6B **128**
Linkwood Av. *G15* —4H **43**
Linkwood Cres. *G15* —4A **44**
Linkwood Dri. *G15* —4H **43**
Linkwood Pl. *G15* —4H **43**
Linlithgow Gdns. *G32* —6D **86**
Linn Cres. *Pais* —6G **97**
Linn Dri. *G44* —4D **118**
Linnet Av. *John* —6C **94**
Linnet Pl. *G13* —2H **59**
Linnet Rd. *Bell* —3D **126**
Linn Gdns. *Cumb* —3B **34**
Linn Glen. *Len* —3H **7**
Linnhead Dri. *G53* —1B **116**
Linnhead Pl. *G14* —5B **60**
Linnhe Av. *G44* —3E **119**
Linnhe Av. *B'rig* —6D **48**
Linnhe Av. *Ham* —2E **153**
Linnhe Cres. *Wis* —2H **157**
Linnhe Dri. *Barr* —2D **114**
Linnhe Pl. *Blan* —4A **124**
Linnhe Pl. *Ersk* —6C **40**
Linnpark Av. *G44* —5D **118**
Linnpark Ct. *G44* —5D **118**
Linn Pk. Gdns. *John* —3G **95**
Linnpark Ind. Est. *G45*
   —5F **119**
Linside Av. *Pais* —1C **98**
Lint Butts. *Blan* —2A **140**
Linthaugh Rd. *G53* —3A **100**
Linthaugh Ter. *G53* —4D **100**
Linthouse Rd. *G51* —2E **81**
Lintie Rd. *Moth* —3C **128**
Lintlaw. *Blan* —5B **124**
Lintlaw Dri. *G52* —5B **80**
Lintmill Ter. *Neil* —3C **130**
Linton St. *G33* —3G **85**
Lintwhite Cres. *Bri W* —3G **73**
Linwell Cres. *Pais* —6H **97**
Linwood Av. *Clar* —2D **134**
Linwood Av. *E Kil* —1B **148**
Linwood Ct. *G44* —2E **119**
Linwood Ind. Est. *Lin I* —1H **95**

Linwood Rd. *Lin* —6B **76**
Linwood Ter. *Ham* —5F **141**
Lion Bank. *Kirk* —4D **30**
Lismore. *E Kil* —3C **150**
Lismore Av. *Moth* —1D **142**
Lismore Av. *Renf* —2F **79**
Lismore Dri. *Lin* —6F **75**
Lismore Dri. *Pais* —6H **97**
Lismore Gdns. *Mill P* —3C **94**
Lismore Pl. *Chry* —4E **53**
Lismore Pl. *Newt M* —4B **132**
Lismore Rd. *G12* —4H **61**
Lister Gdns. *Clar* —4E **135**
Lister Pl. *H'ton I* —4A **80**
Lister Rd. *G52* —4H **79**
   (in two parts)
Lister St. *G4* —2H **83** (2H 5)
Lister Tower. *E Kil* —3H **149**
   *(off Sinclair Pl.)*
Lister Wlk. *Bell* —6E **111**
Lithgow Av. *Kirk* —6E **31**
Lithgow Cres. *Pais* —3C **98**
Lithgow Dri. *Cle* —6H **129**
Lithgow Pl. *E Kil* —1D **148**
Lit. Dovehill. *G1* —5H **83**
Lit. Drum Rd. *Cumb* —5F **33**
Littlehill Av. *Cumb* —4A **34**
Littlehill St. *G21* —5C **64**
Littleholm Pl. *Clyd* —3A **42**
Lit. John Gdns. *Newm*
   —5D **146**
Littledale Av. *Pais* —6B **96**
Littleston Gdns. *Ersk* —6D **40**
Little St. *G3* —4D **82**
*Littleton Dri. G23 —6B 46*
   *(off Littleton St.)*
Littleton St. *G23* —6B **46**
Livingstone Dri. *Plain* —1G **93**
Livingstone Av. *G52* —3A **80**
Livingstone Boulevd. *Ham*
   —5B **140**
Livingstone Clo. *E Kil* —4F **149**
Livingstone Cres. *Blan*
   —6B **124**
Livingstone Dri. *E Kil* —3F **149**
Livingstone Gdns. *Lark*
   —2F **161**
Livingstone Pk. *Kils* —1F **11**
Livingstone Pl. *Air* —4B **92**
Livingstone St. *Clyd* —6E **43**
Livingstone St. *Ham* —5D **140**
Lloyd Av. *G32* —3A **106**
Lloyd Dri. *Moth* —6A **128**
Lloyds St. *Coat* —6C **90**
Lloyd St. *G31* —3C **84**
Lloyd St. *Moth* —6A **128**
Lloyd St. *Ruth* —4D **104**
Loanbank Pl. *G51* —4G **81**
Loanbank Quad. *G51* —4F **81**
Loancroft Av. *Bail* —2A **108**
Loancroft Gdns. *Udd* —2C **124**
Loancroft Ga. *Udd* —2C **124**
Loancroft Ho. *Bail* —2H **107**
Loancroft Pl. *Bail* —2H **107**
Loanend Cotts. *Camb* —6F **123**
Loanfoot Av. *G13* —2A **60**
Loanfoot Av. *Neil* —3D **130**
Loanfoot Rd. *Blan* —4B **140**
Loanhead Av. *Lin* —5G **75**
Loanhead Av. *Moth* —4D **128**
Loanhead Av. *Renf* —6F **59**
Loanhead Cres. *Moth*
   —4D **128**
Loanhead La. *Lin* —5G **75**
Loanhead Rd. *Lin* —5G **75**
Loanhead Rd. *Moth* —4C **128**
Loanhead St. *G32* —4H **85**
Loanhead St. *Coat* —2A **110**
Loaning. *Lark* —4G **161**
   *(off Donaldson Rd.)*

Loaninghead Dri. *Dumb*

—1H **17**

Loaning, The. *Bear* —2E **45**
Loaning, The. *Giff* —1G **133**
Loaning, The. *Kirk* —6C **30**
Loaning, The. *Moth* —2E **143**
Loan Lea Cres. *Lark* —4F **161**
Loan, The. *Miln* —1C **24**
Lobnitz Av. *Renf* —6F **59**
Lochaber Dri. *Kils* —5C **8**
Lochaber Dri. *Ruth* —3F **121**
Lochaber Pl. *Blan* —2B **140**
Lochaber Pl. *E Kil* —6H **137**
Lochaber Rd. *Bear* —5G **45**
Lochaber Wlk. *Milt C* —4C **8**
Lochachray Gdns. *G32*

—1C **106**

Lochachray St. *G32* —1C **106**
Lochaline Av. *Pais* —3E **97**
Lochaline Dri. *G44* —3E **119**
Lochalsh Cres. *Milt C* —5C **8**
Lochalsh Dri. *Pais* —3E **97**
Lochalsh Pl. *Blan* —1A **140**
Lochar Cres. *G53* —3D **100**
Lochard Dri. *Pais* —4E **97**
Lochar Pl. *E Kil* —4A **148**
Lochart Pl. *Wis* —5C **146**
Loch Assynt. *E Kil* —3B **150**
Loch Awe. *E Kil* —3A **150**
Loch Awe Pl. *Coat* —5B **90**
Lochay St. *G32* —1C **106**
Lochbrae Dri. *Ruth* —3E **121**
Lochbridge Rd. *G34* —4G **87**
Lochbroom Dri. *Newt M*

—3F **133**

Lochbroom Dri. *Pais* —3E **97**
Loch Brora Cres. *Coat* —5A **90**
Lochbuie La. *Glenm* —5G **71**
Lochburn Cres. *G20* —2C **62**
Lochburn Gro. *G20* —2C **62**
(off Lochburn Cres.)
Lochburn Pas. *G20* —2C **62**
Lochburn Rd. *G20* —3B **62**
Lochdochart Path. *G34* —4B **88**
(off Lentran St.)
Lochdochart Rd. *G34* —3A **88**
Lochearn Cres. *Air* —1H **91**
Lochearn Cres. *Pais* —3E **97**
Lochearnhead Rd. *G33* —4B **66**
Lochend Av. *G'csh* —2C **68**
Lochend Dri. *Bear* —4D **44**
Lochend Path. *G34* —2H **87**
Lochend Rd. *G34* —2H **87**
Lochend Rd. *Bear* —4E **45**
Lochend Rd. *G'csh* —2D **68**
Lochend St. *Moth* —3H **143**
Locher Av. *Hous* —2E **75**
Locherburn Av. *Hous* —4D **74**
Locherburn Gro. *Hous* —3D **74**
Locherburn Pl. *Hous* —3D **74**
Locher Cres. *Hous* —3E **75**
Locher Gdns. *Hous* —3E **75**
Locher Rd. *Kilb & Bri*

—6H **73**

Locher Way. *Hous* —2E **75**
Lochfauld Rd. *G23* —5E **47**
Lochfield Cres. *Pais* —4B **98**
Lochfield Dri. *Pais* —4C **98**
Lochfield Rd. *Pais* —4B **98**
Lochgilp St. *G20* —2A **62**
Loch Goil. *E Kil* —3A **150**
Lochgoin Av. *G15* —3G **43**
Lochgreen Pl. *Coat* —1G **89**
Lochgreen Pl. *Ham* —3F **153**
Lochgreen St. *G33* —6F **65**
Lochhead Av. *Lin* —6H **75**
*Lochiel Ct. Air* —4F **91**
(off Monkscourt Av.)
Lochiel La. *Ruth* —3F **121**
Lochiel Rd. *T'bnk* —3F **117**

Lochinvar Rd. *Cumb* —6F **35**
Lochinver Cres. *Pais* —3E **97**
Lochinver Dri. *G44* —3E **119**
Lochinver Gro. *Camb* —2C **122**
Loch Laidon Ct. *G32* —1D **106**
Loch Laidon St. *G32* —1D **106**
Loch Laxford. *E Kil* —3B **150**
Lochlea. *E Kil* —5D **138**
Loch Lea. *Kirk* —3F **31**
Lochlea Av. *Clyd* —4E **43**
Lochlea Loan. *Lark* —3G **161**
(off Catrine St.)
Lochlea Rd. *G43* —1B **118**
Lochlea Rd. *Clar* —4C **134**
Lochlea Rd. *Cumb* —2B **36**
Lochlea Rd. *Ruth* —2B **120**
Lochlea Rd. *Ruth* —2G **121**
(Burnside)
Lochlea Way. *Moth* —3E **129**
Lochlee Loan. *Lark* —4G **161**
(off Donaldson Rd.)
Lochleven La. *G42* —6E **103**
Lochleven Rd. *G42* —6E **103**
Lochlibo Av. *G13* —3H **59**
Lochlibo Cres. *Barr* —6C **114**
Lochlibo Rd. *Barr* —3A **130**
Lochlibo Ter. *Barr* —6C **114**
Loch Long. *E Kil* —3A **150**
Loch Loyal. *E Kil* —3B **150**
Lochmaben Rd. *G52* —1H **99**
Lochmaddy Av. *G44* —3E **119**
Loch Maree. *E Kil* —3B **150**
Loch Meadie. *E Kil* —3B **150**
Lochnagar Dri. *Bear* —6B **24**
Lochnagar Way. *Lark* —4G **161**
(off Donaldson Rd.)
Loch Naver. *E Kil* —3B **150**
Lochore Av. *Pais* —4B **78**
Loch Pk. *Wis* —6A **146**
Loch Pk. Av. *Carl* —5E **165**
Loch Pk. Pl. *Lark* —4E **161**
Loch Pl. *Bri W* —3F **73**
Loch Rd. *G33* —4D **66**
Loch Rd. *Bri W* —3F **73**
Loch Rd. *Chap* —3D **112**
Loch Rd. *Kirk* —6D **30**
Loch Rd. *Miln* —2H **25**
Loch Shin. *E Kil* —3B **150**
Lochside. *Bear* —4F **45**
Lochside. *G'csh* —3D **68**
Lochside St. *G41* —4C **102**
Loch St. *C'bnk* —3B **112**
Loch Striven. *E Kil* —2A **150**
Loch Torridon. *E Kil* —3B **150**
Loch View. *C'bnk* —3B **112**
Lochview Cotts. *Bail* —6C **68**
Lochview Cres. *G33* —6H **65**
Lochview Dri. *G33* —6H **65**
Lochview Gdns. *G33* —6H **65**
Lochview Pl. *G33* —6H **65**
Lochview Quad. *Bell* —4B **126**
Lochview Rd. *Bear* —4E **45**
Lochview Rd. *Coat* —2G **89**
Lochview Ter. *G'csh* —4D **68**
Loch Voil St. *G32* —1D **106**
Lochwood Cotts. *Bail* —1C **88**
Lochwood Loan. *Mood* —4E **53**
Lochwood St. *G33* —1B **66**
Lochy Av. *Renf* —2H **79**
Lochy Gdns. *Bri W* —6D **48**
Lochy Pl. *Ersk* —6C **40**
Lochy St. *Wis* —2G **157**
Lockerbie Av. *G43* —1D **118**
Locket Yett View. *Bell* —2A **126**
Lockhart Av. *Camb* —1D **122**
Lockhart Dri. *Camb* —1D **122**
Lockhart St. *G21* —1D **84**
Lockhart St. *Carl* —3F **165**
Lockhart St. *Ham* —5G **153**
Lockhart Ter. *E Kil* —1B **150**
Locksley Av. *G13* —1C **60**

Locksley Av. *Cumb* —1G **55**
Locksley Ct. *Cumb* —1G **55**
Locksley Cres. *Cumb* —1G **55**
Locksley Pl. *Cumb* —1G **55**
Locksley Rd. *Cumb* —1G **55**
Locksley Rd. *Pais* —4D **96**
Locksley Way. *Pais* —4D **96**
Locks St. *Coat* —5F **91**
*Lodge Tower. Moth* —5A **144**
(off Burnside Ct.)
Logan Av. *Newt M* —3C **132**
Logandale Av. *Newm* —3D **146**
Logan Dri. *Cumb* —2F **35**
Logan Dri. *Pais* —5G **77**
Logan Gdns. *Cle* —1H **145**
Loganlea Dri. *Moth* —6A **128**
Logans Rd. *Moth* —2D **142**
Logan St. *G5* —3H **103**
Logan St. *Blan* —2C **140**
Loganswell Dri. *T'bnk* —5E **117**
Loganswell Gdns. *T'bnk*

—5E **117**

Loganswell Pl. *T'bnk* —5E **117**
Loganswell Rd. *T'bnk* —5E **117**
Logan Tower. *Camb* —3E **123**
Logie Pk. *E Kil* —6A **138**
Logie Sq. *E Kil* —6A **138**
Lomax St. *G33* —3F **85**
Lomnay Rd. *G33* —3D **86**
Lomond. *E Kil* —6G **149**
Lomond Av. *Renf* —2D **78**
Lomond Ct. *Barr* —5E **115**
Lomond Ct. *Cumb* —6E **35**
Lomond Ct. *Dumb* —3F **17**
Lomond Cres. *Bri W* —3E **73**
Lomond Cres. *Cumb* —6E **35**
Lomond Cres. *Pais* —5H **97**
Lomond Dri. *Air* —1G **91**
Lomond Dri. *Barr* —3D **114**
Lomond Dri. *B'rig* —4B **48**
Lomond Dri. *Both* —4F **125**
Lomond Dri. *Cumb* —6D **34**
Lomond Dri. *Dumb* —1H **17**
Lomond Dri. *Newt M* —2D **132**
Lomond Dri. *Wis* —1G **157**
Lomond Gdns. *Eld* —3A **96**
Lomond Gro. *Cumb* —6E **35**
Lomond Pl. *G33* —5D **66**
Lomond Pl. *Coat* —2A **90**
Lomond Pl. *Cumb* —6D **34**
Lomond Pl. *Ersk* —6C **40**
(in two parts)
Lomond Rd. *Bear* —5E **45**
Lomond Rd. *Coat* —1G **89**
Lomond Rd. *Kirk* —2D **50**
Lomond Rd. *Udd* —4D **108**
Lomondside Av. *Clar* —1A **134**
Lomond St. *G22* —4F **63**
*Lomond View. Clyd* —4D **42**
(off Church St.)
Lomond View. *Cumb* —6E **35**
Lomond View. *Ham* —1D **152**
Lomondview Ind. Est. *G20*

—1F **95**

Lomond Wlk. *Lark* —1F **161**
(off Duncan Graham St.)
Lomond Wlk. *Moth* —3C **128**
*Lomond Way. Moth* —2A **128**
(off Graham St.)
London Rd. *G1* —5H **83**
London Rd. *G32* —4A **106**
London Rd. *G40 & G31*

—1C **104**

London St. *Lark* —1E **161**
London St. *Renf* —4F **59**
Lonend. *Pais* —1B **98**
Longay Pl. *G22* —1G **63**
Longay St. *G22* —1G **63**
Long Calderwood Cotts. *E Kil*

—5C **138**

(off Maxwellton Rd.)

Long Crags. *Dumb* —1H **17**
Longcroft Dri. *Renf* —5E **59**
Longden St. *Clyd* —1F **59**
Long Dri. *E Kil* —4A **150**
Longford St. *G33* —3F **85**
Longlee. *Bail* —1H **107**
Longmeadow. *John* —4D **94**
Long Row. *Bail* —5A **88**
Longstone Pl. *G33* —3B **86**
Longstone Rd. *G33* —3B **86**
Longwill Ter. *Cumb* —1B **36**
Lonsdale Av. *Giff* —4A **118**
Loom Wlk. *Kilb* —2A **94**
(in two parts)
Lora Dri. *G52* —1E **101**
Lord Way. *Bail* —6D **88**
Loretto Pl. *G33* —3H **85**
Loretto St. *G33* —3H **85**
Lorimer Cres. *E Kil* —4F **149**
Lorn Av. *Chry* —1B **68**
Lorne Cres. *B'rig* —5F **49**
Lorne Dri. *Lin* —6G **75**
Lorne Dri. *Moth* —5F **127**
Lorne Pl. *Coat* —6F **91**
Lorne Rd. *H'ton I* —3H **79**
Lorne St. *G51* —5B **82**
Lorne St. *Ham* —5G **141**
Lorne Ter. *Camb* —4H **121**
Lorn Pl. *Kirk* —4A **32**
Lorraine Gdns. *G12* —5A **62**
*Lorraine Gdns. La. G12*
(off Lorraine Gdns.) —5A **62**
Lorraine Rd. *G12* —5A **62**
Loskin Dri. *G22* —2F **63**
Lossie Cres. *Renf* —1H **79**
Lossie St. *G33* —2F **85**
Lothian Cres. *Pais* —4H **97**
Lothian Dri. *Clar* —1B **134**
Lothian Gdns. *G20* —6C **62**
Lothian St. *G52* —3G **79**
(in five parts)
Lothian Way. *E Kil* —6D **138**
Louden St. *Air* —4A **92**
Loudon. *E Kil* —6G **149**
Loudon Gdns. *John* —2G **95**
Loudonhill Av. *Ham* —3A **154**
Loudon Rd. *G33* —5B **66**
Loudon St. *Wis* —3H **145**
*Loudon Ter. Bear* —6D **24**
(off Grampian Way)
Louise Gdns. *Holy* —2H **127**
Louisville Av. *Wis* —4B **146**
Lounsdale Cres. *Pais* —3E **97**
Lounsdale Dri. *Pais* —3F **97**
Lounsdale Ho. *Pais* —4E **97**
Lounsdale Pl. *G14* —5B **60**
Lounsdale Rd. *Pais* —3F **97**
Lourdes Av. *G52* —1D **100**
Lourdes Ct. *G52* —1D **100**
Lovat Av. *Bear* —6E **25**
Lovat Dri. *Kirk* —5B **30**
Lovat Path. *Lark* —4G **161**
(off Donaldson Rd.)
Lovat Pl. *Ruth* —3F **121**
Love Av. *Bri W* —1A **72**
Love St. *Pais* —5A **78**
Low Barholm. *Kilb* —3B **94**
Low Broadlie Rd. *Neil*

—1D **130**

Low Craigends. *Kils* —3A **12**
Low Cres. *Clyd* —1G **59**
Lwr. Admiralty Rd. *Old K*

—2F **41**

Lwr. Auchingramont Rd. *Ham*

—5A **142**

Lwr. Bourtree Dri. *Ruth*

—3E **121**

Lwr. Hill Rd. *Clar* —3D **134**
Lwr. Millgate. *Udd* —1D **124**
Low Flender Rd. *Clar* —4B **134**
Lowndes St. *Barr* —5E **115**

Low Parksail. *Ersk* —2G **57**
Low Patrick St. *Ham* —6B **142**
Low Pleasance. *Lark* —2F **161**
Low Rd. *Cast* —2G **97**
Lowther Av. *Bear* —6C **24**
Lowther Ter. *G12* —5A **62**
Low Waters Rd. *Ham*

—3H **153**
Loyal Av. *Ersk* —6D **40**
Loyal Gdns. *Bear* —6B **24**
Loyal Pl. *Ersk* —6D **40**
Loyne Dri. *Renf* —1H **79**
Luath St. *G51* —3G **81**
Lubas Av. *G42* —6H **103**
Lubas Pl. *G42* —6H **103**
Lubnaig Dri. *Ersk* —6D **40**
Lubnaig Gdns. *Bear* —6C **24**
Lubnaig Pl. *Air* —1G **91**
Lubnaig Rd. *G43* —2C **118**
Lubnaig Wlk. *Moth* —2A **128**
Luckiesfauld. *Neil* —3D **130**
Luckingsford Av. *Inch* —2H **57**
Luckingsford Dri. *Inch* —2G **57**
Luckingsford Rd. *Inch* —2G **57**
Lucy Brae. *Udd* —5C **108**
Ludovic Sq. *John* —2F **95**
Luffness Gdns. *G32* —3B **106**
Lugar Dri. *G52* —1E **101**
Lugar Pl. *G44* —2A **120**
Lugar St. *Coat* —3D **90**
Luggiebank Pl. *Bail* —1E **109**
Luggiebank Rd. *Kirk* —5D **30**
(in two parts)
Luggie Rd. *Carl* —3D **164**
Luggie View. *Cumb* —6C **34**
Luing. *Air* —5E **93**
Luing Pl. *G52* —6E **81**
Lumloch St. *G21* —5C **64**
Lumsden La. *G3* —2B **82**
(off Lumsden St.)
Lumsden St. *G3* —3B **82**
Lunan Dri. *B'rig* —1E **65**
Lunan Pl. *G51* —4E **81**
Luncarty Pl. *G32* —2A **106**
Luncarty St. *G32* —2A **106**
Lunderston Dri. *G53* —6A **100**
Lundie Gdns. *B'rig* —1E **65**
Lundie St. *G32* —2G **105**
Luss Brae. *Ham* —1C **152**
Lusset Glen. *Old K* —1F **41**
Lussett Rd. *Old K* —1F **41**
Lusset View. *Clyd* —4D **42**
Lusshill Ter. *Udd* —3H **107**
Luss Rd. *G51* —4F **81**
Lybster Cres. *Ruth* —4F **121**
Lye Brae. *Cumb* —3B **36**
Lyell Gro. *E Kil* —6G **137**
Lyell Pl. *E Kil* —6G **137**
Lyle Cres. *B'ton* —3F **39**
Lyle Pl. *Pais* —3B **98**
Lyle Rd. *Air* —4F **93**
Lyle's Land. *Hous* —1B **74**
Lylesland Ct. *Pais* —3A **98**
Lyle Sq. *Miln* —3E **25**
Lyman Dri. *Wis* —2A **146**
Lymburn St. *G3* —3B **82**
Lymekilns Rd. *E Kil* —1F **149**
Lyndale Pl. *G20* —1B **62**
Lyndale Rd. *G20* —1B **62**
Lyndhurst Gdns. *G20* —6D **62**
Lyndhurst Gdns. La. *G20*
(off Lothian Gdns.) —6C **62**
Lyne Croft. *B'rig* —3C **48**
Lynedoch Cres. *G3* —2D **82**
Lynedoch Pl. *G3* —2D **82**
Lynedoch St. *G3* —2D **82**
Lynedoch Ter. *G3* —2D **82**
Lyne St. *Wis* —4G **145**
Lynnburn Av. *Bell* —1C **126**
Lynn Ct. *Lark* —3E **161**
Lynn Dri. *Miln* —3A **26**

Lynne Dri. *G23* —6C **46**
Lynnhurst. *Udd* —6D **108**
Lynton Av. *Giff* —6G **117**
Lynwood Rd. *Newm* —3G **147**
Lyoncross Av. *Barr* —5F **115**
Lyoncross Cres. *Barr* —4F **115**
Lyoncross Rd. *G53* —3B **100**
Lyon Rd. *Ersk* —6C **40**
Lyon Rd. *Pais* —4D **96**
Lyons Quad. *Wis* —5D **144**
Lysander Way. *Renf* —2F **79**
Lysa Vale Pl. *Bell* —2A **126**
Lytham Dri. *G23* —6C **46**
Lytham Meadows. *Both*

—5C **124**
Lyttelton. *E Kil* —5D **148**

# M

M8 Food Pk. *G21* —1H **83**
Mabel St. *Moth* —4G **143**
Macadam Gdns. *Bell* —1C **126**
Macadam Pl. *E Kil* —3G **149**
McAllister Av. *Air* —3D **92**
McAlpine St. *G2*

—4E **83** (6A **4**)
McAlpine St. *Wis* —1H **157**
McArdle Av. *Moth* —2D **142**
Macarthur Av. *Glenm* —6F **71**
Macarthur Ct. *E Kil* —6E **137**
Macarthur Dri. *E Kil* —6E **137**
Macarthur Gdns. *E Kil*

—6E **137**
McArthur Pk. *Kirk* —6C **30**
McArthur St. *G43* —6A **102**
McAslin Ct. *G4* —3H **83** (3H **5**)
McAslin St. *G4* —3A **84**
Macbeth. *E Kil* —4B **138**
Macbeth Pl. *G31* —1F **105**
Macbeth St. *G31* —1F **105**
MacCabe Gdns. *Len* —4H **7**
McCallum Av. *Ruth* —6D **104**
McCallum Ct. *E Kil* —5D **136**
McCallum Gdns. *Bell* —5B **126**
McCallum Gro. *E Kil* —5D **136**
McCallum Pl. *E Kil* —5D **136**
McCallum Rd. *Lark* —4F **161**
McCarrison Rd. *Wis* —3E **147**
McCash Pl. *Kirk* —6C **30**
McClue Av. *Renf* —6D **58**
McClue Rd. *Renf* —5E **59**
McClurg Ct. *Moth* —4G **143**
McConnell Gdns. *Kils* —3A **12**
McCormack Gdns. *Moth*

—3E **129**
McCracken Av. *Renf* —1D **78**
McCracken Dri. *Udd* —5G **109**
McCreery St. *Clyd* —1F **59**
Maccrimmon Pk. *E Kil*

—5D **136**
McCulloch Av. *Udd* —1G **125**
McCulloch St. *G41* —1D **102**
Macdairmid Dri. *Ham* —4F **153**
Macdonald Av. *E Kil* —5C **136**
McDonald Av. *John* —4E **95**
Macdonald Cres. *Twe* —2D **32**
MacDonald Gro. *Bell* —5B **126**
Macdonald Pl. *Barr* —2E **131**
McDonald Pl. *Moth* —2A **128**
Macdonald St. *Ruth* —6C **104**
Macdougal Quad. *Bell*

—5B **126**
Macdougal St. *G43* —6A **102**
Macdowall St. *John* —2F **95**
Macdowall St. *Pais* —5H **77**
Macduff. *Ersk* —5E **41**
Macduff Pl. *G31* —1F **105**
Macduff St. *G31* —1F **105**
Mace Rd. *G13* —6C **44**

McEwan Gdns. *E Kil* —5C **136**
Macfarlane Rd. *Bear* —4G **45**
McFarlane St. *G4* —5A **84**
McFarlane St. *Pais* —4G **77**
Macfie Pl. *E Kil* —5D **136**
McGarvey Pl. *Kirk* —5E **31**
McGhee St. *Clyd* —3D **42**
McGowan Pl. *Ham* —4E **141**
McGown St. *Pais* —5H **77**
McGregor Av. *Air* —3D **92**
McGregor Av. *Renf* —1D **78**
McGregor Dri. *Dumb* —1C **18**
McGregor Path. *Glenb* —3G **69**
McGregor Rd. *Cumb* —4G **35**
McGregor St. *G51* —5F **81**
McGregor St. *Clyd* —1F **59**
McGregor St. *Wis* —5D **144**
McGrigor Rd. *Miln* —2F **25**
Machan Av. *Lark* —2E **161**
Machanhill. *Lark* —2F **161**
Machanhill View. *Lark*

—3F **161**
Machan Rd. *Lark* —3E **161**
Machrie Dri. *Newt M* —3E **133**
Machrie Dri. *G45* —3B **120**
Machrie Rd. *Moth* —2D **142**
Machrie St. *G45* —4A **120**
McInnes Ct. *Wis* —1H **157**
McInnes Pl. *Wis* —4H **157**
McIntosh Pl. *G31* —4B **84**
McIntosh Pl. *E Kil* —4E **149**
McIntosh Quad. *Bell* —5B **126**
McIntosh St. *G31* —4B **84**
McIntosh Way. *Moth* —4E **143**
McIntyre Pl. *Pais* —3A **98**
Macintyre St. *G3* —3D **82**
McIntyre Ter. *Camb* —1A **122**
McIver St. *Camb* —1D **122**
Macivor Cres. *E Kil* —5C **136**
McKay Cres. *John* —3G **95**
McKay Gro. *Bell* —2B **126**
McKay Pl. *E Kil* —5C **136**
McKean St. *Pais* —5G **77**
McKechnie St. *G51* —3G **81**
McKeith St. *G40* —1B **104**
McKenna Dri. *Air* —4G **91**
McKenzie Av. *Clyd* —3D **42**
Mackenzie Dri. *Mill P* —4B **94**
Mackenzie Gdns. *E Kil*

—5C **136**
McKenzie St. *Pais* —6G **77**
Mackenzie Ter. *Bell* —6C **110**
McKerrell St. *Pais* —6C **78**
Mackie's Mill Rd. *Eld* —5B **96**
Mackinlay St. *G5* —1F **103**
McKinley Pl. *Newt M* —5D **132**
Mack St. *Air* —3A **92**
McLaren Av. *Renf* —2E **79**
McLaren Cres. *G20* —1C **62**
McLaren Gro. *E Kil* —5C **136**
McLaren Pl. *G44* —5D **118**
McLaurin Cres. *John* —4D **94**
Maclay Av. *Kilb* —3A **94**
McLean Av. *Renf* —2E **79**
Maclean Ct. *E Kil* —5D **136**
McLean Dri. *Bell* —5B **126**
Maclean Gro. *E Kil* —5D **136**
*Maclean Path. Coat —6C 34*
(off Airdrie Rd.)
McLean Pl. *Pais* —4H **77**
Maclean Rd. *Barr* —3E **131**
Maclean Rd. *E Kil* —5D **136**
Maclean St. *G51* —5B **82**
Maclean St. *G5* —1F **103**
*Mclean St. Clyd —1G 59*
(off Wood Quad.)
McLees La. *Moth* —2D **142**
Maclehose Rd. *Cumb* —2C **36**
McLelland Dri. *Plain* —1H **93**
Maclellan St. *G41* —6B **82**
McLennan St. *G42* —5F **103**

Macleod Pl. *E Kil* —6B **138**
McLeod Rd. *Dumb* —1C **18**
Macleod St. *G4* —4A **84**
McMahon Rd. *Newm* —3E **147**
Macmillan Gdns. *Udd* —5E **109**
McMillan Rd. *Wis* —1D **156**
Macmillan St. *Lark* —3D **160**
McMillan Way. *Law* —6D **158**
McNair St. *G32* —6A **86**
McNeil Av. *Clyd* —6G **43**
McNeil Dri. *Moth* —6G **111**
McNeil Gdns. *G5* —1H **103**
Macneil Dri. *E Kil* —5D **136**
Macneil Gdns. *E Kil* —5D **136**
Macneil St. *Lark* —2D **160**
McNeil Pl. *Over* —4A **158**
Macneil St. *G5* —1H **103**
Macneish Way. *E Kil* —6C **137**
Macnicol Ct. *E Kil* —5C **136**
Macnicol Pk. *E Kil* —5C **136**
Macnicol Pl. *E Kil* —5C **136**
McPhail St. *G40* —1A **104**
McPhater St. *G4*

—2F **83** (2D **4**)
McPherson Cres. *Chap*

—4E **113**
McPherson Dri. *Both* —4F **125**
Macpherson Pk. *E Kil* —6E **137**
McPherson St. *Bell* —2F **127**
Macphie Rd. *Dumb* —1C **18**
Macquisten Bri. *G41* —6B **102**
*Macrae Ct. John —4E 95*
(off Tannahill Cres.)
Macrae Gdns. *E Kil* —6E **137**
Macrimmon Pl. *E Kil* —3G **149**
McSparran Rd. *Kils* —1B **34**
MacTaggart Rd. *Cumb* —5G **35**
Madison Av. *G44* —2F **119**
Madison Pl. *Blan* —2B **140**
Madras Pl. *G40* —2B **104**
Madras Pl. *Neil* —2E **131**
Madras St. *G40* —2B **104**
Mafeking St. *G51* —5H **81**
Mafeking St. *Wis* —5D **144**
Mafeking Ter. *Neil* —2E **131**
Magdalen Way. *Pais* —6B **96**
Magna St. *Moth* —1D **142**
Magnolia Gdns. *Moth* —4C **128**
Magnolia Pl. *Udd* —5G **109**
Magnolia St. *Wis* —4H **145**
Magnus Cres. *G44* —3F **119**
Magnus Rd. *Hous* —3C **74**
Mahon Ct. *Mood* —6D **52**
Maidens. *E Kil* —6F **137**
Maidens Av. *Newt M* —4G **133**
Maidland Rd. *G53* —5C **100**
Mailerbeg Gdns. *Chry* —4D **52**
Mailie Wlk. *Moth* —4C **128**
Mailing Av. *B'rig* —5D **48**
Mainhead Ter. *Cumb* —6B **14**
Mainhill Av. *Bail* —6B **88**
Mainhill Dri. *Bail* —6A **88**
Mainhill Pl. *Bail* —5B **88**
Mainhill Rd. *Bail* —6C **88**
Mains Av. *Giff* —6H **117**
Mainscroft. *Ersk* —6G **41**
Mains Dri. *Ersk* —6G **41**
Mains Hill. *Ersk* —6F **41**
Mainshill Av. *Ersk* —6H **41**
Mainshill Gdns. *Ersk* —6F **41**
Mains Pl. *Bell* —4C **126**
Mains River. *Ersk* —6G **41**
Mains Rd. *E Kil* —6G **137**
Mains Rd. *E Kil* —4G **137**
(Nerston)
Main St. *G40* —2B **104**
Main St. *Bail* —1H **107**
Main St. *Barr* —5D **114**

Main St. *Bell* —2B **126**
Main St. *Blan* —3A **140**
Main St. *Bog* —6E **147**
Main St. *Both* —5E **125**
Main St. *Bri W* —3F **73**
Main St. *Both* —5E **125**
Main St. *C'bnk* —2C **112**
Main St. *Camb* —1A **122**
Main St. *Chap* —2E **113**
Main St. *Chry* —1A **68**
Main St. *Clar* —3D **134**
Main St. *Cle* —1H **145**
Main St. *Coat* —4C **90**
(in two parts)
Main St. *Cumb* —6B **14**
Main St. *E Kil* —1H **149**
Main St. *Glenb* —3H **69**
Main St. *Holy* —2A **128**
Main St. *Hous* —1A **74**
Main St. *Kils* —2H **11**
Main St. *Len* —3F **7**
Main St. *Miln* —4G **25**
(in two parts)
Main St. *Neil* —2D **130**
Main St. *Over* —5A **158**
Main St. *Plain* —1G **93**
Main St. *Ruth* —5C **104**
Main St. *T'bnk* —4F **117**
Main St. *Torr* —5D **28**
Main St. *Twe* —1D **32**
Main St. *Udd* —1D **124**
Main St. *Wis* —5F **145**
Mains Wood. *Ersk* —6H **41**
Mair St. *G51* —5C **82**
Maitland Bank. *Lark* —2G **161**
Maitland St. *Torr* —4D **28**
Maitland Pl. *Renf* —1D **78**
Maitland St. *G4* —2F **83** (1D **4**)
Malcolm Gdns. *E Kil* —1E **149**
Malcolm St. *Moth* —3E **143**
Mal Fleming's Brae. *Kils*
—4B **12**
Malin Pl. *G33* —3H **85**
Mallaig Pl. *G51* —4D **80**
Mallaig Rd. *G51* —4D **80**
Mallard Cres. *E Kil* —6C **148**
Mallard Pl. *E Kil* —6C **148**
Mallard Rd. *Clyd* —2D **42**
Mallard Ter. *E Kil* —6C **148**
Malleable Gdns. *Moth*
—5E **127**
Malletsheugh Rd. *Newt M*
—6A **132**
Malloch Cres. *Eld* —3H **95**
Malloch Pl. *E Kil* —1B **150**
Malloch St. *G20* —4C **62**
Malov Ct. *E Kil* —6G **149**
Mal Plaquet Ct. *Carl* —4H **165**
Maltbarns St. *G20* —6E **63**
Malvaig La. *Blan* —2A **140**
Malvern Ct. *G31* —5C **84**
Malvern Way. *Pais* —3H **77**
Mambeg Dri. *G51* —3E **81**
Mamore Pl. *G43* —1A **118**
Mamore St. *G43* —1A **118**
Manchester Dri. *G12* —3G **61**
Mandora Ct. *Carl* —4H **165**
Mannering. *E Kil* —5D **138**
Mannering Rd. *G41* —5A **102**
Mannering Rd. *Pais* —6C **96**
Mannering Way. *Pais* —5C **96**
Mannofield. *Bear* —3D **44**
Manor Dri. *Air* —3G **91**
Manor Pk. *Ham* —1H **153**
Manor Rd. *G14* —5E **61**
Manor Rd. *Drum* —6H **43**
Manor Rd. *G'csh* —4D **68**
Manor Rd. *Pais* —4C **96**
Manor View. *C'bnk* —3B **112**
Manor View. *Lark* —3G **161**

Manor Way. *Ruth* —3E **121**
Manot Ga. *Newt M* —6F **133**
Manresa Pl. *G4* —1F **83**
Manse Av. *Bear* —2F **45**
Manse Av. *Both* —5E **125**
Manse Av. *Coat* —1H **109**
Manse Brae. *G44* —1F **119**
Manse Brae. *Lark* —6D **162**
Manse Bri. *Carl* —4G **165**
Manse Ct. *Barr* —4F **115**
Manse Ct. *Kils* —4H **11**
Manse Ct. *Law* —1A **164**
Manse Cres. *Hous* —1B **74**
Mansefield Av. *Camb* —3A **122**
Mansefield Cres. *Clar* —3B **134**
Mansefield Cres. *Old K* —6E **21**
Mansefield Dri. *Udd* —1D **124**
Mansefield Rd. *Clar* —3B **134**
Mansefield Rd. *Ham* —5H **153**
Mansel St. *G21* —4B **64**
Manse Pl. *Air* —4A **92**
Manse Rd. *G32* —1D **106**
Manse Rd. *Barg* —5C **88**
Manse Rd. *Bear* —2E **45**
Manse Rd. *Bowl* —5B **20**
Manse Rd. *Crmck* —2H **135**
Manse Rd. *Kils* —4H **11**
Manse Rd. *Moth* —1G **155**
Manse Rd. *Neil* —2D **130**
Manse Rd. *Newm* —5D **146**
Manse Rd. *Coat* —5B **90**
Manse St. *Renf* —5F **59**
Manse View. *Lark* —3F **161**
Manse View. *Moth* —3F **143**
Mansewood Dri. *Dumb*
—2H **17**
Mansewood Rd. *G43* —1H **117**
Mansfield Rd. *G52* —4H **79**
Mansfield Rd. *Bell* —3B **126**
Mansfield St. *G11* —1A **82**
Mansion Ct. *Camb* —1A **122**
Mansionhouse Av. *G32*
—5C **106**
Mansionhouse Dri. *G32*
—5C **106**
Mansionhouse Gdns. *G41*
—6C **102**
Mansionhouse Gro. *Mt V*
—2E **107**
Mansionhouse Rd. *G41*
—6C **102**
Mansionhouse Rd. *Mt V*
—1E **107**
Mansionhouse Rd. *Pais*
—6C **78**
Mansion St. *G22* —4G **63**
Mansion St. *Camb* —1A **122**
Manson Pl. *E Kil* —6B **150**
Maple Av. *Dumb* —2B **16**
Maple Av. *Milt C* —6B **8**
Maple Av. *Newt M* —5D **132**
Maple Bank. *Ham* —1B **154**
Maple Ct. *Coat* —1B **110**
(off Ailsa Rd.)
Maple Ct. *Cumb* —6F **15**
Maple Dri. *Barr* —6F **115**
Maple Dri. *Clyd* —2B **42**
Maple Dri. *John* —5F **95**
Maple Dri. *Kirk* —2A **50**
Maple Dri. *Lark* —6A **156**
Maple Gro. *E Kil* —6D **148**
Maple Pl. *Bank* —1E **15**
Maple Pl. *E Kil* —5D **148**
Maple Pl. *Udd* —5H **109**
Maple Quad. *Air* —5D **92**
Maple Rd. *G41* —1H **101**
Maple Rd. *Cumb* —6F **15**
Maple Rd. *Moth* —2B **128**
Maple Ter. *E Kil* —5D **148**
Maple Way. *Blan* —2A **140**
Maple Way. *Milt C* —6B **8**

Mar Av. *B'ton* —4H **39**
Marchbank Gdns. *Pais* —1F **99**
Marchfield. *B'rig* —4A **48**
Marchfield Av. *Pais* —3H **77**
Marchglen Pl. *G51* —4D **80**
Marchmont Gdns. *B'rig*
—4B **48**
Marchmont Ter. *G12* —6A **62**
(off Observatory Rd.)
March St. *G41* —3D **102**
Mardale. *E Kil* —6E **137**
Mar Dri. *Bear* —6F **25**
Maree Dri. *G52* —1E **101**
Maree Dri. *Cumb* —6D **34**
Maree Gdns. *B'rig* —6D **48**
Maree Rd. *Pais* —3E **97**
Maree Wlk. *Newm* —3D **146**
(off Banavie Rd.)
Maree Way Houses. *Blan*
—1B **140**
Marfield St. *G32* —4G **85**
Mar Gdns. *Ruth* —3F **121**
Margaret Av. *Hag* —1G **15**
Margaret Pl. *Bell* —2A **126**
Margaret Rd. *Ham* —3F **141**
Margaret's Pl. *Lark* —2E **161**
Margaret St. *Coat* —1C **110**
Margaretvale Dri. *Lark*
—3E **161**
Marguerite Av. *Lenz* —1C **50**
Marguerite Dri. *Kirk* —1C **50**
Marguerite Gdns. *Both*
—5F **125**
Marguerite Gdns. *Kirk* —1C **50**
Marguerite Gro. *Kirk* —1C **50**
Marguerite Pl. *Milt C* —5B **8**
Marian Dri. *Moth* —5C **128**
Maric La. *Plain* —1G **93**
Marigold Av. *Moth* —1G **143**
Marigold Way. *Carl* —4F **165**
Marine Cres. *G51* —5C **82**
Marine Gdns. *G51* —5C **82**
Mariner Ct. *Clyd* —5C **42**
Mariscat Rd. *G41* —3C **102**
Marjory Dri. *Pais* —4C **78**
Marjory Rd. *Renf* —2C **78**
Market Clo. *Kils* —3H **11**
(off Market St.)
Market Ct. *Kils* —3H **11**
(off Market St.)
Markethill Rd. *E Kil* —3F **137**
Markethill Roundabout. *E Kil*
—6G **137**
Market Pl. *Carl* —3F **165**
Market Pl. *Kils* —3H **11**
Market Pl. *Udd* —6G **109**
Market Rd. *Kirk* —6G **31**
Market Rd. *Udd* —6G **109**
Market Sq. *Kils* —3H **11**
Market St. *Air* —3A **92**
Market St. *Kils* —3H **11**
Market St. *Udd* —6G **109**
Marlborough Av. *G11* —6F **61**
Marlborough La. S. *G11*
—6F **61**
(off Broomhill Dri.)
Marlborough Pk. *E Kil*
—4C **148**
Marldon La. *G11* —6F **61**
Marley Way. *Milt C* —5B **8**
Marlfield Gdns. *Bell* —6C **110**
Marlinford Rd. *G51* —6A **60**
Marlow St. *G41* —1C **102**
Marlow Ter. *G41* —1C **102**
Marmion Ct. *Pais* —5D **96**
Marmion Cres. *Moth* —5F **127**
Marmion Dri. *Kirk* —3G **31**
Marmion Pl. *Cumb* —6G **35**
Marmion Rd. *Cumb* —6G **35**
Marmion Rd. *Pais* —5C **96**
Marne St. *G31* —4D **84**

Marnoch Dri. *Glenb* —3H **69**
Marnoch Way. *Chry* —5D **52**
Marnock Ter. *Pais* —2C **98**
Marrswood Grn. *Ham* —6F **141**
Marrwood Av. *Kirk* —1H **51**
Marshall Gro. *Ham* —6F **141**
Marshall La. *Wis* —6G **145**
Marshall St. *Coat* —1H **109**
Marshall St. *Lark* —2E **161**
Marshall St. *Wis* —6F **145**
Martha Pl. *Lark* —3F **161**
Martha St. *G1* —3G **83** (4F **5**)
Martin Ct. *Ham* —6G **141**
Martin Cres. *Bail* —6A **88**
Martin Pl. *Moth* —4C **128**
Martinside. *E Kil* —6G **149**
Martin St. *G40* —2B **104**
Martin St. *Coat* —4F **91**
Martlet Dri. *John* —6C **94**
Mart St. *G1* —5G **83**
Martyn St. *Air* —4G **91**
Martyrs Pl. *B'rig* —1C **64**
Marwick St. *G31* —4D **84**
Mary Dri. *Bell* —4A **126**
Mary Glen. *Wis* —4B **146**
Maryhill Rd. *G20* —3B **62**
Maryhill Rd. *Bear* —5F **45**
Maryhill Shopping Cen. *G20*
—4C **62**

MARYHILL STATION. *G20*
—1A **62**
Maryknowe Rd. *Moth* —5C **128**
Maryland Dri. *G52* —6E **81**
Maryland Gdns. *G52* —6E **81**
Maryland Rd. *Dumb* —1H **17**
Mary Rae Rd. *Bell* —4A **126**
Mary Sq. *Bail* —6D **88**
Maryston St. *G33* —1F **85**
Mary St. *Ham* —1G **153**
Mary St. *John* —2G **95**
Mary St. *Pais* —3A **98**
Maryville Av. *Giff* —5A **118**
Maryville La. *Udd* —5B **108**
Maryville View. *Udd* —4B **108**
Marywood Sq. *G41* —3D **102**
Mary Young Pl. *Clar* —3D **134**
Masonfield Av. *Cumb* —3F **35**
Mason La. *Moth* —3G **143**
(in two parts)
Mason St. *Lark* —4G **161**
Mason St. *Moth* —3G **143**
Masterton St. *G21* —6G **63**
Matherton Av. *Newt M*
—4H **133**
Mathieson Rd. *Ruth* —4E **105**
Mathieson St. *Pais* —6D **78**
Matilda Rd. *G41* —2C **102**
Matthew McWhirter Pl. *Lark*
—1F **161**
Mauchline. *E Kil* —6D **138**
Mauchline Av. *Kirk* —3G **31**
Mauchline Ct. *Ham* —1B **152**
Mauchline Ct. *Kirk* —3G **31**
Mauchline St. *G5* —1E **103**
Maudslie St. *Bell* —3C **126**
Maudslie St. *Coat* —6C **90**
Maukinfauld Ct. *G32* —2F **105**
Maukinfauld Rd. *G32* —2G **105**
Mauldslie Dri. *Law* —5D **158**
Mauldslie Pl. *Ashg* —5D **162**
Mauldslie Rd. *Carl* —2F **163**
Mauldslie St. *G40* —1D **104**
Maule Dri. *G11* —1G **81**
Mavis Bank. *B'rig* —1B **64**
Mavis Bank. *Blan* —2A **140**
(off Moorfield Rd.)
Mavisbank Gdns. *G51* —5C **82**
Mavisbank Gdns. *Bell* —1C **126**
Mavisbank Rd. *G51* —4B **82**
Mavisbank St. *Air* —3G **91**

Mavisbank St. Newm —4G **147**
Mavisbank Ter. John —3F **95**
Mavisbank Ter. Pais —2B **98**
Mavis Valley Rd. B'rig —3A **48**
Mavor Av. E Kil —5H **137**
Mavor Roundabout. E Kil
—6H **137**
Maxton Av. Barr —4C **114**
Maxton Cres. Wis —3A **146**
Maxton Ter. Camb —4H **121**
Maxwell Av. G41 —1C **102**
Maxwell Av. Bail —1G **107**
Maxwell Av. Bear —4E **45**
Maxwell Ct. G41 —1C **102**
Maxwell Cres. Blan —3B **140**
Maxwell Dri. G41 —1A **102**
Maxwell Dri. Bail —6F **87**
Maxwell Dri. E Kil —1H **149**
Maxwell Dri. Ersk —4D **40**
Maxwell Gdns. G41 —1B **102**
Maxwell Gro. G41 —1B **102**
Maxwell Oval. G41 —1D **102**
MAXWELL PK. STATION. G41
—3B **102**
Maxwell Path. Lark —4G **161**
(off Donaldson Rd.)
Maxwell Pl. G41 —2E **103**
Maxwell Pl. Coat —5B **90**
Maxwell Pl. Kils —2H **11**
Maxwell Rd. G41 —1D **102**
Maxwell Rd. B'ton —4H **39**
Maxwell St. G1 —5G **83**
Maxwell St. Bail —1H **107**
Maxwell St. Clyd —3B **42**
Maxwell St. Pais —6A **78**
Maxwell Ter. G41 —1D **102**
Maxwellton Av. E Kil —1A **150**
Maxwellton Ct. Pais —1G **97**
Maxwellton Pl. E Kil —6B **138**
Maxwellton Rd. E Kil —6B **138**
Maxwellton Rd. Pais —1F **97**
Maxwellton St. Pais —1G **97**
Maxwelton Rd. G33 —1F **85**
Maybank La. G42 —4E **103**
Maybank St. G42 —4E **103**
Mayberry Cres. G32 —6D **86**
Mayberry Gdns. G32 —6D **86**
Mayberry Gro. G32 —6D **86**
Mayberry Pl. Blan —1B **140**
Maybole Cres. Newt M
—5G **133**
Maybole Gdns. Ham —1B **152**
Maybole Gro. Newt M
—5G **133**
Maybole Pl. Coat —2F **111**
Maybole St. G53 —1H **115**
Mayfield Av. Clar —2C **134**
Mayfield Gdns. Carl —6G **165**
Mayfield Rd. Carl —6G **165**
Mayfield Rd. Ham —5D **140**
Mayfield St. G20 —4D **62**
May Gdns. Ham —4G **141**
May Rd. Pais —6A **98**
May St. Ham —4H **141**
May Ter. G42 —5F **103**
May Ter. Giff —4A **118**
Meadow Av. Blan —3B **140**
Meadowbank La. Udd —1C **124**
Meadowbank Pl. Newt M
—4D **132**
Meadowbank St. Dumb
—3E **17**
Meadowburn. B'rig —3C **48**
Meadowburn Av. Lenz —2E **51**
Meadowburn Av. Newt M
—4D **132**
Meadowburn Rd. Wis —6A **146**
Meadow Ct. Dumb —2F **17**
Meadowfield Pl. Newm
—3G **147**
Meadowhead Av. Chry —5D **52**

Meadowhead Rd. Plain —1F **93**
Meadowhead Rd. Wis —5C **144**
Meadowhill. Newt M —4D **132**
Meadowhill St. Lark —2F **161**
Meadow La. Both —5F **125**
Meadow La. Renf —4F **59**
Meadowpark St. G31 —4D **84**
(in two parts)
Meadow Path. Chap —4D **112**
Meadow Rd. G11 —1G **81**
Meadow Rd. Dumb —3F **17**
Meadow Rd. Moth —4H **143**
Meadows Av. Lark —2F **161**
Meadow Side. Ham —5H **153**
Meadowside Av. Eld —3B **96**
Meadowside Gdns. Air —4D **92**
Meadowside Ind. Est. Renf
—3F **59**
Meadowside Pl. Air —4D **92**
Meadowside Rd. Kils —3C **10**
Meadowside St. G11 —2G **81**
Meadowside St. Renf —4F **59**
Meadows, The. Hous —2D **74**
Meadow View. Cumb —1C **36**
Meadow View. Plain —1G **93**
Meadow Wlk. Coat —5D **90**
Meadow Way. Newt M
—4D **132**
Meadowwell St. G32 —6B **86**
Meadside Av. Kilb —1A **94**
Meadside Rd. Kilb —1A **94**
Mealkirk St. Clyd —6E **23**
Mearns Ct. Ham —4A **154**
Mearnscroft Gdns. Newt M
—6F **133**
Mearnscroft Rd. Newt M
—6F **133**
Mearns Rd. Moth —1E **143**
Mearns Rd. Newt M —6E **133**
Mearns Way. B'rig —5E **48**
Medlar Rd. Cumb —3D **36**
Medrox Gdns. Cumb —2B **54**
Medwin Ct. E Kil —4A **148**
Medwin Gdns. E Kil —4A **148**
Medwin St. Camb —2D **122**
Medwyn St. G14 —6D **60**
(in two parts)
Meek Pl. Camb —2B **122**
Meetinghouse La. Pais —6A **78**
Megan Ga. G40 —1B **104**
Megan St. G40 —1B **104**
Meikle Av. Renf —1E **79**
Meikle Bin Brae. Len —3G **7**
Meikle Cres. Ham —4G **153**
Meikle Earnock Rd. Ham
—5D **152**
Meiklehill Ct. Kirk —4E **31**
(in two parts)
Meiklehill Rd. Kirk —4E **31**
Meiklem St. Bell —2E **127**
Meiklerig Cres. G53 —3B **100**
Meikleriggs Dri. Pais —4E **97**
Meikle Rd. G53 —5C **100**
Meiklewood Rd. G51 —5D **80**
Melbourne Av. Clyd —2H **41**
Melbourne Av. E Kil —4E **149**
Melbourne Ct. Giff —4B **118**
Melbourne Grn. E Kil —3E **149**
Melbourne St. G31 —5B **84**
Meldon Pl. G51 —4D **80**
Meldrum Gdns. G41 —3B **102**
Meldrum Mains. Glenm
—5G **71**
Meldrum St. Clyd —1F **59**
Melford Av. Giff —5B **118**
Melford Av. Kirk —5B **30**
Melford Gdns. Mill P —4C **94**
Melford Rd. Rig l —1H **125**
Melford Way. Pais —3D **78**
Melfort Av. G41 —1H **101**

Melfort Av. Clyd —4D **42**
Melfort Path. Newm —2D **146**
(off Kildonan Ct.)
Melfort Quad. Moth —4D **128**
(off Glenmore Rd.)
Melfort Rd. Ham —6C **140**
Mellerstain Rd. G14 —3G **59**
Melness Pl. G51 —4D **80**
Melrose Av. Chap —3D **112**
Melrose Av. Lin —6H **75**
Melrose Av. Moth —1B **128**
Melrose Av. Pais —4E **97**
Melrose Av. Ruth —6D **104**
(off Dunard Rd.)
Melrose Cres. Wis —4G **145**
Melrose Gdns. G20 —6D **62**
Melrose Gdns. Kils —1C **32**
(off Glen Shirva Rd.)
Melrose Gdns. Udd —4D **108**
Melrose Pl. Blan —6A **124**
Melrose Pl. Coat —4B **90**
Melrose Pl. Lark —4E **165**
Melrose Rd. Cumb —6G **35**
Melrose St. G4 —1E **83**
Melrose St. Ham —4F **141**
Melrose Ter. E Kil —6H **137**
Melrose Ter. Ham —3F **141**
Melvaig Pl. G20 —4B **62**
Melvick Pl. G51 —4D **80**
Melville Dri. Moth —3G **143**
Melville Gdns. B'rig —5C **48**
Melville Pk. E Kil —6B **138**
Melville Pl. Carl —3E **165**
Melville St. G41 —2D **102**
Memel St. G21 —4A **64**
Memus Av. G52 —1C **100**
Mennock Ct. Ham —1C **152**
Mennock Dri. B'rig —3C **48**
Mennock St. Cle —5H **129**
Menock Rd. G44 —1F **119**
Menteith Av. B'rig —6D **48**
Menteith Dri. Ruth —5F **121**
Menteith Gdns. Bear —5C **24**
Menteith Loan. Moth —2A **128**
Menteith Pl. Ruth —5F **121**
Menteith Rd. Moth —2G **143**
Menteith St. Moth —2G **143**
Menzies Dri. G21 —4C **64**
Menzies Pl. G21 —4C **64**
Menzies Rd. G21 —4D **64**
Merchant La. G1 —5G **83**
Merchiston Av. Lin —6F **75**
Merchiston Dri. Brkfld —6D **74**
Merchiston St. G32 —4G **85**
Merkins Av. Dumb —1H **17**
Merkland St. G11 —2H **81**
Merkland Dri. Kirk —4G **31**
Merkland Rd. Coat —1G **89**
Merkland St. G11 —1H **81**
Merksworth Way. Pais —4H **77**
(off Mosslands Rd.)
Merlewood Av. Both —3F **125**
Merlin Av. Bell —6C **110**
Merlinford Av. Renf —6G **59**
Merlinford Cres. Renf —6G **59**
Merlinford Dri. Renf —6G **59**
Merlinford Way. Renf —6G **59**
Merlin Way. Pais —4D **78**
Merrick Ct. Air —1B **92**
Merrick Gdns. G51 —6H **81**
Merrick Gdns. Bear —6C **24**
Merrick Path. G51 —6H **81**
(off Merrick Gdns.)
Merrick Ter. Udd —6F **109**
Merrick Way. Ruth —4D **120**
Merryburn Av. Giff —2B **118**
Merrycrest Av. Giff —2A **118**
Merrycroft Av. Giff —3B **118**
Merryflats. Twe —1D **32**

Merryland Pl. G51 —4A **82**
Merryland St. G51 —4H **81**
(in two parts)
Merrylee Cres. Giff —2A **118**
Merrylee Pk. Av. Giff —3A **118**
Merrylee Pk. M. Giff —2A **118**
Merrylee Rd. G43 & G44
—2B **118**
Merrylees Rd. Blan —2A **140**
Merryston Ct. Coat —5A **90**
Merrystone St. Coat —4B **90**
Merry St. Moth —2G **143**
(in two parts)
Merryton Av. G15 —4B **44**
Merryton Av. Giff —3A **118**
Merryton Rd. Lark —5H **155**
Merryton Rd. Moth —1B **156**
Merryton St. Lark —6H **155**
Merryton Tower. Moth
—1B **156**
Merryvale Av. Giff —2B **118**
Merryvale Pl. Giff —2A **118**
Merton Dri. G52 —6A **80**
Meryon Gdns. G32 —3D **106**
Meryon Rd. G32 —2D **106**
Methil St. G14 —6C **60**
Methlan Pk. Dumb —5D **16**
Methlick Av. Air —1G **111**
Methuen Rd. Pais —2B **78**
Methven Av. Bear —2H **45**
Methven Pl. E Kil —1E **149**
Methven Rd. Giff —3G **133**
Methven St. G31 —2F **105**
Methven St. Clyd —3B **42**
Metropole La. G1 —5G **83**
Mews La. Pais —4B **78**
Michael McParland Dri. Torr
—5D **28**
Michael Ter. Chap —4D **112**
Micklehouse Oval. Bail —5H **87**
Micklehouse Pl. Bail —5H **87**
Micklehouse Rd. Bail —5H **87**
Micklehouse Wynd. Bail
—5H **87**
Midas Pl. Bell —2G **127**
Mid Barrwood Rd. Kils —4A **12**
Mid Carbarns. Wis —2D **156**
Midcroft. B'rig —4A **48**
Midcroft Av. G44 —2H **119**
Middlefield. E Kil —6G **149**
Middlemuir Ct. Carl —3D **164**
Middlemuir Rd. Kirk —2D **50**
Middlemuir Rd. Lenz —1D **50**
Middle Pk. Pais —3H **97**
Middlerigg Rd. Cumb —3F **35**
Middlesex St. G41 —6C **82**
Middleton. Stru l —5F **161**
Middleton Cres. Pais —5F **77**
Middleton Dri. Miln —3H **25**
Middleton Dri. Lin —5A **76**
Middleton Rd. Pais —5F **77**
Middleton St. G51 —5A **82**
Middleward St. Clyd —6F **23**
Midland St. G1 —4F **83** (6C **4**)
Midlem Dri. G52 —6C **80**
Midlem Oval. G52 —6C **80**
Midlock St. G51 —6A **82**
Midlothian Dri. G41 —4B **102**
Mid Park. E Kil —3G **149**
Mid Rd. Cumb —1H **55**
Midton Rd. How —6B **94**
Midton St. G21 —6B **64**
Mid Wharf St. G4 —1G **83**
Migvie Pl. G20 —4B **62**
Milford. E Kil —4D **148**
Milford St. G33 —3A **86**
Millands Av. Blan —6A **124**
Millarbank St. G21 —5A **64**
Millars Pl. Lenz —3D **50**
Millarston Av. Pais —1E **97**
Millarston Ct. Pais —1F **97**

Millarston Dri. *Pais* —1E **97**
Millarston Ind. Est. *Pais*
—2E **97**
Millar St. *Pais* —6B **78**
Millar Ter. *Ruth* —4D **104**
Millbank Av. *Bell* —4D **126**
Millbank Rd. *Wis* —2F **157**
Millbeg Cres. *G33* —5E **87**
Millbeg Pl. *G33* —6E **87**
Mill Brae. *Bri W* —3F **73**
Millbrae Av. *Chry* —1B **68**
Millbrae Ct. *G42* —6D **102**
Millbrae Ct. *Coat* —6H **89**
Millbrae Cres. *G42* —6C **102**
Millbrae Cres. *Clyd* —2F **59**
Millbrae Gdns. *G42* —6D **102**
Millbrae Rd. *G43 & G42*
—6C **102**
Millbrix Av. *G14* —4A **60**
Millbrook. *E Kil* —1D **148**
Millburn Av. *Clyd* —1G **59**
Millburn Av. *Renf* —6F **59**
Millburn Av. *Ruth* —1C **120**
Millburn Ct. *E Kil* —4A **148**
Millburn Cres. *Dumb* —4H **17**
Millburn Dri. *Renf* —6G **59**
Millburn Gdns. *E Kil* —4A **148**
Millburn La. *Lark* —3G **161**
Millburn Pl. *Lark* —5F **161**
Millburn Rd. *Ashg* —4B **162**
Millburn Rd. *Dumb* —4H **17**
Millburn Rd. *Renf* —6F **59**
Millburn St. *G21* —2C **84**
Millburn St. *Len* —3F **7**
Millburn St. *Moth* —2G **143**
Millburn Way. *E Kil* —4A **148**
Millburn Way. *Renf* —6G **59**
Mill Ct. *Ham* —1G **153**
Mill Ct. *Ruth* —5C **104**
Mill Cres. *G40* —2B **104**
Mill Cres. *Torr* —4E **29**
Millcroft Rd. *Cumb* —3G **55**
Millcroft Rd. *Cumb* —4B **36**
(Carbrain)
Millcroft Rd. *Ruth* —3B **104**
Milldam Rd. *Clyd* —6E **23**
Miller Ct. *Dumb* —3H **17**
Millerfield Pl. *G40* —2D **104**
Millerfield Pl. *Ham* —6B **142**
Millerfield Rd. *G40* —2D **104**
Millersneuk Av. *Lenz* —3D **50**
Millersneuk Ct. *Lenz* —3D **50**
Millersneuk Cres. *G33* —4A **66**
Millersneuk Dri. *Lenz* —3D **50**
Millersneuk Rd. *Lenz* —3D **50**
Miller's Pl. *Air* —4B **92**
Millerston St. *G40* —5C **84**
Miller St. *G1* —4G **83** (6E **5**)
Miller St. *Bail* —1H **107**
Miller St. *Carl* —3F **165**
Miller St. *Clyd* —6D **42**
Miller St. *Coat* —6D **90**
Miller St. *Dumb* —3H **17**
Miller St. *Ham* —6B **142**
Miller St. *John* —2H **95**
Miller St. *Lark* —2E **161**
Miller St. *Wis* —6G **145**
Millfield Av. *Ersk* —6D **40**
Millfield Av. *Moth* —1H **143**
Millfield Cres. *Ersk* —6E **41**
Millfield Dri. *Ersk* —6E **41**
Millfield Gdns. *Ersk* —6D **40**
(East Craigend)
Millfield Gdns. *Ersk* —6E **41**
(West Craigend)
Millfield Hill. *Ersk* —6D **40**
Millfield La. *Ersk* —6D **40**
Millfield Pl. *Ersk* —6D **40**
Millfield View. *Ersk* —6D **40**
Millfield Wlk. *Ersk* —1E **57**
Millfield Wynd. *Ersk* —6D **40**

Millford Dri. *Lin* —6H **75**
Millgate. *Udd* —5D **108**
Millgate Av. *Udd* —5D **108**
Millgate Ct. *Udd* —6D **108**
Millgate Rd. *Ham* —2G **153**
Millheugh. *Lark* —3C **160**
Millheugh Brae. *Lark* —3C **160**
Millheugh Pl. *Blan* —3A **140**
Millheugh Rd. *Ham* —6C **160**
Millheugh Rd. *Lark* —3C **160**
Millholm Rd. *G44* —3F **119**
Millhouse Cres. *G20* —2A **62**
Millhouse Dri. *G20* —2H **61**
Millichen Rd. *G23* —3B **46**
Milliken Dri. *Mill P* —3C **94**
Milliken Pk. Rd. *Mill P* —4C **94**
MILLIKENPARK STATION. *John*
—5C **94**
Milliken Rd. *Mill P* —3C **94**
Mill Loan. *Air* —3A **92**
Mill of Gryffe Rd. *Bri W*
—3F **73**
Mill Pk. *Ham* —1G **153**
Mill Pl. *Lin* —5G **75**
Millport Av. *G44* —6G **103**
Millrig. *E Kil* —6F **149**
Mill Rise. *Lenz* —3D **50**
Mill Rd. *Air* —2A **92**
Mill Rd. *Both* —6E **125**
Mill Rd. *Camb* —1C **122**
Mill Rd. *Carl* —4E **165**
Mill Rd. *Clyd* —2F **59**
Mill Rd. *Moth* —2H **143**
Mill Rd. *Queen* —4C **10**
Mill Rd. *Wis* —6G **147**
Millroad Dri. *G40* —5A **84**
Millroad Gdns. *G40* —5B **84**
(off Millroad Dri.)
Millroad St. *G40* —5A **84**
(in two parts)
Millstream Ct. *Pais* —1B **98**
Mill St. *G40* —2B **104**
Mill St. *Pais* —1B **98**
Mill St. *Ruth* —5C **104**
(in two parts)
Millview. *Barr* —4F **115**
Millview Meadows. *Neil*
—2C **130**
Millview Pl. *G53* —3B **116**
Millview Ter. *Neil* —2C **130**
Mill Way. *Kirk* —6G **31**
Millwood St. *G41* —5C **102**
Milnbank St. *G31* —3C **84**
Milncroft Pl. *G33* —2A **86**
Milncroft Rd. *G33* —2A **86**
Milner La. *G13* —4E **61**
Milner Rd. *G13* —4E **61**
Milngavie Rd. *Bear* —4F **45**
MILNGAVIE STATION. *Miln*
—4H **25**
Milnpark Gdns. *G41* —6B **82**
Milnpark St. *G41* —6B **82**
Milnwood Dri. *Bell* —3E **127**
Milnwood Dri. *Moth* —5E **127**
Milovaig Av. *G23* —6B **46**
Milovaig St. *G23* —6B **46**
Milrig Rd. *Ruth* —6B **104**
Milroy Gdns. *Bell* —5C **110**
Milton Av. *Camb* —2G **121**
Milton Brae. *Milt* —1F **19**
Milton Ct. *Air* —3A **92**
Milton Ct. *Kirk* —5E **31**
(off Highfield Rd.)
Milton Ct. *Milt* —3F **19**
Milton Cres. *Carl* —4F **165**
Milton Douglas Rd. *Clyd*
—2C **42**
Milton Dri. *B'rig* —2B **64**
Milton Gdns. *Udd* —5C **108**
Milton Hill. *Milt* —4F **19**

Milton Mains Rd. *Dun* —2C **42**
Milton Rd. *Carl* —5B **164**
Milton Rd. *E Kil* —1C **148**
Milton Rd. *Kirk* —3C **30**
Milton Rd. *Len* —4G **7**
Milton St. *G4* —2F **83** (2D **4**)
Milton St. *Air* —3A **92**
Milton St. *Carl* —3E **165**
Milton St. *Ham* —5E **141**
Milton St. *Moth* —1G **143**
Milton Ter. *Ham* —4E **141**
Milverton Av. *Bear* —1C **44**
Milverton Rd. *Giff* —6G **117**
Mimosa Rd. *Bri W* —3F **73**
Minard Rd. *G41* —4C **102**
Minard Way. *Udd* —6E **109**
Mincher Cres. *Moth* —5G **143**
Minch Way. *Air* —6C **92**
Minella Gdns. *Bell* —5C **110**
Minerva Ct. *G3* —3C **82**
(off Houldsworth St.)
Minerva St. *G3* —3C **82**
Minerva Way. *G3* —3B **82**
Mingarry La. *G20* —5C **62**
Mingarry St. *G20* —5C **62**
Mingulay Cres. *G22* —1H **63**
Mingulay Pl. *G22* —1A **64**
Mingulay St. *G22* —1H **63**
Minister's Pk. *E Kil* —5B **136**
Minmoir Rd. *G53* —6H **99**
Minster Wlk. *Bail* —6D **88**
Minstrel Rd. *G13* —6D **44**
Minto Av. *Ruth* —3F **121**
Minto Cres. *G52* —6F **81**
Minto Pk. *Wis* —3A **146**
Minto St. *G52* —6F **81**
Mireton St. *G22* —4F **63**
Mirren Dri. *Clyd* —6B **22**
Mirrlees Dri. *G12* —5A **62**
Mirrlees La. *G12* —5A **62**
Mitchell Arc. *Ruth* —5D **104**
Mitchell Av. *Camb* —1E **123**
Mitchell Av. *Renf* —1D **78**
Mitchell Ct. *E Kil* —1E **149**
Mitchell Dri. *Miln* —4A **26**
Mitchell Dri. *Ruth* —1D **120**
Mitchell Gro. *E Kil* —1E **149**
Mitchell Hill Rd. *G45* —5B **120**
Mitchell La. *G1* —4F **83** (5D **4**)
Mitchell Rd. *Cumb* —3A **36**
Mitchell St. *G1* —4F **83** (6D **4**)
Mitchell St. *Air* —3H **91**
Mitchell St. *Coat* —1F **109**
Mitchison Rd. *Cumb* —2A **36**
Mitre Ct. *G11* —5F **61**
Mitre La. *G14* —5E **61**
Mitre La. W. *G14* —5D **60**
Mitre Rd. *G11* —5F **61**
Mitre Rd. *G14* —5D **60**
Moat Av. *G13* —2C **60**
Mochrum Rd. *G43* —1C **118**
Moffat Ct. *E Kil* —4A **148**
Moffat Gdns. *E Kil* —4A **148**
Moffathill. *Air* —6E **93**
Moffat Pl. *Air* —3F **93**
Moffat Pl. *Blan* —6B **124**
Moffat Pl. *Coat* —1F **111**
Moffat Pl. *E Kil* —4A **148**
Moffat Rd. *Air* —4F **93**
Moffat St. *G5* —1H **103**
Moffat View. *Plain* —1G **93**
Mogarth Av. *Pais* —5D **96**
Moidart Av. *Renf* —5D **58**
Moidart Ct. *Barr* —3D **114**
Moidart Cres. *G52* —6F **81**
Moidart Gdns. *Kirk* —4H **31**
Moidart Gdns. *Newt M*
—3E **133**
Moidart Pl. *G52* —6F **81**
Moidart Rd. *G52* —6E **81**
Moir St. *G1* —5H **83**

Molendinar St. *G1* —5H **83**
Molendinar Ter. *Neil* —3C **130**
Mollinsburn Rd. *Cumb* —3A **54**
Mollinsburn Rd. *Glenb* —6B **54**
Mollinsburn St. *G21* —6A **64**
Mollins Ct. *Cumb* —2H **53**
Mollins Rd. *Cumb* —1G **53**
Mollins Roundabout. *Cumb*
—3H **53**
Monach Rd. *G33* —3C **86**
Monar Dri. *G22* —6F **63**
Monar Pl. *G22* —6F **63**
Monar St. *G22* —6F **63**
Monart Pl. *G20* —5D **62**
Monar Way. *Newm* —3D **146**
(off Murdostoun View)
Moncrieff Av. *Lenz* —2C **50**
Moncrieffe Rd. *Chap* —1D **112**
Moncrieff St. *Pais* —6A **78**
Moncur St. *G40* —5A **84**
(in two parts)
Moness Dri. *G52* —1E **101**
Money Gro. *Moth* —5B **144**
Moniebrugh Cres. *Kils* —2A **12**
Moniebrugh Rd. *Kils* —2A **12**
Monifieth Av. *G52* —2D **100**
Monkcastle Dri. *Camb*
—1A **122**
Monkie Gdns. *B'rig* —6F **49**
Monkland Av. *Kirk* —6D **30**
Monkland La. *Coat* —1A **110**
Monklands Ind. Est. *Coat*
—3B **110**
Monkland St. *Air* —4B **92**
Monkland Ter. *Glenb* —3H **69**
Monkland View. *C'bnk*
—3B **112**
Monkland View. *Udd* —4E **109**
Monkland View Cres. *Barg*
—1D **108**
Monksbridge Av. *G13* —6C **44**
Monkscourt Av. *Air* —3G **91**
Monkscroft Av. *G11* —1G **81**
Monkscroft Ct. *G11* —1G **81**
Monkscroft Gdns. *G11* —6G **61**
Monks Rd. *Air* —1C **112**
Monkton Dri. *G15* —5B **44**
Monkton Gdns. *Newt M*
—5G **133**
Monmouth Av. *G12* —3G **61**
Monreith Av. *Bear* —5D **44**
Monreith Rd. *G43* —1B **118**
Monreith Rd. E. *G44* —2E **119**
Monroe Dri. *Udd* —4D **108**
Monroe Pl. *Udd* —4D **108**
Montague La. *G12* —5H **61**
Montague St. *G4* —1D **82**
Montalto Av. *Moth* —6A **128**
Montclair Pl. *Lin* —5H **75**
Montego Grn. *E Kil* —2C **148**
Monteith Dri. *Clar* —1D **134**
Monteith Gdns. *Clar* —1D **134**
Monteith Pl. *G40* —6A **84**
Monteith Pl. *Blan* —1C **140**
Monteith Row. *G40* —5H **83**
Montford Av. *G44* —6H **103**
Montford Av. *Ruth* —6A **104**
Montgomery Av. *Coat* —4B **90**
Montgomery Av. *Pais* —4D **78**
Montgomery Cres. *Wis*
—2E **157**
Montgomery Dri. *Giff* —6A **118**
Montgomery Dri. *Kilb* —1A **94**
Montgomery Pl. *E Kil* —1H **149**
Montgomery Pl. *Lark* —3F **161**
Montgomery Rd. *Pais* —3C **78**
Montgomery St. *Camb*
—2D **122**
Montgomery St. *E Kil*
—1H **149**
Montgomery St. *Lark* —1E **161**

208 A-Z Glasgow

Montgomery Ter. *G40*
—1C **104**
Montgomery Ter. *Milt C* —6B **8**
Montraive St. *Ruth* —4E **105**
Montrave St. *G52* —1D **100**
Montreal Pk. *E Kil* —2E **149**
Montrose Av. *G32* —4B **106**
Montrose Av. *G52* —3G **79**
Montrose Ct. *Pais* —5D **96**
Montrose Cres. *Ham* —5G **141**
Montrose Dri. *Bear* —6E **25**
Montrose Gdns. *Blan* —5A **124**
Montrose Gdns. *Kils* —2G **11**
Montrose Gdns. *Miln* —2H **25**
Montrose Pl. *Lin* —5G **75**
Montrose Rd. *Pais* —5D **96**
Montrose St. *G1*
—4H **83** (5G **5**)
Montrose St. *Clyd* —5D **42**
Montrose St. *Moth* —6F **127**
Montrose Ter. *B'rig* —2E **65**
Montrose Ter. *Bri W* —4F **73**
Montrose Way. *Pais* —5D **96**
Monymusk Gdns. *B'rig* —5F **49**
Monymusk Pl. *G15* —2G **43**
Moodiesburn St. *G33* —1F **85**
Moorburn Av. *Giff* —4H **117**
Moorburn Pl. *Lin* —5E **75**
Moorcroft Dri. *Air* —4E **93**
Moorcroft Rd. *Newt M*
—6C **132**
Moore Dri. *Bear* —4F **45**
Moore Gdns. *Ham* —4A **154**
Moore St. *G40* —5B **84**
Moore St. *Moth* —4A **128**
Moorfield Rd. *Blan* —3A **140**
Moorfoot. *B'rig* —5E **49**
Moorfoot Av. *Pais* —4H **97**
Moorfoot Av. *T'bnk* —4G **117**
Moorfoot Dri. *Wis* —6F **145**
Moorfoot Path. *Pais* —5H **97**
Moorfoot St. *G32* —5G **85**
Moorfoot Way. *Bear* —5B **24**
Moorhill Cres. *Newt M*
—6C **132**
Moorhill Rd. *Newt M* —5C **132**
Moorhouse Av. *G13* —3H **59**
Moorhouse Av. *Pais* —3F **97**
Moorhouse St. *Barr* —5E **115**
Moorings, The. *Pais* —2F **97**
Moorland Dri. *Air* —4F **93**
Moorpark Av. *G52* —5B **79**
Moorpark Av. *Air* —4E **93**
Moorpark Av. *Muirh* —3A **68**
Moorpark Sq. *Renf* —1D **78**
Moor Rd. *Miln* —3H **25**
Moorside St. *Carl* —3G **165**
Morag Av. *Blan* —6A **124**
Moraine Av. *G15* —6A **44**
Moraine Cir. *G15* —6A **44**
Moraine Dri. *G15* —6A **44**
Moraine Dri. *Clar* —1B **134**
Moraine Pl. *G15* —6B **44**
Morar Av. *Clyd* —3D **42**
Morar Ct. *Clyd* —3D **42**
Morar Ct. *Cumb* —5D **34**
Morar Ct. *Ham* —2E **153**
Morar Cres. *Air* —1G **91**
Morar Cres. *B'rig* —5B **48**
Morar Cres. *B'ton* —5A **40**
Morar Cres. *Clyd* —3D **42**
Morar Cres. *Coat* —2H **89**
Morar Dri. *Bear* —4H **45**
Morar Dri. *Clyd* —3D **42**
Morar Dri. *Cumb* —6D **34**
Morar Dri. *Lin* —6G **75**
Morar Dri. *Pais* —3D **96**
Morar Dri. *Ruth* —4D **120**
Morar Pl. *E Kil* —6H **137**
Morar Pl. *Newt M* —2D **132**
Morar Pl. *Renf* —5D **58**

Morar Rd. *G52* —6E **81**
Morar Rd. *Clyd* —3D **42**
Morar St. *Wis* —2G **157**
Morar Ter. *Ruth* —4F **121**
Morar Ter. *Udd* —6F **109**
Morar Way. *Moth* —4C **128**
Moravia Av. *Both* —4E **125**
Moray Av. *Air* —6A **92**
Moray Dri. *Clar* —2D **134**
Moray Dri. *Torr* —4D **28**
Moray Gdns. *Clar* —1D **134**
Moray Gdns. *Cumb* —6H **13**
Moray Gdns. *Udd* —5D **108**
Moray Ga. *Both* —3C **124**
Moray Pl. *G41* —3C **102**
Moray Pl. *B'rig* —6E **49**
Moray Pl. *Blan* —3A **140**
Moray Pl. *Chry* —1B **68**
Moray Pl. *Kirk* —4G **31**
Moray Pl. *Lin* —5G **75**
Moray Quad. *Bell* —2C **126**
Moray Way. *Moth* —2A **128**
Mordaunt St. *G40* —2C **104**
Moredun Cres. *G32* —4C **86**
Moredun Dri. *Pais* —4F **97**
Moredun Rd. *Pais* —4F **97**
Moredun St. *G32* —4C **86**
Morefield Rd. *G51* —4D **80**
Morgan M. *G42* —2F **103**
Morgan St. *Ham* —1H **153**
Morgan St. *Lark* —2D **160**
Morina Gdns. *G53* —4H **115**
Morion Rd. *G13* —1D **60**
*Morison Ho. Cumb* —3A **36**
*(off Burns Rd.)*
Moriston Ct. *Newm* —3D **146**
Morland. *E Kil* —4D **138**
Morley St. *G42* —6E **103**
*Morna La. G14 —1E 81*
*(off Glendore St.)*
Morningside Rd. *Newm*
—4E **147**
Morningside St. *G33* —3F **85**
Morrin Path. *G21* —6A **64**
Morrin St. *G21* —5A **64**
Morris Cres. *Blan* —2B **140**
Morris Cres. *Moth* —6E **129**
Morrishall Rd. *E Kil* —5C **138**
Morrison Dri. *Len* —4G **7**
Morrison Gdns. *Torr* —5D **28**
Morrison Quad. *Clyd* —6G **43**
Morrison St. *G5* —5E **83**
Morrison St. *Clyd* —1B **42**
Morris St. *Ham* —2H **153**
Morris St. *Lark* —4G **161**
Morriston Cres. *Renf* —2H **79**
Morriston Pk. Dri. *Camb*
—6A **106**
Morriston St. *Camb* —1A **122**
Morton Gdns. *G41* —4A **102**
Morton St. *Moth* —1G **143**
Morvan St. *G52* —6E **81**
Morven Av. *B'rig* —6E **49**
Morven Av. *Blan* —6A **124**
Morven Av. *Pais* —5H **97**
Morven Ct. *Air* —1B **92**
Morven Dri. *Clar* —1B **134**
Morven Dri. *Lin* —6G **75**
Morven Gait. *Ersk* —1A **58**
Morven Gdns. *Udd* —5D **108**
Morven La. *Blan* —6A **124**
Morven Rd. *Bear* —1E **45**
Morven Rd. *Camb* —4H **121**
Morven St. *Coat* —3C **90**
Morven Way. *Both* —4F **125**
Mosesfield St. *G21* —4B **64**
Mossacre Rd. *Wis* —5A **146**
Moss Av. *Lin* —5H **75**
Mossbank. *Blan* —3B **140**
Mossbank. *E Kil* —3B **148**
Mossbank Av. *G33* —5H **65**

Mossbank Cres. *Moth*
—3F **129**
Mossbank Dri. *G33* —5H **65**
Mossbank Rd. *Wis* —5A **146**
Mossbell Rd. *Bell I* —1A **126**
Mossblown St. *Lark* —2D **160**
Mossburn Rd. *Wis* —6B **146**
Mossburn St. *Wis* —2B **158**
Mosscastle Rd. *G33* —1C **86**
Mossdale. *E Kil* —6E **137**
Mossdale Ct. *Bell* —2F **127**
Mossdale Gdns. *Ham* —1C **152**
Moss Dri. *Barr* —2C **114**
Moss Dri. *Ersk* —2F **57**
Mossedge Ind. Est. *Lin*
—5A **76**
Mossend La. *G33* —3D **86**
Mossend St. *G33* —3D **86**
Mossgeil Ter. *Blan* —5A **124**
Mossgiel. *E Kil* —4D **148**
Mossgiel Av. *Ruth* —2C **120**
Mossgiel Cres. *Clar* —4D **134**
Mossgiel Dri. *Clyd* —4E **43**
Mossgiel Gdns. *Kirk* —4F **31**
Mossgiel Gdns. *Udd* —5C **108**
*Mossgiel La. Lark —4G 161*
*(off Donaldson Rd.)*
Mossgiel Rd. *G43* —1B **118**
*(in two parts)*
Mossgiel Rd. *Cumb* —2B **36**
*(in two parts)*
Mossgiel Way. *Moth* —3C **128**
Mosshall Gro. *Moth* —3F **129**
Mosshall Rd. *Moth* —6D **112**
Mosshall St. *Moth* —3F **129**
Mosshead Rd. *Bear* —6F **25**
Moss Heights Av. *G52* —6D **80**
Mosshill Rd. *Bell* —5D **110**
Moss Knowe. *Cumb* —3C **36**
Mossland Dri. *Wis* —5A **146**
Mossland Rd. *G52* —3F **79**
Mossland Rd. *Renf* —2H **79**
Mosslands Rd. *Pais* —3H **77**
Mosslingal. *E Kil* —6G **149**
Mossmulloch. *E Kil* —6G **149**
Mossneuk Av. *E Kil* —4A **148**
Mossneuk Cres. *Wis* —5B **146**
Mossneuk Dri. *E Kil* —4B **148**
Mossneuk Dri. *Pais* —5G **97**
Mossneuk Dri. *Wis* —5A **146**
Mossneuk Pk. *Wis* —5A **146**
Mossneuk Rd. *E Kil* —3B **148**
Mossneuk St. *Coat* —2B **110**
Mosspark Av. *G52* —2F **101**
Mosspark Av. *Miln* —2G **25**
Mosspark Boulevd. *G52*
—1E **101**
Mosspark Dri. *G52* —1C **100**
Mosspark La. *G52* —2E **101**
Mosspark Oval. *G52* —2E **101**
Mosspark Rd. *Coat* —3H **89**
Mosspark Rd. *Miln* —2G **25**
Mosspark Sq. *G52* —2E **101**
MOSSPARK STATION. *G52*
—2C **100**
Moss Path. *Bail* —2F **107**
Moss Rd. *G51* —3D **80**
Moss Rd. *Air* —5A **92**
Moss Rd. *Bail* —2A **68**
Moss Rd. *Bri W* —3G **73**
Moss Rd. *Cumb* —2E **37**
Moss Rd. *Hous & Lin* —6A **56**
Moss Rd. *Kirk* —1B **50**
Moss Rd. *Waters* —6H **31**
Moss Rd. *Wis* —6C **146**
Moss Side Av. *Air* —3G **91**
Moss Side Av. *Carl* —3D **164**
Mossside Rd. *G41* —4B **102**
Moss St. *Pais* —6A **78**
Mossvale Cres. *G33* —1C **86**
Mossvale La. *Pais* —5H **77**

Mossvale Path. *G33* —6C **66**
Mossvale Rd. *G33* —6B **66**
Mossvale Sq. *G33* —1B **86**
Mossvale Sq. *Pais* —5H **77**
Mossvale St. *Pais* —4H **77**
Mossvale Ter. *Bail* —4E **53**
Mossvale Wlk. *G33* —1C **86**
Mossvale Way. *G33* —1C **86**
Mossview Cres. *Air* —5A **92**
Mossview La. *G52* —6C **80**
Mossview Quad. *G52* —6D **80**
Mossview Rd. *G33* —4E **67**
Mosswell Rd. *Miln* —2H **25**
Mossywood Ct. *Cumb* —6B **34**
Mossywood Pl. *Cumb* —6B **34**
Mossywood Rd. *Cumb* —6B **34**
Mote Hill. *Ham* —4A **142**
Mote Hill Rd. *Pais* —5C **78**
Motherwell Bus. Cen. *Moth*
—2H **143**
Motherwell Food Pk. *Bell*
—1B **126**
Motherwell Rd. *Bell* —2C **126**
Motherwell Rd. *Carf* —6C **128**
Motherwell Rd. *Ham* —5B **142**
Motherwell Rd. *Moth* —2G **129**
MOTHERWELL STATION. *Moth*
—2G **143**
Motherwell St. *Air* —2C **92**
Moulin Cir. *G52* —1A **100**
Moulin Pl. *G52* —1A **100**
Moulin Rd. *G52* —1A **100**
Moulin Ter. *G52* —1A **100**
Mountainblue St. *G31* —6D **84**
Mt. Annan Dri. *G44* —6F **103**
Mountblow Rd. *Clyd* —1H **41**
Mt. Cameron Dri. N. *E Kil*
—3A **150**
Mt. Cameron Dri. S. *E Kil*
—3A **150**
MT. FLORIDA STATION. *G42*
—5E **103**
Mountgarrie Rd. *G51* —4D **80**
Mt. Harriet Av. *Step* —3E **67**
Mt. Harriet Dri. *Step* —3D **66**
Mountherrick. *E Kil* —6G **149**
Mt. Pleasant Cres. *Milt C*
—5B **8**
*Mt. Pleasant Pl. Old K —1F 41*
*(off Mt. Pleasant Rd.)*
Mt. Pleasant Rd. *Old K* —6F **21**
Mt. Stewart St. *Carl* —4E **165**
Mount St. *G20* —6D **62**
Mt. Stuart St. *G41* —5C **102**
Mount, The. *Moth* —3F **143**
Mt. Vernon Av. *G32* —3E **107**
Mt. Vernon Av. *Coat* —4A **90**
MT. VERNON STATION.
*Udd* —3F **107**
Mournian Way. *Ham* —2H **153**
Mowbray. *E Kil* —5C **138**
Mowbray Av. *G'csh* —4D **68**
Moyne Rd. *G53* —3A **100**
Moy Path. *Newm* —3D **146**
*(off Murdostoun View)*
Muckcroft Rd. *Bail* —3H **51**
Mugdock Rd. *Miln* —3G **25**
Muirbank Av. *Ruth* —6B **104**
Muirbank Gdns. *Ruth* —6B **104**
Muirbrae Rd. *Ruth* —3D **120**
Muirbrae Way. *Ruth* —3D **120**
Muirburn Av. *G44* —3C **118**
Muircroft Dri. *Cle* —5H **129**
Muirdrum Av. *G52* —2D **100**
Muirdyke Rd. *Coat* —3H **89**
Muirdyke Rd. *Glenb* —5B **70**
Muirdykes Av. *G52* —6A **80**
Muirdykes Cres. *Pais* —5F **77**
Muirdykes Rd. *G52* —6A **80**
Muirdykes Rd. *Pais* —4F **77**

Muiredge Ct. *Udd* —1D 124
Muiredge Ter. *Bail* —1H 107
Muirend Av. *G44* —3D 118
Muirend Rd. *G44* —3C 118
MUIREND STATION. *Neil*
                        —3D 118
Muirfield Ct. *G44* —3D 118
Muirfield Cres. *G23* —6C 46
Muirfield Meadows. *Both*
                        —5C 124
Muirfield Rd. *Cumb* —6A 14
Muirhead-Braehead
    Interchange. *Cumb* —2A 36
Muirhead Ct. *Bail* —1A 108
Muirhead Dri. *Lin* —6G 75
Muirhead Dri. *Moth* —3F 129
Muirhead Gdns. *Bail* —1A 108
Muirhead Ga. *Udd* —5F 109
Muirhead Gro. *Bail* —1A 108
Muirhead Rd. *Bail* —2H 107
Muirhead Rd. *Neil* —4A 130
Muirhead Roundabout. *Cumb*
                        —2B 36
Muirhead St. *Kirk* —6C 30
Muirhead Ter. *Moth* —5G 143
Muirhead Way. *B'rig* —6F 49
Muirhill Av. *G44* —3C 118
Muirhill Cres. *G13* —2A 60
Muirhouse Av. *Moth* —6B 144
Muirhouse Av. *Newm* —3F 147
Muirhouse Dri. *Moth* —1C 156
Muirhouse La. *E Kil* —3H 149
Muirhouse Pk. *Bear* —5D 24
Muirhouse Rd. *Moth* —1B 156
Muirhouse St. *G41* —2E 103
Muirhouse Tower. *Moth*
                        —6B 144
Muirkirk Dri. *G13* —2F 61
Muirkirk Dri. *Ham* —1B 152
Muirlee Rd. *Carl* —4H 165
Muirlees Cres. *Miln* —3E 25
Muirmadkin Rd. *Bell* —2D 126
Muirpark Av. *Renf* —1E 79
Muirpark Dri. *G52* —5A 80
Muirpark Dri. *B'rig* —1C 64
Muirpark St. *G11* —1H 81
Muirpark Ter. *B'rig* —1B 64
Muir Rd. *Dumb* —1H 17
Muirshiel Av. *G53* —1C 116
Muirshill Cres. *G53* —1C 116
Muirshot Rd. *Lark* —1F 161
Muirside Av. *G32* —2E 107
Muirside Av. *Kirk* —5G 31
Muirside Pl. *Wis* —3D 146
Muirside Rd. *Bail* —1H 107
Muirside Rd. *Pais* —4F 77
Muirside St. *Bail* —1H 107
Muirskeith Cres. *G43* —1D 118
Muirskeith Pl. *G43* —1D 118
Muirskeith Rd. *G43* —1D 118
Muir St. *B'rig* —6C 48
Muir St. *Blan* —3B 140
Muir St. *Coat* —4A 90
Muir St. *Ham* —5H 141
Muir St. *Lark* —2E 161
Muir St. *Law* —5D 158
Muir St. *Moth* —1F 143
Muir St. *Renf* —5F 59
Muir Ter. *Pais* —4C 78
Muirton Dri. *B'rig* —4B 48
Muiryfauld Dri. *G31* —1G 105
Muiryhall St. *Coat* —4C 90
Muiryhall St. E. *Coat* —4D 90
Mulben Cres. *G53* —6H 99
Mulben Pl. *G53* —6H 99
Mulben Ter. *G53* —5H 99
Mulberry Dri. *E Kil* —6E 149
Mulberry Rd. *G43* —2B 118
Mulberry Rd. *Udd* —4G 109
Mulberry Way. *E Kil* —6E 149
Mull. *Air* —6D 92

Mull. *E Kil* —3C 150
Mullardoch St. *G23* —6B 46
    (off Rothes Dri.)
Mull Av. *Pais* —6A 98
Mull Av. *Renf* —2E 79
Mull Quad. *Wis* —4C 146
Mull St. *G21* —1D 84
Mulvey Cres. *Air* —4G 91
Mungo Pk. *E Kil* —3F 149
Munlochy Rd. *G51* —4D 80
Munro Ct. *Clyd* —1B 42
Munro Dri. *Milt C* —6B 8
Munro La. *G13* —4E 61
Munro La. E. *G13* —4E 61
Munro Pl. *G13* —2E 61
Munro Pl. *E Kil* —6B 138
Munro Rd. *G13* —4E 61
Murano St. *G20* —4D 62
Murchison Dri. *E Kil* —4D 148
Murchison Rd. *C'lee* —2C 74
Murdoch Ct. *John* —4E 95
    (off Tannahill Cres.)
Murdoch Dri. *Miln* —5B 26
Murdoch Pl. *Moth* —4H 127
Murdoch Sq. *Bell* —6E 111
Murdock Rd. *E Kil* —3G 149
Murdostoun Gdns. *Wis*
                        —4H 145
Murdostoun Rd. *Wis* —1G 147
Murdostoun View. *Newm*
                        —3D 146
Muriel La. *Barr* —4E 115
Muriel St. *Barr* —4E 115
Murray Av. *Kils* —4H 11
Murrayfield. *B'rig* —4C 48
Murrayfield Dri. *Bear* —6E 45
Murrayfield St. *G32* —4G 85
Murray Gdns. *Milt C* —5C 8
Murray Gro. *Bear* —5B 24
Murrayhill. *E Kil* —3F 149
Murray Path. *Udd* —1C 128
Murray Pl. *Barr* —3F 115
Murray Pl. *Dumb* —1C 18
Murray Pl. *Rig I* —6A 110
Murray Rd. *Both* —4E 125
Murray Rd. *Law* —1H 163
Murray Rd., The. *E Kil*
                        —3E 149
Murray Roundabout, The. *E Kil*
                        —3H 149
Murray Sq., The. *E Kil*
                        —3H 149
Murray St. *Pais* —5G 77
Murray St. *Renf* —6E 59
Murray Ter. *Moth* —2D 142
Murrin Av. *B'rig* —6F 49
Murroch Av. *Dumb* —1H 17
Murroes Rd. *G51* —4D 80
Murtonhole Rd. *Ham* —3H 151
Musgrove Pl. *E Kil* —3E 149
Muslin St. *G40* —1B 104
Muttonhole Rd. *Ham* —3H 151
Mybster Pl. *G51* —4D 80
Myers Cres. *Udd* —2E 125
Myreside Pl. *G32* —5F 85
Myreside St. *G32* —5F 85
Myres Rd. *G53* —5D 100
Myrie Gdns. *B'rig* —5D 48
Myroch Pl. *G34* —2A 88
Myrtle Av. *Lenz* —2C 50
Myrtle Dri. *Moth* —2B 128
Myrtle Dri. *Wis* —5D 144
Myrtle Hill La. *G42* —5G 103
Myrtle La. *Lark* —4F 161
Myrtle Pk. *G42* —4F 103
Myrtle Pl. *G42* —4G 103
Myrtle Rd. *Clyd* —3H 41
Myrtle Rd. *Udd* —5F 109
Myrtle Sq. *B'rig* —1C 64
Myrtle St. *Blan* —6B 124
Myrtle View Rd. *G42* —5G 103

Myrtle Wlk. *Camb* —1H 121
Myvot Av. *Cumb* —1D 54
Myvot Rd. *Cumb* —1D 54
    (Condorrat)
Myvot Rd. *Cumb* —3A 54
    (Mollinsburn)

**N**airn Av. *Bell* —1C 126
Nairn Av. *Blan* —5A 124
Nairn Cres. *Air* —6A 92
Nairn Pl. *Clyd* —4B 42
Nairn Pl. *E Kil* —6C 138
Nairn Quad. *Wis* —4H 145
Nairnside Rd. *G21* —2E 65
Nairn St. *G3* —2B 82
Nairn St. *Blan* —3A 140
Nairn St. *Clyd* —4B 42
Nairn St. *Lark* —3D 160
Nairn Way. *Cumb* —6A 14
Naismith St. *G32* —5C 106
Naismith Wlk. *Bell* —6E 111
Nansen St. *G20* —6C 63
Napier Ct. *Old K* —2G 41
Napier Ct. *Ward N* —3D 14
Napier Cres. *Dumb* —3C 16
Napier Dri. *G51* —3H 81
Napier Gdns. *Lin* —5A 76
Napier Hill. *E Kil* —3G 149
Napier La. *E Kil* —3G 149
Napier Pk. *Ward N* —4C 14
Napier Pl. *G51* —3H 81
Napier Pl. *Old K* —2G 41
Napier Pl. *Ward N* —3C 14
Napier Rd. *G51* —3H 81
Napier Rd. *H'ton I* —2H 79
Napier Rd. *Ward N* —4C 14
Napiershall La. *G20* —1D 82
    (off Napiershall St.)
Napiershall Pl. *G20* —1D 82
Napiershall St. *G20* —1D 82
Napier Sq. *Bell* —6D 110
Napier St. *G51* —3H 81
Napier St. *Clyd* —2E 59
Napier St. *John* —2E 95
Napier St. *Lin* —5A 76
Napier Ter. *G51* —3H 81
Napier Way. *Ward N* —4C 14
Naproch Pl. *Newt M* —4A 134
Naseby Av. *G11* —6F 61
Naseby La. *G11* —6F 61
Nasmyth Av. *Bear* —5B 24
Nasmyth Av. *E Kil* —4H 149
Nasmyth Bank. *E Kil* —4H 149
Nasmyth Rd. *H'ton I* —4A 80
Nasmyth Rd. N. *H'ton I*
    (in two parts) —4A 80
Nasmyth Rd. S. *H'ton I*
                        —4A 80
Nassau Pl. *E Kil* —2C 148
National Bank La. *G1*
                        —4F 83 (5D 4)
Navar Pl. *Pais* —3C 98
Naver St. *G33* —2G 85
Naylor La. *Air* —3B 92
Needle Grn. *Carl* —3F 165
Neidpath. *Bail* —1G 107
Neidpath Av. *Coat* —2D 110
Neidpath E. *E Kil* —1F 149
Neidpath Pl. *Coat* —2C 110
Neidpath Rd. *Carl* —2E 165
Neidpath Rd. E. *Giff* —3G 133
Neidpath Rd. W. *Giff* —2G 133
Neidpath W. *E Kil* —1F 149
Neilsland Dri. *Ham* —4G 153
Neilsland Dri. *Moth* —3D 142
Neilsland Oval. *G53* —5D 100
Neilsland Rd. *Ham* —2F 153
Neilsland Sq. *G53* —4D 100
Neilsland Sq. *Ham* —2G 153

Neilson St. *Bell* —2C 126
Neilston Av. *G53* —2C 116
    (in two parts)
Neilston Pl. *Kils* —2F 11
Neilston Rd. *Barr* —1E 131
Neilston Rd. *Pais* —2A 98
NEILSTON STATION. *Neil*
                        —2D 130
Neilston Wlk. *Kils* —2G 11
Neil St. *Renf* —4F 59
Neilvaig Dri. *Ruth* —4D 120
Nelson Av. *Coat* —1A 110
Nelson Cres. *Moth* —5B 144
Nelson Mandela Pl. *G2*
                        —3G 83 (4E 5)
Nelson Pl. *Bail* —1H 107
Nelson St. *G5* —5E 83
Nelson St. *Bail* —1H 107
Nelson Ter. *E Kil* —3A 150
Neptune St. *G51* —4H 81
Neptune Way. *Bell* —2G 127
Nerston Rd. *E Kil* —3G 137
Ness Av. *John* —5C 94
Ness Dri. *Blan* —6C 124
Ness Dri. *E Kil* —2B 150
Ness Gdns. *B'rig* —6D 48
Ness Gdns. *Lark* —5E 161
Ness Rd. *Renf* —5D 58
Ness St. *G33* —2G 85
Ness St. *Wis* —3H 157
Ness Ter. *Ham* —2E 153
Ness Way. *Moth* —2A 128
Nethan Av. *Wis* —1C 156
Nethan Ga. *Ham* —6G 141
Nethan Path. *Lark* —5E 161
Nethan Pl. *Ham* —5H 153
Nethan St. *G51* —3G 81
Nethan St. *Moth* —5E 127
Nether Auldhouse Rd. *G43*
                        —1H 117
Netherbank Rd. *Wis* —1D 156
Netherbog Av. *Dumb* —3H 17
Netherbog Rd. *Dumb* —3H 17
Netherburn Av. *G44* —5D 118
Netherburn Av. *Hous* —3E 75
Netherburn Gdns. *Hous*
                        —3E 75
Netherburn Rd. *Ashg* —5C 162
Netherby Dri. *G41* —1B 102
Nethercairn Pl. *Newt M*
                        —4A 134
Nethercairn Rd. *G43* —3A 118
Nethercliffe Av. *G44* —5D 118
Nethercommon Ind. Est. *Pais*
                        —3A 78
Nethercraigs Ct. *Pais* —6F 97
Nethercraigs Dri. *Pais* —5G 97
Nethercraigs Rd. *Pais* —6F 97
Nethercroy Rd. *Kils* —4A 12
Netherdale. *Newt M* —4H 133
Netherdale Cres. *Wis* —1C 156
Netherdale Dri. *Pais* —1H 99
Netherdale Rd. *Wis* —1E 157
Nethergreen Wynd. *Renf*
                        —6D 58
Netherhall Rd. *Wis* —1D 156
Netherhill Av. *G44* —6D 118
Netherhill Cotts. *Pais* —4C 78
    (off Netherhill Rd.)
Netherhill Cres. *Pais* —5C 78
Netherhill Rd. *Chry* —6D 52
Netherhill Rd. *Pais* —5B 78
Netherhill Way. *Pais* —4D 78
Netherhouse Av. *Coat*
                        —2B 110
Netherhouse Av. *Lenz* —3E 51
Netherhouse Pl. *G34* —3C 88
Netherhouse Rd. *Bail & G34*
                        —4B 88
Netherlee Rd. *G44* —2E 119
Nethermains Rd. *Miln* —5G 25

Netherpark Av. *G44* —6D **118**
Netherplace Cres. *G53*
　—5B **100**
Netherplace Cres. *Newt M*
　—5C **132**
Netherplace Rd. *G53* —5B **100**
Netherplace Rd. *Newt M*
　—5A **132**
Netherton Ct. *G45* —5B **120**
Netherton Ct. *Newt M* —3F **133**
Netherton Dri. *Barr* —5F **115**
Netherton Hill. *Len* —3C **6**
Netherton Ind. Est. *Wis*
　—1E **157**
Netherton Oval. *Len* —3D **6**
Netherton Rd. *G13* —1E **61**
Netherton Rd. *E Kil* —5E **149**
Netherton Rd. *E Kil* —6C **148**
(Greenhills)
Netherton Rd. *Newt M*
　—3F **133**
Netherton Rd. *Wis* —1C **156**
Netherton St. *G13* —2F **61**
Netherton St. *Wis* —1F **157**
Nethervale Av. *G44* —6D **118**
Netherview Rd. *G44* —6E **119**
Netherway. *G44* —6D **118**
Netherwood Av. *Cumb* —5C **34**
Netherwood Ct. *Cumb* —5C **34**
Netherwood Gro. *Cumb*
　—5C **34**
Netherwood Pl. *Cumb* —5B **34**
Netherwood Rd. *Cumb*
　—5B **34**
Netherwood Rd. *Moth*
　—6B **144**
Netherwood Tower. *Moth*
　—1B **156**
Netherwood Way. *Cumb*
　—5C **34**
Nethy Way. *Renf* —2H **79**
Neuk Av. *Hous* —2C **74**
Neuk Av. *Muirh* —2A **68**
Neuk Cres. *Hous* —1C **74**
Neuk, The. *Wis* —6E **145**
Neuk Way. *G32* —5C **106**
Neville. *E Kil* —4C **138**
Nevis Av. *Ham* —1E **153**
Nevis Ct. *Coat* —2E **111**
Nevis Dri. *Torr* —4D **28**
Nevison St. *Lark* —3F **161**
Nevis Rd. *G43* —2H **117**
Nevis Rd. *Bear* —6B **24**
Nevis Rd. *Renf* —2D **78**
Nevis Way. *Glas A* —2A **78**
Newall Rd. *Pais* —3B **78**
Newark Dri. *G41* —2B **102**
Newark Dri. *Pais* —5G **97**
Newark Dri. *Wis* —3A **146**
Newark Pl. *Wis* —3B **146**
Newarthill Rd. *Moth* —5C **128**
Newbarns St. *Carl* —2F **165**
Newbattle Av. *C'bnk* —3B **112**
Newbattle Ct. *G32* —3B **106**
Newbattle Gdns. *G32* —3B **106**
Newbattle Pl. *G32* —3B **106**
Newbattle Rd. *G32* —3A **106**
Newbold Av. *G21* —2A **64**
Newburgh. *Ersk* —4E **41**
Newburgh St. *G43* —6B **102**
Newcastleton Dri. *G23* —6C **46**
New City Rd. *G4*
(in two parts) —1E **83** (1A **4**)
Newcroft Dri. *G44* —2H **119**
Newdyke Av. *Kirk* —5E **31**
Newdyke Rd. *Kirk* —5E **31**
New Edinburgh Rd. *Udd*
　—6C **108**
Newfield Cres. *Ham* —5F **141**
Newfield La. *Both* —4F **125**

Newfield Pl. *Ruth* —6A **104**
Newfield Pl. *T'bnk* —5F **117**
Newfield Sq. *G53* —1A **116**
Newhall St. *G40* —2B **104**
Newhaven Rd. *G33* —3B **86**
Newhaven St. *G32* —4A **86**
Newhills Rd. *G33* —4E **87**
Newhouse Ind. Est. *Moth*
　—6C **112**
Newhousemill Rd. *E Kil*
　—4C **150**
Newhousemill Rd. *Ham*
　—3H **151**
Newhut Rd. *Moth* —1F **143**
New Inchinnan Rd. *Pais*
　—4A **78**
Newington St. *G32* —5H **85**
New Kirk Rd. *Bear* —2E **45**
New Lairdsland Rd. *Kirk*
　—4C **30**
Newlands Dri. *Ham* —3H **153**
Newlandsfield Rd. *G43*
　—6B **102**
Newlands Gdns. *Eld* —4A **96**
Newlandsmuir Rd. *E Kil*
　—5B **148**
Newlands Pl. *E Kil* —2G **149**
Newlands Rd. *G43 & G44*
　—6B **102**
Newlands Rd. *E Kil* —6A **148**
Newlands Rd. *Udd* —5D **108**
Newlands St. *Coat* —1C **110**
Newlands Ter. *Carl* —3F **165**
Newlands Ter. *Milt C* —5C **8**
New La. *C'bnk* —3B **112**
New Luce Dri. *G32* —2D **106**
Newmains Av. *Inch* —4F **57**
Newmains Rd. *Renf* —1D **78**
Newmill Rd. *G21* —4E **65**
Newnham Pl. *Pais* —1G **99**
Newpark Cres. *Camb* —6A **106**
New Pk. St. *Ham* —4G **141**
New Plymouth. *E Kil* —4C **148**
New Rd. *Camb* —3E **123**
Newrose Av. *Bell* —6D **110**
Newshot Ct. *Clyd* —2F **59**
(off Clydeholm Ter.)
Newshot Dri. *Ersk* —5F **41**
New Sneddon St. *Pais* —5A **78**
(in two parts)
Newstead Gdns. *G23* —6C **46**
New Stevenston Rd. *Moth*
　—5B **128**
New St. *Blan* —2A **140**
New St. *Clyd* —1C **42**
New St. *Kilb* —2A **94**
New St. *Pais* —1A **98**
Newton Av. *Barr* —6F **115**
Newton Av. *Camb* —1D **122**
Newton Av. *Eld* —2C **96**
Newton Av. *Pais* —4D **78**
Newton Brae. *Camb* —1F **123**
Newton Ct. *Newt M* —6D **132**
Newton Dri. *Eld* —2C **96**
Newton Dri. *Newm* —4E **147**
Newton Dri. *Udd* —6E **109**
Newton Farm Rd. *Camb*
　—6F **107**
Newtongrange Av. *G32*
　—2B **106**
Newtongrange Gdns. *G32*
　—3B **106**
Newton Gro. *Newt M* —6D **132**
Newtonlea Av. *Newt M*
　—5E **133**
Newton Pl. *G3* —2D **82**
Newton Pl. *Newt M* —6E **133**
Newton Rd. *B'ton* —4F **39**
Newton Rd. *Lenz* —3E **51**
NEWTON STATION. *Camb*
　—2E **123**

Newton Sta. Rd. *Camb*
　—3E **123**
Newton St. *G3* —3E **83** (3A **4**)
Newton St. *Coat* —1A **110**
Newton St. *Pais* —1G **97**
Newton Ter. *G3* —3D **82**
(off Sauchiehall St.)
Newton Ter. *Pais* —2D **96**
Newton Ter. La. *G3* —3D **82**
(off Elderslie St.)
Newton Way. *Pais* —4D **78**
Newtown St. *Kils* —3H **11**
Newtyle Pl. *B'rig* —6F **49**
Newtyle Rd. *Pais* —1D **98**
New View Cres. *Bell* —4C **126**
New View Dri. *Bell* —4C **126**
New View Pl. *Bell* —4C **126**
New Wynd. *G1* —5G **83**
Nicholas St. *G1*
　—4H **83** (5H **5**)
Nicholson St. *G5* —6F **83**
(in two parts)
Nicklaus Way. *Moth* —6E **113**
Nicolson Ct. *Step* —4D **66**
Nicol St. *Air* —2C **92**
Niddrie Rd. *G42* —3D **102**
Niddrie Sq. *G42* —3D **102**
Niddry St. *Pais* —6B **78**
Nigel Gdns. *G41* —4B **102**
Nigel St. *Moth* —3F **143**
Nigg Pl. *G34* —3G **87**
Nightingale Pl. *John* —6D **94**
Nikitas Dri. *Lark* —6F **161**
Nimmo Dri. *G51* —4F **81**
Nimmo Pl. *Carl* —2E **165**
Nimmo Pl. *Wis* —6A **146**
Ninian Av. *Hous* —3C **74**
Ninian Rd. *Air* —6B **92**
Ninian's Rise. *Kirk* —6F **31**
Nisbet St. *G31* —6F **85**
Nisbett Pl. *Chap* —2E **113**
Nisbett St. *Chap* —3E **113**
Nith Av. *Pais* —3D **96**
Nith Dri. *Ham* —3E **153**
Nith Dri. *Renf* —1G **79**
Nith La. *Newm* —3D **146**
(off King St.)
Nith Path. *Cle* —5H **129**
Nith Pl. *John* —5C **94**
Nith Quad. *Moth* —4C **128**
Nithsdale. *E Kil* —6D **138**
Nithsdale Cres. *Bear* —1C **44**
Nithsdale Dri. *G41* —3D **102**
Nithsdale Pl. *G41* —2D **102**
Nithsdale Rd. *G41* —1H **101**
Nithsdale St. *G41* —3D **102**
Nith St. *G33* —2F **85**
Nith Way. *Renf* —1G **79**
Nitshill Rd. *G53 & G46*
　—1H **115**
NITSHILL STATION. *G53*
　—2A **116**
Niven St. *G20* —3A **62**
Noble Rd. *Bell* —2D **126**
Nobles Pl. *Bell* —3B **126**
Nobles View. *Bell* —3B **126**
Noldrum Av. *G32* —5C **106**
Noldrum Gdns. *G32* —5C **106**
Norbreck Dri. *Giff* —3A **118**
Norby Rd. *G11* —6F **61**
Noremac Way. *Bell I* —6B **110**
Norfolk Ct. *G5* —6F **83**
Norfolk Cres. *B'rig* —4A **48**
Norfolk St. *G5* —6F **83**
Norham St. *G41* —4C **102**
Norman St. *G40* —2B **104**
Norse La. N. *G14* —5C **60**
Norse La. S. *G14* —5C **60**
Norse Rd. *G14* —5C **60**
Nortfield Dri. *G44* —6F **103**
Northall Quad. *Moth* —6A **128**

Northampton Dri. *G12* —3H **61**
Northampton La. *G12* —3H **61**
(off Northampton Dri.)
North Av. *Camb* —1H **121**
North Av. *Carl* —3D **164**
North Av. *Clyd B* —4C **42**
North Av. *Moth* —5A **128**
Northbank Av. *Camb* —5C **30**
Northbank Av. *Kirk* —5C **30**
N. Bank Pl. *Clyd* —1E **59**
Northbank Rd. *Kirk* —5C **30**
Northbank St. *Camb* —1D **122**
N. Bank St. *Clyd* —1E **59**
N. Barr Av. *Ersk* —4E **41**
N. Berwick Av. *Cumb* —6H **13**
N. Berwick Cres. *E Kil*
　—5C **148**
N. Berwick Gdns. *Cumb*
　—6H **13**
N. Biggar Rd. *Air* —3B **92**
N. Birbiston Rd. *Len* —3F **7**
Northbrae Pl. *G13* —3B **60**
North Bri. St. *Air* —3H **91**
N. British Rd. *Udd* —1D **124**
Northburn Av. *Air* —2B **92**
Northburn Pl. *Air* —1B **92**
Northburn Rd. *Coat* —2E **91**
Northburn St. *Plain* —1H **93**
N. Bute St. *Coat* —1D **110**
N. Caldeen Rd. *Coat* —6E **91**
N. Calder Dri. *Air* —5D **92**
N. Calder Pl. *Udd* —1B **124**
N. Calder Rd. *Udd* —4G **109**
N. Campbell Av. *Miln* —4F **25**
N. Canal Bank St. *G4* —1G **83**
N. Carbrain Rd. *Cumb* —5G **35**
N. Claremont La. *Miln* —3G **25**
N. Claremont St. *G3* —2C **82**
N. Corsebar Rd. *Pais* —3G **97**
North Ct. *G1* —4G **83** (5E **5**)
North Ct. La. *G1*
　—4G **83** (5E **5**)
Northcroft Rd. *Chry* —5C **52**
N. Croft St. *Pais* —6B **78**
N. Dean Pk. Av. *Both* —4E **125**
N. Douglas St. *Clyd* —1E **59**
North Dri. *Lin* —5H **75**
N. Dryburgh Rd. *Wis* —4G **145**
N. Dumgoyne Av. *Miln* —2F **25**
N.E.L. Technology Pk. *E Kil*
　—4A **150**
N. Elgin Pl. *Clyd* —2E **59**
N. Elgin St. *Clyd* —1E **59**
N. Erskine Pk. *Bear* —2D **44**
Northfield. *E Kil* —4B **148**
Northfield Rd. *Kils* —2F **11**
Northfield St. *Moth* —1G **143**
N. Frederick St. *G1*
　—4G **83** (5F **5**)
N. Gardinar St. *G11* —6H **61**
Northgate Quad. *G21* —2E **65**
Northgate Rd. *G21* —2E **65**
N. Gower St. *G51* —6A **82**
N. Grange Rd. *Bear* —1E **45**
N. Hanover St. *G1*
　—3G **83** (5F **5**)
Northinch St. *G14* —1D **80**
N. Iverton Pk. Rd. *John*
　—2G **95**
N. Kilmeny Cres. *Wis* —3A **146**
Northland Av. *G14* —4C **60**
Northland Dri. *G14* —4C **60**
Northland Gdns. *G14* —4C **60**
Northland La. *G14* —5C **60**
(off Northland Dri.)
North La. *Lin* —5A **76**
N. Lodge Av. *Moth* —5G **143**
N. Lodge Rd. *Renf* —5E **59**
N. Moraine La. *G15* —5C **44**
Northmuir Dri. *Wis* —5B **146**
Northmuir Rd. *G15* —3B **44**
N. Orchard St. *Moth* —2F **143**

North Pk. Av. *T'bnk* —3F **117**
Northpark St. *G20* —5D **62**
N. Portland St. *G1*
—4H **83** (5G **5**)
North Rd. *Bell* —2C **126**
North Rd. *Cumb* —5C **34**
North Rd. *John* —3E **95**
North & South Rd. *Moth*
—6G **113**
North & South Rd. *Newm*
—1C **146**
North Sq. *Coat* —3A **90**
North St. *G3* —2D **82**
North St. *Hous* —1B **74**
North St. *Lark* —1E **161**
North St. *Moth* —1H **143**
North St. *Pais* —5A **78**
Northumberland St. *G20*
—5C **62**
North View. *Bear* —5D **44**
N. View Rd. *Bri W* —5H **73**
N. Wallace St. *G4*
—2H **83** (2G **5**)
Northway. *Blan* —6A **124**
Northwood Dri. *Newm*
—3E **147**
N. Woodside Rd. *G20* —6D **62**
Norval St. *G11* —1G **81**
Norwich Dri. *G12* —4H **61**
Norwood Av. *Kirk* —5B **30**
Norwood Dri. *Giff* —6G **117**
Norwood Pk. *Bear* —4F **45**
Norwood Ter. *Udd* —6E **109**
Nottingham Av. *G12* —3H **61**
Nottingham La. *G12* —3H **61**
(off Northampton Dri.)
Novar Dri. *G12* —5G **61**
Novar Gdns. *B'rig* —5A **48**
Novar St. *Ham* —1H **153**
Nuneaton St. *G40* —2C **104**
Nuneaton St. Ind. Est. *G40*
—2C **104**
Nurseries Rd. *Bail* —5F **87**
Nursery Av. *Ersk H* —3C **40**
Nursery Ct. *Carl* —2E **165**
Nursery Dri. *Ashg* —5C **162**
Nursery La. *G41* —3D **102**
Nursery Pl. *Blan* —3B **140**
Nursery St. *G41* —2E **103**
Nutberry Ct. *G42* —4F **103**

**O**ak Av. *Bear* —6F **25**
Oak Av. *E Kil* —5D **148**
Oakbank Av. *Wis* —2E **157**
Oakbank Dri. *Barr* —6F **115**
Oakbank Ind. Est. *G20* —6F **63**
Oakbank St. *Air* —4D **92**
Oakburn Av. *Miln* —4F **25**
Oakburn Cres. *Miln* —3F **25**
Oak Cres. *Bail* —1G **107**
Oakdene Av. *Bell* —6C **110**
Oakdene Av. *Udd* —6F **109**
Oakdene Cres. *N'hill* —4C **128**
Oak Dri. *Camb* —3C **122**
Oak Dri. *Kirk* —2B **50**
Oak Fern Dri. *E Kil* —5F **137**
Oak Fern Gro. *E Kil* —5F **137**
Oakfield Av. *G12* —1C **82**
Oakfield Dri. *Moth* —3G **143**
Oakfield La. *G12* —1C **82**
(off Gibson St.)
Oakfield Rd. *Moth* —3G **143**
Oakfield Tower. *Moth* —4G **143**
Oakhill Av. *Bail* —2F **107**
Oak Lea. *Ham* —1B **154**
Oaklea Cres. *Blan* —1A **140**
Oakley Dri. *G44* —4D **118**
Oakley Ter. *G31* —4B **84**
Oak Pk. *B'rig* —6D **48**
Oak Pk. *Moth* —5F **143**

Oak Pl. *Coat* —6E **91**
Oak Pl. *E Kil* —5D **148**
Oak Pl. *Udd* —6G **109**
Oak Rd. *Clyd* —2B **42**
Oak Rd. *Cumb* —1E **37**
Oak Rd. *Pais* —4C **98**
Oakshaw Brae. *Pais* —6H **77**
Oakshawhead. *Pais* —6H **77**
Oakshaw La. W. *Pais* —6H **77**
Oakshaw St. E. *Pais* —6H **77**
Oakside Pl. *Ham* —4H **153**
Oaks, The. *G44* —3F **119**
Oaks, The. *John* —3E **95**
Oakwood Av. *Pais* —4F **97**
Oakwood Dri. *Newt M*
—5F **133**
Oakwood View. *Moth* —2B **128**
Oates Gdns. *Moth* —5B **144**
Oatfield St. *G21* —5D **64**
Oban Ct. *G20* —5C **62**
Oban Dri. *G20* —5C **62**
Oban La. *G20* —5C **62**
Observatory La. *G12* —6B **62**
Observatory Rd. *G12* —6A **62**
Ochil Dri. *Barr* —6E **115**
Ochil Dri. *Pais* —5H **97**
Ochil Pl. *G32* —1A **106**
Ochil Rd. *Bear* —6B **24**
Ochil Rd. *B'rig* —6E **49**
Ochil Rd. *Renf* —2D **78**
Ochil St. *G32* —1A **106**
Ochil St. *Wis* —5F **145**
Ochiltree Av. *G13* —2F **61**
Ochiltree Dri. *Ham* —2C **152**
Ochil View. *Udd* —5E **109**
Odence Ct. *E Kil* —5G **149**
Ogilvie Ct. *Air* —3E **93**
(off Katherine St.)
Ogilvie Pl. *G31* —1F **105**
Ogilvie St. *G31* —1F **105**
Old Aisle Rd. *Kirk* —6F **31**
Old Avon Rd. *Ham* —1C **154**
Old Bore Rd. *Air* —3F **93**
Old Bothwell Rd. *Both*
—6F **125**
Old Bridgend. *Carl* —4F **165**
Old Bridge of Weir Rd. *Hous*
—1A **74**
Old Castle Rd. *G44* —3F **119**
Old Castle St. *G44* —1E **119**
Old Church Gdns. *Barg*
—6E **89**
Old Coach Rd. *E Kil* —6H **137**
Old Dalmarnock Rd. *G40*
—1B **104**
Old Dalnottar Rd. *Old K*
—2F **41**
Old Dumbarton Rd. *G3*
—2A **82**
Old Edinburgh Rd. *Udd*
—4B **108**
Old Ferry Rd. *Ersk* —3D **40**
Old Gartloch Rd. *G'csh*
—5D **68**
Old Glasgow Rd. *Cumb*
—1H **35**
Old Glasgow Rd. *Udd* —6B **108**
(in two parts)
Old Govan Rd. *Renf* —6H **59**
Old Greenock Rd. *B'ton & Ersk*
—2A **38**
Old Greenock Rd. *Inch* —1F **57**
Oldhall Rd. *Pais* —6E **79**
Old Humbie Rd. *Newt M*
—6E **133**
Old Inns Interchange. *Cumb*
—6C **14**
Old Inns Roundabout. *Cumb*
—5B **14**
Old Lanark Rd. *Carl* —4F **165**
(in two parts)

Old Manse Rd. *G32* —1D **106**
Old Manse Rd. *Wis* —3E **157**
Old Mill Pk. Ind. Est. *Kirk*
—4C **30**
Old Mill Rd. *Both* —6E **125**
Old Mill Rd. *Clyd* —1C **42**
Old Mill Rd. *E Kil* —1H **149**
Old Mill Rd. *Udd* —2D **124**
(in two parts)
Old Mill View. *Croy* —1B **34**
Old Monkland Rd. *Coat*
—2H **109**
Old Moor Rd. *Pais* —2F **97**
Old Playfield Rd. *Crmck*
—1H **135**
Old Quarry Rd. *Cumb* —2H **53**
Old Renfrew Rd. *G51* —1A **80**
Old Rd. *Eld* —2H **95**
Old Rutherglen Rd. *G5* —6G **83**
Old Schoolhouse La. *Hous*
—1B **74**
Old Shettleston Rd. *G32*
—6H **85**
Old Sneddon St. *Pais* —6A **78**
Old Stable Row. *Coat* —4D **90**
Old St. *Clyd* —1B **42**
Old Union St. *Air* —4B **92**
Old Vic Ct. *E Kil* —5B **138**
(off Bosworth Rd.)
Old Wishaw Rd. *Carl* —2E **165**
Old Wishaw Rd. *Law* —5F **159**
Old Wood Rd. *Bail* —2G **107**
Old Wynd. *G1* —5G **83**
Olifard Av. *Both* —4F **125**
Oliphant Ct. *Pais* —5D **96**
Oliphant Cres. *Clar* —4C **134**
Oliphant Cres. *Pais* —5C **96**
Oliphant Oval. *Pais* —5C **96**
Olive Bank. *Udd* —4G **109**
Olive Ct. *Moth* —2B **128**
(off Elm Rd.)
Olive St. *G33* —5F **65**
Olympia. *E Kil* —2H **149**
Olympia Arc. *E Kil* —3H **149**
(off Olympia Ct.)
Olympia Ct. *E Kil* —2H **149**
Olympia St. *G40* —6B **84**
Olympia, The. *E Kil* —3H **149**
(off Olympia Ct.)
Omoa Rd. *Cle* —6G **129**
O'Neill Av. *B'rig* —1D **64**
Onslow. *E Kil* —4E **149**
Onslow Dri. *G31* —4C **84**
Onslow Rd. *Clyd* —5E **43**
Onslow Sq. *G31* —4C **84**
Ontario Pk. *E Kil* —2D **148**
Ontario Pl. *E Kil* —2D **148**
Onyx St. *Bell* —3C **126**
Oran Gdns. *G20* —4C **62**
Oran Ga. *G20* —4C **62**
Oran Pl. *G20* —5C **62**
Oran St. *G20* —4C **62**
Orbiston Ct. *Moth* —4A **144**
Orbiston Dri. *Bell* —4D **126**
Orbiston Dri. *Clyd* —6F **23**
Orbiston Gdns. *G32* —6A **86**
Orbiston Pl. *Clyd* —6F **23**
Orbiston Rd. *Bell* —5D **126**
(Community Rd.)
Orbiston Rd. *Bell* —3B **126**
(Hamilton Rd.)
Orbiston Sq. *Bell* —4B **126**
Orbiston St. *Moth* —3H **143**
Orb Ter. *Neil* —3C **130**
Orcades Dri. *G44* —3F **119**
Orchard Av. *Both* —6F **125**
Orchard Brae. *Ham* —6H **141**
Orchard Ct. *G32* —5B **106**
Orchard Ct. *T'bnk* —6G **117**
Orchard Dri. *Blan* —1A **140**
Orchard Dri. *Giff* —4H **117**

Orchard Dri. *Ruth* —5B **104**
Orchard Field. *Lenz* —3E **51**
Orchard Ga. *Lark* —3E **161**
Orchard Grn. *E Kil* —5B **138**
Orchard Gro. *Coat* —5D **90**
Orchard Gro. *Giff* —3H **117**
Orchard Pk. *Giff* —4A **118**
Orchard Pk. Av. *T'bnk*
—3G **117**
Orchard Pk. Trad. Est. *Giff*
—5A **118**
Orchard Pl. *Bell* —4B **126**
Orchard Pl. *Ham* —6H **141**
Orchard Pl. *Kirk* —6G **31**
Orchard St. *Bail* —2F **107**
Orchard St. *Carl* —4F **165**
Orchard St. *Ham* —6A **142**
Orchard St. *Moth* —2F **143**
Orchard St. *Pais* —1A **98**
Orchard St. *Renf* —5F **59**
Orchard St. *Wis* —5H **157**
Orchardton Rd. *Cumb* —2H **53**
(Mollinsburn)
Orchardton Rd. *Cumb* —1G **53**
(Westfield Ind. Area)
Orchardton Woods Ind. Pk.
*Cumb* —5G **33**
Orchy Av. *Clar* —6D **118**
Orchy Ct. *Clyd* —2E **43**
Orchy Cres. *Air* —6C **92**
Orchy Cres. *Bear* —5D **44**
Orchy Cres. *Pais* —4D **96**
Orchy Dri. *Clar* —6D **118**
Orchy Gdns. *Clar* —6D **118**
Orchy St. *G44* —1E **119**
Orchy Ter. *E Kil* —2B **150**
Orefield Pl. *E Kil* —6G **137**
Oregon Pl. *G5* —1G **103**
Orion Pl. *Bell* —2G **127**
Orion Way. *Camb* —1A **122**
Orion Way. *Carl* —5D **164**
Orkney Pl. *G51* —4H **81**
Orkney Quad. *Wis* —5B **146**
Orkney St. *G51* —4H **81**
Orlando. *E Kil* —4C **138**
Orleans Av. *G14* —6E **61**
Orleans La. *G14* —6E **61**
(off Victoria Pk. Dri. N.)
Orlington St. *Coat* —3B **90**
Ormiston Av. *G14* —5C **60**
Ormiston Dri. *Ham* —3G **153**
Ormiston La. *G14* —5C **60**
(off Earlbank Av.)
Ormiston La. N. *G14* —5C **60**
(off Norse La. N.)
Ormonde Av. *G44* —4D **118**
Ormonde Ct. *G44* —4C **118**
Ormonde Cres. *G44* —4D **118**
Ormonde Dri. *G44* —4D **118**
Ornsay St. *G22* —2H **63**
Oronsay Ct. *Old K* —1G **41**
Oronsay Cres. *Bear* —4H **45**
Oronsay Cres. *Old K* —1G **41**
Oronsay Gdns. *Old K* —1G **41**
Oronsay Pl. *Old K* —1G **41**
Oronsay Sq. *Old K* —1G **41**
Orr Sq. *Pais* —6A **78**
Orr St. *G40* —6B **84**
(in two parts)
Orr St. *Pais* —2A **98**
(Neilston Rd.)
Orr St. *Pais* —6A **78**
(Oakshaw St.)
Orton St. *G51* —5G **81**
Osborne Cres. *T'hall* —6F **135**
Osborne St. *G1* —5G **83**
Osborne St. *Clyd* —4C **42**
Osprey Dri. *Udd* —6E **109**
Ossian Av. *Pais* —6H **79**
Ossian Rd. *G43* —1C **118**
Oswald St. *G1* —5F **83** (6C **4**)

Oswald Wlk. *Miln* —5A **26**
Otago La. *G12* —1C **82**
*Otago La. N. G12* —*1C 82*
(off Otago St.)
Otago Pk. *E Kil* —2C **148**
Otago St. *G12* —1C **82**
Othello. *E Kil* —4B **138**
Ottawa Cres. *Clyd* —3H **41**
Otterburn Dri. *Giff* —6A **118**
Otterswick Pl. *G33* —1C **86**
Oudenarde Ct. *Carl* —4H **165**
Oval, The. *Clar* —6D **118**
Oval, The. *Glenb* —3G **69**
Overbrae Pl. *G15* —2H **43**
Overburn Av. *Dumb* —3F **17**
Overburn Cres. *Dumb* —2F **17**
Overburn Ter. *Dumb* —2G **17**
Overcroy Rd. *Kils* —1B **34**
Overdale Av. *G42* —5D **102**
Overdale Gdns. *G42* —5D **102**
Overdale Pl. *Wis* —5A **158**
Overdale St. *G42* —5D **102**
Overjohnstone Dri. *Wis*
—5D **144**
Overlea Av. *Ruth* —1F **121**
Overlee Rd. *Clar* —2D **134**
Overnewton Pl. *G3* —3B **82**
Overnewton Sq. *G3* —2B **82**
Overnewton St. *G3* —2B **82**
Overton Cres. *John* —2H **95**
Overton Rd. *Camb* —3D **122**
Overton Rd. *John* —3G **95**
Overton St. *Camb* —3D **122**
Overtoun Av. *Dumb* —4H **17**
Overtoun Dri. *Clyd* —3B **42**
Overtoun Dri. *Ruth* —6C **104**
Overtoun Rd. *Clyd* —3A **42**
Overtown Av. *G53* —1A **116**
Overtown Ct. *Clyd* —4A **42**
Overtown Rd. *Waterl* —4A **158**
Overtown St. *G40* —6C **84**
Overwood Dri. *G44* —1G **119**
Overwood Dri. *Dumb* —3H **17**
Overwood Gro. *Dumb* —3H **17**
Owen Av. *E Kil* —4E **149**
Owendale Av. *Bell* —6D **110**
Owen Pl. *E Kil* —4F **149**
Owen St. *Moth* —1G **143**
O'Wood Av. *Moth* —1B **128**
Oxford La. *Lin* —5H **75**
Oxford La. *G5* —6F **83**
Oxford Rd. *Renf* —6E **59**
Oxford St. *G5* —5F **83**
Oxford St. *Coat* —5B **90**
Oxford St. *Kirk* —5C **30**
Oxgang Pl. *Kirk* —6E **31**
Oxhill Pl. *Dumb* —4D **16**
Oxhill Rd. *Dumb* —3D **16**
Oxton Dri. *G52* —6B **80**

**P**addock St. *Coat* —1F **111**
Paddock, The. *Clar* —4E **135**
Paidmyre Cres. *Newt M*
—6D **132**
Paidmyre Rd. *Newt M*
—6C **132**
PAISLEY CANAL STATION. *Pais*
—2A **98**
Paisley Cen:, The. *Pais* —1A **98**
PAISLEY GILMOUR ST.
STATION. *Pais* —6A **78**
Paisley Rd. *G51* —5D **82**
Paisley Rd. *Barr* —2D **114**
Paisley Rd. *Renf* —3C **78**
Paisley Rd. W. *G51* —6G **81**
Paisley Rd. W. *G52 & G5*
—1H **99**
PAISLEY ST JAMES STATION.
*Pais* —5G **77**
Palacecraig St. *Coat* —2C **110**

Paladin Av. *G13* —1B **60**
Paldmyre Gdns. *Newt M*
—6D **132**
Palermo St. *G21* —5A **64**
Palladium Pl. *White* —6D **60**
Palmer Av. *G1* —4G **83** (6F **5**)
Palmer Av. *G13* —6D **44**
Palmerston. *E Kil* —4C **148**
Palmerston Pl. *G3* —3B **82**
Palmerston Pl. *John* —5C **94**
Palm Pl. *Udd* —4F **109**
Pandora Way. *Udd* —5E **63**
Pankhurst Pl. *E Kil* —1H **149**
Panmure St. *G20* —5E **63**
Parkandarroch Cres. *Carl*
—4G **165**
Park Av. *G3* —1D **82**
Park Av. *Barr* —6D **114**
Park Av. *B'rig* —4C **48**
Park Av. *Carl* —2F **165**
Park Av. *Dumb* —4H **17**
Park Av. *Eld* —3A **96**
Park Av. *Kils* —1D **32**
Park Av. *Kirk* —5C **30**
Park Av. *Miln* —4G **25**
Park Av. *Moth* —2A **128**
Park Av. *Pais* —4G **97**
Park Bank. *Ersk* —6F **41**
Park Brae. *Ersk* —1G **57**
Parkburn Av. *Kirk* —1C **50**
Park Burn Ct. *Ham* —3D **140**
Park Burn Ind. Est. *Ham*
—3E **141**
Parkburn Rd. *Kils* —2H **11**
Park Cir. *G3* —2C **82**
Park Cir. *Carl* —2F **165**
Park Cir. La. *G3* —2C **82**
Park Cir. Pl. *G3* —2D **82**
Park Ct. *B'rig* —4D **48**
Park Ct. *Clyd* —3A **42**
Park Ct. *Giff* —4H **117**
Park Cres. *Air* —3G **91**
Park Cres. *Bear* —2B **44**
Park Cres. *B'rig* —5C **48**
Park Cres. *Blan* —3A **140**
Park Cres. *Dumb* —2F **17**
Park Cres. *Inch* —2G **57**
Park Cres. *Torr* —4E **29**
Park Dri. *G3* —1C **82**
Park Dri. *Ersk* —1F **57**
Park Dri. *Ham* —2E **155**
Park Dri. *Newm* —4E **147**
Park Dri. *Ruth* —6C **104**
Park Dri. *T'hall* —6G **135**
Parker Pl. *Kils* —2H **11**
Parker Pl. *Lark* —2F **161**
Parkfield. *E Kil* —6G **149**
Parkfoot St. *Kils* —2H **11**
Park Gdns. *G3* —2C **82**
Park Gdns. *Kilb* —1B **94**
*Park Gdns. La. G3* —*2C 82*
(off Clifton St.)
Park Ga. *G3* —2C **82**
Park Ga. *Ersk* —1F **57**
Park Ga. Pl. *Bell* —2B **126**
Park Glade. *Ersk* —1F **57**
Park Grn. *Ersk* —1F **57**
Park Gro. *Ersk* —1G **57**
Parkgrove Av. *Giff* —3B **118**
Parkgrove Ter. *G3* —2C **82**
*Parkgrove Ter. La. G3* —*2C 82*
(off Derby St.)
Parkhall Rd. *Clyd* —3B **42**
Parkhall St. *E Kil* —1H **149**
Parkhall Ter. *Clyd* —2B **42**
Parkhead Cross. *G31* —6F **85**
Parkhead La. *Air* —3A **92**
Parkhead St. *Air* —3A **92**
Parkhead St. *Moth* —4H **143**
Park Hill. *Ersk* —6F **41**
Parkhill Dri. *Ruth* —6C **104**

Parkhill Rd. *G43* —5B **102**
Parkholm La. *G51* —5D **82**
Park Ho. *Ham* —4H **141**
Parkhouse Path. *G53* —3B **116**
Parkhouse Rd. *Barr & G53*
—3H **115**
Parkinch. *Ersk* —1G **57**
Parklands Rd. *G44* —4D **118**
Park La. *G40* —6B **84**
Park La. *Blan* —1B **140**
Park La. *Carl* —4E **165**
Park La. *Kils* —3H **11**
Parklea. *B'rig* —4A **48**
Parklee Dri. *Crmck* —2A **136**
Park Moor. *Ersk* —1F **57**
Parkneuk Rd. *G43* —3H **117**
Parkneuk Rd. *Blan* —1G **151**
Parkneuk St. *Moth* —1F **143**
*Parknook Way. Lark* —*1F 161*
(off Muirshot Rd.)
Park Pl. *Bell* —4A **126**
Park Pl. *Coat* —1F **111**
Park Pl. *John* —3F **95**
Park Pl. *T'hall* —6G **135**
Park Quad. *G3* —2C **82**
Park Quad. *Wis* —2E **157**
Park Ridge. *Ersk* —1F **57**
Park Rd. *G2* —1C **82**
Park Rd. *Bail* —6D **88**
Park Rd. *Bell* —3C **126**
Park Rd. *Bri W* —2F **73**
Park Rd. *C'bnk* —3B **112**
Park Rd. *Carf* —4A **128**
Park Rd. *Carm* —5C **106**
Park Rd. *Chry* —1A **68**
Park Rd. *Clyd* —4B **42**
Park Rd. *Giff* —5A **118**
Park Rd. *Ham* —6H **141**
Park Rd. *Inch* —2H **57**
Park Rd. *John* —3F **95**
Park Rd. *Mill P* —4C **94**
Park Rd. *Miln* —4G **25**
Park Rd. *Pais* —5D **97**
Parksail. *Ersk* —2G **57**
Parksail Dri. *Ersk* —1G **57**
Parkside Rd. *Moth* —3D **142**
Park St. *Air* —3G **91**
Park St. *Carl* —4F **165**
Park St. *Cle* —4H **129**
Park St. *Coat* —3D **90**
Park St. *Dumb* —4E **17**
Park St. *Kirk* —6H **31**
Park St. *Moth* —2G **143**
Park St. *New S* —4A **128**
Park St. S. *G3* —2C **82**
Parks View. *Ham* —5H **153**
Park Ter. *G3* —2C **82**
Park Ter. *E Kil* —2G **149**
Park Ter. La. *G3* —2C **82**
Park Ter. La. E. *G3* —2D **82**
Park Top. *Ersk* —6G **41**
Parkvale Cres. *Ersk* —1H **57**
Parkvale Dri. *Ersk* —1H **57**
Parkvale Gdns. *Ersk* —1H **57**
Parkvale Pl. *Ersk* —1H **57**
Parkvale Way. *Ersk* —1H **57**
Park View. *Kilb* —1A **94**
Park View. *Lark* —3F **161**
Park View. *Pais* —3H **97**
Parkview Av. *Kirk* —6D **30**
Parkview Ct. *Kirk* —6D **30**
Parkview Cres. *Newm*
—5E **147**
Parkview Dri. *Coat* —4A **90**
Parkview Dri. *Step* —3E **67**
Parkville Dri. *Blan* —3C **140**
(in two parts)
Parkville Rd. *Bell* —6E **111**
Parkway. *G32* —5C **106**
Park Way. *Cumb* —1B **36**

Parkway Ct. *Coat* —5A **90**
Parkway Pl. *Coat* —6A **90**
Park Winding. *Ersk* —1G **57**
Park Wood. *Ersk* —6G **41**
Parnell St. *Air* —6H **91**
Parnie St. *G1* —5G **83**
Parrish Dri. *Kils* —3G **7**
Parry Ter. *E Kil* —2D **148**
Parsonage Row. *G1*
—4H **83** (6H **5**)
Parsonage Sq. *G1*
—4H **83** (6H **5**)
Parson St. *G4* —3A **84**
Partick Bri. St. *G11* —2A **82**
Partickhill Av. *G11* —6H **61**
Partickhill Ct. *G11* —6H **61**
Partickhill Rd. *G11* —6H **61**
PARTICK STATION. *G11*
—1H **81**
Partick St. *Coat* —6E **91**
Patchy Pk. *Lark* —5E **161**
Paterson Pl. *Bear* —5C **24**
Paterson St. *G5* —6E **83**
(in three parts)
Paterson St. *Moth* —2G **143**
Paterson Ter. *E Kil* —4F **149**
Pather St. *Wis* —1H **157**
Pathead Gdns. *G33* —1H **65**
Pathead Rd. *Crmck* —2H **135**
Patna St. *Ham* —2C **152**
Patna St. *G40* —2D **104**
Paton St. *G31* —4D **84**
Patrick St. *Pais* —2B **98**
Patterson Dri. *Law* —5E **159**
Patterton Dri. *Barr* —6F **115**
PATTERTON STATION. *Newt M*
—1D **132**
Pattison St. *Clyd* —4A **42**
Payne St. *G4* —1G **83**
Peace Av. *Bri W* —1B **72**
Peacock Av. *Pais* —3D **96**
Peacock Cross. *Ham* —5G **141**
Peacock Cross Ind. Est. *Ham*
—5G **141**
Peacock Dri. *Ham* —5G **141**
Peacock Dri. *Pais* —3D **96**
*Peacock Loan. Carl* —*2F 165*
(off Carranbute Rd.)
Peacock M. *Miln* —4G **25**
Pearce La. *G51* —3G **81**
Pearl St. *Bell* —4D **126**
Pearson Dri. *Renf* —1F **79**
Pearson Pl. *Lin* —6H **75**
Peathill Av. *Chry* —6H **51**
Peathill St. *G21* —6G **63**
Peat Pl. *G53* —2A **116**
Peat Rd. *G53* —2A **116**
Peat Rd. *Bri W* —4G **73**
Pedmyre La. *Crmck* —2G **135**
Peebles Dri. *Ruth* —6F **105**
Peebles Path. *Coat* —2F **111**
Peel Brae. *Kirk* —4C **30**
Peel Ct. *Camb* —1A **122**
Peel Glen Rd. *G15* —3A **44**
Peel La. *G11* —1G **81**
Peel Pk. Ind. Est. *E Kil*
—1A **148**
Peel Pk. Pl. *E Kil* —2B **148**
Peel Pl. *Both* —4E **125**
Peel Pl. *Coat* —6H **89**
Peel Rd. *T'hall* —6F **135**
Peel St. *G11* —1H **81**
Peel View. *Clyd* —4F **43**
Pegasus Av. *Carl* —3E **165**
Pegasus Rd. *Bell* —2G **127**
Pembroke. *E Kil* —5D **138**
Pembroke St. *G3* —3D **82**
Pencaitland Dri. *G32* —2A **106**
Pencaitland Gdns. *G32*
—3A **106**
Pencaitland Pl. *G23* —6C **46**

Pendeen Cres. *G33* —6E **87**
Pendeen Pl. *G33* —5F **87**
Pendeen Rd. *G33* —6E **87**
Pendicle Cres. *Bear* —4D **44**
Pendicle Rd. *Bear* —4D **44**
Penfold Cres. *E Kil* —3F **149**
Penicuik St. *G32* —5F **85**
Penilee Rd. *H'ton I & Pais*
—3F **79**
Penilee Ter. *G52* —4G **79**
Peninver Dri. *G51* —3E **81**
Penman Av. *Ruth* —5B **104**
Pennan. *Ersk* —5E **41**
Pennan Pl. *G14* —4A **60**
Penneld Rd. *G52* —6H **79**
Penniecroft Av. *Dumb* —2H **17**
Pennyroyal Ct. *E Kil* —5F **137**
Penrith Av. *Giff* —4A **118**
Penrith Dri. *G12* —3G **61**
Penrith Pl. *E Kil* —5B **148**
Penryn Gdns. *G32* —2D **106**
Penston Rd. *G33* —3D **86**
Pentland Av. *Lin* —6G **75**
Pentland Ct. *Air* —1B **92**
Pentland Ct. *Barr* —6D **114**
Pentland Ct. *Coat* —2E **111**
Pentland Cres. *Pais* —5H **97**
Pentland Dri. *Barr* —6D **114**
Pentland Dri. *B'rig* —5F **49**
Pentland Dri. *Renf* —3D **78**
Pentland Pl. *Bear* —6B **24**
Pentland Rd. *G43* —2A **118**
Pentland Rd. *Chry* —1B **68**
Pentland Rd. *Wis* —5E **145**
Penzance Way. *Chry* —4C **52**
Peockland Gdns. *John* —2G **95**
Peockland Pl. *John* —2G **95**
Peploe Dri. *E Kil* —4D **138**
Percy Dri. *Giff* —6A **118**
Percy Rd. *Renf* —3C **78**
Percy St. *G51* —6B **82**
Percy St. *Lark* —1E **161**
Perran Gdns. *Chry* —5C **52**
Perray Av. *Dumb* —2B **16**
Perrays Dri. *Dumb* —3A **16**
Perth Av. *Air* —1A **112**
Perth St. *Clyd* —2H **41**
Perth St. *G3* —4D **82**
Peter Coats Building. *Pais*
—2A **98**
Peter Dri. *Kirk* —4D **30**
Petersburn Pl. *Air* —5D **92**
Petersburn Rd. *Air* —6C **92**
Petershill Ct. *G21* —6D **64**
Petershill Dri. *G21* —5D **64**
Petershill Pl. *G21* —5D **64**
Petershill Rd. *G21* —6B **64**
Peterson Dri. *G13* —1G **59**
Peterson Gdns. *G13* —1G **59**
Petition Pl. *Udd* —2E **125**
Pettigrew St. *G32* —6A **86**
Peveril Av. *G41* —4B **102**
Peveril Av. *Ruth* —2E **121**
Peveril Ct. *Ruth* —3E **121**
Pharonhill St. *G31* —6F **85**
Philip Murray Rd. *Bell*
—1H **125**
Philipshill Ga. *Clar* —6A **136**
Philipshill Rd. *Clar* —6A **136**
Phipp La. *Dumb* —1D **18**
Phoenix Cres. *Stra B* —5A **110**
Phoenix Ind. Est. *Pais* —3H **77**
Phoenix Pl. *Eld* —2B **96**
Phoenix Pl. *Moth* —4A **128**
Phoenix Retail Pk., The. *Lin*
—6C **76**
Phoenix Rd. *Bell* —2G **127**
Piazza Shopping Cen. *Pais*
—6B **78**
Picadilly St. *G3* —4D **82**
Pickerston Hill. *Moth* —3E **129**

Picketlaw Dri. *Crmck* —2H **135**
Picketlaw Farm Rd. *Clar*
—2G **135**
Piershill St. *G32* —4H **85**
Pikeman Rd. *G13* —3C **60**
Pilmuir Av. *G44* —3D **118**
Pilrig St. *G32* —4G **85**
Pilton Rd. *G15* —3A **44**
Pine Clo. *Cumb* —1E **37**
Pine Ct. *Coat* —1A **110**
(off Ailsa Rd.)
Pine Ct. *Cumb* —1E **37**
Pine Ct. *E Kil* —6D **148**
Pine Cres. *Cumb* —1E **37**
Pine Cres. *E Kil* —6D **148**
Pine Cres. *John* —4G **95**
Pine Gro. *C'bnk* —3B **112**
Pine Gro. *Cumb* —1E **37**
Pine Gro. *Moth* —2B **128**
Pine Gro. *Udd* —5F **109**
Pinelands. *B'rig* —3C **48**
Pine Lawn. *Wis* —4B **146**
Pine Pk. *Ham* —2A **154**
Pine Pl. *G5* —1G **103**
Pine Pl. *Cumb* —1E **37**
Pine Rd. *Clyd* —3H **41**
Pine Rd. *Cumb* —6E **15**
Pine Rd. *Dumb* —3F **17**
Pines, The. *G44* —3F **119**
Pine St. *Air* —4D **92**
Pine St. *Len* —3G **7**
Pine St. *Pais* —3C **98**
Pinewood Av. *Kirk* —2A **50**
Pinewood Ct. *Dumb* —2H **17**
Pinewood Ct. *Kirk* —2A **50**
Pinewood Pl. *Kirk* —2A **50**
Pinewood Sq. *G15* —4B **44**
Pinkerton Av. *Ruth* —5A **104**
Pinkston Dri. *G21*
—1H **83** (1H **5**)
Pinkston Rd. *G21 & G4*
—6H **63** (1H **5**)
Pinmore Pl. *G53* —2H **115**
Pinmore St. *G53* —2H **115**
Pinwherry Dri. *G33* —3H **65**
Pinwherry Pl. *Both* —4E **125**
Piper Av. *Hous* —3C **74**
Piper Rd. *Air* —6C **92**
Piper Rd. *Hous* —3C **74**
Pirnie Pl. *Kils* —3H **11**
Pirnmill Av. *Moth* —2D **142**
Pitcairn Cres. *E Kil* —3B **148**
Pitcairn Gro. *E Kil* —3C **148**
Pitcairn Pl. *E Kil* —3B **148**
Pitcairn St. *G31* —1F **105**
Pitcairn Ter. *Ham* —5E **141**
Pitcaple Dri. *G43* —1H **117**
Pitlochry Dri. *G52* —1B **100**
Pitlochry Dri. *Lark* —4G **161**
Pitmedden Rd. *B'rig* —5F **49**
Pitmilly Rd. *G15* —3C **44**
Pitreavie Ct. *Ham* —3F **153**
Pitreavie Pl. *G33* —2C **86**
Pit Rd. *Bell I* —1B **126**
Pit Rd. *Kirk* —6A **32**
Pitt St. *G2* —4E **83** (5B **4**)
Pladda Rd. *Renf* —2F **79**
Pladda St. *Moth* —2D **142**
Plaintrees ct. *Pais* —4A **98**
Plane Pl. *Udd* —4G **109**
Planetree Pl. *John* —4G **95**
Planetree Rd. *Clyd* —2C **42**
Plantation Av. *Moth* —1B **128**
Plantation Pk. Gdns. *G51*
—6B **82**
Plantation Sq. *G51* —5C **82**
Plant St. *G31* —5E **85**
Platthorn Dri. *E Kil* —2H **149**
Platthorn Rd. *E Kil* —2H **149**
Playfair St. *G40* —2C **104**
Plaza, The. *E Kil* —2G **149**

Pleaknowe Cres. *Chry* —5C **52**
Pleamuir Pl. *Cumb* —4E **35**
Plean St. *G14* —4A **60**
Pleasance La. *G43* —6A **102**
Pleasance St. *G43* —5A **102**
Plotcock Rd. *Ham* —4A **160**
Plover Dri. *E Kil* —6C **148**
Plover Pl. *John* —6C **94**
Plusgarten Loan. *Newm*
—2D **146**
Poet's View. *Kirk* —6F **31**
Poindfauld Ter. *Dumb* —3G **17**
Pointhouse Rd. *G3* —3A **82**
Pollock Gdns. *B'rig* —5A **48**
Pollock Rd. *Bear* —4G **45**
Pollock Rd. *Newt M* —5C **132**
Pollockshields Sq. *G41*
—3C **102**
Pollock St. *Bell* —2E **127**
Pollock St. *Moth* —2G **143**
Pollok Av. *G43* —5H **101**
Pollok La. *E Kil* —6B **138**
Pollok Pl. *E Kil* —6B **138**
POLLOKSHAWS EAST
STATION. *G43* —6B **102**
Pollokshaws Rd. *G41* —4C **102**
Pollokshaws Rd. *G43* —6H **101**
POLLOKSHAWS WEST
STATION. *G43* —6H **101**
POLLOKSHIELDS EAST
STATION. *G41* —2E **103**
POLLOKSHIELDS WEST
STATION. *G41* —3D **102**
Pollok Township Cen. *G53*
—6C **100**
Polmadie Av. *G5* —3H **103**
Polmadie Ind. Est. *G5*
—3A **104**
Polmadie Rd. *G42* —4G **103**
Polmadie St. *G42* —4G **103**
Polnoon Av. *G13* —3A **60**
Polson Dri. *John* —3E **95**
Polsons Cres. *Pais* —3H **97**
Polwarth La. *G12* —6H **61**
Polwarth St. *G12* —6H **61**
Pomona Pl. *Ham* —1D **152**
Poplar Av. *G11* —5F **61**
Poplar Av. *B'ton* —5H **39**
Poplar Av. *John* —4G **95**
Poplar Av. *Newt M* —6D **132**
Poplar Ct. *Coat* —1A **110**
Poplar Cres. *B'ton* —5H **39**
Poplar Dri. *Clyd* —2B **42**
Poplar Dri. *Kirk* —2A **50**
Poplar Dri. *Milt C* —6C **8**
Poplar Gdns. *E Kil* —6E **149**
Poplar Pl. *Blan* —6A **124**
Poplar Pl. *Moth* —3B **128**
Poplar Pl. *Udd* —5H **109**
Poplar Rd. *Dumb* —3F **17**
Poplars, The. *Bear* —5D **24**
Poplar St. *Air* —4D **92**
Poplin St. *G40* —2B **104**
Porchester St. *G33* —1D **86**
Portal Rd. *G13* —1C **60**
Port Dundas Ind. Est. *G4*
—1G **83**
Port Dundas Pl. *G2*
—3G **83** (3E **5**)
Port Dundas Rd. *G4*
—2F **83** (1D **4**)
Porterfield Rd. *Renf* —6C **58**
Porters La. *Chap* —3D **112**
Porter St. *G51* —6A **82**
Porters Well. *Udd* —2C **124**
Portessie. *Ersk* —5E **41**
Portland Pk. *Ham* —1A **154**
Portland Pl. *Ham* —1A **154**
Portland Rd. *Cumb* —6H **13**
Portland Rd. *Pais* —2D **98**
Portland Sq. *Ham* —1A **154**

Portland St. *Coat* —3D **90**
Portland Wynd. *Lark* —1F **161**
(off Muirshot Rd.)
Portlethen. *Ersk* —5E **41**
Portman St. *G41* —6C **82**
Portmarnock Dri. *G23* —1C **62**
Porton Pl. *B'ton* —4G **39**
Portpatrick Rd. *Old K* —6D **20**
Portreath Rd. *Chry* —4D **52**
Portsoy. *Ersk* —5E **41**
Portsoy Av. *G13* —1H **59**
Portsoy Pl. *G13* —1G **59**
Port St. *G3* —4D **82**
Portugal St. *G5* —6F **83**
Portwell. *Ham* —5A **142**
POSSILPARK & PARKHOUSE
STATION. *G22* —3F **63**
Possil Pk. Trading Cen. *G22*
—4G **63**
Possil Rd. *G4* —1F **83**
Postgate. *Ham* —5A **142**
Potassels Rd. *Muirh* —2A **68**
Potrail Pl. *Ham* —6E **141**
Potter Clo. *G32* —2G **105**
Potter Gro. *G32* —2G **105**
Potterhill Av. *Pais* —5A **98**
Potterhill Rd. *G53* —3A **100**
Potter Path. *G32* —2G **105**
Potter Pl. *G32* —2G **105**
Potter St. *G32* —2G **105**
Potts Way. *Moth* —6E **127**
Powbrone. *E Kil* —6G **149**
Powburn Cres. *Udd* —6B **108**
Powfoot St. *G31* —6F **85**
Powforth Clo. *Lark* —2C **160**
Powrie St. *G33* —6C **66**
Prentice La. *Udd* —5E **109**
Prentice Rd. *Moth* —4D **142**
Prestonfield. *Miln* —4E **25**
Preston Pl. *G42* —3F **103**
Prestwick St. *Cumb* —1H **35**
Prestwick Pl. *Newt M*
—5G **133**
Prestwick St. *G53* —1A **116**
Priestfield Ind. Est. *Blan*
—4B **140**
Priestfield St. *Blan* —3A **140**
Priesthill Av. *G53* —1C **116**
Priesthill Cres. *G53* —1C **116**
PRIESTHILL & DARNLEY
STATION. *G53* —2C **116**
Priesthill Rd. *G53* —1B **116**
Priestknowe Roundabout. *E Kil*
—2H **149**
Prieston Rd. *Bri W* —4E **73**
Primrose Av. *Bell* —6C **110**
Primrose Av. *Lark* —5E **161**
Primrose Ct. *G14* —6D **60**
Primrose Cres. *Moth* —4G **143**
Primrose Pl. *Cumb* —6D **34**
Primrose Pl. *Udd* —5G **109**
Primrose St. *G14* —6C **60**
Primrose Way. *Carl* —5E **165**
Prince Albert Rd. *G12* —6H **61**
Prince Edward St. *G42*
—3E **103**
Prince of Wales Gdns. *G20*
—1A **62**
Prince Pl. *Wis* —3E **147**
Prince's Gdns. *G12* —6H **61**
Princes Ga. *Both* —3C **124**
Princes Ga. *Ruth* —5C **104**
Princes Mall. *E Kil* —2G **149**
Princes Pk. *B'ton* —3C **40**
Prince's Pl. *G12* —6A **62**
*Princess Anne Quad. Moth*
(off Sherry Av.) —2H **127**
Princess Cres. *Pais* —6D **78**
Princess Dri. *Bail* —6E **89**
*Princes Sq. E Kil* —2G **149**
(off Cornwall St.)

Princes Sq. Shopping Cen. G1
—4G 83 (6E 5)
(off Buchanan Sq.)
Princess Rd. Moth —3H 127
Princess Sq. Barr —4F 115
Princess Sq. E Kil —2G 149
Princess Sq. Newm —4D 146
Princes St. Moth —1G 143
Princes St. Ruth —5C 104
Prince's Ter. G12 —6A 62
Printers Land. Clar —3E 135
Priory Av. Pais —4C 78
Priory Dri. Udd —6B 108
Priory Ga. Over —4H 157
Priory Pl. Cumb —4A 34
Priory Pl. G13 —2D 60
Priory St. Blan —1B 140
Priory Ter. Wis —1C 156
Procession Rd. Pais —1A 114
Professors Sq. G12 —1B 82
Prosen St. G32 —2G 105
Prospect Av. Camb —1H 121
Prospect Av. Udd —1C 124
Prospect Ct. Blan —4B 140
Prospect Ga. Ashg —5B 162
Prospecthill Cir. G42 —4H 103
Prospecthill Cres. G42
—5A 104
Prospect Hill Dri. G42
—5G 103
Prospecthill Pl. G42 —5A 104
Prospecthill Rd. G42 —5E 103
Prospecthill Sq. G42 —4H 103
Prospect Rd. Dull —5E 13
Provanhall Cres. Bail
—2H 107
Provanhill St. G21 —2B 84
Provanmill Pl. G33 —6F 65
Provanmill Rd. G33 —6F 65
Provan Rd. G33 —2E 85
Provost Clo. John —2F 95
Provost Ga. Lark —2E 161
Purdie. E Kil —1D 138
Purdie St. Ham —4E 141
Purdon St. G11 —1H 81
Pyatshaw Rd. Lark —4F 161

Quadrant Rd. G43 —1C 118
Quadrant Shopping Cen. Coat
—4C 90
Quadrant, The. Clar —1C 134
Quarrelton Rd. John —3E 95
Quarreton Gro. John —4F 95
Quarry Av. Camb —4D 122
Quarrybank. Mill P —3C 94
Quarrybrae Av. Clar —2B 134
Quarrybrae Gdns. Udd
—1G 125
Quarrybrae St. G31 —6G 85
Quarry Dri. Kirk —5F 31
Quarry Knowe. Dumb —2D 16
Quarryknowe. Ruth —6B 104
Quarry Knowe Pl. Bell
—4B 126
Quarryknowe St. G31 —6G 85
Quarryknowe St. Clyd —6F 23
Quarry La. Dumb —4E 17
Quarry La. Len —2F 7
Quarry Pk. E Kil —3G 149
Quarry Pl. Camb —1G 121
Quarry Pl. Dumb —2D 16
Quarry Pl. Ham —6A 142
Quarry Pl. Wis —3H 147
Quarry Rd. Air —2H 91
Quarry Rd. Barr —3D 114
Quarry Rd. E Kil —6F 149
Quarry Rd. Lark —3E 161
Quarry Rd. Law —3H 163

Quarry Rd. Pais —4B 98
Quarryside St. Glenm —5G 71
Quarry St. Coat —5F 91
Quarry St. Ham —6A 142
Quarry St. John —2F 95
Quarry St. Lark —4F 161
Quarry St. Moth —3A 128
Quarry St. Wis —6G 145
Quarrywood Av. G21 —5E 65
Quarrywood Rd. G21 —5E 65
Quay Pend. Dumb —4E 17
Quay Rd. Ruth —4C 104
Quay Rd. N. Ruth —4C 104
Quay St. Dumb —4F 17
Quebec Dri. E Kil —3E 149
Quebec Grn. E Kil —2E 149
Quebec Wynd. G32 —5C 106
Queen Elizabeth Av. H'ton 1
—4G 79
Queen Elizabeth Ct. Moth
—2F 143
Queen Elizabeth Sq. G5
—1G 103
Queen Margaret Ct. G20
(off Fergus Dri.) —5C 62
Queen Margaret Dri. G12 & G20
—6B 62
Queen Margaret Rd. G20
—5C 62
Queen Mary Av. G42 —4E 103
Queen Mary Av. Clyd —5F 43
Queen Mary St. G40 —1C 104
Queen's Av. Camb —1B 122
Queensbank Av. G'csh —2C 68
Queensberry Av. Bear —6E 25
Queensberry Av. Clar —2C 134
Queensborough Gdns. G12
—5G 61
Queensby Av. Bail —6H 87
Queensby Dri. Bail —5H 87
Queensby Pl. Bail —5A 88
Queensby Rd. Bail —5H 87
Queen's Ct. Miln —5G 25
Queen's Cres. G4
—1D 82 (1A 4)
Queen's Cres. Bail —6D 88
Queen's Cres. Bell —3B 126
Queen's Cres. Carl —3G 165
Queen's Cres. Chap —2D 112
Queens Cres. Moth —4E 127
Queensdale Av. Lark —5F 161
Queensdale Rd. Lark —5F 161
Queen's Dri. B'ton —4H 39
Queens Dri. Cumb —5H 13
Queens Dri. Ham —5H 153
Queen's Dri. La. G42 —4E 103
Queensferry St. G5 —3A 104
Queen's Gdns. G12 —6A 62
Queen's Ga. Clar —1C 134
Queenside Cres. Ersk —6D 40
Queensland Ct. G52 —5C 80
Queensland Dri. G52 —5C 80
Queensland Gdns. G52
—5C 80
Queensland La. E. G52
—5C 80
Queensland La. W. G52
—5C 80
Queenslie Ind. Est. G33
—3D 86
Queenslie St. G33 —1F 85
Queen's Pk. Av. G42 —4F 103
QUEEN'S PK. STATION. G42
—3E 103
Queens Pl. G12 —6A 62
Queen Sq. G41 —3D 102
Queen's Rd. Eld —3A 96
Queen's St. Moth —5H 129
Queen St. G1 —4G 83 (6E 5)
Queen St. Ham —4E 141

Queen St. Kirk —5C 30
Queen St. Moth —2G 143
Queen St. Newm —3D 146
Queen St. Pais —1G 97
Queen St. Renf —6F 59
Queen St. Ruth —5C 104
QUEEN ST. STATION. G1
—3G 83 (4E 5)
Queens Way. B'rig —5D 28
Queensway. E Kil —6B 136
Queen Victoria Dri. G14 & G13
—5C 60
Queen Victoria Ga. G13
—4C 60
Queen Victoria St. Air —4H 91
Queenzieburn Ind. Est. Kils
—3D 10
Quendale Dri. G32 —2H 105
Quentin St. G41 —4C 102
Quinton Gdns. Bail —6G 87

Raasay Cres. Air —5E 93
Raasay Dri. Pais —6H 97
Raasay Gdns. Newt M
—4B 132
Raasay Pl. G22 —1G 63
Raasay St. G22 —1G 63
Racecourse View. Ham
—4A 142
Rachan St. G34 —2B 88
Radnor Dri. G3 —2B 82
Radnor St. Clyd —4C 42
(in two parts)
Raeberry St. G20 —6D 62
Raebog Cres. Air —1H 91
Raebog Rd. Glenm —5G 71
Raeburn Av. E Kil —5B 138
Raeburn Cres. Ham —6C 140
Raeburn Pl. E Kil —5B 138
Raeburn Wlk. Bell —6D 110
Raeside Av. Newt M —6D 132
Raes Rd. Carl —5B 164
Raeswood Dri. G53 —5H 99
Raeswood Gdns. G53 —5H 99
Raeswood Pl. G53 —5H 99
Raeswood Rd. G53 —5H 99
Raewell Cres. Bell —4B 126
Rafford St. G51 —4G 81
Raglan St. G4 —1E 83
Railway Rd. Air —4F 91
Raith Av. G45 —3H 119
Raithburn Av. G45 —3G 119
Raithburn Rd. G45 —4G 119
Raith Dri. Bell —3D 126
Ralston Av. Pais & G52
—2H 99
Ralston Ct. G52 —1H 99
Ralston Dri. G52 —1H 99
Ralston Path. G52 —1H 99
Ralston Pl. G52 —1H 99
Ralston Rd. Barr —5E 115
Ralston Rd. Bear —2E 45
Ralston St. Air —4G 91
Ramage Rd. Carl —5H 165
Ramillies Ct. Carl —4G 165
Rampart Av. G13 —1A 60
Ramsay Av. John —4E 95
Ramsay Ct. Newt M —6E 133
Ramsay Cres. Mill P —3B 94
Ramsay Hill. E Kil —6A 138
Ramsay Ind. Est. Kirk —4B 30
Ramsay Pl. Coat —6G 89
Ramsay Pl. John —4E 95
Ramsay St. Clyd —4B 42
Ramsay Wynd. Bell —6D 110
Ram St. G32 —6H 85
Ranaldard Gdns. Ruth
—4F 121
Randolph Av. Clar —6E 119
Randolph Dri. Clar —6D 118

Randolph Gdns. Clar —6D 118
Randolph La. G11 —6F 61
Randolph Rd. G11 —5F 61
Ranfurly Ct. Bri W —4F 73
Ranfurly Pl. Bri W —4F 73
Ranfurly Rd. G52 —6H 79
Ranfurly Rd. Bri W —5F 73
Range Av. Moth —5C 144
Range Pl. Ham —2A 154
Rangerhouse Rd. E Kil
—6H 149
Range Rd. Moth —5B 144
Range Rd. Ind. Est. Moth
—5B 144
Range St. Moth —5B 144
Rankin Dri. Newt M —3C 132
Rankine Av. E Kil —4A 150
Rankine Pl. John —2F 95
Rankine St. John —2F 95
Rankin Rd. Wis —5C 146
Rankin St. Carl —3F 165
Rannoch Av. B'rig —6D 48
Rannoch Av. Coat —2H 89
Rannoch Av. Ham —2E 153
Rannoch Av. Newt M —2D 132
Rannoch Ct. Blan —4D 140
Rannoch Ct. Cumb —1D 54
Rannoch Dri. Bear —2H 45
Rannoch Dri. Cumb —1D 54
Rannoch Dri. Kirk —4H 31
Rannoch Dri. Renf —5E 59
Rannoch Dri. Wis —2H 157
Rannoch Gdns. B'rig —6E 49
Rannoch Grn. E Kil —6H 137
Rannoch Pl. Pais —2C 98
Rannoch Rd. Air —2H 91
Rannoch Rd. John —4E 95
Rannoch Rd. Udd —4C 108
Rannoch St. G44 —1E 119
Rannoch Ter. Lark —4G 161
Ranson Way. B'rig —6E 49
Raploch Av. G14 —5B 60
Raploch Cres. Clyd —6F 23
Raploch La. G14 —5B 60
Raploch Rd. Lark —2D 160
Raploch St. Lark —2D 160
Rashielburn. Ersk —5E 41
Rashieglen. Ersk —5E 41
Rashiehill. Ersk —5E 41
Rashielee Rd. Ersk —5E 41
Rashiewood. Ersk —5F 41
Rashilee Av. Ersk —5F 41
Rathlin St. G51 —3G 81
Rathlin Ter. Dumb —2C 16
Ratho Dri. G21 —5A 64
Ratho Pk. Ham —4F 153
Rattray. Ersk —4E 41
Rattray St. G32 —2G 105
Ravelston Rd. Bear —5E 45
Ravelston St. G32 —5F 85
Ravel Wynd. Udd —5F 109
Ravenscliffe Dri. Giff —4H 117
Ravens Ct. B'rig —1B 64
Ravenscourt. T'hall —6G 135
Ravenscraig Av. Pais —4G 97
Ravenscraig Ct. Bell —2D 126
Ravenscraig Dri. G53 —1B 116
Ravenscraig Ter. G53 —2C 116
Ravenshall Rd. G41 —5A 102
Ravenshill Dri. Cle —6H 129
Ravenstone Dri. Giff —2A 118
Ravenswood Av. Pais —6C 96
Ravenswood Dri. G41
—4B 102
Ravenswood Rd. Bail —4A 88
Raven Wynd. Wis —5H 145
Rawyards Av. Air —1B 92
Raymond Pl. E Kil —2E 149
Rayne Pl. G15 —3B 44
Ream Av. Air —5F 93

Reay Av. *E Kil* —1D **148**
Reay Gdns. *E Kil* —1D **148**
Redan St. *G40* —6B **84**
Redbrae Rd. *Kirk* —4D **30**
Red Bri. Ct. *Coat* —3C **90**
Redburn Av. *Giff* —1H **133**
Redburn Ct. *Cumb* —5F **15**
Redburn Pl. *Cumb* —5F **15**
Redburn Rd. *Cumb* —5F **15**
Redcastle Sq. *G33* —2D **86**
Redcliffe Dri. *E Kil* —3D **148**
Reddeer Rd. *E Kil* —3E **149**
Rederech Cres. *Ham* —1D **152**
Redford St. *G33* —3F **85**
Redgate Pl. *G14* —5B **60**
Redgrave. *E Kil* —4C **138**
Redhill Rd. *Cumb* —2F **35**
Redhills View. *Len* —4G **7**
Redholme. *Lark* —4F **161**
  (off Keir Hardie Rd.)
Redhouse La. *Carl* —2F **165**
Redhurst Cres. *Pais* —6F **97**
Redhurst La. *Pais* —6F **97**
Redhurst Way. *Pais* —6F **97**
Redlands La. *G12* —5A **62**
  (off Kirklee Rd.)
Redlands Rd. *G12* —5A **62**
Redlands Ter. *G12* —5A **62**
Redlands Ter. La. *G12* —5A **62**
Redlawood Pl. *Camb* —1G **123**
Redlawood Rd. *Camb*
  —1G **123**
Redmoss Rd. *Clyd* —1B **42**
Redmoss Rd. *Kils* —6B **8**
Redmoss St. *G22* —4F **63**
Rednock St. *G22* —5G **63**
Redpath Dri. *G52* —5B **80**
Red Rd. *G21* —5D **64**
Red Rd. Ct. *G21* —6D **64**
Redwing Gdns. *Wis* —2F **157**
Redwood Av. *E Kil* —2A **148**
Redwood Ct. *E Kil* —3A **148**
Redwood Cres. *B'ton* —4A **40**
Redwood Cres. *E Kil* —6A **136**
Redwood Cres. *Udd* —5G **109**
Redwood Dri. *G21* —6C **64**
Redwood Dri. *T'hall* —3A **148**
Redwood Gro. *Coat* —5D **90**
Redwood Pl. *E Kil* —1A **148**
Redwood Pl. *Kirk* —5D **30**
Redwood Pl. *Udd* —5G **109**
Redwood Rd. *Cumb* —3D **36**
Redwood Rd. *Moth* —2C **128**
Reelick Av. *G13* —1G **59**
Reelick Quad. *G13* —1G **59**
Reema Rd. *Bell* —1D **126**
Reen Pl. *Both* —3F **125**
Regency Way. *Ham* —1C **154**
Regency Way. *Moth* —3H **127**
Regent Moray St. *G3* —2B **82**
Regent Pk. Sq. *G41* —3D **102**
Regent Pl. *Clyd* —3A **42**
Regents Ga. *Both* —3B **124**
Regent Shopping Cen. *Kirk*
  —5C **30**
Regent Sq. *Lenz* —3C **50**
Regent St. *Clyd* —3A **42**
Regent St. *Kirk* —5C **30**
Regent St. *Pais* —6D **78**
Regent Way. *Ham* —6A **142**
Register Av. *Bell* —4C **126**
Register Rd. *Kils* —3A **12**
Regwood St. *G41* —5B **102**
Reid Av. *Bear* —1G **45**
Reid Av. *Lin* —6H **75**
Reid Gro. *Moth* —5B **144**
Reid Pl. *G40* —1B **104**
Reid St. *G40* —2B **104**
Reid St. *Air* —2B **92**
Reid St. *Coat* —3C **90**
Reid St. *Ham* —4D **140**

Reid St. *Ruth* —5D **104**
Reidvale St. *G31* —5B **84**
Reilly Rd. *Hous* —6B **38**
Reith Dri. *E Kil* —4F **149**
Remus Pl. *Bell* —2G **127**
Renfield La. *G2* —4F **83** (5D **4**)
Renfield St. *G2* —4F **83** (5D **4**)
Renfield St. *Renf* —5F **59**
Renfrew Ct. *G2* —3G **83** (3E **5**)
Renfrew La. *G2* —3F **83** (3D **4**)
Renfrew Pl. *Coat* —1G **109**
Renfrew Rd. *G51* —3B **80**
Renfrew Rd. *Pais* —5B **78**
Renfrew Rd. *Renf* —1A **80**
Renfrew St. *G3 & G2*
  —2E **83** (2A **4**)
Renfrew St. *Coat* —1G **109**
Rennie Pl. *E Kil* —6C **136**
Rennie Rd. *Kils* —2F **11**
Renshaw Dri. *G52* —5B **80**
Renshaw Rd. *B'ton* —4H **39**
Renshaw Rd. *Eld* —4A **96**
Renton Rd. *Dumb* —1D **16**
Renton St. *G4* —2G **83** (1E **5**)
Resipol Rd. *G33* —4E **67**
Reston Dri. *G52* —5B **80**
Reuther Av. *Ruth* —6D **104**
Revoch Dri. *G13* —2A **60**
Reynolds Av. *E Kil* —4A **150**
Reynolds Path. *Wis* —2B **158**
Rhannan Rd. *G44* —2E **119**
Rhannan Ter. *G44* —2E **119**
Rhindhouse Pl. *Bail* —6B **88**
Rhindhouse Rd. *Bail* —6B **88**
Rhindmuir Av. *Bail* —6A **88**
Rhindmuir Ct. *Bail* —5A **88**
Rhindmuir Cres. *Bail* —5A **88**
Rhindmuir Dri. *Bail* —5A **88**
Rhindmuir Gdns. *Bail* —5A **88**
Rhindmuir Gro. *Bail* —5B **88**
Rhindmuir Path. *Bail* —5B **88**
Rhindmuir Pl. *Bail* —5A **88**
Rhindmuir Rd. *Bail* —5A **88**
Rhindmuir View. *Bail* —5B **88**
Rhindmuir Wynd. *Bail* —5B **88**
Rhinds St. *Coat* —1F **109**
Rhinsdale Cres. *Bail* —6A **88**
Rhumor. *Mill P* —3C **94**
Rhu Quad. *Wis* —5A **158**
Rhymer St. *G21* —2A **84**
Rhymie Rd. *G32* —2D **106**
Rhynie Dri. *G51* —6H **81**
Riach Gdns. *Moth* —6E **127**
Ribblesdale. *E Kil* —6E **137**
Riccarton. *E Kil* —4D **148**
Riccarton St. *G42* —3G **103**
Riccartsbar Av. *Pais* —2G **97**
Rice Way. *Moth* —5B **144**
Richmond Av. *Clar* —2C **134**
Richmond Ct. *Ruth* —5E **105**
Richmond Dri. *B'rig* —3D **48**
Richmond Dri. *Camb* —2G **121**
Richmond Dri. *Lin* —4G **75**
Richmond Dri. *Ruth* —6E **105**
Richmond Gdns. *Chry* —6H **51**
Richmond Gro. *Ruth* —6E **105**
Richmond Pl. *Ruth* —5E **105**
Richmond Rd. *Ruth* —6F **105**
Richmond St. *G1*
  —4H **83** (5G **5**)
Richmond St. *Clyd* —6E **43**
Riddell St. *Clyd* —4E **43**
Riddell St. *Coat* —4E **91**
Riddon Av. *G13* —1G **59**
Riddon Pl. *G13* —1G **59**
Riddrie Cres. *G33* —3G **85**
Riddrie Knowes. *G33* —3G **85**
Riddrievale Ct. *G33* —2G **85**
Riddrievale St. *G33* —2G **85**
Rigby St. *G32* —6G **85**
Rigghead Av. *Cumb* —6B **14**

Rigg Pl. *G33* —4E **87**
Riggside Rd. *G33* —1C **86**
Riggs, The. *Miln* —2G **25**
Righead Ga. *E Kil* —2G **149**
Righead Ind. Est. *Bell* —6A **110**
Righead Roundabout. *E Kil*
  —2F **149**
Riglands Way. *Renf* —6E **59**
Riglaw Pl. *G13* —2A **60**
Rigmuir Rd. *G51* —4C **80**
Rimsdale St. *G40* —6C **84**
Ringford St. *G21* —6B **64**
Ripon Dri. *G12* —3G **61**
Risk St. *Clyd* —3B **42**
Risk St. *Dumb* —4E **17**
Ristol Rd. *G13* —4B **60**
Ritchie Cres. *Eld* —2A **96**
Ritchie Pk. *John* —2H **95**
Ritchie St. *G5* —1E **103**
Ritchie St. *Wis* —6D **144**
Riverbank Dri. *Bell* —4E **127**
Riverbank St. *G43* —6A **102**
Riverdale Gdns. *Ham* —2A **154**
Riverdale La. *G14* —5A **60**
Riverford Rd. *G43* —6A **102**
Riverford Rd. *Ruth* —4E **105**
River Rd. *G32* —6B **106**
Riverside. *Hous* —2D **74**
Riverside. *Miln* —3G **25**
Riverside Ct. *G44* —5D **118**
Riverside Gdns. *Clar* —4D **134**
Riverside La. *Dumb* —4E **17**
Riverside Pk. *G44* —5E **119**
Riverside Pl. *Camb* —1C **123**
Riverside Rd. *G43* —6C **102**
Riverside Rd. *Lark* —4E **161**
Riverside Ter. *Clar* —4D **134**
Riverside Wlk. *Moth* —1H **143**
Riverton Dri. *E Kil* —3D **148**
  (off Tasman Dri.)
Riverview Dri. *G5* —5E **83**
Riverview Gdns. *G5* —5E **83**
Riverview Pl. *G5* —5E **83**
Roaden Av. *Pais* —6D **96**
Roaden Rd. *Pais* —6D **96**
Roadside. *Cumb* —6A **14**
Robb Ter. *Kirk* —1G **51**
Robert Burns Av. *Clyd* —4E **43**
Robert Burns Av. *Moth*
  —3E **129**
Robert Burns Quad. *Bell*
  —2B **126**
Roberton St. *Chap* —2E **113**
Robert Smillie Cres. *Lark*
  —4E **161**
Robertson Av. *G41* —3A **102**
Robertson Cres. *Neil* —2D **130**
Robertson Dri. *Bell* —3C **126**
Robertson Dri. *E Kil* —1B **150**
Robertson La. *G2*
  —4F **83** (6B **4**)
Robertson St. *G2*
  —5F **83** (6C **4**)
Robertson St. *Air* —4G **91**
Robertson St. *Barr* —5D **114**
Robertson St. *Ham* —4D **140**
Robertson Ter. *Bail* —6A **88**
Roberts Quad. *Bell* —4D **126**
Roberts St. *Clyd* —4A **42**
Roberts St. *Wis* —6G **145**
Robert St. *G51* —4A **81**
Robert Templeton Dri. *Camb*
  —2B **122**
Robet Gilson Gdns. *Coat*
  —6D **90**
Robin Pl. *Wis* —6H **145**
Robin Way. *G32* —5C **106**
Robroyston Av. *G33* —6G **65**
Robroyston Rd. *G33* —5F **65**
Robroyston Rd. *B'rig* —6H **49**
Robshill Ct. *Newt M* —5D **132**

Robslee Dri. *Giff* —4H **117**
Robslee Rd. *T'bnk* —5G **117**
Robson Gro. *G42* —2F **103**
Rochdale Pl. *Kirk* —5C **30**
  (off New Lairdsland Rd.)
Rochsoles Dri. *Air* —5H **91**
  —4G **91**
Rochsolloch Rd. *Air* —5F **91**
Rockall Dri. *G44* —3F **119**
Rockbank Pl. *G40* —6C **84**
Rockbank Pl. *Clyd* —1E **43**
Rockbank St. *G40* —6C **84**
Rockburn Cres. *Bell* —6C **110**
Rockburn Dri. *Clar* —1A **134**
Rockcliffe St. *G40* —2B **104**
Rock Dri. *Kilb* —3B **94**
Rockfield Pl. *G21* —4E **65**
Rockfield Rd. *G21* —4E **65**
Rockhampton Av. *E Kil*
  —4D **148**
Rockmount Av. *Barr* —6F **115**
Rockmount Av. *T'bnk*
  —3G **117**
Rock St. *G4* —6F **63**
Rockwell Av. *Pais* —5G **97**
Roddinghead Rd. *Giff*
  —3G **133**
Rodger Av. *Newt M* —4C **132**
Rodger Dri. *Ruth* —1C **120**
Rodger Pl. *Ruth* —1C **120**
Rodil Av. *G44* —3G **119**
Rodney St. *G4* —1F **83**
Roebank Dri. *Barr* —6E **115**
Roebank St. *G31* —3D **84**
Roffey Pk. Rd. *Pais* —6F **79**
Rogart St. *G40* —6B **84**
  (in two parts)
Rogerfield Rd. *Bail* —4A **88**
Roland Cres. *Newt M* —6F **133**
Roman Av. *G15* —6A **44**
Roman Av. *Bear* —2F **45**
Roman Ct. *Bear* —2F **45**
Roman Cres. *Old K* —6D **20**
Roman Dri. *Bear* —2F **45**
Roman Dri. *Bell* —3D **126**
Roman Gdns. *Bear* —2F **45**
Roman Hill Rd. *Clyd* —6D **22**
Roman Pl. *Bell* —4A **126**
Roman Rd. *Bear* —2E **45**
Roman Rd. *Clyd* —1C **42**
Roman Rd. *Kirk* —5B **30**
Roman Rd. *Moth* —1F **143**
  (in two parts)
Roman Way. *Udd* —1G **125**
Romney Av. *G44* —2G **119**
Ronaldsay Dri. *B'rig* —5F **49**
Ronaldsay Pass. *G22* —2H **63**
Ronaldsay Pl. *Cumb* —5F **35**
Ronaldsay St. *G22* —2G **63**
Rona St. *G21* —1D **84**
Rona Ter. *Camb* —4H **121**
Ronay St. *G22* —2H **63**
Ronay St. *Wis* —4C **146**
Rooksdell Av. *Pais* —4G **97**
Ropework La. *G1* —5G **83**
Rorison Pl. *Ashg* —4B **162**
Rosa Burn Av. *E Kil* —6D **148**
Rosebank Av. *Blan* —6A **124**
Rosebank Av. *Kirk* —4E **31**
Rosebank Dri. *Camb* —3D **122**
Rosebank Dri. *Udd* —6G **109**
Rosebank Pl. *Ham* —6E **141**
Rosebank Rd. *Bell* —5D **110**
Rosebank St. *Wis* —5A **158**
Rosebank St. *Air* —3E **93**
Rosebank Ter. *Bail* —1D **108**
Roseberry La. *Chap* —2E **113**
Roseberry Pl. *Ham* —5E **141**
Roseberry Rd. *Chap* —1D **112**
Rosebery St. *G5* —2A **104**

Roseburn Ct. *Cumb* —5F **15**
Rose Cres. *Ham* —5D **140**
Rose Dale. *B'rig* —1D **64**
Rosedale. *E Kil* —6E **137**
Rosedale Av. *Pais* —6B **96**
Rosedale Dri. *Bail* —1G **107**
Rosedale Gdns. *G20* —1A **62**
Rosedene Ter. *Bell* —1C **126**
Rosefield Gdns. *Udd* —6C **108**
Rosegreen Cres. *Bell* —5C **110**
Rosehall Av. *Coat* —1D **110**
Rosehall Ind. Est. *Coat*
　　　　　　　　　—2C **110**
Rosehall Rd. *Bell I* —1B **126**
Rosehall Ter. *Wis* —2E **157**
Rosehill Dri. *Cumb* —1C **54**
Rosehill Pl. *Cumb* —1C **54**
Rosehill Rd. *Torr* —5D **28**
Rose Knowe Rd. *G42*
　　　　　　　　　—5H **103**
Roselea Dri. *Miln* —2H **25**
Roselea Gdns. *G13* —2F **61**
Roselea Pl. *Blan* —6A **124**
Roselea Rd. *Udd* —5C **108**
Roselea St. *Lark* —1F **161**
Rosemary Cres. *E Kil* —5F **137**
Rosemary Pl. *E Kil* —5F **137**
Rosemount. *Cumb* —6H **13**
Rose Mt. Ct. *Air* —3C **92**
Rosemount La. *Bri W* —5D **72**
*Rosemount La. Lark —4G 161*
　*(off Donaldson Rd.)*
Rosemount Meadows. *Both*
　　　　　　　　　—5D **124**
Rosendale Way. *Blan* —2C **140**
Roseneath Ga. *E Kil* —1E **149**
Rosepark Av. *Udd* —1G **125**
Rosepark Cotts. *Coat* —2B **110**
Rose St. *G3* —3F **83** (3C **4**)
Rose St. *Cumb* —6D **34**
Rose St. *Kirk* —5D **30**
Rose St. *Moth* —4A **144**
Rosevale Cres. *Bell* —3E **127**
Rosevale Gdns. *Ham* —1F **153**
Rosevale Rd. *Bear* —3E **45**
Rosevale St. *G11* —1G **81**
Rosewood Av. *Bell* —6D **110**
Rosewood Av. *Pais* —4F **97**
Rosewood Path. *Bell* —2A **126**
Rosewood St. *G13* —2E **61**
Roslea Dri. *G31* —4C **84**
Roslin Tower. *Camb* —4G **121**
Roslyn Dri. *Bail* —6D **88**
Rosneath St. *G51* —3G **81**
Ross Av. *Kirk* —5F **31**
Ross Av. *Renf* —2C **78**
Ross Cres. *Moth* —4E **143**
Ross Dri. *Air* —1G **111**
Ross Dri. *Moth* —4E **143**
Ross Dri. *Udd* —4G **109**
Rossendale Ct. *G43* —5A **102**
Rossendale Rd. *G43 & G41*
　　　　　　　　　—5A **102**
Ross Gdns. *Moth* —4E **143**
Rosshall Av. *Pais* —1E **99**
Ross Hall Pl. *Renf* —6F **59**
Rosshill Av. *G52* —6H **79**
Rosshill Rd. *G52* —6H **79**
Rossie Cres. *B'rig* —1E **65**
Rossland Cres. *B'ton* —4G **39**
Rossland Pl. *B'ton* —5H **39**
Rosslea Dri. *Giff* —5A **118**
Rosslee Cres. *Giff* —4G **117**
Rosslyn Av. *E Kil* —6H **137**
Rosslyn Av. *Ruth* —6D **104**
Rosslyn Ct. *Ham* —5E **141**
Rosslyn Rd. *Ashg* —5B **162**
Rosslyn Rd. *Bear* —1B **44**
Rosslyn Ter. *G12* —6B **62**
Ross Pl. *E Kil* —6C **138**

Ross Pl. *Ruth* —3F **121**
Ross St. *G40* —5H **83**
Ross St. *Coat* —4C **90**
Ross St. *Pais* —2C **98**
Ross Ter. *Ham* —2E **155**
Rostan Rd. *G43* —2A **118**
Rosyth Rd. *G5* —3A **104**
Rosyth St. *G5* —3A **104**
Rotherwick Dri. *Pais* —1G **99**
Rotherwood Av. *G13* —6C **44**
Rotherwood Av. *Pais* —5D **96**
Rotherwood Pl. *G13* —1D **60**
Rotherwood Way. *Pais*
　　　　　　　　　—5D **96**
Rothesay Cres. *Coat* —1D **110**
Rothesay Pl. *Coat* —1D **110**
Rothesay Pl. *E Kil* —2G **149**
Rothesay St. *E Kil* —2G **149**
Rothes Dri. *G23* —6A **46**
Rothes Pl. *G23* —6A **46**
Rottenrow. *G1* —3H **83** (4G **5**)
Rottenrow. *G4* —4A **84**
Rottenrow E. *G4*
　　　　　　　　　—4H **83** (5H **5**)
Roughcraig St. *Air* —1A **92**
Roughrigg Rd. *Air* —5G **93**
Roukenburn St. *T'bnk*
　　　　　　　　　—3E **117**
Rouken Glen Rd. *T'bnk*
　　　　　　　　　—5F **117**
Roundel, The. *Wis* —1A **158**
Roundhill Dri. *Eld* —2C **96**
Roundknowe Rd. *Udd*
　　　　　　　　　—4A **108**
Round Riding Rd. *Dumb*
　　　　　　　　　—3G **17**
Rowallan Gdns. *G11* —6G **61**
Rowallan La. *G11* —6F **61**
Rowallan La. *Clar* —2C **134**
Rowallan Rd. *T'bnk* —5F **117**
Rowallan Ter. *G33* —5B **66**
Rowan Av. *Milt C* —6B **8**
Rowan Av. *Renf* —5E **59**
Rowanbank Pl. *Air* —3F **91**
Rowan Ct. *Pais* —3A **98**
Rowan Ct. *Wis* —1D **156**
Rowan Cres. *Lenz* —2C **50**
Rowandale Av. *Bail* —1G **107**
Rowand Av. *Giff* —4A **118**
Rowanden Av. *Bell* —1C **126**
Rowan Dri. *Bank* —1E **15**
Rowan Dri. *Bear* —6F **25**
Rowan Dri. *Clyd* —3B **42**
Rowan Dri. *Dumb* —3A **16**
Rowan Gdns. *G41* —1H **101**
Rowan Ga. *Pais* —3B **98**
Rowan La. *Moth* —5A **128**
Rowanlea Av. *Pais* —6B **96**
Rowanlea Dri. *Giff* —3B **118**
Rowanpark Dri. *Barr* —2C **114**
Rowan Pl. *Blan* —1B **140**
Rowan Pl. *Camb* —1C **122**
Rowan Pl. *Coat* —1B **110**
Rowan Rise. *Ham* —1A **154**
Rowan Rd. *G41* —1H **101**
Rowan Rd. *Cumb* —2D **36**
Rowan Rd. *Lin* —4F **75**
Rowans Gdns. *Both* —3F **125**
Rowans, The. *B'rig* —5B **48**
Rowan St. *Pais* —3A **98**
Rowan St. *Wis* —4H **145**
Rowantree Av. *N'hse* —6C **112**
Rowantree Av. *Ruth* —2D **120**
Rowantree Av. *Udd* —6G **109**
Rowantree Gdns. *Ruth*
　　　　　　　　　—2D **120**
*Rowantree Pl. John —4F 95*
　*(off Rowantree Rd.)*
Rowan Tree Pl. *Lark* —3H **161**
Rowantree Pl. *Len* —4G **7**

Rowantree Rd. *John* —4F **95**
Rowantree Ter. *Moth* —2B **128**
Rowena Av. *G13* —6D **44**
Roxburgh Dri. *Bear* —6E **25**
Roxburgh Dri. *Coat* —6B **90**
Roxburgh Pk. *E Kil* —2H **149**
Roxburgh Rd. *Pais* —6B **96**
Roxburgh St. *G12* —6B **62**
Royal Bank Pl. *G1*
　　　　　　　　　—4G **83** (5E **5**)
　*(off Buchanan St.)*
Royal Cres. *G3* —3C **82**
Royal Dri. *Ham* —1C **154**
Royal Exchange Ct. *G1*
　　　　　　　　　—4G **83** (6E **5**)
　*(off Buchanan St.)*
Royal Exchange Sq. *G1*
　　　　　　　　　—4G **83** (5E **5**)
Royal Inch Ter. *Renf* —4F **59**
Royal Ter. *G3* —2C **82**
Royal Ter. *Wis* —2A **146**
Royal Ter. La. *G3* —2C **82**
Royellen Av. *Ham* —1D **152**
Roystonhill. *G21* —2B **84**
Royston Rd. *G21 & G33*
　　　　　　　　　—2A **84**
Royston Sq. *G21* —2A **84**
Roy St. *G21* —6H **63**
Rozelle Av. *G15* —4B **44**
Rubislaw Dri. *Bear* —4E **45**
Ruby St. *G40* —1C **104**
Ruchazie Pl. *G33* —3H **85**
Ruchazie Rd. *G33 & G32*
　　　　　　　　　—3H **85**
Ruchill Pl. *G20* —4D **62**
Ruchill St. *G20* —4C **62**
Ruel St. *G44* —6E **103**
Rufflees Av. *Barr* —3F **115**
Rugby Av. *G13* —1B **60**
Rullion Pl. *G33* —3B **85**
Rumford St. *G40* —2B **104**
Runciman Pl. *E Kil* —5B **138**
Rundell Dri. *Milt C* —6C **8**
Rupert St. *G4* —1D **82**
Rushyhill St. *G21* —5C **64**
Ruskin La. *G12* —6C **62**
Ruskin Pl. *G12* —6C **62**
Ruskin Pl. *Kils* —3H **11**
Ruskin Sq. *B'rig* —6C **48**
Ruskin Ter. *G12* —6C **62**
Rusling Pl. *Cumb* —1E **37**
Russell Colt St. *Coat* —3C **90**
Russell Dri. *Bear* —1E **45**
Russell Gdns. *Newt M*
　　　　　　　　　—5C **132**
Russell Gdns. *Udd* —5E **109**
Russell La. *Wis* —1G **157**
Russell Pl. *Clar* —4E **135**
Russell Pl. *E Kil* —4E **149**
Russell Pl. *Lin* —5F **75**
Russell Rd. *Clyd* —6A **22**
Russell St. *Bell* —2F **127**
Russell St. *Chap* —3E **113**
Russell St. *Ham* —4D **140**
Russell St. *John* —2G **95**
Russell St. *Pais* —4H **77**
Russell St. *Wis* —1G **157**
Rutherford Av. *Bear* —5B **24**
Rutherford Av. *Kirk* —1H **51**
Rutherford Ct. *Clyd* —5C **42**
Rutherford La. *E Kil* —3H **149**
Rutherford Sq. *E Kil* —3G **149**
Rutherglen Bri. *G5* —2B **104**
Rutherglen Ind. Est. *Ruth*
　　　　　　　　　—4C **104**
RUTHERGLEN STATION. *Ruth*
　　　　　　　　　—5D **104**
Ruthven Av. *Giff* —6B **118**
Ruthven La. *G12* —6B **62**
Ruthven La. *Glenb* —3G **69**
Ruthven Pl. *B'rig* —1E **65**

Ruthven St. *G12* —6B **62**
Rutland Cres. *G51* —5C **82**
Rutland Pl. *G51* —5C **82**
Ryan Rd. *B'rig* —6D **48**
Ryan Way. *Ruth* —4E **121**
Ryat Dri. *Newt M* —3C **132**
Ryat Grn. *Newt M* —3C **132**
　(in two parts)
Ryatt Linn. *Ersk* —6D **40**
Rydal Gro. *E Kil* —5B **148**
Rydal Pl. *E Kil* —5B **148**
Ryden Mains Rd. *Glenm*
　　　　　　　　　—5F **71**
Ryde Rd. *Wis* —6A **146**
Ryebank Rd. *G21* —4E **65**
Rye Cres. *G21* —4D **64**
Ryecroft Dri. *Bail* —6H **87**
Ryedale Pl. *G15* —3A **44**
Ryefield Av. *Coat* —4H **89**
Ryefield Av. *John* —4D **94**
Ryefield Pl. *John* —4D **94**
Ryefield Rd. *G21* —4D **64**
Ryehill Pl. *G21* —4E **65**
Ryehill Rd. *G21* —4E **65**
Ryemount Rd. *G21* —4E **65**
Rye Rd. *G21* —4D **64**
Ryeside Rd. *G21* —4D **64**
Rye Way. *Pais* —4C **96**
Rylands Dri. *G32* —1D **106**
Rylands Gdns. *G32* —1E **107**
Rylees Cres. *G52* —5G **79**
Rylees Pl. *G52* —5G **79**
Rylees Rd. *G52* —5G **79**
Rysland Av. *Newt M* —4E **133**
Rysland Cres. *Newt M*
　　　　　　　　　—4E **133**
Ryvra Rd. *G13* —3D **60**

**S**achelcourt Av. *B'ton* —5H **39**
Sackville Av. *G13* —4F **61**
Sackville La. *G13* —4F **61**
Saddell Rd. *G15* —3B **44**
*Sadlers Wells Ct. E Kil*
　*(off Bosworth Rd.) —5B 138*
Saffronhall Cres. *Ham*
　　　　　　　　　—5H **141**
Saffronhall La. *Ham* —5H **141**
St Abb's Dri. *Pais* —4E **97**
St Andrew's Av. *B'rig* —5A **48**
St Andrews. *Both* —6E **125**
St Andrew's Brae. *Dumb*
　　　　　　　　　—1H **17**
St Andrews Ct. *Carl* —3E **165**
St Andrew's Ct. *E Kil* —5E **149**
St Andrews Ct. *Moth* —1A **128**
St Andrew's Cres. *G41*
　　　　　　　　　—1C **102**
St Andrew's Cres. *Dumb*
　　　　　　　　　—2H **17**
St Andrew's Cres. *Pais*
　　　　　　　　　—2G **77**
St Andrew's Dri. *G41* —3A **102**
St Andrew's Dri. *Abb* —3H **77**
St Andrew's Dri. *Bri W* —4E **73**
St Andrew's Dri. *Cumb*
　　　　　　　　　—5B **14**
St Andrew's Dri. *Ham* —5B **140**
St Andrew's Dri. W. *Glas A*
　　　　　　　　　—2G **77**
St Andrew's Gdns. *Air* —3B **92**
St Andrew's Ga. *Bell* —2B **126**
*St Andrew's Path. Lark*
　*(off Donaldson Rd.) —4G 161*
St Andrews Pl. *Kils* —2G **11**
St Andrew's Rd. *Renf* —6E **59**
St Andrew's Sq. *G1* —5H **83**
St Andrew's St. *G1* —5H **83**
St Andrews St. *Moth* —2A **128**
St Ann's Dri. *Giff* —5A **118**

*A-Z Glasgow 217*

St Blanes Dri. *Ruth* —1A **120**
St Boswell's Cres. *Pais* —4E **97**
St Boswells Dri. *Coat* —1F **111**
St Bride's Av. *Udd* —6G **109**
St Bride's Rd. *G43* —6B **102**
St Brides Way. *Both* —3E **125**
St Bryde St. *E Kil* —1H **149**
St Catherine's Rd. *Giff*
—5A **118**
St Clair Av. *Giff* —4A **118**
St Clair St. *G20* —1D **82**
St Columba Dri. *Kirk* —6E **31**
St Cyrus Gdns. *B'rig* —6E **49**
St Cyrus Rd. *B'rig* —6E **49**
St Davids Dri. *Air* —1C **112**
St David's Pl. *Lark* —2E **161**
St Denis Way. *Coat* —3B **90**
St Edmunds Gro. *Miln* —2G **25**
St Enoch Av. *Udd* —5G **109**
St Enoch Pl. *G1* —5F **83** (6D 4)
St Enoch Shopping Cen. *G1*
—5G **83**
St Enoch Sq. *G1* —5F **83**
ST ENOCH ST. STATION. *G1*
—4F **83**
St Fillans Dri. *Hous* —1A **74**
St Fillans Rd. *G33* —4C **66**
St Flanan Rd. *Kirk* —4B **32**
ST GEORGES CROSS STATION.
*G20* —1E **83**
*St George's Pl. G2 —1E 83*
*(off St George's Rd.)*
St George's Rd. *G3*
—2D **82** (1A 4)
St Germains. *Bear* —3E **45**
St Giles Pk. *Ham* —1F **153**
St Giles Way. *Ham* —1F **153**
St Helena Cres. *Clyd* —1E **43**
St Ives Rd. *Mood* —4D **52**
St James Av. *Pais* —4F **77**
St James Ct. *Coat* —1A **110**
St James Rd. *G4*
—3H **83** (3G 5)
St James' St. *Pais* —6A **78**
St James Way. *Coat* —2A **110**
St John's Ct. *G41* —1C **102**
St John's Quad. *G41* —1C **102**
St John's Rd. *G41* —2C **102**
St John St. *Coat* —4C **90**
St Kenneth Dri. *G51* —3D **80**
St Kilda Dri. *G14* —5E **61**
St Kilda Way. *Wis* —4C **146**
St Lawrence Pk. *E Kil* —2E **149**
St Leonard's Dri. *Giff* —4A **118**
St Leonards Rd. *E Kil* —1B **150**
St Leonards Sq. *E Kil* —2C **150**
St Leonards Wlk. *Coat*
—2E **111**
St Lukes's Av. *Carl* —5E **165**
St Machan's Way. *Len* —2F **7**
St Machars Rd. *Bri W* —4G **73**
St Margaret's Av. *Bant*
—1G **13**
St Margarets Dri. *Wis*
—2E **157**
*St Margaret's Pl. G1 —5G 83*
*(off Bridgegate)*
St Mark Gdns. *G32* —6H **85**
St Mark St. *G32* —6G **85**
(in two parts)
St Marnock St. *G40* —6C **84**
St Mary's Ct. *Wis* —1H **157**
St Mary's Cres. *Barr* —5E **115**
St Mary's Gdns. *Barr* —5F **115**
St Mary's Rd. *Bell* —2A **126**
St Mary's Rd. *B'rig* —5A **48**
St Mary's Way. *Dumb* —4F **17**
St Maurice's Roundabout.
*Cumb* —4C **34**
St Michael Rd. *Wis* —2C **156**
St Mirren's Rd. *Kils* —3A **12**

St Mirren St. *Pais* —1A **98**
St Monance St. *G21* —4B **64**
St Mungo Av. *G4*
—3G **83** (3F 5)
St Mungo Ct. *Bri W* —3G **73**
St Mungo Pl. *G4*
—3H **83** (3H 5)
St Mungo Pl. *Ham* —5B **140**
St Mungo's Rd. *Cumb* —4H **35**
St Mungo St. *B'rig* —1B **64**
St Mungo's Wlk. *Cumb*
—3H **35**
*(off Cumbernauld Cen., The)*
St Ninian's Cres. *Pais* —3B **98**
St Ninian's Pl. *Ham* —6D **140**
St Ninian's Rd. *Ham* —6D **140**
St Ninian's Rd. *Pais* —3B **98**
St Ninians Ter. *G5* —6G **83**
St Ninian St. *G5* —6G **83**
St Peters La. *G2* —4E **83**
St Peter's Path. *G4* —1E **83**
St Peter's St. *G4*
—1E **83** (1B 4)
St Rollox Brae. *G21* —1A **84**
St Rollox Bus. & Retail Pk. *G21*
—1B **84**
St Ronan's Dri. *G41* —4B **102**
St Ronan's Dri. *Ham* —3G **153**
St Ronans Dri. *Ruth* —1E **121**
St Stephen's Av. *Ruth*
—4F **121**
St Stephen's Cres. *Ruth*
—4G **121**
St Vigean's Av. *Newt M*
—6B **132**
St Vincent Cres. *G3* —3B **82**
St Vincent Cres. La. *G3*
—3B **82**
St Vincent La. *G2*
—3E **83** (4B 4)
St Vincent Pl. *G1*
—4G **83** (5E 5)
St Vincent Pl. *E Kil* —3C **148**
St Vincent Pl. *Moth* —2G **143**
St Vincent St. *G2*
—3E **83** (4B 4)
St Vincent St. *G3* —3D **82**
St Vincent Ter. *G3* —3D **82**
St Winifred's Way. *Wis*
—5G **145**
Salamanca St. *G31* —6F **85**
Salen St. *G52* —6F **81**
Saline St. *Air* —5F **91**
Salisbury. *E Kil* —5D **138**
Salisbury Cres. *Moth* —1D **142**
Salisbury La. *G41* —1F **103**
Salisbury Pl. *Clyd* —2H **41**
Salisbury St. *G5* —1F **103**
Salkeld St. *G5* —1E **103**
Salmona St. *G22* —5F **63**
Saltaire Av. *Udd* —2E **125**
Salterland Rd. *G53* —2G **115**
Saltire Cres. *Lark* —3G **161**
Saltmarket. *G1* —5G **83**
Saltmarket Pl. *G1* —5G **83**
Saltoun La. *G12* —6B **62**
Saltoun St. *G12* —6A **62**
Salvia St. *Camb* —1H **121**
Sandaig Rd. *G33* —6E **87**
Sandale Path. *Blan* —3A **140**
Sandalwood Av. *E Kil* —5F **137**
Sandalwood Ct. *E Kil* —5F **137**
Sanda St. *G20* —5C **62**
Sandbank Av. *G20* —2B **62**
Sandbank Cres. *G20* —2B **62**
Sandbank Dri. *G20* —2B **62**
Sandbank St. *G20* —1B **62**
Sandbank Ter. *G20* —2B **62**
Sandend. *Ersk* —4E **41**
Sandend Rd. *G53* —6A **100**
Sanderling Pl. *John* —6D **94**

Sanderling Rd. *Pais* —3H **77**
Sanderson Av. *Udd* —1H **125**
Sanderson La. *Kirk* —5F **51**
Sandfield Av. *Miln* —2G **25**
Sandfield St. *G20* —4C **62**
Sandford Gdns. *Bail* —6H **87**
Sandgate Av. *G32* —2D **106**
Sandhaven Pl. *G53* —6A **100**
Sandhaven Rd. *G53* —6A **100**
Sandhead Cres. *Chap* —4E **113**
Sandholes Rd. *Brkfld & Hous*
—6C **74**
Sandholes St. *Pais* —1G **97**
Sandholm Pl. *G14* —4H **59**
Sandholm Ter. *G14* —4H **59**
Sandiefield Rd. *G5* —1G **103**
Sandielands Av. *Ersk* —2H **57**
Sandilands Cres. *Moth*
—4D **142**
Sandilands St. *G32* —6B **86**
Sandmill St. *G21* —2C **84**
Sandpiper Dri. *E Kil* —6C **148**
Sandpiper Pl. *E Kil* —6C **148**
Sandra Rd. *B'rig* —5E **49**
Sandringham Av. *Newt M*
—3G **133**
Sandringham Ct. *Newt M*
—4G **133**
Sandringham Dri. *Eld* —4H **95**
Sandwood Cres. *G52* —6A **80**
Sandwood Path. *G52* —6A **80**
Sandwood Rd. *G52* —1A **100**
Sandyfaulds Sq. *G5* —1G **103**
Sandyfaulds St. *G5* —1H **103**
Sandyford Av. *Moth* —5D **112**
*Sandyford Pl. G3 —3C 82*
*(off Claremont St.)*
Sandyford Pl. *Moth* —6D **112**
Sandyford Pl. La. *G3* —3C **82**
Sandyford Rd. *G3* —3A **82**
Sandyford Rd. *Moth* —6D **112**
Sandyford Rd. *Pais* —3C **78**
Sandyhills Cres. *G32* —2B **106**
Sandyhills Dri. *G32* —2B **106**
Sandyhills Gro. *G32* —3C **106**
Sandyhills Pl. *G32* —2B **106**
Sandyhills Rd. *G32* —2B **106**
Sandyknowes Rd. *Cumb*
—5A **36**
Sandy Rd. *G11* —1G **81**
Sandy Rd. *Carl* —3F **165**
Sandy Rd. *Renf* —2E **79**
Sannox Dri. *Moth* —2D **142**
Sannox Gdns. *G31* —3D **84**
Sanquhar Gdns. *Blan* —5H **123**
Sapphire Rd. *Bell* —4C **126**
Saracen St. *G22* —6G **63**
Sardinia La. *G12* —6B **62**
Saskatoon Pl. *E Kil* —2D **148**
Saucel Hill Ter. *Pais* —2A **98**
Saucel St. *Pais* —1A **98**
Sauchiehall La. *G2*
—3E **83** (3D 4)
Sauchiehall St. *G3 & G2*
—2B **82** (3A 4)
Sauchiehall St. Shopping Cen.
*G2* —3F **83** (3C 4)
Sauchiemuir Rd. *Carl* —5G **165**
Saughs Av. *G33* —3H **65**
Saughs Dri. *G33* —3H **65**
Saughs Ga. *G33* —3H **65**
Saughs Pl. *G33* —3H **65**
Saughs Rd. *G33* —4G **65**
Saughton St. *G32* —4G **85**
Saunders Ct. *Barr* —4D **114**
Savoy St. *G40* —1B **104**
Sawmillfield St. *G4* —1F **83**
Sawmill Rd. *G11* —1F **81**
Saxon Rd. *G13* —2D **60**
Scadlock Rd. *Pais* —5F **77**
Scalpay. *E Kil* —2C **150**

Scalpay Pass. *G22* —2H **63**
Scalpay Pl. *G22* —2H **63**
Scalpay St. *G22* —2G **63**
Scapa St. *G23* —1C **62**
Scaraway Dri. *G22* —1H **63**
Scaraway Pl. *G22* —1H **63**
Scaraway St. *G22* —1G **63**
Scaraway Ter. *G22* —1H **63**
Scarba Dri. *G43* —2H **117**
Scarba Quad. *Wis* —2E **157**
Scarffe Av. *Lin* —6F **55**
Scarhill Av. *Air* —6H **91**
Scarhill La. *Air* —6A **92**
Scarhill St. *Cle* —5H **129**
Scarhill St. *Coat* —2B **110**
Scarrel Dri. *G45* —3C **120**
Scarrel Gdns. *G45* —3C **120**
Scarrel Rd. *G45* —3C **120**
Scarrel Ter. *G45* —3C **120**
Schaw Ct. *Bear* —1E **45**
Schaw Dri. *Bear* —1D **44**
Schaw Dri. *Clyd* —6G **23**
Schaw Rd. *Pais* —5C **78**
Scholar's Ga. *E Kil* —5F **149**
School Av. *Camb* —2B **122**
Schoolhouse La. *Blan* —3A **140**
School La. *Carl* —4E **165**
School La. *Dumb* —3D **16**
School La. *Len* —3F **7**
School La. *Milt C* —5C **8**
School Quad. *Air* —1H **91**
School Rd. *Morn* —5F **147**
School Rd. *Newm* —5E **147**
School Rd. *Newt M* —5D **132**
School Rd. *Pais* —6G **79**
School Rd. *Step* —3E **67**
School Rd. *Torr* —4E **29**
School St. *Chap* —3D **112**
School St. *Coat* —1C **110**
School St. *Ham* —2H **153**
School Wynd. *Pais* —6A **78**
Scioncroft Av. *Ruth* —6E **105**
Scone Pl. *E Kil* —6F **137**
Scone St. *G21* —6G **63**
Scone Wlk. *Bail* —2G **107**
Sconser St. *G23* —6C **46**
Scorton Gdns. *Bail* —1F **107**
Scotia Cres. *Lark* —4E **161**
Scotia Gdns. *Ham* —4G **153**
Scotia St. *Moth* —2E **143**
Scotland St. *G5* —6D **82**
Scotland St. W. *G41* —6B **82**
Scotsblair Av. *Kirk* —1C **50**
Scotsburn Rd. *G21* —5E **65**
SCOTSTOUNHILL STATION.
*G14* —4B **60**
Scotstoun St. *G14* —6C **60**
Scot St. *G3* —3E **83**
Scott Av. *Bowl* —5B **20**
Scott Av. *John* —5E **95**
Scott Av. *Milt C* —5C **8**
Scott Cres. *Cumb* —6F **35**
Scott Dri. *Bear* —1C **44**
Scott Dri. *Cumb* —6F **35**
Scott Gro. *Ham* —1H **153**
Scott Hill. *E Kil* —6A **138**
Scott Ho. *Cumb* —2A **36**
Scott Pl. *Bell* —6D **110**
Scott Pl. *John* —5E **95**
Scott Rd. *G52* —3H **79**
Scott's Pl. *Air* —3B **92**
Scott's Rd. *Pais* —2D **98**
Scott St. *Bail* —1H **107**
Scott St. *Clyd* —3A **42**
Scott St. *Ham* —2H **153**
Scott St. *Lark* —3F **161**
Scott St. *Moth* —2G **143**
Seafar Rd. *Cumb* —5G **35**
Seafar Roundabout. *Cumb*
—5G **35**
Seafield Av. *Bear* —6F **25**

Seafield Cres. *Cumb* —4A **34**
Seaford Dri. *Ruth* —4F **121**
Seaforth Cres. *Barr* —2D **114**
Seaforth La. *Chry* —5E **53**
Seaforth Pl. *Bell* —4B **126**
Seaforth Rd. *Clyd* —6D **42**
Seaforth Rd. N. *H'ton I*
—4A **80**
Seaforth Rd. S. *G52* —4A **80**
Seagrove St. *G32* —5F **85**
Seamill Gdns. *E Kil* —1F **149**
Seamill Path. *G53* —2H **115**
Seamill St. *G53* —2H **115**
Seamore St. *G20* —1D **82**
Seath Av. *Air* —4G **91**
Seath Rd. *Ruth* —4C **104**
Seath St. *G42* —3G **103**
Seaton Ter. *Ham* —5E **141**
Seaward St. *G41* —6C **82**
(in two parts)
Second Av. *G44* —1F **119**
Second Av. *Bear* —4F **45**
Second Av. *Clyd* —4B **42**
Second Av. *Dumb* —3C **18**
Second Av. *Kirk* —6C **50**
Second Av. *Renf* —2E **79**
Second Av. *Step* —4B **66**
Second Av. *Udd* —4C **108**
Second Gdns. *G41* —1G **101**
Second Rd. *Blan* —4C **140**
Second St. *Udd* —5D **108**
Seedhill. *Pais* —1B **98**
Seedhill Rd. *Pais* —1B **98**
Seggielea La. *G13* —3D **60**
(off Helensburgh Dri.)
Seggielea Rd. *G13* —3D **60**
Seil Dri. *G44* —3F **119**
Selborne Pl. La. *G13* —4E **61**
Selborne Rd. *G13* —4E **61**
Selby Gdns. *G32* —6D **86**
Selby Pl. *Coat* —1H **89**
Selby St. *Coat* —1H **89**
Selkirk Av. *G52* —1C **100**
Selkirk Av. *Pais* —4E **97**
Selkirk Dri. *Ruth* —6E **105**
Selkirk Pl. *E Kil* —6D **138**
Selkirk Pl. *Ham* —1A **154**
Selkirk St. *Blan* —2B **140**
Selkirk St. *Ham* —1A **154**
Selkirk St. *Wis* —4A **146**
Selkirk Way. *Bell* —6D **110**
Selkirk Way. *Coat* —2G **111**
Sella Rd. *B'rig* —5F **49**
Selvieland Rd. *G52* —6H **79**
Semphill Gdns. *E Kil* —1B **150**
Sempill Av. *Ersk* —5D **40**
Semple Av. *B'ton* —4H **39**
Semple Pl. *Lin* —4H **75**
Senga Cres. *Bell* —6C **110**
Seres Rd. *Clar* —1B **134**
Sergeantlaw Rd. *Pais* —6E **97**
Service St. *Len* —2E **7**
Seton Ter. *G31* —4B **84**
Settle Gdns. *Bail* —1F **107**
Seven Sisters. *Kirk* —2E **51**
Seventh Av. *Udd* —5D **108**
Seventh Rd. *Blan* —4C **140**
Severn Rd. *E Kil* —4B **148**
Seymour Grn. *E Kil* —3D **148**
Seyton Av. *Giff* —6A **118**
Seyton La. *E Kil* —6G **137**
Shaftesbury Av. *Clyd* —5B **42**
Shaftesbury Cres. *Moth*
—4D **128**
Shaftesbury St. *G3* —3D **82**
Shafton Pl. *G13* —1E **61**
Shafton Rd. *G13* —1E **61**
Shakespeare Av. *Clyd* —3B **42**
Shakespeare St. *G20* —4C **62**
Shamrock St. *G4*
—2E **83** (1B **4**)

Shamrock St. *Kirk* —5D **30**
Shandon Cres. *Bell* —6C **110**
Shandon Ter. *Ham* —6D **140**
Shand Pl. *Carl* —2F **165**
Shand St. *Wis* —6H **145**
Shandwick St. *G34* —3G **87**
Shanks Av. *Barr* —5E **115**
Shanks Cres. *John* —3E **95**
Shanks St. *G20* —4C **62**
Shanks St. *Air* —2A **92**
Shannon St. *G20* —4D **62**
Shapinsay St. *G22* —1H **63**
Sharp Av. *Coat* —1G **109**
Sharp St. *Moth* —2D **142**
Shaw Av. *B'ton* —4A **40**
Shawbridge Arc. *G43* —5A **102**
Shawbridge Ind. Est. *G43*
—6A **102**
Shawbridge St. *G43* —6H **101**
Shawburn Cres. *Ham* —5F **141**
Shawburn St. *Ham* —5F **141**
Shaw Ct. *Ersk* —4D **40**
Shawfield Cres. *Law* —6D **158**
Shawfield Dri. *G5* —3A **104**
Shawfield Ind. Est. *Ruth*
—3B **104**
Shawfield Rd. *Ruth* —3B **104**
Shawgill Ct. *Law* —1H **163**
Shawhead Av. *Coat* —1D **110**
Shawhead Cotts. *Coat*
—3D **110**
Shawhead Ind. Est. *Coat*
—2E **111**
Shawhill Cres. *Newt M*
—6E **133**
Shawhill Rd. *G43* & *G41*
—5A **102**
Shawholm Cres. *G43* —6H **101**
(in two parts)
Shawlands Arc. *G41* —5B **102**
SHAWLANDS STATION. *G41*
—5B **102**
Shawmoss Rd. *G41* —4A **102**
Shawpark St. *G20* —3C **62**
Shaw Pl. *Lin* —6H **75**
Shawrigg Rd. *Lark* —3G **161**
Shaw Rd. *Miln* —5G **25**
Shaw Rd. *Newt M* —5E **133**
Shaws Rd. *Lark* —6F **161**
Shaw St. *G51* —3G **81**
Shaw St. *Lark* —5F **161**
Shawwood Cres. *Newt M*
—6E **133**
Shearer Dri. *Ham* —4G **153**
Sheddens Pl. *G32* —6G **85**
Sheepburn Rd. *Udd* —6C **108**
Sheila St. *G33* —5G **65**
Sheldaig Rd. *G22* —1F **63**
Sheldrake Pl. *John* —6D **94**
Shelley Ct. *G12* —4G **61**
Shelley Dri. *Both* —4F **125**
Shelley Dri. *Clyd* —3C **42**
Shelley Rd. *G12* —4F **61**
Shells Rd. *Kirk* —4E **31**
Sherbrooke Av. *G41* —2A **102**
Sherbrooke Dri. *G41* —1A **102**
Sherbrooke Gdns. *G41*
—2A **102**
Sherbrooke Pl. *E Kil* —2E **149**
Sherburn Gdns. *Bail* —2F **107**
Sherdale Av. *Chap* —3D **112**
Sheriff Pk. Av. *Ruth* —6C **104**
Sherry Av. *Moth* —2H **127**
Sherry Dri. *Ham* —2E **153**
Sherwood Av. *Pais* —5C **78**
Sherwood Av. *Udd* —2E **125**
Sherwood Dri. *T'bnk* —4G **117**
Sherwood Pl. *G15* —4B **44**
Shetland Dri. *G44* —3F **119**
Shettleston Rd. *G31* & *G32*
—5E **85**

SHETTLESTON STATION. *G32*
—6B **86**
Shiel Av. *E Kil* —6H **137**
Shielbridge Gdns. *G23* —6C **46**
Shiel Ct. *Barr* —2D **114**
Shieldaig Dri. *Ruth* —3D **120**
Shieldburn Rd. *G51* —4C **80**
Shieldhall Gdns. *G51* —4C **80**
Shieldhall Rd. *G51* —3B **80**
Shieldhill. *E Kil* —4H **149**
Shieldhill Rd. *Carl* —5E **165**
SHIELDMUIR STATION. *Moth*
—5C **144**
Shieldmuir St. *Wis* —5C **144**
Shields Dri. *Moth* —6B **144**
Shields Rd. *G41* —3C **102**
Shields Rd. *E Kil* —6E **149**
Shields Rd. *Moth* —5A **144**
SHIELDS RD. STATION. *G5*
—6D **82**
Shields Tower. *Moth* —6B **144**
Shiel Pl. *Coat* —6F **91**
Shiel Pl. *E Kil* —6H **137**
Shiel Rd. *B'rig* —6D **49**
Shiel Ter. *Newm* —3D **146**
Shilford Av. *G13* —2A **60**
Shillay St. *G22* —1A **64**
Shillingworth Pl. *Bri W* —5F **73**
Shilton Dri. *G53* —2C **116**
Shilton La. *B'ton* —3C **40**
Shinwell Av. *Clyd* —6F **43**
Shira Ter. *E Kil* —2B **150**
Shirley Quad. *Moth* —6F **143**
Shirrel Av. *Bell* —6C **110**
Shirrel Rd. *Moth* —3A **128**
Shirva Lea. *Twe* —1D **32**
Shiskine Pl. *G20* —1A **62**
Shiskine St. *G20* —1A **62**
Sholto Cres. *Bell* —6H **109**
Shore St. *G40* —3B **104**
Shortroods Av. *Pais* —4H **77**
Shortroods Cres. *Pais* —4H **77**
Shortroods Rd. *Pais* —4H **77**
Shotts St. *G33* —3D **86**
Shuna Pl. *G20* —4C **62**
Shuna Pl. *Newt M* —3B **132**
Shuna St. *G20* —3C **62**
Shuttle St. *G1* —4H **83** (6G **5**)
Shuttle St. *Kilb* —1A **94**
Shuttle St. *Kils* —3H **11**
Shuttle St. *Pais* —1A **98**
Sidland Rd. *G21* —4E **65**
Sidlaw Av. *Barr* —6E **115**
Sidlaw Av. *Ham* —1D **152**
Sidlaw Ct. *Coat* —2E **111**
Sidlaw Dri. *Wis* —6F **145**
Sidlaw Rd. *Bear* —1B **44**
Sielga Pl. *G34* —3G **87**
Siemens Pl. *G21* —1D **84**
Siemens St. *G21* —1D **84**
Sievewright St. *Ruth* —4E **105**
Sighthill Loan. *Lark* —1F **161**
(off Muirshot Rd.)
Sikeside Pl. *Coat* —6F **91**
Sikeside St. *Coat* —6F **91**
Silkin Av. *Clyd* —6F **43**
Silk St. *Pais* —6B **78**
Silvan Pl. *Clar* —4E **135**
Silverburn Cres. *Moth*
—4D **128**
Silverburn St. *G33* —3G **85**
Silverdale. *E Kil* —6E **137**
Silverdale St. *G40* —1E **105**
Silverfir Ct. *G5* —1H **103**
Silver Firs. *Moth* —4C **128**
Silverfir St. *G5* —2H **103**
Silvergrove St. *G40* —6A **84**
Silverton Av. *Dumb* —4H **17**
Silvertonhill Av. *Ham* —3A **154**
Silvertonhill Pl. *Ham* —4H **153**
Silverwells. *Both* —6F **125**

Silverwells Cres. *Both*
—6E **125**
Silverwood Ct. *Both* —6F **125**
Simons Cres. *Renf* —4F **59**
Simpson Ct. *Clyd* —5C **42**
Simpson Ct. *Udd* —1D **124**
Simpson Dri. *E Kil* —4F **149**
Simpson Pl. *E Kil* —4F **149**
Simpson St. *G20* —6D **62**
Simpson Way. *Bell* —6E **111**
Simshill Rd. *G44* —4F **119**
Sinclair Av. *Bear* —1E **45**
Sinclair Dri. *G42* —6D **102**
Sinclair Dri. *Coat* —4H **89**
Sinclair Gdns. *B'rig* —1D **64**
Sinclair Gro. *Bell* —5B **126**
Sinclair Pk. *E Kil* —3B **149**
Sinclair Pl. *E Kil* —3H **149**
Sinclair St. *Clyd* —1F **59**
Sinclair St. *Miln* —3G **25**
Singer Rd. *Clyd* —3B **42**
Singer Rd. *E Kil* —5H **149**
Singer St. *Clyd* —4D **42**
Sir Michael Pl. *Pais* —1H **97**
Sixth Av. *Renf* —2E **79**
Sixth St. *Udd* —4C **108**
Skaethorn Rd. *G20* —2H **61**
Skara Wlk. *Newm* —2D **146**
(off Kildonan Ct.)
Skaterigg Dri. *G13* —4F **61**
Skaterigg Gdns. *G13* —4F **61**
Skaterigg La. *G13* —4E **61**
(off Chamberlain Rd.)
Skelbo Path. *G34* —2B **88**
Skelbo Pl. *G34* —2B **88**
Skellyton Cres. *Lark* —3F **161**
Skene Rd. *G51* —6H **81**
Skerne Gro. *E Kil* —5B **148**
Skerray Quad. *G22* —1G **63**
Skerray St. *G22* —1G **63**
Skerryvore Pl. *G33* —3B **86**
Skerryvore Rd. *G33* —3B **86**
Skibo La. *Giff* —4E **117**
Skipness Av. *Carl* —5G **165**
Skipness Dri. *G51* —4D **80**
Skirsa Ct. *G23* —1E **63**
Skirsa Pl. *G23* —2D **62**
Skirsa Sq. *G23* —2E **63**
Skirsa St. *G23* —1D **62**
Skirving St. *G41* —5C **102**
Skovlunde Way. *E Kil* —5G **149**
Skye. *E Kil* —2C **150**
Skye Av. *Renf* —2E **79**
Skye Ct. *Cumb* —5F **35**
Skye Cres. *Cumb* —5F **35**
Skye Cres. *Pais* —6H **97**
Skye Dri. *Cumb* —5F **35**
Skye Dri. *Old K* —2G **41**
Skye Gdns. *Bear* —5F **43**
Skye Pl. *Cumb* —5F **35**
Skye Quad. *Wis* —4C **146**
Skye Rd. *Cumb* —5F **35**
Skye Rd. *Ruth* —4F **121**
Slakiewood Av. *G'csh* —2C **68**
Slatefield. *Len* —3F **7**
Slatefield St. *G31* —5C **84**
(off Slatefield St.)
Sleaford Av. *Moth* —5F **143**
Slenavon Av. *Ruth* —4F **121**
Slessor Dri. *E Kil* —4G **149**
Slioch Sq. *Moth* —3C **128**
Sloy St. *G22* —5H **63**
Sloy St. *Wis* —2G **157**
Small Cres. *Blan* —2B **140**
Smeaton Av. *Torr* —5D **28**
Smeaton St. *G20* —3D **62**
Smith Av. *Wis* —4G **157**
Smith Cres. *Clyd* —2D **42**
Smithhills St. *Pais* —6A **78**
Smith Quad. *Coat* —4E **91**

Smith's La. *Pais* —5A **78**
Smithstone Cres. *Kils* —6A **12**
Smith St. *G14* —1E **81**
(in two parts)
Smith Ter. *Ruth* —4D **104**
Smithview. *Over* —4A **158**
Smith Wlk. *G14* —3G **59**
Smithycroft. *Ham* —1C **154**
Smithycroft Rd. *G33* —3F **85**
Smithyends. *Cumb* —6B **14**
Snaefell Av. *Ruth* —3E **121**
Snaefell Cres. *Ruth* —2E **121**
Sneddon Av. *Wis* —2A **158**
Sneddon St. *Ham* —3D **140**
Sneddon Ter. *Ham* —3D **140**
Snowdon Pl. *G5* —1H **103**
Snowdon St. *G5* —1H **103**
Snuff Mill Rd. *G44* —2E **119**
Society St. *G31* —6D **84**
Solar Ct. *Lark* —5F **161**
Sollas Pl. *G13* —1G **59**
Solsgirth Gdns. *Kirk* —4H **31**
Solway Ct. *Ham* —3F **153**
Solway Pl. *Chry* —6B **52**
Solway Rd. *B'rig* —5F **49**
Solway St. *G40* —3B **104**
Somerford Rd. *Bear* —6F **45**
Somerled Av. *Pais* —2B **78**
Somerset Av. *Ham* —5F **141**
Somerset Pl. *G3* —2D **82**
Somerset Pl. Meuse. *G3*
(off Elderslie St.) —2D **82**
Somervell St. *Camb* —1H **121**
Somerville Dri. *G42* —5F **103**
Somerville Dri. *E Kil* —4G **149**
Sommerville La. *E Kil* —4H **149**
Sommerville Ter. *E Kil*
—4G **149**
Sorby St. *G31* —6F **85**
Sorley St. *G11* —1F **81**
Sorn St. *G40* —2D **104**
Souterhouse Path. *Coat*
—6B **90**
Souterhouse Rd. *Coat* —6B **90**
Southampton Dri. *G12* —3H **61**
Southampton La. *G12* —3H **61**
(off Burlington Av.)
S. Annandale St. *G42* —3F **103**
South Av. *Blan* —4B **140**
South Av. *Carl* —4E **165**
South Av. *Clyd B* —5C **42**
South Av. *Pais* —5B **98**
South Av. *Renf* —6F **59**
Southbank Dri. *Kirk* —6C **30**
Southbank Rd. *Kirk* —6B **30**
Southbank St. *G31* —6F **85**
S. Bank St. *Clyd* —2E **59**
Southbar Av. *G13* —2A **60**
Southbar Rd. *Inch* —3E **57**
S. Barrwood Rd. *Kils* —4A **12**
S. Biggar Rd. *Air* —4B **92**
South Brae. *Kils* —5B **7**
Southbrae Av. *Bri W* —4D **72**
Southbrae Dri. *G13* —4C **60**
*Southbrae La. G13* —4E **61**
(off Selborne Rd.)
South Bri. St. *Air* —3A **92**
S. Burn Rd. *Air* —4F **91**
S. Caldean Rd. *Coat* —6D **90**
S. Campbell St. *Pais* —2A **98**
S. Carbrain Rd. *Cumb* —5H **35**
S. Chester St. *G32* —6A **86**
S. Circular Rd. *Coat* —4C **90**
S. Claremont La. *Miln* —4G **25**
S. Commonhead Av. *Air*
—2H **91**
Southcroft Rd. *Ruth* —4A **104**
Southcroft St. *G51* —4H **81**
S. Crosshill Rd. *B'rig* —6C **48**
S. Dean Pk. Av. *Both* —5E **125**

Southdeen Av. *G15* —4A **44**
Southdeen Rd. *G15* —4A **44**
S. Douglas St. *Clyd* —1E **59**
South Dri. *Lin* —5H **75**
S. Dumbreck Rd. *Kils* —3F **11**
S. Elgin Pl. *Clyd* —2E **59**
S. Elgin St. *Clyd* —2E **59**
Southend Pl. *Bell* —3B **126**
Southend Rd. *Clyd* —2D **42**
Southern Av. *Ruth* —2D **120**
Southerness Dri. *Cumb*
—6A **14**
S. Erskine Pk. *Bear* —2D **44**
Southesk Av. *B'rig* —4B **48**
Southesk Gdns. *B'rig* —4B **48**
*S. Exchange Ct. G1*
—4G **83** (6E **5**)
(off Buchanan St.)
Southfield Av. *Pais* —5A **98**
Southfield Cres. *G53* —5C **100**
Southfield Cres. *Coat* —6E **91**
Southfield Rd. *Cumb* —4E **35**
S. Frederick St. *G1*
—4G **83** (5F **5**)
Southgate. *E Kil* —2G **149**
S. Glassford St. *Miln* —4H **25**
Southhill Av. *Ruth* —1E **121**
Southinch Av. *G14* —3G **59**
Southlea Av. *T'bnk* —4G **117**
South Loan. *Chry* —1B **68**
Southloch Gdns. *G21* —6B **64**
Southloch St. *G21* —6B **64**
S. Mains Rd. *Miln* —4F **25**
S. Medrox St. *Glenb* —2G **69**
S. Moraine La. *G15* —5C **44**
S. Mound. *Hous* —1A **74**
S. Muirhead Rd. *Cumb* —3A **36**
Southmuir Pl. *G20* —4B **62**
S. Nimmo St. *Air* —4B **92**
South Pk. *Ham* —1H **153**
Southpark Av. *G12* —1B **82**
South Pk. Dri. *Pais* —3A **98**
South Pk. Gro. *Ham* —6H **141**
South Pk. La. *G12* —1C **82**
South Pk. Ter. *G12* —1C **82**
South Pl. *Bell* —3B **126**
S. Portland St. *G5* —6F **83**
(in two parts)
South Rd. *Clar* —4E **135**
S. Robertson Pl. *Air* —4G **91**
S. Scott St. *Bail* —1H **107**
S. Spiers Wharf. *G4* —1F **83**
South St. *G14 & G11* —5A **60**
South St. *Hous* —1A **74**
South St. *Inch* —5F **57**
S. Vesalius St. *G32* —6A **86**
Southview. *Bear* —2C **44**
South View. *Bell* —3A **126**
South View. *Blan* —6A **124**
South View. *Clyd* —4B **42**
Southview Av. *Clar* —4D **134**
Southview Ct. *B'rig* —2B **64**
Southview Cres. *Bri W* —2F **73**
Southview Pl. *G'csh* —3C **68**
Southview Ter. *B'rig* —2B **64**
S. William St. *John* —3F **95**
Southwold Rd. *Pais* —6G **79**
Southwood Dri. *G44* —2G **119**
S. Woodside Dri. *G4* —1C **82**
S. Woodside Rd. *G20* —6D **62**
Soutra Pl. *G33* —3B **86**
Spaehouse Wynd. *Carl*
—4H **165**
Spalehall Dri. *Moth* —4F **129**
Spateston Rd. *John* —6C **94**
Spean Av. *E Kil* —2B **150**
Spean St. *G44* —6E **103**
Speirsfield Gdns. *Pais* —2A **98**
Speirshall Clo. *G14* —3G **59**
Speirshall Ter. *G14* —3G **59**
Speirs Rd. *Bear* —4G **45**

Speirs Rd. *John* —2H **95**
Spencer Dri. *Pais* —5B **96**
Spencerfield Gdns. *Ham*
—6B **142**
Spencer St. *G13* —2F **61**
Spencer St. *Clyd* —4C **42**
Spence St. *G20* —1A **62**
Spey Av. *Pais* —5C **96**
Spey Ct. *Air* —6C **92**
Spey Ct. *Newm* —3D **146**
Spey Dri. *Renf* —1G **79**
Spey Gdns. *Ham* —3F **153**
Spey Gro. *E Kil* —4A **148**
Spey Pl. *John* —5C **94**
Spey Rd. *Bear* —5A **44**
Spey St. *G33* —3H **85**
Spey Ter. *E Kil* —4B **148**
*Spey Wlk. Cumb* —3H **35**
(off Cumbernauld Cen., The)
Spey Wlk. *Moth* —1C **128**
Spey Wynd. *Lark* —5E **161**
Spiersbridge Av. *T'bnk*
(in two parts) —5E **117**
Spiersbridge La. *Giff* —4E **117**
Spiersbridge Rd. *T'bnk*
—5F **117**
Spiersbridge Ter. *T'bnk*
—4E **117**
Spiers Gro. *T'bnk* —5F **117**
Spiers Pl. *Lin* —4A **76**
Spiers Rd. *Bear* —4H **45**
Spiers Rd. *Hous* —1B **74**
Spindlehowe Rd. *Udd*
—2D **124**
Spindlehowe Rd. *Udd* —6E **109**
(Tannochside)
Spinners Gdns. *Pais* —2F **97**
Spinners La. *Clyd* —6D **22**
Spittal Rd. *Ruth* —3B **120**
Spoutmouth. *G1* —5H **83**
Springbank Rd. *Pais* —4H **77**
Springbank St. *G20* —5D **62**
Springbank Ter. *Pais* —4H **77**
Springboig Av. *G32* —5C **86**
Springboig Rd. *G32* —4C **86**
Springburn Pl. *E Kil* —6C **136**
Springburn Rd. *G21* —4A **64**
Springburn Shopping Cen. *G21*
—5B **64**
SPRINGBURN STATION. *G21*
—5B **64**
Springburn Way. *G21* —5A **64**
Springcroft Av. *Bail* —5H **87**
Springcroft Cres. *Bail* —5H **87**
Springcroft Dri. *Bail* —5G **87**
Springcroft Gdns. *Bail* —5H **87**
Springcroft Gro. *Bail* —5H **87**
Springcroft Rd. *Bail* —5G **87**
Springcroft Wynd. *Bail* —5H **87**
Springfield Av. *B'rig* —1C **64**
Springfield Av. *Pais* —1D **98**
Springfield Av. *Udd* —2D **124**
*Springfield Ct. G1*
—4G **83** (6E **5**)
Springfield Ct. *B'rig* —6D **48**
Springfield Cres. *B'rig* —1C **64**
Springfield Cres. *Blan*
—2A **140**
Springfield Cres. *Carl* —5F **165**
Springfield Cres. *Udd* —2D **124**
Springfield Dri. *Barr* —6G **115**
Springfield Pk. *John* —3G **95**
Springfield Pk. Rd. *Ruth*
—1E **121**
Springfield Quay. *G51* —5D **82**
Springfield Rd. *G31* —1E **105**
Springfield Rd. *G40* —2C **104**
Springfield Rd. *Air* —3E **93**
Springfield Rd. *Barr* —2F **131**
Springfield Rd. *B'rig* —6C **48**
Springfield Rd. *Cumb* —1A **36**

Springfield Sq. *B'rig* —1C **64**
Springfield Woods. *John*
—3G **95**
*Springhall Ct. Ruth* —4F **121**
(off Slenavon Av.)
Springhill Av. *Air* —3B **92**
Springhill Av. *Coat* —1G **109**
Springhill Gdns. *G41* —4C **102**
Springhill Pl. *Coat* —1G **109**
Springhill Rd. *Bail* —6F **87**
Springhill Rd. *Barr* —5D **114**
Springhill Rd. *Clar* —2D **134**
Springholm Dri. *Air* —1H **91**
Springkell Av. *G41* —2H **101**
Springkell Dri. *G41* —3H **101**
Springkell Gdns. *G41* —3B **102**
Springkell Ga. *G41* —3B **102**
Springside Pl. *G15* —3A **44**
Springvale Ter. *G21* —5A **64**
Springwell Cres. *Blan* —2D **140**
Springwells Av. *Air* —3C **92**
Springwells Cres. *Air* —3C **92**
Spruce Av. *Blan* —1A **140**
Spruce Av. *Ham* —1A **154**
Spruce Av. *John* —4G **95**
Spruce Ct. *Coat* —1B **110**
Spruce Ct. *Ham* —2A **154**
Spruce Dri. *Kirk* —2A **50**
Spruce Rd. *Cumb* —1D **36**
Spruce Rd. *Udd* —4G **109**
Spruce St. *G22* —4H **63**
Spruce Way. *Moth* —3B **128**
Spynie Pl. *B'rig* —5F **49**
Spynie Way. *Newm* —3D **146**
(off Iona Rd.)
Squire St. *G14* —1D **80**
Stable Pl. *Miln* —2F **25**
Stable Rd. *Miln* —2F **25**
Staffa. *E Kil* —3C **150**
Staffa Av. *Renf* —2E **79**
Staffa Dri. *Air* —4F **93**
Staffa Dri. *Kirk* —5H **31**
Staffa Dri. *Pais* —6A **98**
Staffa Rd. *Camb* —4H **121**
Staffa St. *G31* —3D **84**
Staffin Dri. *G23* —6B **46**
*Staffin Path. G23* —6C **46**
(off Staffin St.)
Staffin St. *G23* —6C **46**
Stafford St. *G4* —2G **83** (2G **5**)
Stafford St. *Bell* —3B **126**
Stag St. *Udd* —1G **125**
Stag St. *G51* —4H **81**
Staig Wynd. *Moth* —5A **144**
Staineybraes Pl. *Air* —1H **91**
Stalker St. *Wis* —5C **145**
Stamford St. *G40 & G31*
—6D **84**
Stamperland Av. *Clar* —2D **134**
Stamperland Cres. *Clar*
—1C **134**
Stamperland Dri. *Clar*
—2D **134**
Stamperland Gdns. *Clar*
—6D **118**
Stamperland Hill. *Clar*
—1C **134**
Stanalane St. *T'bnk* —3F **117**
Standburn Rd. *G21* —2F **65**
Staneacre Pk. *Ham* —6B **142**
Stanecraigs Pl. *Newm*
—3D **146**
Stanefield Dri. *Moth* —3E **129**
Stanely Av. *Pais* —5F **97**
Stanely Ct. *Pais* —5F **97**
Stanely Cres. *Pais* —5F **97**
Stanely Dri. *Pais* —4G **97**
Stanely Rd. *Pais* —4G **97**
Stanford St. *Clyd* —6E **43**
Stanhope Dri. *Ruth* —2F **121**
Stanhope Pl. *Wis* —4G **157**

Stanistone Rd. Carl —3G 165
Stanka Av. Pais —2G 97
Stanley Dri. Bell —1C 126
Stanley Dri. B'rig —5D 48
Stanley Dri. Brkfld —6C 74
Stanley La. Brkfld —6C 74
Stanley Pk. Air —3B 92
Stanley Pl. Blan —6B 124
Stanley St. G41 —6C 82
Stanley St. Ham —5D 140
Stanley St. La. G41 —6C 82
Stanmore Rd. G42 —5F 103
Stanrigg St. Plain —1G 93
Stark Av. Clyd —1A 42
Starling Way. Stra B —5A 110
Startpoint St. G33 —3A 86
Stathers Yd. G12 —5A 62
Station Brae. Neil —1C 130
Station Cres. Renf —5F 59
Station Pl. Law —5E 159
Station Rd. G20 —1A 62
Station Rd. Air —3E 93
Station Rd. Bail —1A 108
Station Rd. Bard —6E 27
Station Rd. Bear —3C 44
Station Rd. B'ton —5H 39
Station Rd. Blan —1C 140
Station Rd. Both —5E 125
Station Rd. Carl —4E 165
Station Rd. Clar —4E 135
Station Rd. Cle —6H 129
Station Rd. Dumb —3E 17
Station Rd. Giff —4A 118
Station Rd. Ham —6A 142
Station Rd. Kilb —3A 94
Station Rd. Kils —2H 11
Station Rd. Lark —1F 161
Station Rd. Law —6D 158
Station Rd. Len —3F 7
Station Rd. Mille —4A 66
Station Rd. Miln —4G 25
Station Rd. Moth —4B 128
Station Rd. Muirh —2A 68
Station Rd. Neil —2D 130
Station Rd. Old K —1F 41
Station Rd. Pais —2E 97
Station Rd. Plain —1H 93
Station Rd. Renf —5F 59
Station Rd. Step —4D 66
Station Rd. Udd —1C 124
Station Rd. Wis —1G 157
Station Row. Law —5E 159
Station Way. Udd —1D 124
Station Wynd. Kilb —3B 94
Steading, The. Wis —4H 145
Steel St. G1 —5H 83
Steel St. Wis —1H 157
Steeple Sq. Kilb —2A 94
Steeple St. Kilb —2A 94
Stemac La. Plain —1G 93
Stenhouse Av. Muirh —2A 68
Stenton St. Wis —2D 156
Stenton Pl. Wis —2D 156
Stenton St. G32 —4G 85
Stepends Rd. Air —5H 93
Stepford Path. G33 —4G 87
Stepford Pl. G33 —4F 87
Stepford Rd. G33 —4F 87
Stephen Cres. Bail —6F 87
Stephenson Pl. E Kil —3F 149
Stephenson Sq. E Kil —3F 149
Stephenson St. H'ton I
—3G 79
Stephenson Ter. E Kil —3F 149
Steppshill Ter. G33 —4C 66
Stepps Rd. G33 —2B 86
Stepps Rd. Kirk —5E 51
STEPPS STATION. Step
—4E 67
Stevens La. Moth —4A 128
Stevenson Pl. Bell —6D 110

Stevenson St. G40 —5A 84
(in two parts)
Stevenson St. Carl —3E 165
Stevenson St. Clyd —3B 42
Stevenson St. Pais —2A 98
Stevens Pas. Pais —6A 78
Stevenston Ct. New S
—3A 128
Stevenston St. Moth —3A 128
Stewart Av. Blan —2A 140
Stewart Av. Newt M —3E 133
Stewart Av. Renf —2D 78
Stewart Ct. Barr —3E 115
Stewart Ct. Coat —5E 91
(off Clifton Pl.)
Stewart Ct. Ruth —6E 105
Stewart Cres. Newm —3E 147
Stewart Dri. Bail —5B 88
Stewart Dri. Clar —1B 134
Stewart Dri. Clyd —1D 42
Stewartfield Rd. E Kil —6E 137
Stewartfield Way. E Kil
—6A 136
Stewart Gill Pl. Ashg —4B 162
Stewarton Dri. Camb —2G 121
Stewarton Rd. T'bnk —6E 117
Stewarton St. Wis —1H 157
Stewarton Ter. Wis —1H 157
Stewart Pl. Barr —3F 115
Stewart Pl. Carl —3F 165
Stewart Quad. Holy —1B 128
Stewart Rd. Pais —5B 98
Stewarts La. Wis —6A 146
Stewart St. G4 —2F 83 (1D 4)
Stewart St. Barr —3F 115
Stewart St. Bell —2E 127
Stewart St. Carl —2E 165
Stewart St. Clyd —4A 42
Stewart St. Coat —3C 90
Stewart St. Ham —4E 141
(in two parts)
Stewart St. Miln —4G 25
Stewartville St. G11 —1H 81
Stirling Av. Bear —5E 45
Stirling Dri. Bear —1D 44
Stirling Dri. B'rig —4A 48
Stirling Dri. E Kil —6A 138
Stirling Dri. Ham —5C 140
Stirling Dri. John —3D 94
Stirling Dri. Lin —6F 75
Stirling Dri. Ruth —2D 120
Stirlingfauld Pl. G5 —6H 83
Stirling Gdns. B'rig —4A 48
Stirling Pl. Len —3G 7
Stirling Rd. G4 —3H 83 (4H 5)
Stirling Rd. Air —1B 92
Stirling Rd. Carl —1E 165
Stirling Rd. Chap —1D 112
Stirling Rd. Dumb —1G 17
Stirling Rd. Kils —2A 12
Stirling Rd. Kirk —4D 30
Stirling Rd. Ind. Est. Air
—1B 92
Stirling St. Air —4H 91
Stirling St. Coat —1H 109
Stirling St. Cumb —1B 36
Stirling St. Moth —5B 144
Stirling Way. Bail —1G 107
Stirling Way. Renf —2F 79
Stirrat St. G20 —3A 62
Stirrat St. Pais —4F 77
Stobcross Rd. G3 —3A 82
Stobcross St. G3 —4C 82
Stobcross St. Coat —5C 90
Stobhill Rd. G21 —2B 64
Stobo. E Kil —5C 138
Stobo Ct. E Kil —5C 138
Stobo St. Wis —4A 146
Stobs Dri. Barr —2D 114
Stobs Pl. G34 —2A 88
Stock Av. Pais —2A 98

Stockholm Cres. Pais —2A 98
Stockiemuir Av. Bear —6D 24
Stockiemuir Ct. Bear —6E 25
Stockiemuir Rd. Bear —1D 44
Stockiemuir Rd. Miln —3C 24
Stocks Rd. Moth —1D 146
Stock St. Pais —3A 98
Stockwell Pl. G1 —5G 83
Stockwell St. G1 —5G 83
Stoddard Sq. Eld —2B 96
Stonebyres Ct. Ham —6E 141
Stonecraig Rd. Wis —1H 157
Stonefield Av. G12 —3A 62
Stonefield Av. Pais —4B 98
Stonefield Cres. Blan —3A 140
Stonefield Cres. Clar —1A 134
Stonefield Cres. Pais —4B 98
Stonefield Dri. Pais —4B 98
Stonefield Gdns. Carl —2F 165
Stonefield Gdns. Pais —4B 98
Stonefield Grn. Pais —4A 98
Stonefield Pk. Pais —5A 98
Stonefield Pk. Gdns. Blan
—1C 140
Stonefield Pl. Blan —3H 139
Stonefield Rd. Blan —2A 140
Stonefield St. Air —2A 92
Stonehall Av. Ham —1F 153
Stonelaw Dri. Ruth —6D 104
Stonelaw Rd. Ruth —6D 104
Stonelaw Towers. Ruth
—1E 121
Stoneside Dri. G43 —1G 117
Stoneside Sq. G43 —1G 117
Stoney Brae. Pais —5A 98
(in two parts)
Stoneydyke Cres. Carl
—2G 165
Stoneyetts Rd. Chry —4D 52
Stoneymeadow Rd. E Kil
—5B 138
Stony Brae. Pais —6A 78
Stonyflatt Av. Dumb —2H 17
Stonyflatt Rd. Dumb —2H 17
Stonyhurst St. G22 —5F 63
(in two parts)
Stonylee Rd. Cumb —4A 36
Storie St. Pais —1A 98
Stormyland Way. Barr
—5E 115
Stornaway St. G22 —1G 63
Stornoway Cres. Wis —4C 146
Stow Brae. Pais —1A 98
Stow St. Pais —1A 98
Strachan St. Bell —3C 126
Strachur St. G22 —2E 63
Strain Cres. Air —5B 92
Straiton Dri. Ham —1B 152
Straiton St. G32 —4G 85
Stranraer Dri. G15 —5C 44
Stratford. E Kil —4D 138
Stratford St. G20 —4B 62
Strathallan Gdns. Kirk —5D 30
(off Willowbank Gdns.)
Strathallon Pl. Ruth —4F 121
(off St Stephen's Av.)
Strathaven Rd. E Kil —3A 150
Strathaven Rd. Ham —6G 153
Strathavon Cres. Air —1A 92
Strathblane Cres. Air —6H 71
Strathblane Rd. Kils —1A 6
Strathblane Rd. Miln —3H 25
Strathbran St. G31 —1F 105
Strathcairn Cres. Air —6H 71
Strath Carron. Law —6E 159
Strathcarron Pl. G20 —3B 62
Strathcarron Rd. Pais —5D 98
Strathclyde Bus. Pk. Bell
—5B 110
Strathclyde Dri. Ruth —6C 104

Strathclyde Path. Udd
—1C 124
Strathclyde Rd. Dumb —2G 17
Strathclyde Rd. Moth —3D 142
Strathclyde St. G40 —3C 104
Strathclyde View. Both
—6F 125
Strathcona Dri. G13 —2F 61
Strathcona Gdns. G13 —2G 61
Strathcona La. E Kil —4G 149
Strathcona Pl. E Kil —4G 149
Strathcona Pl. Ruth —3F 121
Strathcona St. G13 —2F 61
Strathconon Gdns. E Kil
—2A 148
(off Strathnairn Dri.)
Strath Dearn. Law —6E 159
Strathdearn Gro. E Kil
—3A 148
Strathdee Av. Clyd —2D 42
Strathdee Rd. G44 —5C 118
Strathdon Av. G44 —5C 118
Strathdon Av. Pais —3G 97
Strathdon Dri. G44 —5D 118
Strathdon Pl. E Kil —3A 148
(off Strathnairn Dri.)
Strathearn Gro. Kirk —4H 31
Strathearn Rd. Clar —3C 134
Strath Elgin. Law —6D 158
Strathendrick Dri. G44
—3C 118
Strathfillan Rd. E Kil —1F 149
Strath Halladale. Law —6E 159
Strathkelvin Av. B'rig —2B 64
Strathkelvin Retail Pk. B'rig
—3E 49
Strathlachan Av. Carl —4G 165
Strathleven Pl. Dumb —4F 17
Strathmore Av. Blan —6A 124
Strathmore Av. Pais —1F 99
Strathmore Cres. Air —1A 92
Strathmore Gdns. Ruth
—3F 121
Strathmore Pl. Coat —6F 91
Strathmore Rd. G22 —2F 63
Strathmore Rd. Ham —6A 142
Strathmore Wlk. Coat —6F 91
Strathmungo Cres. Air —1H 91
Strath Nairn. Law —6E 159
Strathnairn Av. E Kil —3A 148
Strathnairn Ct. E Kil —3A 148
Strathnairn Dri. E Kil —3A 148
Strathnairn Way. E Kil
—3A 148
Strath Naver. Law —6E 159
Strathnaver Gdns. E Kil
—3A 148
Strathord Pl. Chry —3E 53
Strathord St. G32 —2A 106
Strath Peffer. Law —6D 158
Strathpeffer Cres. Air —1A 92
Strathpeffer Dri. E Kil —2A 148
(off Strathnairn Dri.)
Strathspey Cres. Air —6H 71
Strathtay Av. G44 —5C 118
Strathtummel Cres. Air
—6H 71
Strathview Gro. G44 —5C 118
Strathview Pk. G44 —5C 118
Strathview Rd. Bell —4A 126
Strathy Pl. G20 —3B 62
Strathyre Gdns. Bear —2H 45
Strathyre Gdns. Chry —4E 53
Strathyre Gdns. Glenm
—4H 71
Strathyre Rd. Blan —3D 140
Strathyre St. G41 —5C 102
Stratton Dri. Giff —5H 117
Strauss Av. Clyd —6G 43
Stravaig Path. Pais —6E 97
Stravaig Wlk. Pais —6E 97

Stravanan Rd. *G45* —6H **119**
Stravannan St. *G45* —5H **119**
Stravenhouse Rd. *Law*
　　　　　　—1G **163**
Strawberry Field Rd. *C'lee*
　　　　　　—2B **74**
Strawhill Rd. *Clar* —2C **134**
Strenabey Av. *Ruth* —3F **121**
Striven Ct. *Coat* —2D **110**
Striven Cres. *Wis* —2G **157**
Striven Gdns. *G20* —6D **62**
Striven Ter. *Ham* —2E **153**
Stroma St. *G21* —1D **84**
Stromness St. *G5* —1E **103**
Strone Gdns. *Kils* —3F **11**
Stronend St. *G22* —4F **63**
Strone Path. *Glenb* —3G **69**
Strone Rd. *G33* —4B **86**
Stronsay Pl. *B'rig* —5F **49**
Stronsay St. *G21* —1D **84**
Stronvar Dri. *G14* —5B **60**
Stroud Rd. *E Kil* —6E **149**
Strowan Cres. *G32* —1B **106**
Strowan's Rd. *Dumb* —2C **18**
Strowan St. *G32* —1B **106**
Strowan's Well Rd. *Dumb*
　　　　　　—2C **18**
Struan Av. *Giff* —4A **118**
Struan Gdns. *G44* —2E **119**
Struan Rd. *G44* —2E **119**
Struie St. *G34* —3G **87**
Struma Dri. *Clar* —1A **134**
Strutherhill Ind. Est. *Lark*
　　　　　　—5G **161**
Struthers Cres. *E Kil* —5B **138**
Struther St. *Lark* —5F **161**
Struther & Swinhill Rd. *Lark*
　　　　　　—6G **161**
Stuart Av. *Old K* —2F **41**
Stuart Av. *Ruth* —2D **120**
Stuart Dri. *B'rig* —1A **64**
Stuart Dri. *Lark* —4G **161**
Stuart Ho. *Cumb* —2B **36**
Stuarton Pk. *E Kil* —1G **149**
Stuart Quad. *Wis* —2E **157**
Stuart Rd. *B'ton* —3H **39**
Stuart Rd. *Crmck* —1H **135**
Stuart Rd. *Dumb* —1C **18**
Stuart St. *E Kil* —1H **149**
Stuart St. *Old K* —2F **41**
Succoth St. *G13* —2F **61**
Sudbury Cres. *E Kil* —2D **149**
Sugworth Av. *Bail* —6H **87**
Sumburgh St. *G33* —4H **85**
Summerfield Ho. *Cumb*
　　　　　　—1C **54**
Summerfield St. *G40* —2D **104**
Summerhill Av. *Lark* —3E **161**
Summerhill & Garngibbock Rd.
　　　　　*Cumb* —4E **55**
Summerhill Rd. *G15* —3A **44**
Summerhill Rd. *Clar* —2D **134**
Summerhill Way. *Bell* —3B **126**
Summerlea Rd. *T'bnk* —3F **117**
Summerlee Cotts. *Coat*
　　　　　　—4B **90**
Summerlee Rd. *Lark* —6H **155**
Summerlee Rd. *Wis* —5C **144**
Summerlee St. *G33* —3C **86**
Summerlee St. *Coat* —4B **90**
SUMMERSTON STATION. *G23*
　　　　　　—1B **62**
Summer St. *G40* —6B **84**
Summertown Rd. *G51* —4H **81**
Sunart Av. *Renf* —5D **58**
Sunart Ct. *Ham* —2E **153**
Sunart Gdns. *B'rig* —6E **49**
Sunart Rd. *G52* —6E **81**
Sunart Rd. *B'rig* —6E **49**
Sunart St. *Wis* —2G **157**
Sunbury Av. *Clar* —2A **134**

Sundale Av. *Clar* —3B **134**
Sunderland Av. *Dumb* —3C **16**
Sunflower Gdns. *Moth*
　　　　　　—1F **143**
Sunningdale Av. *Newt M*
　　　　　　—4F **133**
Sunningdale Dri. *Bri W*
　　　　　　—5E **73**
Sunningdale Rd. *G23* —1B **62**
Sunningdale Wynd. *Both*
　　　　　　—4C **124**
Sunnybank Dri. *Clar* —3B **134**
Sunnybank Gro. *Clar* —3B **134**
Sunnybank St. *G40* —2D **104**
Sunnyhill. *Twe* —2D **32**
Sunnylaw Dri. *Pais* —3F **97**
Sunnylaw St. *G22* —5F **63**
Sunnyside Av. *Moth* —2B **128**
Sunnyside Av. *Udd* —2D **124**
Sunnyside Cres. *Moth*
　　　　　　—2A **128**
Sunnyside Dri. *G15* —6A **44**
Sunnyside Dri. *Bail* —6D **88**
Sunnyside Dri. *Clar* —1B **134**
Sunnyside Pl. *G15* —6A **44**
Sunnyside Pl. *Barr* —5D **114**
Sunnyside Pl. *Moth* —2A **128**
Sunnyside Rd. *Cle* —1H **145**
Sunnyside Rd. *Coat* —4C **90**
Sunnyside Rd. *Ham & Lark*
　　　　　　—3A **160**
Sunnyside Rd. *Pais* —4H **97**
Sunnyside Rd. *Lark* —1D **160**
Sunnyside Ter. *Moth* —2A **128**
Surrey St. *G5* —1F **103**
Sussex St. *G41* —6C **82**
Sutcliffe Ct. *G13* —2E **61**
Sutcliffe Rd. *G13* —2E **61**
Sutherland Av. *G41* —2H **101**
Sutherland Av. *Bear* —6E **25**
Sutherland Dri. *Air* —6G **91**
Sutherland Dri. *Dumb* —2C **18**
Sutherland Dri. *Giff* —6B **118**
Sutherland La. *G12* —1B **82**
Sutherland Pl. *Bell* —5B **126**
Sutherland Rd. *Clyd* —5D **42**
Sutherland St. *Blan* —4A **140**
Sutherland St. *Pais* —6H **77**
Sutherland Way. *E Kil*
　　　　　　—6C **138**
Swaledale. *E Kil* —6E **137**
Swallow Gdns. *G13* —2A **60**
Swallow Rd. *Clyd* —6F **23**
Swallow Rd. *Wis* —6H **145**
Swan Pl. *John* —6C **94**
Swanston St. *G40* —3C **104**
Swan St. *G4* —2G **83** (1F **5**)
Swan St. *Clyd* —4B **42**
Swan Way. *Law* —1H **163**
Sween Av. *G44* —3E **119**
Sween Dri. *Ham* —2E **153**
Sween Path. *Bell* —4E **127**
　　　(off Millbank Av.)
Sweethill Ter. *Coat* —2F **111**
Sweethill Wlk. *Bell* —6E **111**
Sweethope Gdns. *Both*
　　　　　　—5F **125**
Sweethope Pl. *Both* —4E **125**
Swift Bank. *Ham* —2C **152**
Swift Cres. *G13* —1H **59**
Swift Pl. *E Kil* —5A **148**
Swift Pl. *John* —6D **94**
Swindon St. *Clyd* —4A **42**
Swinstie Rd. *Cle* —1A **146**
Swinton Av. *Bail* —6A **88**
Swinton Cres. *Bail* —6A **88**
Swinton Cres. *Coat* —1F **109**
Swinton Dri. *G52* —6B **80**
Swinton Gdns. *Bail* —6B **88**
Swinton Path. *Bail* —6B **88**
Swinton Pl. *G52* —6B **80**

Swinton Pl. *Coat* —1F **109**
　　(off Swinton Cres.)
Swinton Rd. *Bail* —6A **88**
Swinton View. *Bail* —6B **88**
Swisscot Av. *Ham* —3F **153**
Swisscot Wlk. *Ham* —3F **153**
Switchback Rd. *Bear* —5F **45**
Swordale Path. *G34* —3G **87**
　　(off Kildermorie Rd.)
Swordale Pl. *G34* —3G **87**
Sword St. *G31* —5C **84**
Sword St. *G40* —5B **84**
Sword St. *Air* —4H **91**
Sycamore Av. *John* —4G **95**
Sycamore Av. *Lenz* —2D **50**
Sycamore Av. *Udd* —6G **109**
Sycamore Ct. *Udd* —1B **110**
　　(off Ailsa Rd.)
Sycamore Ct. *E Kil* —5F **149**
Sycamore Cres. *Air* —5D **92**
Sycamore Cres. *E Kil* —5E **149**
Sycamore Dri. *Air* —5D **92**
Sycamore Dri. *Clyd* —3C **42**
Sycamore Dri. *Ham* —1B **154**
Sycamore Gro. *Blan* —1A **140**
Sycamore Pl. *E Kil* —5F **149**
Sycamore Pl. *Moth* —4C **128**
Sycamore Way. *Clar* —2H **135**
Sycamore Way. *Milt C* —6C **8**
Sydenham Ct. *G12* —5A **62**
　　(off Westbourne Gdns. La.)
Sydenham La. *G12* —6H **61**
Sydenham Rd. *G12* —6A **62**
Sydes Brae. *Blan* —5H **139**
Sydney Dri. *E Kil* —4E **149**
Sydney Pl. *E Kil* —3E **149**
Sydney St. *G31* —5A **84**
Sydney St. *Clyd* —3H **41**
Sykehead Av. *Bell* —2D **126**
Sykeside Rd. *Coat* —1G **111**
Sykes Ter. *Neil* —2F **131**
Sylvania Way. *Clyd* —5D **42**
Sylvania Way S. *Clyd* —6D **42**
Symington Dri. *Clyd B* —5C **42**
Symington Sq. *E Kil* —3H **149**
Syrett Cotts. *Coat* —5B **90**
Syriam Pl. *G21* —5B **64**
Syriam St. *G21* —4B **64**

**T**abard Pl. *G13* —1C **60**
Tabard Rd. *G13* —1C **60**
Tabernacle La. *Camb* —2A **122**
Tabernacle St. *Camb* —2A **122**
Taggart Rd. *Kils* —2B **34**
Taig Rd. *Kirk* —6H **31**
Tait Av. *Barr* —3F **115**
Takmadoon Rd. *Kils* —2A **12**
Talbot. *E Kil* —5C **138**
Talbot Dri. *G13* —4B **60**
Talbot Pl. *G13* —4B **60**
Talbot Ter. *G13* —4B **60**
Talbot Ter. *Udd* —5C **108**
Talisman Av. *Dumb* —3C **16**
Talisman Cres. *Moth* —5F **127**
Talisman Rd. *G13* —3C **60**
Talisman Rd. *Pais* —6C **96**
Tallant Rd. *G15* —4B **44**
Tallant Ter. *G15* —4C **44**
Talla Rd. *G52* —5A **80**
Tamarack Cres. *Udd* —4G **109**
Tamar Dri. *E Kil* —5B **148**
Tambowie Av. *Miln* —3F **25**
Tambowie Cres. *Miln* —3F **25**
Tambowie St. *G13* —1E **61**
Tamshill St. *G20* —3D **62**
Tanar Av. *Renf* —2G **79**
Tanar Way. *Renf* —1G **79**
Tandlehill Rd. *Mill P* —4A **94**
Tanera Av. *G44* —2G **119**
Tanfield Pl. *G32* —4C **86**

Tanfield St. *G32* —4C **86**
Tankerland Rd. *G44* —1E **119**
Tannadice. *G52* —1C **100**
　　(off Tannadice Av.)
Tannadice Av. *G52* —2C **100**
Tanna Dri. *G52* —2F **101**
Tannahill Cen. *Pais* —5E **77**
Tannahill Cres. *John* —4E **95**
　　(in two parts)
Tannahill Dri. *E Kil* —6C **138**
Tannahill Rd. *G43* —1D **118**
Tannahill Rd. *Pais* —5F **77**
Tannahill Ter. *Pais* —5F **77**
Tannoch Dri. *Cumb* —6H **35**
Tannoch Dri. *Miln* —2G **25**
Tannoch Pl. *Cumb* —6H **35**
Tannochside Dri. *Udd*
　　　　　　—4E **109**
Tannochside Pk. *Udd* —4F **109**
Tannock St. *G22* —5F **63**
Tantallon Ct. *Carl* —2E **165**
Tantallon Dri. *Coat* —2G **89**
Tantallon Dri. *Pais* —4E **97**
Tantallon Pk. *E Kil* —1F **149**
Tantallon Rd. *G41* —5C **102**
Tantallon Rd. *Bail* —2G **107**
Tanzieknowe Av. *Camb*
　　　　　　—4B **122**
Tanzieknowe Dri. *Camb*
　　　　　　—4B **122**
Tanzieknowe Pl. *Camb*
　　　　　　—4A **122**
Tanzieknowe Rd. *Camb*
　　　　　　—4A **122**
Taransay St. *G51* —3G **81**
Tarbert Av. *Blan* —5A **124**
Tarbert Av. *Wis* —2G **157**
Tarbert Ct. *Ham* —2E **153**
Tarbet Pl. *Carl* —4G **165**
Tarbolton. *E Kil* —6D **138**
Tarbolton Dri. *Clyd* —4E **43**
Tarbolton Rd. *G43* —1B **118**
Tarbolton Rd. *Cumb* —3B **36**
Tarbolton Sq. *Clyd* —4E **43**
Tarbrax Way. *Ham* —6E **141**
Tarfside Av. *G52* —1C **100**
Tarfside Gdns. *G52* —1D **100**
Tarfside Oval. *G52* —1D **100**
Target Rd. *Air* —5B **92**
Tarland St. *G51* —5F **81**
Tarras Dri. *Renf* —2G **79**
Tarras Pl. *Camb* —2D **122**
Tasman Dri. *E Kil* —4D **148**
Tasmania Quad. *Wis* —6C **146**
Tassie Pl. *E Kil* —1A **150**
Tassie St. *G41* —5B **102**
Tattershall Rd. *G33* —1C **86**
Tavistock Dri. *G43* —2B **118**
Tay Av. *Pais* —4D **96**
Tay Av. *Renf* —6G **59**
Tay Ct. *E Kil* —4A **148**
Tay Cres. *G33* —2G **85**
Tay Cres. *B'rig* —6D **48**
Tay Gdns. *Ham* —3F **153**
Tay Gro. *E Kil* —4A **148**
Tayinloan Dri. *Carl* —5D **165**
Tay La. *Newm* —4E **147**
Tay Loan. *Moth* —2A **128**
　　(off Windsor Rd.)
Taylor Av. *Kilb* —2A **94**
Taylor Av. *Moth* —5D **128**
Taylor Pl. *G4* —3H **83** (3H **5**)
Taylor St. *G4* —3H **83** (4H **5**)
　　(in two parts)
Taylor St. *Clyd* —1E **59**
Taymouth St. *G32* —2B **106**
Taynish Dri. *G44* —3F **119**
Tay Pl. *Dumb* —1H **17**
Tay Pl. *E Kil* —4A **148**
Tay Pl. *John* —5C **94**

Tay Pl. *Lark* —5E **161**
Tay Rd. *Bear* —5D **44**
Tay Rd. *B'rig* —6D **48**
Tayside. *Air* —2H **91**
Tay St. *Coat* —2G **89**
Tay Ter. *E Kil* —3A **148**
*Tay Wlk. Cumb —3H 35*
  *(off Cumbernauld Cen., The)*
Teak Pl. *Udd* —4H **109**
Teal Ct. *Stra B* —5A **110**
Teal Cres. *E Kil* —6B **148**
Teal Dri. *G13* —2A **60**
Tealing Av. *G52* —1C **100**
Tealing Cres. *G52* —1C **100**
Teasel Av. *G53* —4B **116**
Teawell Rd. *Newt M* —4D **132**
Teesdale. *E Kil* —6E **137**
Teign Gro. *E Kil* —5B **148**
Teith Av. *Renf* —1H **79**
Teith Dri. *Bear* —4D **44**
Teith Pl. *Camb* —2D **122**
Teith St. *G33* —2G **85**
*Telephone La. G12 —1A 82*
  *(off Highburgh Rd.)*
Telford Ct. *Clyd* —5C **42**
Telford Pl. *Cumb* —5A **36**
Telford Rd. *Cumb* —5A **36**
Telford Rd. *E Kil* —3F **149**
Telford St. *Bell* —1C **126**
*Telford Ter. E Kil —3H 149*
  *(off Telford Rd.)*
Teme Pl. *E Kil* —4B **148**
Templar Av. *G13* —6D **44**
Temple Gdns. *G13* —2F **61**
Templeland Av. *G53* —3C **100**
Templeland Rd. *G53* —3C **100**
Temple Rd. *G13* —2G **61**
Templeton Bus. Cen. *G40*
  —6A **84**
Templeton St. *G40* —6A **84**
Tennant Av. *E Kil* —1C **148**
Tennant Rd. *Pais* —5F **77**
Tennant St. *Renf* —5F **59**
Tennent St. *Coat* —6D **90**
Tennyson Dri. *G31* —1G **105**
Tern Pl. *John* —6D **94**
Terregles Av. *G41* —3H **101**
Terregles Cres. *G41* —3A **102**
Terregles Dri. *G41* —3A **102**
Teviot Av. *B'rig* —4C **48**
Teviot Av. *Pais* —5C **96**
Teviot Cres. *Bear* —5D **44**
*Teviotdale. E Kil —1F 149*
  *(off Strathfillan Rd.)*
Teviotdale. *Newt M* —4H **133**
Teviot Dri. *B'ton* —5A **40**
Teviot Path. *Blan* —2A **140**
Teviot Pl. *Camb* —2E **123**
*Teviot Sq. Cumb —3H 35*
  *(off Cumbernauld Cen., The)*
Teviot St. *G3* —3A **82**
Teviot St. *Coat* —1H **89**
Teviot Ter. *John* —5C **94**
*Teviot Wlk. Cumb —3H 35*
  *(off Cumbernauld Cen., The)*
*Teviot Way. Cumb —3H 35*
  *(off Cumbernauld Cen., The)*
Tewkesbury Rd. *E Kil* —4D **138**
Thane Rd. *G13* —3C **60**
Thanes Ga. *Udd* —2C **124**
Thankerton Av. *Moth* —2H **127**
Thankerton Rd. *Lark* —4F **161**
Tharsis St. *G21* —2B **84**
Third Av. *G44* —6F **103**
Third Av. *Blan* —4C **140**
Third Av. *Dumb* —3C **18**
Third Av. *Kirk* —5D **50**
Third Av. *Mille* —4B **66**
Third Av. *Renf* —1E **79**
Third Gdns. *G41* —1G **101**
Thirdpart Cres. *G13* —2G **59**

Third St. *Udd* —5D **108**
Thirlmere. *E Kil* —6B **148**
Thistle Bank. *Lenz* —3D **50**
Thistle Cres. *Lark* —3F **161**
Thistledown Gro. *Coat* —5E **91**
Thistle Gdns. *Moth* —2A **128**
Thistleneuk. *Old K* —6E **21**
Thistle Pl. *E Kil* —6G **137**
Thistle Quad. *Air* —5H **92**
Thistle Rd. *Moth* —4A **128**
Thistle St. *G5* —1F **103**
  (in two parts)
Thistle St. *Air* —2B **92**
Thistle St. *Kirk* —5D **30**
Thistle St. *Moth* —6H **129**
Thistle St. *Pais* —3G **97**
Thomas Muir Av. *B'rig* —1C **64**
Thomas St. *Pais* —1F **97**
Thompson Av. *Kirk* —5E **31**
Thompson Dri. *Air* —5H **91**
Thompson Pl. *Clyd* —1E **43**
Thompson St. *Renf* —1E **79**
Thomson Av. *John* —2E **95**
Thomson Av. *Wis* —2D **156**
Thomson Dri. *Bear* —1F **45**
Thomson Dri. *Bell* —2H **125**
Thomson Gro. *Camb* —6A **106**
Thomson St. *G31* —5C **84**
Thomson St. *Carl* —3F **165**
Thomson St. *John* —3E **95**
Thorn Av. *T'hall* —6G **135**
Thornbank St. *G3* —3A **82**
Thornbridge Av. *G12* —4A **62**
Thornbridge Av. *Bail* —6H **87**
Thornbridge Gdns. *Bail*
  —6G **87**
Thornbridge Rd. *Bail* —6G **87**
Thorncliffe Gdns. *G41* —3C **102**
Thorncroft Dri. *G44* —3H **119**
Thorndale Gdns. *Alla* —1H **15**
Thorndean Av. *Bell* —3D **126**
Thorndean Cres. *Bell* —3D **126**
Thorndene. *Eld* —2H **95**
Thorndene Av. *Moth* —5C **128**
Thornden La. *G14* —5A **60**
Thorn Dri. *Bear* —1D **44**
Thorn Dri. *Ruth* —3E **121**
Thorndyke. *E Kil* —4C **138**
Thorne Brae. *John* —2G **95**
Thornhill. *John* —3H **95**
Thornhill Av. *Blan* —1B **140**
Thornhill Av. *Eld* —3H **95**
Thornhill Dri. *Eld* —3H **95**
Thornhill Gdns. *John* —2G **95**
Thornhill Path. *G31* —6F **85**
Thornhill Rd. *Ham* —5C **140**
Thornhill Way. *Coat* —2F **111**
Thorniecroft Dri. *Cumb*
  —1E **55**
Thorniecroft Pl. *Cumb* —1E **55**
Thornielee. *E Kil* —1B **150**
Thorniewood Gdns. *Udd*
  —6E **109**
Thorniewood Rd. *Udd*
  —5D **108**
Thornkip Pl. *Coat* —6F **91**
Thornlea Dri. *Giff* —3B **118**
Thornlea St. *Carl* —5G **165**
Thornley Av. *G13* —3B **60**
Thornliebank Ind. Est. *T'bnk*
  —4E **117**
Thornliebank Rd. *G43 & G46*
  —1H **117**
Thornliebank Rd. *Newt M*
  —2C **132**
THORNLIEBANK STATION.
  *T'bnk* —3G **117**
Thornlie Gill. *Wis* —1H **157**
Thornly Pk. Av. *Pais* —5B **98**
Thornly Pk. Dri. *Pais* —5B **98**
Thornly Pk. Gdns. *Pais* —4B **98**

Thornly Pk. Rd. *Pais* —5B **98**
Thorn Rd. *Bear* —2C **44**
Thorn Rd. *Bell* —2D **126**
Thornside Rd. *John* —2G **95**
THORNTONHALL STATION.
  *E Kil* —6F **135**
Thornton La. *G20* —2C **62**
Thornton Pl. *Ham* —5H **153**
Thornton Rd. *T'hall* —6G **135**
Thornton St. *G20* —2B **62**
Thornton St. *Coat* —1H **89**
Thorntree Av. *Ham* —4D **140**
Thorntree Way. *Both* —4F **125**
Thornwood Av. *G11* —1G **81**
Thornwood Av. *Kirk* —2A **50**
Thornwood Cres. *G11* —6F **61**
Thornwood Dri. *G11* —1F **81**
Thornwood Dri. *Bri W* —4D **72**
Thornwood Dri. *Pais* —3F **97**
Thornwood Gdns. *G11* —1F **81**
Thornwood Pl. *G11* —6G **61**
Thornwood Rd. *G11* —1F **81**
Thornwood Ter. *G11* —1F **81**
Thornyburn Dri. *Bail* —1B **108**
Thornyburn Pl. *Bail* —1A **108**
Thorp Ct. *John* —3G **95**
Thrashbush Av. *Wis* —5B **146**
Thrashbush Cres. *Wis*
  —5B **146**
Thrashbush Rd. *Wis* —5B **146**
Threave Ct. *Carl* —2E **165**
Three Queens Sq. *Clyd*
  —6D **42**
Three Rivers Wlk. *E Kil*
  —3D **148**
Threestonehill Av. *G32* —5B **86**
Threshold Pk. *E Kil* —1A **150**
Threshold Rd. *E Kil* —1A **150**
Thriplee Rd. *Bri W* —3E **73**
Thrums. *E Kil* —4D **138**
Thrums Av. *B'rig* —6E **49**
Thrums Gdns. *B'rig* —6E **49**
Thrushbush La. *Air* —1B **92**
Thrushbush Quad. *Air* —1A **92**
Thrushbush Rd. *Air* —1A **92**
Thrushcraig Cres. *Pais* —3B **98**
Thrush Pl. *John* —6D **94**
Thurso St. *G11* —2A **82**
Thurston Rd. *G52* —6A **80**
Thyme Sq. *Moth* —1G **143**
Tibbermore Rd. *G11* —6G **61**
Tighnasheen Way. *Blan*
  —1B **140**
Tillanburn Rd. *Moth* —4F **129**
Tillet Oval. *Pais* —4H **77**
Tillie St. *G20* —6D **62**
Till St. *Wis* —3H **145**
Tillycairn Av. *G33* —1D **86**
Tillycairn Dri. *G33* —1D **86**
Tillycairn Pl. *G33* —1E **87**
Tillycairn Rd. *G33* —1E **87**
Tillycairn St. *G33* —1E **87**
Tilt Rd. *Newm* —3D **146**
Tilt St. *G33* —1G **85**
Timmons Ter. *Chap* —4D **112**
Tinker's La. *Moth* —3E **143**
Tintagel Gdns. *Chry* —4D **52**
Tintock Dri. *Kirk* —4F **31**
Tintock Rd. *Kirk* —3H **31**
Tinto Ct. *Coat* —2E **111**
Tinto Cres. *Wis* —1A **158**
Tinto Dri. *Barr* —6D **114**
Tinto Rd. *G43* —2A **118**
Tinto Rd. *Air* —5B **92**
Tinto Rd. *Bear* —1B **44**
Tinto Rd. *B'rig* —6F **49**
Tinto Sq. *Renf* —2D **78**
Tinto St. *Wis* —1A **158**
Tinto View. *Ham* —3A **154**
Tinto Way. *Cle* —5H **129**
Tinto Way. *E Kil* —6D **148**

Tinwald Path. *G52* —6A **80**
Tiree. *E Kil* —4C **150**
Tiree Av. *Pais* —6H **97**
Tiree Av. *Renf* —3E **79**
Tiree Ct. *Cumb* —5F **35**
Tiree Cres. *Newm* —2D **146**
Tiree Dri. *Cumb* —5F **35**
Tiree Gdns. *Bear* —1B **44**
Tiree Gdns. *Glenm* —4H **71**
Tiree Gdns. *Old K* —1G **41**
Tiree Pl. *Newt M* —4B **132**
Tiree Pl. *Old K* —1G **41**
Tiree Rd. *Cumb* —5F **35**
Tiree St. *G21* —1E **85**
Tirry Av. *Renf* —1H **79**
Tirry Way. *Renf* —1H **79**
Titwood Rd. *G41* —3A **102**
  (in two parts)
Tiverton Av. *G32* —2D **106**
Tivoli Ct. *E Kil* —5G **149**
Tobago Pl. *G40* —6B **84**
Tobago Pl. *E Kil* —2C **148**
Tobago St. *G40* —6A **84**
Tobermory Rd. *Ruth* —4F **121**
Todburn Dri. *Pais* —6B **98**
Todd St. *G31* —4E **85**
Todhills. *E Kil* —3H **149**
Todhills N. *E Kil* —3H **149**
Todhills S. *E Kil* —3H **149**
Todholm Cres. *Pais* —3D **98**
Todholm Rd. *Pais* —3D **98**
Todholm Ter. *Pais* —3D **98**
Tofthill Av. *B'rig* —5B **48**
Tofthill Gdns. *B'rig* —5B **48**
Tollbrae Av. *Air* —4B **92**
Tollcross Rd. *G31 & G32*
  —6F **85**
Tollhouse Gdns. *Bell* —4E **127**
Toll La. *G51* —5C **82**
Tollpark Cres. *Newm* —4E **147**
Tollpark Pl. *Ward E* —3E **15**
Tollpark Rd. *Ward E* —3D **14**
Toll St. *Moth* —4H **143**
Toll, The. *Clar* —1C **134**
Toll Wynd. *Ham* —4G **153**
Tolsta St. *G23* —6C **46**
Tomtain Brae. *Cumb* —6B **34**
Tomtain Ct. *Cumb* —6B **34**
Toner Gdns. *Wis* —4H **157**
Tonge Pl. *Air* —1B **92**
Tontine La. *G1* —5H **83**
Tontine Pl. *Ruth* —3G **121**
Topaz Ter. *Bell* —4C **126**
Toppersfield. *Mill P* —3C **94**
Torbeck St. *G52* —6F **81**
Torbrex Rd. *Cumb* —4A **36**
Torburn Av. *Giff* —3H **117**
Tordene Path. *Cumb* —2F **35**
Torgyle St. *G23* —6B **46**
Tormeadow Rd. *Newt M*
  —4D **132**
Tormore St. *G51* —5D **80**
Tormusk Dri. *G45* —3C **120**
Tormusk Gdns. *G45* —3C **120**
Tormusk Rd. *G45* —3B **120**
Torness St. *G11* —1A **82**
Torogay Pl. *G22* —1A **64**
Torogay St. *G22* —1G **63**
Torogay Ter. *G22* —1G **63**
Toronto Wlk. *G32* —5C **106**
Torphin Cres. *G32* —5A **86**
Torphin Wlk. *G32* —5B **86**
Torrance Av. *Air* —4D **92**
Torrance Rd. *E Kil* —1G **149**
Torrance Rd. *Torr* —5D **28**
Torrance Roundabout. *E Kil*
  —6B **150**
Torran Rd. *G33* —4F **87**
Torranyard Ter. *Ham* —2C **152**
Torr Av. *Quar H* —1A **72**
Torr Gdns. *Bear* —6D **24**

Torriden Pl. *Coat* —6A **90**
Torriden St. *Coat* —6A **90**
Torridon Av. *G41* —2G **101**
Torridon Av. *Moth* —4D **128**
*Torridon Ct. G20* —1E **83**
  (off Cedar St.)
Torridon Ct. *Coat* —6H **89**
Torridon Gdns. *Newt M*
  —5H **133**
*Torridon Path. G41* —2G **101**
  (off Dumbreck Pl.)
Torrington Av. *Giff* —1G **133**
Torrington Cres. *G32* —2D **106**
Torrin Rd. *G23* —6B **46**
Torrisdale Pl. *Coat* —4A **90**
Torrisdale St. *G42* —3D **102**
Torrisdale St. *Coat* —4A **90**
Torr La. *Bri W* —1A **72**
Torr Rd. *B'rig* —6F **49**
Torr Rd. *Bri W* —2C **72**
Torr St. *G22* —5H **63**
Torryburn Rd. *G21* —5E **65**
Torwood Brae. *Ham* —1D **152**
Torwood La. *Chry* —5E **53**
Toryglen Rd. *Ruth* —5B **104**
Toryglen St. *G5* —3H **103**
Tourmaline Ter. *Bell* —4D **126**
Tournan Path. *Blan* —2B **140**
Toward Ct. *Blan* —6C **124**
Toward Rd. *G33* —4C **86**
Tower Av. *Barr* —3F **115**
Tower Cres. *Renf* —1D **78**
Tower Dri. *Renf* —1D **78**
Towerhill Rd. *G13* —6C **44**
Tower Pl. *G20* —3B **62**
Tower Pl. *John* —4G **95**
Tower Pl. *Miln* —3H **25**
Tower Rd. *B'rig* —2G **27**
Tower Rd. *Cumb* —1H **55**
Tower Rd. *John* —4F **95**
Towerside Cres. *G53* —3A **100**
Towerside Rd. *G53* —3A **100**
Towers Pl. *Air* —4F **93**
Towers Rd. *Air* —3E **93**
Tower St. *G41* —6C **82**
Tower Ter. *Pais* —1H **97**
Towie Pl. *Udd* —1D **124**
Townend Rd. *Dumb* —3F **17**
Townhead. *Kirk* —5D **30**
Townhead Dri. *Moth* —4F **129**
Townhead Pl. *Udd* —5E **109**
Townhead Rd. *Coat* —1E **89**
Townhead Rd. *Newt M*
  —5D **132**
Townhead St. *Ham* —6B **142**
Townhead St. *Kils* —3H **11**
Townhead Ter. *Pais* —1H **97**
Townhill Rd. *Ham* —6B **140**
Townhill Ter. *Ham* —6C **140**
Townmill Rd. *G31* —3B **84**
Townsend St. *G4*
  —1G **83** (1E **5**)
Tradeston Ind. Est. *G5*
  —1E **103**
Tradeston St. *G5* —6E **83**
Trafalgar St. *G40* —2B **104**
Trafalgar St. *Clyd* —5B **42**
Trainard Av. *G32* —1H **105**
Tranent Path. *Moth* —5H **129**
Tranent Pl. *G33* —3G **85**
Tranent Pl. *Cle* —5H **129**
Traquair Av. *Pais* —5C **96**
Traquair Av. *Wis* —4A **146**
Traquair Dri. *G52* —1B **100**
Traquair Wynd. *Blan* —2B **140**
Treeburn Av. *Giff* —4H **117**
Treemain Rd. *Giff* —1G **133**
Trees Pk. Av. *Barr* —3D **114**
Trefoil Av. *G41* —5B **102**
Trent Pl. *E Kil* —5A **148**
Trent St. *Coat* —1H **89**

Tresta Rd. *G23* —1C **62**
Triangle, The. *B'rig* —6C **48**
Tribboch St. *Lark* —2B **161**
Trident Way. *Renf* —2E **79**
Trigg St. *Pais* —2E **97**
Trinidad Grn. *E Kil* —2C **148**
Trinidad Way. *E Kil* —2C **148**
Trinity Av. *G52* —1C **100**
Trinity Dri. *Camb* —4C **122**
Trinity Way. *Lark* —4G **161**
Trinley Rd. *G13* —6D **44**
Triton Pl. *Bell* —2H **127**
Tronda Path. *G34* —3F **87**
Trondra Pl. *G34* —3F **87**
Trongate. *G1* —5G **83**
Troon Av. *E Kil* —5C **148**
Troon Ct. *E Kil* —5D **148**
Troon Dri. *Bri W* —4E **73**
Troon Gdns. *Cumb* —5H **13**
Troon Pl. *Newt M* —5G **133**
Troon St. *G40* —2D **104**
Trossachs Av. *Moth* —2A **128**
Trossachs Ct. *G20* —6E **63**
Trossachs Rd. *Ruth* —5F **121**
Trossachs St. *G20* —6E **63**
Troubridge Av. *Mill P* —4B **94**
Troubridge Cres. *Mill P*
  —3B **94**
Trows Rd. *Wis* —5H **157**
Truce Rd. *G13* —1B **60**
Truro Av. *Chry* —4D **52**
Tryst Rd. *Cumb* —4H **35**
  (in two parts)
Tryst Wlk. *Cumb* —3A **36**
Tudor La. S. *G14* —6E **61**
Tudor St. *Bail* —2F **107**
Tulliallan Pl. *E Kil* —3A **150**
Tullis St. *G40* —1A **104**
Tulloch Gdns. *Moth* —5B **144**
Tulloch Pl. *Ruth* —4F **121**
Tulloch St. *G44* —1E **119**
Tullymet Rd. *Ham* —3H **153**
Tummel Dri. *Air* —1H **91**
Tummel Grn. *E Kil* —6G **137**
Tummel Way. *Pais* —4D **96**
Tummel St. *G33* —1G **85**
Tummel Wlk. *Cumb* —3H **35**
  (off Cumbernauld Cen., The)
Tummel Way. *Cumb* —3H **35**
  (off Cumbernauld Cen., The)
Tunnel St. *G3* —4C **82**
Tuphall Rd. *Ham* —1H **153**
Turnberry Av. *G11* —6H **61**
Turnberry Cres. *Chap* —4E **113**
Turnberry Dri. *Bri W* —5E **73**
Turnberry Dri. *Ham* —1B **152**
Turnberry Dri. *Newt M*
  —5G **133**
Turnberry Dri. *Ruth* —2B **120**
Turnberry Gdns. *Cumb*
  —6H **13**
Turnberry Pl. *Dumb* —3C **16**
Turnberry Pl. *E Kil* —5D **148**
Turnberry Rd. *G11* —6G **61**
Turnberry Wynd. *Both*
  —4C **124**
Turnbull St. *G1* —5H **83**
Turner Rd. *Pais* —3B **78**
Turner Rd. *St R* —1B **84**
Turner St. *Coat* —5B **90**
Turnhill Av. *Ersk* —2F **57**
Turnhill Cres. *Ersk* —2F **57**
Turnhill Dri. *Ersk* —2F **57**
Turnhill Gdns. *Ersk* —2F **57**
Turnlaw. *E Kil* —6F **149**
Turnlaw Rd. *Camb* —6A **122**
Turnlaw St. *G5* —1H **103**
Turnyland Meadows. *Ersk*
  —2F **57**
Turquoise Ter. *Bell* —4D **126**
Turret Cres. *G13* —1C **60**

Turret Rd. *G13* —6C **44**
Turriff St. *G5* —1F **103**
Tweed Av. *Pais* —3D **96**
Tweed Ct. *Air* —6C **92**
Tweed Cres. *G33* —2F **85**
Tweed Cres. *Renf* —6G **59**
Tweed Cres. *Wis* —4A **146**
Tweed Dri. *Bear* —4D **44**
Tweed La. *Moth* —2B **128**
Tweedmuir Pl. *Coat* —2F **111**
Tweed Pl. *John* —5C **94**
Tweedsmuir. *B'rig* —5E **49**
Tweedsmuir Cres. *Bear*
  —6E **25**
Tweedsmuir Pk. *Ham* —3G **153**
Tweedsmuir Rd. *G52* —1B **100**
Tweed St. *Coat* —2D **110**
Tweed St. *E Kil* —4B **148**
Tweed St. *Lark* —4E **161**
Tweedvale Av. *G14* —3G **59**
Tweedvale Pl. *G14* —3G **59**
*Tweed Wlk. Cumb* —3H **35**
  (off Cumbernauld Cen., The)
Twinlaw St. *G34* —2B **88**
Tylney Rd. *Pais* —6F **79**
Tyndrum Rd. *Bear* —2H **45**
Tyndrum St. *G4*
  —2G **83** (1E **5**)
Tynecastle Cres. *G32* —4B **86**
Tynecastle Path. *G32* —4B **86**
Tynecastle Pl. *G32* —4B **86**
Tynecastle St. *G32* —4B **86**
Tyne Pl. *E Kil* —5A **148**
Tynron Ct. *Ham* —2C **152**
Tynwald Av. *Ruth* —3F **121**

**U**ddingston Rd. *Both*
  —4D **124**
UDDINGSTON STATION. *Udd*
  —1C **124**
Udston Rd. *Ham* —5C **140**
Udston Ter. *Ham* —4D **140**
Uig Pl. *G33* —6E **87**
Uist Cres. *G33* —5E **67**
Uist Dri. *Kirk* —5G **31**
Uist St. *G51* —4F **81**
Uist Way. *Wis* —4C **146**
Ullswater. *E Kil* —6B **148**
Ulundi Rd. *John* —3D **94**
Ulva St. *G52* —6F **81**
Underwood La. *Pais* —6H **77**
Underwood Rd. *Pais* —6G **77**
Underwood Rd. *Ruth* —6E **105**
Underwood St. *G41* —5C **102**
Union Pl. *G1* —4F **83** (5D **4**)
Union St. *G1* —4F **83** (5D **4**)
Union St. *Carl* —4F **165**
Union St. *Ham* —5G **141**
Union St. *Kirk* —5C **30**
Union St. *Lark* —2E **161**
Union St. *Moth* —3A **128**
Union St. *Pais* —3A **98**
Unitas Cres. *Carl* —4F **165**
Unitas Rd. *Bell* —2E **127**
Unity Pl. *G4* —1E **83**
University Av. *G12* —1B **82**
University Gdns. *G12* —1B **82**
University Pl. *G12* —1A **82**
Unsted Pl. *Pais* —1C **98**
Unthank Rd. *Bell* —2E **127**
Uphall Pl. *G33* —4G **85**
Upland Rd. *G14* —5C **60**
U. P. Lane. *Kils* —3H **11**
Uplawmoor Rd. *Neil* —4A **130**
Up. Bourtree Ct. *Ruth*
  —3E **121**
Up. Bourtree Dri. *Ruth*
  —3D **120**
Up. Glenburn Rd. *Bear* —2C **44**
Up. Mill St. *Air* —3A **92**

U. P. Road. *Kils* —3H **11**
Urquhart Cres. *Renf* —1E **78**
Urquhart Dri. *E Kil* —6A **138**
Urrdale Rd. *G41* —6H **81**
Usmore Pl. *G33* —6E **87**

**V**aila Pl. *G23* —2E **63**
Vaila St. *G23* —1D **62**
Valence Tower. *Udd* —3B **124**
Valerio Ct. *Blan* —1B **140**
Valetta Pl. *Clyd* —4H **41**
Valeview Ter. *G42* —5E **103**
Valeview Ter. *Dumb* —1G **17**
Vale Wlk. *B'rig* —1E **65**
Vallantine Cres. *Udd* —5E **109**
Vallay St. *G22* —1H **63**
Valleybank. *Bant* —1F **13**
Valley Ct. *Ham* —1G **153**
Valley Gdns. *E Kil* —2F **149**
Valleyfield. *Milt C* —5A **8**
Valleyfield Dri. *Cumb* —4A **34**
Valleyfield St. *G21* —6A **64**
Valley View. *Camb* —1C **122**
Vancouver Ct. *E Kil* —2D **148**
Vancouver Dri. *E Kil* —2D **148**
*Vancouver La. G14* —5C **60**
  (off Norse La. S.)
*Vancouver La. N. G14* —5C **60**
  (off Norse La. N.)
Vancouver Pl. *Clyd* —4H **41**
Vancouver Rd. *G14* —5C **60**
Vanguard St. *Clyd* —5E **43**
Vanguard Way. *Renf* —2E **79**
Vardar Av. *Clar* —1A **134**
Vardon Lea. *Moth* —6E **129**
Varna La. *G14* —6E **61**
Varna Rd. *G14* —5E **61**
Varnsdorf Way. *Air* —5D **92**
Vasart Pl. *G20* —5D **62**
Veir Ter. *Dumb* —4E **17**
Veitch Dri. *G53* —4C **100**
Veitches Ct. *Clyd* —1C **42**
Veitch Pl. *Len* —3F **7**
Vennacher Rd. *Renf* —5C **58**
Vennard Gdns. *G41* —3C **102**
Vermont Av. *Ruth* —6C **104**
Vermont St. *G41* —6B **82**
Vernon Bank. *E Kil* —6G **137**
Vernon Dri. *Lin* —5G **75**
Verona Av. *G14* —5C **60**
Verona La. *G14* —5C **60**
Vesalius St. *G32* —6A **86**
Viaduct Rd. *Clar* —2D **134**
Vicarfield St. *G51* —4H **81**
Vicarland Pl. *Camb* —3A **122**
Vicarland Rd. *Camb* —2A **122**
Vicars Wlk. *Camb* —2B **122**
Vickers St. *Moth* —1D **142**
Victoria Av. *Carl* —4E **165**
Victoria Bri. *G5* —5G **83**
Victoria Cir. *G12* —6A **62**
Victoria Ct. *Lark* —1E **161**
Victoria Cres. *Air* —5G **91**
Victoria Cres. *Clar* —2D **134**
Victoria Cres. *Kils* —3H **11**
Victoria Cres. *Wis* —5D **144**
Victoria Cres. La. *G12* —6A **62**
Victoria Cres. Pl. *G12* —6A **62**
Victoria Cres. Rd. *G12* —6A **62**
Victoria Cross. *G42* —3E **103**
Victoria Dri. E. *Renf* —1E **79**
Victoria Dri. W. *Renf* —6D **58**
Victoria Gdns. *Air* —4H **91**
Victoria Gdns. *Barr* —3D **114**
Victoria Gdns. *Pais* —3G **97**
Victoria Pk. *Kils* —3F **11**
Victoria Pk. Corner. *G14*
  —6D **60**
Victoria Pk. Dri. N. *G14*
  —5D **60**

Victoria Pk. Dri. S. *G14*
—6D **60**
Victoria Pk. Gdns. N. *G11*
—6F **61**
Victoria Pk. Gdns. S. *G11*
—6F **61**
Victoria Pk. La. S. *G14* —6D **60**
(off Westland Dri.)
Victoria Pk. St. *G14* —6D **60**
Victoria Pl. *Air* —5G **91**
Victoria Pl. *Bell* —3B **126**
Victoria Pl. *Kils* —3G **91**
Victoria Pl. *Miln* —4H **25**
Victoria Pl. *Ruth* —5C **104**
(off King St.)
Victoria Quad. *Moth* —2H **127**
Victoria Rd. *G42* —4E **103**
Victoria Rd. *Barr* —3D **114**
Victoria Rd. *Brkfld* —6D **74**
Victoria Rd. *Dull* —5F **13**
Victoria Rd. *Ham* —3F **141**
Victoria Rd. *Lenz* —3C **50**
Victoria Rd. *Pais* —3G **97**
Victoria Rd. *Ruth* —1D **120**
Victoria Rd. *Step* —4D **66**
Victoria St. *Blan* —3B **140**
Victoria St. *Dumb* —5G **17**
Victoria St. *Kirk* —5C **30**
Victoria St. *Lark* —2E **161**
Victoria St. *Newm* —5E **147**
Victoria St. *Ruth* —5C **104**
Victoria Ter. *Dull* —5F **13**
Victor St. *Plain* —1G **93**
Victory Dri. *Kilb* —1A **94**
Victory Way. *Bail* —1H **107**
Viewbank. *T'bnk* —4G **117**
Viewbank Av. *C'bnk* —3B **112**
Viewbank St. *Glenb* —4B **70**
Viewfield. *Air* —5G **91**
Viewfield Av. *Bail* —6F **87**
Viewfield Av. *B'rig* —1A **64**
Viewfield Av. *Blan* —6C **124**
Viewfield Av. *Lenz* —2C **50**
Viewfield Av. *Milt C* —6B **8**
Viewfield Dri. *Bail* —6F **87**
Viewfield Dri. *B'rig* —1A **64**
Viewfield La. *G12* —1C **82**
Viewfield Rd. *Bank* —1D **14**
Viewfield Rd. *Bell* —4B **126**
Viewfield Rd. *B'rig* —1A **64**
Viewfield Rd. *Coat* —1F **109**
Viewmount Dri. *G20* —2B **62**
Viewpark. *Miln* —4H **25**
Viewpark Av. *G31* —3D **84**
Viewpark Dri. *Ruth* —1D **120**
Viewpark Pl. *Moth* —3E **143**
Viewpark Rd. *Moth* —3E **143**
Viewpark Shopping Cen. *Udd*
—1H **125**
Viewpoint Pl. *G21* —3B **64**
Viewpoint Rd. *G21* —3B **64**
Viking Cres. *Hous* —3D **74**
Viking Rd. *Air* —6B **92**
Viking Ter. *E Kil* —5G **149**
Viking Way. *Giff* —2F **117**
Viking Way. *Renf* —2E **79**
Villafield Av. *B'rig* —4C **48**
Villafield Dri. *B'rig* —4C **48**
Villafield Loan. *B'rig* —4C **48**
Village Gdns. *Blan* —6C **124**
Village Rd. *Camb* —2E **123**
Vinegarhill St. *G31* —5D **84**
Vine St. *G11* —1H **81**
Vinicombe La. *G12* —6B **62**
(off Vinicombe St.)
Vinicombe St. *G12* —6B **62**
Vintner St. *G4* —1G **83**
Viola Pl. *Torr* —5E **29**
Violet Gdns. *Carl* —5E **165**
Violet Pl. *Moth* —1B **128**
Violet St. *Pais* —1C **98**

Virginia Ct. *G1* —4G **83** (6F **5**)
Virginia Gdns. *Miln* —5A **26**
Virginia St. *G1* —4G **83** (6F **5**)
Viscount Av. *Renf* —2E **79**
Viscount Ga. *Both* —2C **124**
Vivian Av. *Miln* —4F **25**
Voil Dri. *G44* —3E **119**
Vorlich Ct. *Barr* —6E **115**
Vorlich Gdns. *Bear* —6C **24**
Vorlich Wynd. *Moth* —3C **128**
Vulcan St. *G21* —5B **64**
Vulcan St. *Moth* —1G **143**

**W**addell Av. *Glenm* —5F **71**
Waddell Ct. *G5* —6H **83**
Waddell St. *G5* —1H **103**
Waddell St. *Air* —2A **92**
Waid Av. *Newt M* —3C **132**
Waldemar Rd. *G13* —2C **60**
Waldo St. *G13* —2F **61**
Walkerburn Dri. *Wis* —3A **146**
Walkerburn Rd. *G52* —1B **100**
Walker Ct. *G11* —2H **81**
Walker Dri. *Eld* —3H **95**
Walker Path. *Udd* —5E **109**
Walker St. *G11* —2H **81**
Walker St. *Pais* —1H **97**
Walkinshaw Cres. *Pais* —5F **77**
Walkinshaw Rd. *Renf* —6F **57**
Walkinshaw St. *G40* —1C **104**
Walkinshaw St. *John* —2G **95**
Walkinshaw Way. *Pais* —4A **78**
Wallace Av. *B'ton* —4H **39**
Wallace Av. *Eld* —2A **96**
Wallace Dri. *Lark* —3G **161**
Wallace Gdns. *Torr* —4D **28**
Wallace Ho. *Cumb* —3G **35**
Wallace Pl. *Blan* —6C **124**
Wallace Pl. *Ham* —1C **154**
Wallace Rd. *Moth* —5B **128**
Wallace Rd. *Renf* —2C **78**
Wallace St. *G5* —5E **83**
Wallace St. *Clyd* —6D **42**
Wallace St. *Coat* —6C **90**
Wallace St. *Dumb* —5G **17**
Wallace St. *Moth* —2F **143**
Wallace St. *Pais* —5A **78**
Wallace St. *Plain* —1G **93**
Wallace St. *Ruth* —6C **104**
Wallacewell Cres. *G21* —4D **64**
Wallacewell Pl. *G21* —4D **64**
Wallacewell Quad. *G21* —3E **65**
Wallacewell Rd. *G21* —4C **64**
Wallbrae Rd. *Cumb* —5A **36**
Waller Gdns. *G41* —4B **102**
Wallneuk. *Pais* —6B **78**
Wallneuk Rd. *Pais* —6B **78**
Walls St. *G1* —4H **83** (6G **5**)
Walmer Cres. *G51* —5A **82**
Walnut Ct. *Milt C* —6B **8**
Walnut Cres. *G22* —4H **63**
Walnut Cres. *John* —4H **95**
Walnut Dri. *Kirk* —1B **50**
Walnut Pl. *G22* —4G **63**
Walnut Rd. *G22* —4G **63**
Walpole Pl. *John* —6D **94**
Walter St. *G31* —4D **84**
Walter St. *Wis* —6B **146**
Walton Av. *Newt M* —3C **132**
Walton Ct. *Giff* —5A **118**
Walton St. *G41* —5C **102**
Walton St. *Barr* —4E **115**
Wamba Av. *G13* —1E **61**
Wamba Pl. *G13* —1E **61**
Wamphray Pl. *E Kil* —4A **148**
Wandilla Av. *Clyd* —5F **43**
Wanlock St. *G51* —3G **81**
Wardend Rd. *Torr* —4D **28**
Warden Rd. *G13* —2D **60**
Wardhill Rd. *G21* —4C **64**

Wardhouse Rd. *Pais* —6G **97**
Wardie Path. *G33* —4F **87**
Wardie Pl. *G33* —4F **87**
Wardie Rd. *G33 & G34* —4F **87**
Wardlaw Av. *Ruth* —6D **104**
Wardlaw Cres. *E Kil* —4H **149**
Wardlaw Dri. *Ruth* —5D **104**
Wardlaw Rd. *Bear* —6F **45**
Wardpark Ct. *Cumb* —5D **14**
Wardpark E. Ind. Est. *Cumb*
—3E **15**
Wardpark N. Ind. Est. *Cumb*
—4C **14**
Wardpark Pl. *Cumb* —5D **14**
Wardpark Rd. *Ward S* —5C **14**
Wardpark Roundabout. *Cumb*
—4C **14**
Wardpark S. Ind. Est. *Cumb*
—5D **14**
Wardrop Pl. *E Kil* —6H **137**
Wardrop St. *G51* —3G **81**
Wardrop St. *Pais* —1A **98**
Wards Cres. *Coat* —6A **90**
Ware Path. *G34* —4G **87**
Ware Rd. *G34* —3F **87**
Warilda Av. *Clyd* —5E **43**
Warlock Dri. *Bri W* —2F **73**
Warlock Rd. *Bri W* —2F **73**
Warnock Cres. *Bell* —3D **126**
Warnock Rd. *Newt M* —3C **132**
Warnock St. *G31* —3A **84**
Warren Rd. *Ham* —3H **153**
Warren St. *G42* —4F **103**
Warren Wlk. *Len* —4G **7**
Warriston Cres. *G33* —3F **85**
Warriston Pl. *G32* —4B **86**
Warriston St. *G33* —3F **85**
Warriston Way. *Ruth* —3F **121**
(off Kilbride Rd.)
Warroch St. *G3* —4D **82**
Warwick. *E Kil* —5C **138**
Warwick Gro. *Ham* —5C **140**
Warwick Vs. *Clyd* —2G **59**
(off Edward St.)
Washington Rd. *Kirk* —5B **30**
Washington Rd. *Pais* —4H **77**
Washington St. *G3*
—4E **83** (6A **4**)
Watchmeal Cres. *Clyd* —6E **23**
Waterbank Rd. *Clar* —3H **135**
Waterfoot Av. *G53* —5C **100**
Waterfoot Rd. *Newt M*
—6F **133**
Waterfoot Row. *Clar* —6B **134**
Waterfoot Ter. *G53* —5C **100**
(off Waterfoot Av.)
Waterford Rd. *Giff* —4H **117**
Waterlands Gdns. *Carl*
—2G **165**
Waterlands Pl. *Law* —1A **164**
Waterloo Gdns. *Kirk* —4D **30**
(off John St.)
Waterloo La. *G2*
—4F **83** (5C **4**)
Waterloo St. *G2*
—4E **83** (5B **4**)
Watermill Av. *Lenz* —3D **50**
Water Rd. *Barr* —4E **115**
Water Row. *G51* —3G **81**
Watershaugh Dri. *Cle* —5H **129**
Waterside Av. *Newt M*
—5C **132**
Waterside Ct. *Crmck* —2A **136**
Waterside Dri. *Newt M*
—5C **132**
Waterside Gdns. *Crmck*
—2H **135**
Waterside Gdns. *Ham*
—2A **154**
Waterside La. *Mill P* —3C **94**
Waterside Rd. *Crmck* —4H **135**

Waterside Rd. *Kirk* —6E **31**
Waterside St. *G5* —1H **103**
Watling Pl. *E Kil* —2C **148**
Watling St. *Moth* —6D **126**
Watling St. *Udd* —4C **108**
Watson Av. *Lin* —5H **75**
Watson Av. *Ruth* —6B **104**
Watson Cres. *Kils* —3A **12**
Watson Pl. *Blan* —2H **139**
Watson St. *G1* —5H **83**
Watson St. *Blan* —2H **139**
Watson St. *Lark* —2D **160**
Watson St. *Moth* —4G **143**
Watson St. *Udd* —2D **124**
Watsonville Pk. *Moth* —3G **143**
Watt Cres. *Bell* —6D **110**
Watt La. *Bri W* —4G **73**
Watt Low Av. *Ruth* —1B **120**
Watt Pl. *Miln* —2F **25**
Watt Rd. *G52* —4H **79**
Watt Rd. *Bri W* —4F **73**
Watt St. *G5* —5D **82**
Watt St. *Air* —2C **92**
Waukglen Av. *G53* —5B **116**
Waukglen Cres. *G53* —4C **116**
Waukglen Dri. *G53* —4B **116**
Waukglen Path. *G53* —4B **116**
Waukglen Pl. *G53* —4B **116**
Waukglen Rd. *G53* —4B **116**
Waulking Mill Rd. *Clyd* —6E **23**
Waulkmill Av. *Barr* —3F **115**
Waulkmill St. *T'bnk* —3E **117**
Waulkmill Way. *Barr* —3F **115**
Waverley. *Clyd* —5E **43**
Waverley. *E Kil* —5D **138**
Waverley Ct. *Both* —5E **125**
Waverley Ct. *Pais* —5D **96**
Waverley Cres. *Cumb* —6F **35**
Waverley Cres. *Ham* —5D **140**
Waverley Cres. *Kirk* —5E **31**
Waverley Dri. *Air* —2B **92**
Waverley Dri. *Ruth* —6E **105**
Waverley Dri. *Wis* —5H **145**
Waverley Gdns. *G41* —4C **102**
Waverley Gdns. *Eld* —3B **96**
Waverley Rd. *Lark* —5E **161**
Waverley Rd. *Pais* —6D **96**
Waverley St. *G41* —4C **102**
Waverley St. *Coat* —2D **90**
Waverley St. *Ham* —5D **140**
Waverley Ter. *Blan* —4A **140**
Waverley Ter. *Dumb* —3B **16**
Waverley Way. *Pais* —6D **96**
Weardale La. *G33* —3C **86**
Weardale St. *G33* —3C **86**
Weaver Av. *Newt M* —2C **132**
Weaver Cres. *Air* —6A **92**
Weaver La. *Kilb* —1A **94**
Weaver Pl. *E Kil* —4A **148**
Weavers Av. *Pais* —2F **97**
Weavers Ct. *E Kil* —1H **149**
(off Parkhall St.)
Weavers Rd. *Pais* —2F **97**
Weaver St. *G4* —4H **83** (5H **5**)
Weaver Ter. *Pais* —2C **98**
Webster Groves. *Wis* —4B **146**
Webster St. *G40* —2C **104**
Webster St. *Clyd* —1G **59**
Wedderlea Dri. *G52* —6A **80**
Weensmoor Rd. *G53* —3H **115**
Weeple Dri. *Lin* —5G **75**
Weighhouse Clo. *Pais* —1A **98**
Weigh Ho. Rd. *Carl* —2E **165**
Weir Av. *Barr* —5E **115**
Weir Pl. *Law* —1H **163**
Weir St. *Coat* —4C **90**
Weir St. *Pais* —6B **78**
Weirwood Av. *Bail* —1F **107**
Weirwood Gdns. *Bail* —6F **87**
Welbeck Rd. *G53* —2B **116**
Weldon Pl. *Kils* —2B **34**

Whirlies Roundabout, The. *E Kil*
—5A **138**
Whirlow Gdns. *Bail* —6G **87**
Whirlow Rd. *Bail* —6G **87**
Whistleberry Cres. *Ham*
—2F **141**
Whistleberry Dri. *Ham*
—2E **141**
Whistleberry Ind. Pk. *Ham*
—2E **141**
Whistleberry Rd. *Blan*
—2D **140**
Whistlefield Ct. *Bear* —4E **45**
Whitacres Path. *G53* —3A **116**
Whitacres Rd. *G53* —3H **115**
Whitby St. *G31* —1E **105**
Whiteadder Pl. *E Kil* —4A **148**
White Av. *Dumb* —4H **17**
Whitebill Rd. *Ham* —4F **141**
Whitebridge Av. *Pais* —1D **96**
Whitebridge Clo. *Pais* —6D **76**
White Cart Rd. *Glas A* —2A **78**
White-Cart Tower. *E Kil*
(off Easdale) —4B **150**
Whitecraigs Pl. *G23* —1C **62**
WHITECRAIGS STATION. *Giff*
—1G **133**
Whitecrook St. *Clyd* —1D **58**
Whitefield. *Len* —2E **7**
Whitefield Av. *Camb* —3A **122**
Whitefield Rd. *G51* —6A **82**
Whitefield Ter. *Camb* —2B **122**
Whitefield Ter. *Len* —2E **7**
Whiteford Av. *Dumb* —1H **17**
Whiteford Ct. *Ham* —5G **153**
Whiteford Cres. *Dumb* —2H **17**
Whiteford Pl. *Dumb* —2H **17**
Whiteford Rd. *Pais* —3C **98**
White Gro. *Ruth* —5C **104**
Whitehall St. *G3* —4D **82**
Whitehaugh Av. *Pais* —6D **78**
Whitehaugh Cres. *G53*
—3A **116**
Whitehaugh Dri. *Pais* —6D **78**
Whitehaugh Rd. *G53* —3A **116**
Whitehill Av. *Air* —2A **92**
Whitehill Av. *Cumb* —3F **35**
Whitehill Av. *Kirk* —4F **31**
Whitehill Av. *Step* —3D **66**
Whitehill Ct. *Kirk* —4F **31**
Whitehill Cres. *Carl* —2F **165**
Whitehill Cres. *Clyd* —6G **23**
Whitehill Cres. *Kirk* —4F **31**
Whitehill Farm Rd. *Step*
—4D **66**
Whitehill Gdns. *G31* —4C **84**
Whitehill Gro. *Newt M*
—6F **133**
Whitehill Rd. *Bear* —2D **44**
Whitehill Rd. *Ham* —3F **141**
Whitehills. *Ersk* —5E **41**
Whitehills Dri. *E Kil* —4G **149**
Whitehills Pl. *E Kil* —4G **149**
Whitehills Ter. *E Kil* —4G **149**
Whitehill St. *G31* —4C **84**
(in two parts)
Whitehill St. La. *G31* —4C **84**
Whitehill Ter. *G'csh* —5D **68**
Whitehorse Wlk. *E Kil*
—3D **148**
Whitehurst. *Bear* —1C **44**
Whitekirk Pl. *G15* —5A **44**
Whitelaw Av. *Glenb* —4B **70**
Whitelaw Cres. *Bell* —3F **127**
Whitelaw St. *G20* —2A **62**
Whitelaw Ter. *Kils* —1D **32**
Whitelee. *E Kil* —6F **149**
Whitelee Cres. *Newt M*
—3B **132**
Whitelee Ga. *Newt M* —3B **132**

Whitelees Rd. *Cumb* —5F **15**
Whitelees Roundabout. *Cumb*
—6F **15**
Whiteloans. *Both* —4F **125**
Whitemoss Av. *G44* —3D **118**
Whitemoss Av. *E Kil* —2H **149**
Whitemoss Gro. *E Kil* —1A **150**
Whitemoss Rd. *E Kil* —2H **149**
Whitemoss Roundabout. *E Kil*
—2A **150**
Whitepond Av. *Bell* —4B **126**
Whiterigg Ct. *Air* —3F **91**
(off Monkscourt Av.)
Whiteshaw Av. *Carl* —3D **164**
Whiteshaw Dri. *Carl* —3D **164**
Whiteshaw Rd. *Carl* —2B **164**
Whitestone Av. *Cumb* —3D **34**
White St. *G11* —1H **81**
White St. *Clyd* —2F **59**
Whitevale St. *G40* —5C **84**
Whithope Rd. *G53* —3H **115**
Whithope Ter. *G53* —3H **115**
Whithorn Cres. *Mood* —4D **52**
Whitlawburn Av. *Camb*
—3G **121**
Whitlawburn Rd. *Camb*
—3G **121**
Whitlawburn Shopping Cen.
*Camb* —4G **121**
(off Western Rd.)
Whitlawburn Ter. *Camb*
—3G **121**
Whitriggs Rd. *G53* —2H **115**
Whitslade St. *G34* —2G **87**
Whitsun Dale. *E Kil* —6E **137**
Whittagreen Av. *Moth*
—4D **128**
Whittagreen Ct. *Moth*
—4D **128**
Whittagreen Cres. *Moth*
—4D **128**
Whittingehame Dri. *G13 & G12*
—4F **61**
Whittingehame La. *G13* —4F **61**
Whittington St. *Coat* —5C **90**
Whittlemuir Av. *G44* —3D **118**
Whitton Dri. *Giff* —3B **118**
Whitton St. *G20* —1A **62**
Whitworth Dri. *Clyd* —5C **42**
Whitworth St. *G20* —3E **63**
Whyte Av. *Camb* —1G **121**
Whyte Corner. *Milt* —4F **19**
Wick Av. *Air* —1G **111**
Wickets, The. *Pais* —2C **98**
Wickham St. *Newt M*
—3D **132**
Wigton Av. *Newt M* —2C **132**
Wigtoun Pl. *Cumb* —1B **36**
Wildman Rd. *Law* —5E **159**
Wilfred Av. *G13* —2D **60**
Wilkie Cres. *Lark* —3F **161**
Wilkie Loan. *Bell* —1D **126**
Wilkie Rd. *Udd* —2E **125**
William Dri. *Ham* —4H **153**
William Mann Dri. *Newt M*
—5B **132**
Williamsburgh Ct. *Pais* —1C **98**
(off Ladyburn St.)
Williamsburgh Ter. *Pais*
—6C **78**
Williamson Av. *Dumb* —3G **17**
Williamson Pl. *John* —3H **95**
Williamson St. *G40* —1E **105**
Williamson St. *Clyd* —3D **42**
William Spiers Pl. *Lark*
—4F **161**
William St. *G2* —3E **83**
William St. *G3* —3D **82**
William St. *Clyd* —1C **42**
William St. *Coat* —1D **110**

William St. *Ham* —4F **141**
William St. *John* —2F **95**
William St. *Kils* —3H **11**
William St. *Pais* —1G **97**
William Ure Pl. *B'rig* —2D **48**
Williamwood Dri. *G44*
—5C **118**
Williamwood Pk. *G44*
—5D **118**
Williamwood Pk. Way. *G44*
—5D **118**
WILLIAMWOOD STATION. *Giff*
—6B **118**
Willoughby Dri. *G13* —3F **61**
Willow Av. *B'rig* —1C **64**
Willow Av. *Eld* —3A **96**
Willow Av. *Lenz* —2C **50**
Willow Av. *New S* —5A **128**
Willowbank. *Lark* —6A **156**
Willowbank Cres. *G3* —1D **82**
Willowbank Gdns. *Kirk* —5D **30**
Willowbank St. *G3* —1D **82**
Willow Ct. *E Kil* —5D **148**
Willow Cres. *Coat* —1C **110**
Willowdale Cres. *Bail* —1G **107**
Willowdale Gdns. *Bail*
—1G **107**
Willow Dri. *Air* —4C **92**
Willow Dri. *Bank* —1E **15**
Willow Dri. *Blan* —1A **140**
Willow Dri. *John* —4F **95**
Willow Dri. *Milt C* —6C **8**
Willowford Rd. *G53* —3H **115**
Willow Gro. *Moth* —2B **128**
Willow Pl. *John* —3G **95**
Willow Pl. *Udd* —5H **109**
Willows, The. *Crmck* —1H **135**
Willow St. *G13* —2F **61**
Willow Way. *Ham* —2A **154**
Willwood Dri. *Wis* —2A **146**
Wilmot Rd. *G13* —3D **60**
Wilsgait St. *Cle* —5H **129**
Wilson Av. *Lin* —5G **75**
Wilson Pl. *E Kil* —6A **138**
Wilson Pl. *Newt M* —5C **132**
Wilson Rd. *Bri W* —3E **73**
Wilson St. *G1* —4G **83** (6F **5**)
Wilson St. *Air* —2H **91**
Wilson St. *Coat* —4E **91**
Wilson St. *Ham* —4E **141**
Wilson St. *Lark* —4F **161**
Wilson St. *Moth* —2H **143**
Wilson St. *Pais* —1G **97**
Wilson St. *Renf* —5F **59**
Wiltonburn Path. *G53* —3A **116**
Wiltonburn Rd. *G53* —3A **116**
*Wilton Ct. G20 —6C 62*
(off Wilton St.)
Wilton Cres. La. *G20* —6D **62**
Wilton Dri. *G20* —6D **62**
Wilton St. *G20* —5C **62**
Wilton St. *Coat* —1H **89**
Wilverton Rd. *G13* —1E **61**
Winburne Cres. *Ham* —5F **141**
Winchester Dri. *G12* —3H **61**
Windermere. *E Kil* —6B **148**
Windermere St. *Bell* —3B **126**
Windhill Cres. *G43* —2H **117**
Windhill Pl. *G43* —2A **118**
Windhill Rd. *G43* —2H **117**
Windlaw Ct. *G45* —5H **119**
Windlaw Gdns. *G44* —4D **118**
Windlaw Pk. Gdns. *G44*
—3D **118**
Windlaw Rd. *Clar* —6H **119**
Windmill Ct. *Moth* —4H **143**
Windmillhill St. *Moth* —3H **143**
Windmill Rd. *Ham* —5H **141**
Windrow Ter. *Wis* —2A **146**

Windsor Av. *Newt M* —4F **133**
Windsor Ct. *Carl* —2F **165**
Windsor Cres. *Clyd* —4C **42**
Windsor Cres. *Eld* —4H **95**
Windsor Cres. *Pais* —5C **78**
Windsor Dri. *Glenm* —5H **71**
Windsor Gdns. *Ham* —3E **141**
*Windsor Path. Bail —5D 88*
(off Park Rd.)
Windsor Path. *Lark* —4G **161**
(off Donaldson Rd.)
Windsor Quad. *Carl* —3F **165**
Windsor Rd. *Moth* —2A **128**
Windsor Rd. *Renf* —1E **79**
Windsor St. *G20* —1E **83**
Windsor St. *Coat* —2A **110**
Windsor St. *Spri* —5C **86**
Windsor Ter. *G20* —1E **83**
Windsor Wlk. *Udd* —6F **109**
Windward Rd. *E Kil* —2C **148**
Windyedge Cres. *G13* —4C **60**
Windyedge & Hareshaw Rd.
*Moth* —4H **129**
Windyedge Pl. *G13* —4C **60**
Windyridge. *Ham* —2A **154**
Windyridge Pl. *Blan* —2A **140**
Windy Yetts. *Twe* —2D **32**
Wingate Cres. *E Kil* —5C **138**
Wingate Dri. *E Kil* —5C **138**
Wingate Pk. *E Kil* —5C **138**
Wingate St. *Wis* —5A **145**
Wingfield Gdns. *Both* —6F **125**
Winifred St. *G33* —5F **65**
Winning Ct. *Blan* —6C **124**
Winning Quad. *Wis* —6D **144**
Winning Row. *G31* —6E **85**
Winnipeg Dri. *E Kil* —3D **148**
Winston Cres. *Len* —3F **7**
Wintergreen Ct. *E Kil* —5F **137**
Wintergreen Dri. *E Kil* —5F **137**
Winton Av. *Giff* —5A **118**
Winton Cres. *Blan* —2A **140**
Winton Dri. *G12* —4A **62**
Winton Gdns. *Udd* —6D **108**
Winton La. *G12* —4A **62**
Winton Pk. *E Kil* —2C **148**
Wirran Pl. *G13* —1G **59**
Wishart Av. *Clyd* —6E **23**
Wishart St. *G31* —4A **84**
Wishaw High Rd. *Cle* —1H **145**
Wishawhill St. *Wis* —5F **145**
Wishaw Low Rd. *Cle* —3G **145**
Wishaw Rd. *Wis* —2B **158**
WISHAW STATION. *Wis*
—1G **157**
Wisner Ct. *T'bnk* —3F **117**
Wisteria La. *Carl* —5F **165**
Wiston St. *Camb* —2C **122**
Witchwood Ct. *Coat* —1H **89**
Witcutt Way. *Wis* —2E **157**
Wolcott Dri. *Blan* —1B **140**
Wolfe Av. *Newt M* —2C **132**
Wolseley St. *G5* —2H **103**
Wood Aven Dri. *E Kil* —5F **137**
Woodbank Cres. *Clar* —3C **134**
Woodbank Cres. *John* —3F **95**
Woodburn Av. *Air* —5H **91**
Woodburn Av. *Blan* —1C **140**
Woodburn Av. *Clar* —3C **134**
Woodburn Pl. *Hous* —4F **75**
Woodburn Rd. *G43* —2B **118**
Woodburn Rd. *Moth* —6D **112**
Woodburn St. *Moth* —1G **143**
Woodburn Ter. *Lark* —3G **161**
Woodburn Way. *Cumb* —3E **35**
Woodburn Way. *Miln* —4G **25**
Wood Cres. *Moth* —1G **143**
Woodcroft Av. *G11* —6F **61**
Woodale. *Moth* —5F **143**
*Woodend. Lark —4G 161*
(off Donaldson Rd.)

Woodend Ct. *G32* —3E **107**
Woodend Dri. *G13* —4E **61**
Woodend Dri. *Air* —2C **92**
Woodend Dri. *Pais* —1F **99**
Woodend Gdns. *G32* —3D **106**
Woodend La. *G13* —4E **61**
Woodend Pl. *Eld* —3H **95**
Woodend Rd. *G32* —3D **106**
Woodend Rd. *Carl* —3G **165**
Woodend Rd. *Ruth* —3C **120**
Wood Farm Rd. *T'bnk*
—5G **117**
Woodfield. *Udd* —1G **125**
Woodfield Av. *B'rig* —6D **48**
Woodfoot Pl. *G53* —3B **116**
Woodfoot Quad. *G53* —3B **116**
Woodfoot Rd. *G53* —3A **116**
Woodfoot Rd. *Ham* —1E **153**
Woodford Pl. *Lin* —5G **75**
Woodford St. *G41* —6C **102**
Woodgreen Av. *G44* —1F **119**
Woodhall Av. *C'bnk* —3B **112**
Woodhall Av. *Coat* —2A **110**
Woodhall Av. *Ham* —5F **141**
Woodhall Av. *Moth* —2H **127**
Woodhall Cottage Rd. *C'bnk*
—4C **112**
Woodhall Mill Rd. *C'bnk*
—4B **112**
Woodhall Pl. *Coat* —2B **110**
Woodhall Rd. *C'bnk* —3B **112**
Woodhall Rd. *Wis* —5D **146**
Woodhall St. *G40* —3D **104**
Woodhall St. *Chap* —4D **112**
Woodhams Way. *Carl*
—4G **165**
Woodhead Av. *Both* —6F **125**
Woodhead Av. *Cumb* —6B **34**
Woodhead Av. *Kirk* —6D **30**
Woodhead Ct. *Cumb* —6B **34**
Woodhead Cres. *Ham*
—3E **153**
Woodhead Cres. *Udd* —6B **30**
Woodhead Gdns. *Both*
—1F **141**
Woodhead Gro. *Cumb* —6B **34**
Woodhead Ind. Est. *Muir*
—3H **67**
Woodhead La. *Ham* —3F **153**
Woodhead Pl. *Cumb* —6B **34**
Woodhead Rd. *G53* —2H **115**
Woodhead Rd. *Cumb* —6B **34**
Woodhead Rd. *Muir* —3H **67**
Woodhead Ter. *Chry* —2H **67**
Woodhead View. *Cumb*
—6B **34**
Woodhill Gro. *B'rig* —1E **65**
Woodhill Rd. *G21* —3D **64**
Woodhill Rd. *B'rig* —6E **49**
Woodholm Av. *G44* —1G **119**
Woodhouse Ct. *Clar* —4E **135**
Woodhouse St. *G13* —2E **61**
Woodilee Rd. *Kirk* —6E **31**
Woodilee Rd. *Moth* —3E **129**
Woodland Av. *Air* —1C **112**
Woodland Av. *Kirk* —5B **30**
Woodland Av. *Pais* —5A **98**
Woodland Cres. *Camb*
—3C **122**
Woodland Gdns. *Clar* —2H **135**

Woodland Gdns. *Ham* —1B **154**
Woodlands Av. *Both* —4E **125**
Woodlands Av. *G'csh* —2C **68**
Woodlands Av. *Law* —5D **158**
Woodlands Ct. *T'bnk* —5F **117**
Woodlands Cres. *Both*
—4D **124**
Woodlands Cres. *John* —4D **94**
Woodlands Cres. *T'bnk*
—4F **117**
Woodlands Dri. *G2* —1D **82**
Woodlands Dri. *Coat* —4H **89**
Woodlands Dri. *Moth* —2H **127**
Woodlands Gdns. *Both*
—3D **124**
Woodlands Ga. *G3* —2D **82**
Woodlands Ga. *T'bnk* —4F **117**
Woodlands Gro. *Miln* —2G **25**
Woodlands Pk. *T'bnk* —5F **117**
Woodlands Rd. *G3* —1D **82**
Woodlands Rd. *Moth* —6H **143**
Woodlands Rd. *N'hse*
—6D **112**
Woodlands Rd. *T'bnk* —5F **117**
Woodlands St. *Miln* —3G **25**
Woodlands St. *Moth* —5H **143**
Woodlands Ter. *G3* —2C **82**
Woodlands Ter. *Both* —4E **125**
Woodlands, The. *Bell* —4F **127**
Woodland Ter. *Lark* —4G **161**
Woodland Way. *Cumb* —2B **36**
Wood La. *B'rig* —1E **65**
Woodlea Av. *Air* —1C **112**
Woodlea Dri. *Giff* —3B **118**
Woodlea Dri. *Ham* —3H **153**
Woodlea Pl. *Air* —2C **92**
Woodlinn Av. *G44* —2F **119**
Woodmill Dri. *Torr* —4E **29**
Woodmill Gdns. *Cumb* —1B **54**
Woodneuk Ct. *Pais* —1E **97**
Woodneuk La. *G'csh* —4D **68**
Woodneuk Rd. *G53* —3B **116**
Woodneuk Rd. *G'csh* —4D **68**
Woodneuk St. *Chap* —4D **112**
Woodneuk Ter. *G'csh* —4D **68**
Wood Quad. *Clyd* —1G **59**
Woodrop St. *G40* —3D **104**
Woodrow Av. *Moth* —5B **128**
Woodrow Cir. *G41* —1B **102**
Woodrow Pl. *G41* —1A **102**
Woodrow Rd. *G41* —1B **102**
Woodside. *Hous* —2D **74**
Woodside Av. *Bri W* —2F **73**
Woodside Av. *Ham* —1A **154**
Woodside Av. *Kils* —3B **12**
Woodside Av. *Lenz* —1D **50**
Woodside Av. *Ruth* —6E **105**
Woodside Av. *T'bnk* —4G **117**
Woodside Ct. *Coat* —6H **89**
(off Woodside St.)
Woodside Cres. *G3* —2D **82**
Woodside Cres. *Barr* —5F **115**
Woodside Cres. *Newm*
—3F **147**
Woodside Cres. *Pais* —1G **97**
Woodside Dri. *C'bnk* —3A **112**
Woodside Dri. *Eag* —6B **134**
Woodside Gdns. *Crmck*
—2H **135**

Woodside Gdns. *Clar* —2A **134**
Woodside Gdns. *Coat*
—1H **109**
Woodside La. *Brkfld* —5D **74**
Woodside Pl. *G3* —2D **82**
Woodside Pl. *Udd* —5G **109**
Woodside Pl. La. *G3* —2D **82**
Woodside Rd. *Brkfld* —5C **74**
Woodside Rd. *Crmck*
—2H **135**
Woodside St. *Chap* —3D **112**
Woodside St. *Coat* —1H **109**
(in two parts)
Woodside St. *Moth* —5B **144**
Woodside St. *New S* —4A **128**
Woodside Ter. *G3* —2D **82**
*Woodside Ter. La. G3* —2D **82**
(off Lynedoch Ter.)
Woodside Tower. *Moth*
—5B **144**
Woodside Wlk. *Ham* —1A **154**
Woods La. *Renf* —6E **59**
Woodstock Av. *G41* —4B **102**
Woodstock Av. *Kirk* —5F **31**
Woodstock Dri. *Wis* —5A **146**
Woodstock Way. *Pais* —5C **96**
Wood St. *G31* —3D **84**
Wood St. *Air* —2B **92**
Wood St. *Coat* —4A **90**
Wood St. *Dumb* —2D **98**
Woodvale Av. *Air* —1D **112**
Woodvale Av. *Bear* —5H **45**
Woodvale Av. *Giff* —1H **133**
Woodvale Dri. *Pais* —6E **77**
Woodview. *Udd* —5H **109**
Woodview Dri. *Air* —6A **92**
Woodview Dri. *Bell* —6E **111**
Woodview La. *Air* —6A **92**
Woodview Rd. *Lark* —5E **161**
Woodview Ter. *Ham* —5F **141**
Woodville Pk. *G51* —5H **81**
*Woodville Pk. Ind. Est. G51*
(off Woodville Pk.) —5H **81**
Woodville St. *G51* —5H **81**
Woodyard Rd. *Dumb* —4E **17**
Woodyett Pk. *Clar* —4D **134**
Woodyett Rd. *Clar* —4D **134**
Wordsworth Way. *Both*
—4F **125**
Works Av. *Camb* —2E **123**
Worsley Cres. *Newt M*
—3C **132**
Wraes Av. *Barr* —3F **115**
Wraes View. *Barr* —6B **114**
Wraisland Cres. *B'ton* —3F **39**
Wrangholm Cres. *Moth*
—4B **128**
Wrangholm Dri. *Moth*
—4A **128**
Wren Ct. *Stra B* —5A **110**
Wren Pl. *John* —6D **94**
Wren Pl. *Wis* —6H **145**
Wright Av. *Barr* —5C **114**
Wrightlands Cres. *Ersk*
—2A **55**
Wright St. *Renf* —1B **78**
Wright Way. *Moth* —4A **128**
Wye Cres. *Coat* —2H **89**

Wykeham Pl. *G13* —3C **60**
Wykeham Rd. *G13* —3C **60**
Wyler Tower. *Ham* —6A **142**
Wylie. *E Kil* —4D **138**
Wylie Av. *Newt M* —2D **132**
Wylie St. *Ham* —1H **153**
Wyndford Dri. *G20* —4B **62**
Wyndford Pl. *G20* —4B **62**
Wyndford Rd. *G20* —4B **62**
Wyndford Rd. *Ward N* —3D **14**
Wyndford Ter. *Udd* —6F **109**
*Wyndham Ct. G12* —5B **62**
(off Wyndham St.)
Wyndham St. *G12* —5B **62**
Wynd, The. *Cumb* —6B **14**
Wynyard Grn. *E Kil* —3D **148**
Wyper Pl. *G31* —5C **84**
Wyvil Av. *G13* —6E **45**
Wyvis Av. *G13* —1H **59**
Wyvis Av. *Bear* —6C **24**
Wyvis Pl. *G13* —1H **59**
Wyvis Quad. *G13* —1H **59**

**Y**

Yair Dri. *G52* —5A **80**
Yarrow Ct. *Camb* —2D **122**
Yarrow Cres. *B'ton* —5B **40**
Yarrow Cres. *Wis* —5H **145**
Yarrow Gdns. *G20* —6D **62**
*Yarrow Gdns. La. G20* —6D **62**
(off Yarrow Gdns.)
Yarrow Pk. *E Kil* —2A **150**
Yarrow Rd. *B'rig* —3C **48**
Yate St. *G40* —6B **84**
Yetholm St. *G14* —3G **59**
Yetholm Ter. *Ham* —6C **140**
Yett Rd. *Moth* —4D **128**
Yetts Cres. *Kirk* —5F **31**
Yetts Hole Rd. *Air* —6D **54**
Yew Dri. *G21* —6C **64**
Yew Pl. *John* —4E **95**
Yews Cres. *Ham* —4F **141**
Yokerburn Ter. *Clyd* —2F **59**
Yoker Ferry Rd. *G14* —3G **59**
Yoker Ind. Est. *G14* —3H **59**
Yoker Mill Gdns. *G13* —2G **59**
Yoker Mill Rd. *G13* —2G **59**
York Dri. *Ruth* —2F **121**
Yorkhill Pde. *G3* —2A **82**
Yorkhill St. *G3* —3B **82**
York St. *G2* —4E **83** (6B 4)
York St. *Clyd* —5F **43**
York St. *Wis* —1H **157**
York Way. *Renf* —2E **79**
Younger Quad. *B'rig* —6C **48**
Young Pl. *E Kil* —6A **150**
Young Pl. *Udd* —5E **109**
Young St. *Clyd* —3D **42**
Young St. *Wis* —6H **145**
Young Ter. *G21* —5C **64**
Young Wynd. *Bell* —5C **110**
Yukon Ter. *E Kil* —3D **148**
Yvetot Ct. *Carl* —2E **165**

**Z**

Zambesi Dri. *Blan* —6A **124**
Zena Cres. *G33* —5E **65**
Zena Pl. *G33* —5F **65**
Zena St. *G33* —5E **65**
Zetland Rd. *H'ton I* —3H **79**

# AREAS COVERED BY THIS ATLAS

## with their map square reference

Names in this Index shown in CAPITAL LETTERS followed by their Postcode District(s), are Postal Addresses.

**A**bronhill. —1E **37**
AIRDRIE. (ML6) —3H **91**
ALLANDALE. (FK4) —1H **15**
Allanton. —2E **155**
Anderston. —4D **82**
ANNATHILL. (ML5) —5B **54**
Anniesland. —3F **61**
Arden. —3D **116**
Arkleston. —3E **79**
Arthurlie. —6D **114**
Ashgillhead. —4A **162**
ASHGILL. (ML9) —4B **162**
Auchenback. —6F **115**
Auchenreoch. —5H **9**
Auchentibber. —6F **139**
Auchentorlie. —2D **98**
Auchinairn. —1D **64**
Auchinloch. —1C **14**
 (nr. Banknock)
Auchinloch. —5D **50**
 (nr. Lenzie)
Auchinraith. —3C **140**
Auchinstarry. —5A **12**

**B**AILLIESTON. (G69) —6A **88**
Baldernock. —3D **26**
BALLOCH. (G83) —3D **34**
Balmalloch. —2G **11**
BALMORE. (G64) —5A **28**
Balornock. —3D **64**
Bankhead. —1B **120**
BANKNOCK. (FK4) —1E **15**
BANTON. (G65) —1F **13**
BARDOWIE. (G62) —6F **27**
Bargarran. —5D **40**
BARGEDDIE. (G69) —6D **88**
Barlanark. —5E **87**
Barmulloch. —5E **65**
Barnellan. —4E **27**
Barnhill. —1H **139**
Barrachnie. —6E **87**
BARRHEAD. (G78) —5E **115**
Barrowfield. —1C **110**
 (nr. Coatbridge)
Barrow Field. —6C **84**
 (nr. Glasgow)
Barrwood. —3B **12**
Battlefield. —6E **103**
BEARSDEN. (G61) —2E **45**
Bellahouston. —1F **101**
BELLSHILL. (ML4) —2C **126**
Bellsmyre. —1H **17**
Biggar Road. —2G **129**
Birdston. —2C **30**
Birkenshaw. —5D **108**
BIRKENSHAW. (ML9)
 —6F **161**
Birniehill. —3H **149**
BISHOPBRIGGS. (G64)
 —6C **48**
BISHOPTON. (PA7) —4G **39**
Blackhall. —2C **98**
Blackhill. —1F **85**
Blackwood. —4A **34**
Blairhill. —4B **90**
Blairlinn. —1H **55**
Blairskaith. —2H **27**

Blantyreferme. —1B **124**
BLANTYRE. (G72) —3A **140**
Blythswood. —4F **59**
Boghead. —3H **49**
BOGSIDE. (ML2) —3G **159**
Bonkle. —3G **147**
BOTHWELL. (G71) —5E **125**
BOWLING. (G60) —5B **20**
Braedale. —3D **142**
Braehead. —6H **135**
Braidfauld. —2G **105**
Brankumhall. —6D **138**
Brediland. —4E **97**
Bridgend. —4C **52**
BRIDGE OF WEIR. (PA11)
 —3F **73**
Bridgeton. —1B **104**
BROOKFIELD. (PA5) —6D **74**
Broom. —4H **133**
Broomhill. —6F **61**
 (nr. Glasgow)
Broomhill. —3E **31**
 (nr. Kirkintilloch)
Broomhouse. —3H **107**
Brownsburn. —1C **112**
Brucehill. —3C **16**
Burnbank. —4E **141**
Burnfoot. —2G **91**
Burnhead. —2G **161**
Burnside. —2E **121**
Busby. —3D **134**

**C**adder. —2D **48**
 (nr. Bishopbriggs)
Cadder. —2D **62**
 (nr. Glasgow)
Cairnhill. —6H **91**
Cairns. —3C **122**
CALDERBANK. (ML6)
 —3B **112**
Calderbraes. —4C **108**
Calderwood. —6B **138**
CAMBUSLANG. (G72)
 —1A **122**
Cambusnethan. —6C **146**
Camlachie. —6D **84**
Carbrain. —4A **36**
Cardonald. —6B **80**
CARFIN. (ML1) —5B **128**
Carlston. —3G **29**
CARLUKE. (ML8) —3F **165**
CARMUNNOCK. (G76)
 —2H **135**
CARMYLE. (G32) —5C **106**
CARNBROE. (ML5) —1E **111**
Carntyne. —4G **85**
Carnwadric. —3E **117**
Carriagehill. —4A **98**
Carrickstone. —6G **13**
Cartside. —4D **94**
CASTLECARY. (G68) —3E **15**
CASTLEHEAD. (PA2) —2H **97**
Castlehill. —1E **165**
 (nr. Carluke)
Castlehill. —2C **16**
 (nr. Dumbarton)
Castlemilk. —4A **120**

Cathcart. —1E **119**
Cathkin. —5F **121**
Chantinghall. —6F **141**
Chapel. —1G **159**
CHAPELHALL. (ML6) —3E **113**
Chapel Hill. —6D **20**
Charleston. —3A **98**
CHRYSTON. (G69) —6B **52**
Claddens. —3E **51**
Clarkston. —3D **92**
CLARKSTON. (G76) —2C **134**
Cleddans. —4F **31**
Cleekhimin. —1B **144**
CLELAND. (ML1) —6H **129**
Cliftonville. —4E **91**
Clincarthill. —6C **104**
Clippens. —5G **75**
CLYDEBANK. (G81) —6D **42**
Clydesdale. —4H **127**
COATBRIDGE. (ML5) —4C **90**
Coatdyke. —5F **91**
Coatshill. —6A **124**
Cochrane Castle. —5E **95**
College Milton. —6D **136**
Colston. —2A **64**
Coltness. —3A **146**
Condorrat. —6C **34**
Corkerhill. —3D **100**
Corseford. —6B **94**
Cowcaddens. —2F **83** (2E **5**)
Cowlairs. —5A **64**
Craigend. —6C **66**
Craigendmuir. —5E **67**
Craigends. —3D **74**
Craighead. —1E **141**
Craiglinn. —4B **34**
Craigmarloch. —1E **35**
Craigneuk. —4D **92**
 (nr. Airdrie)
Craigneuk. —5D **144**
 (nr. Wishaw)
Craigton. —6D **80**
Cranhill. —3B **86**
Cranston Hill. —3D **82**
Crawforddyke. —4G **165**
Crindledyke. —4G **147**
Croftfoot. —2A **120**
Crookfur. —3C **132**
Crookston. —1A **100**
Crossbasket. —3F **139**
Crosshill. —6B **88**
 (nr. Baillieston)
Crosshill. —4F **103**
 (nr. Glasgow)
CROSSLEE. (PA6) —3B **74**
Crosslet. —1C **18**
Crossmill. —3F **115**
Crossmyloof. —4B **102**
Cross Stobs. —2C **114**
CROY. (G65) —1B **34**
CUMBERNAULD. (G67 & G68)
 —4H **35**
Cumbernauld Village. —6B **14**

**D**albeth. —3G **105**
Dalmarnock. —2C **104**
DALMUIR. (G81) —4A **42**

Dalreoch. —3D **16**
DALSERF. (ML9) —3D **162**
Dalshannon. —1B **54**
Dennistoun. —4C **84**
Dennystown. —3D **16**
Dimsdale. —2A **158**
Dovecothall. —3G **115**
Dovecotwood. —2H **11**
Dowanhill. —6A **62**
DRUMCHAPEL. (G15) —4H **43**
Drumgelloch. —3D **92**
Drumgrew. —4F **33**
Drumoyne. —5E **81**
Drumpellier. —4H **89**
Drumry. —4E **43**
DULLATUR. (G68) —5F **13**
DUMBARTON. (G82) —4F **17**
Dumbreck. —2A **102**
Dumbuck. —4E **19**
Dunbeth. —4D **90**
Dundyvan. —6B **90**
Dunrobin. —4E **93**
Duntiblae. —6G **31**
DUNTOCHER. (G81) —1C **42**
Dykebar. —4D **98**

**E**arnock. —1C **152**
East Balgrochan. —3E **29**
East Craigend. —6D **40**
East Crindledyke. —3E **147**
Easterhouse. —3G **87**
Eastfield. —6F **105**
East Fulton. —5F **75**
EAST KILBRIDE. (G74, G75
 & G79) —2H **149**
East Mains. —1A **150**
East Shawhead. —3E **111**
Eddlewood. —4H **153**
ELDERSLIE. (PA5) —2A **96**
ERSKINE. (PA8) —6F **41**

**F**aifley. —6E **23**
Fairhill. —3G **153**
Fallside. —1G **125**
Farme Cross. —4E **105**
Fauldhead. —1H **51**
Ferguslie Park. —5E **77**
Fernhill. —4D **120**
FERNIEGAIR. (ML3) —2D **154**
Finniestor. —3C **82**
Firhill. —5E **63**
Flemington. —3E **123**
 (nr. Cambuslang)
Flemington. —5B **144**
 (nr. Motherwell)
Fluchter. —3E **27**
Forgewood. —6F **127**
Foulsykes. —5C **146**
Foxbar. —4D **96**
Foxley. —3C **106**
Freeland. —2F **57**
Fullarton. —4A **106**

**G**allowflat. —6E **105**

Gallowgate. —6C **84**
Gallowhill. —4D **78**
Gardenhall. —4A **148**
Garnethill. —2E **83** (2C **4**)
Garnick. —3H **67**
Garnqueen. —4H **69**
Garrowhill. —6F **87**
GARTCOSH. (G69) —4D **68**
Garthamlock. —1E **87**
Gartlea. —5B **92**
Gartness. —6E **93**
Gartsherrie. —2B **90**
Gateside. —6B **114**
Germiston. —1D **84**
GIFFNOCK. (G46) —4A **118**
Gilshochill. —2B **62**
Gladstone. —6H **39**
GLASGOW. (G1 to G7 & G9)
　　　　　—4G **83** (5F **5**)
GLENBOIG. (ML5) —4B **70**
Glenburn. —5H **97**
Glengowan. —2C **160**
GLENMAVIS. (ML6) —5G **71**
Gockston. —3H **77**
Golfhill. —1H **91**
Gorbals. —1G **103**
Govan. —3G **81**
Govanhill. —3F **103**
Gowkthrapple. —3G **157**
Greenend. —1F **111**
Greenfaulds. —6G **35**
Greenfield. —5B **86**
Greenfoot. —2C **70**
Greenhead. —1B **158**
Greenhill. —2D **90**
Greenhills. —6D **148**
Greenlees. —4B **122**
Greens, The. —6C **30**

**H**AGGS. (FK4) —1G **15**
Hairmyres. —3B **148**
Halfway. —3D **122**
Hallside. —3F **123**
Hamiltonhill. —5F **63**
HAMILTON. (ML3) —6A **142**
Hangingshaw. —5F **103**
HARDGATE (G81) —1E **43**
Hareleeshill. —3F **161**
Harestanes. —4H **31**
Hattonrig. —1D **126**
Haughhead. —1C **6**
Hawkhead. —3E **99**
Hayston. —5A **30**
Heatherbell. —6A **70**
High Balmalloch. —2G **11**
High Blantyre. —4A **140**
High Burnside. —3E **121**
High Crosshill. —2D **120**
High Gallowhill. —2B **50**
High Knightswood. —1D **60**
Highland Park. —1G **11**
Hillhead. —6B **62**
　　(nr. Glasgow)
Hillhead. —4D **30**
　　(nr. Kirkintilloch)
Hillhouse. —6D **140**
Hillington. —6A **80**
HILLINGTON INDUSTRIAL
　　ESTATE. (G52) —3H **79**
Hillside. —5B **114**
Hogganfield. —1A **86**
Holehills. —2B **92**
Holehouse. —2C **130**
Holmpark. —4H **39**
HOLYTOWN. (ML1) —2A **128**

Househillwood. —6B **100**
HOUSTON. (PA6) —1A **74**
Howwood Road. —4E **95**
Hunterhill. —3C **98**
Hurlet. —6H **99**
Hutchesontown. —1H **103**
Hyndland. —6H **61**

**I**brox. —6H **81**
INCHINNAN. (PA4) —2H **57**

**J**ellyhill. —3C **48**
Jenny Lind. —5D **116**
Johnstone Castle. —4G **95**
JOHNSTONE. (PA5, PA6, PA9
　　& PA10) —2F **95**
Jordanhill. —4E **61**

**K**elvin. —6A **150**
Kelvindale. —3H **61**
Kelvingrove. —2C **82**
Kelvinhaugh. —3B **82**
Kelvinhead. —1H **13**
Kelvinside. —4H **61**
Kennishead. —2E **117**
KILBARCHAN. (PA10) —2A **94**
Kilbowie. —4D **42**
Kildrum. —2B **36**
KILSYTH. (G65) —3H **11**
King's Park. —1H **119**
Kingston. —4A **40**
　　(nr. Bishopton)
Kingston. —6E **83**
　　(nr. Glasgow)
Kinning Park. —1C **102**
Kirkhill. —2B **122**
　　(nr. Cambuslang)
Kirkhill. —4G **133**
　　(nr. Newton Mearns)
KIRKINTILLOCH. (G66)
　　　　　—4C **30**
Kirklandneuk. —5D **58**
Kirkshaws. —2A **110**
Kirkton. —3E **131**
Kirktonhill. —4D **16**
Kirkwood. —2G **109**
Kittochside. —4C **136**
Knightswood. —2D **60**
Knowetop. —5H **143**
Knownoble. —5H **129**
Kylepark. —6B **108**

**L**aigh Park. —5A **78**
Laighstonehall. —1F **153**
Lambhill. —2E **63**
Langloan. —6A **90**
Langmuir. —4H **31**
Langside. —5D **102**
Lanrigg. —6A **52**
LARKHALL. (ML9) —2E **161**
Laurieston. —6G **83**
Law Hill. —1A **164**
LAW. (ML8) —6D **158**
Lawn Park. —4A **26**
Law of Mauldslie. —1H **163**
LENNOXTOWN. (G65) —3F **7**
LENZIE. (G66) —2C **50**
Lenziemill. —5A **36**
Lightburn. —4E **123**
　　(nr. Cambuslang)
Lightburn. —4A **86**
　　(nr. Glasgow)

Linburn. —6D **40**
Linthouse. —3E **81**
Linvale. —6G **43**
LINWOOD. (PA3) —6A **76**
Little Earnock. —2E **153**
Loanhead. —1E **79**
Lochfield. —4B **98**
Lochlibo. —6C **114**
LONGCROFT. (FK4) —1G **15**
Lounsdale. —3E **97**
Low Blantyre. —6C **124**
Low Waters. —2A **154**
Lumloch. —1G **65**

**M**achan. —4F **161**
Mansewood. —2A **118**
Marnock. —3G **69**
Maryhill. —1A **62**
Meadowhill. —2F **161**
Mearns. —6E **133**
Mearns Castle. —6G **133**
Meikle Earnock. —4G **153**
Meikleriggs. —3F **97**
Merkland. —4G **31**
Merrylee. —3B **118**
MILLARSTON. (PA1) —1E **97**
Millersneuk. —3E **51**
Millerston. —5C **134**
MILLERSTON. (G33) —5B **66**
Millheugh. —3C **160**
Millikenpark. —4C **94**
Milnbank. —3C **84**
MILNGAVIE. (G62) —3H **25**
Milnwood. —3E **127**
Milton. —1G **63**
MILTON. (G82) —4F **19**
Milton of Campsie. —5C **8**
Moffat Mills. —5F **93**
MOLLINSBURN. (G67 & G68)
　　　　　—3H **53**
MOODIESBURN. (G69)
　　　　　—5D **52**
Moorpark. —1D **78**
MORNINGSIDE. (ML2)
　　　　　—6G **147**
Mossend. —2E **127**
Mossneuk. —4B **148**
Mosspark. —2E **101**
MOTHERWELL. (ML1)
　　　　　—3G **143**
Mountblow. —2G **41**
Mount Ellen. —2C **68**
Mount Florida. —5F **103**
MOUNT VERNON. (G32)
　　　　　—3C **106**
MUIREND. (G44) —3D **118**
Muirhead. —1H **107**
MUIRHEAD. (G69) —2A **68**
Muirhouse. —1B **156**
Murray, The. —4G **149**

**N**EILSTON. (G78) —2E **131**
Nerston. —3A **138**
Nether Kirkton. —1F **131**
Netherlee. —5D **118**
Netherton. —1E **61**
　　(nr. Glasgow)
Netherton. —2E **157**
　　(nr. Wishaw)
NEWARTHILL. (ML1) —3F **129**
Newbridge End. —5F **165**
NEWHOUSE. (ML1) —5H **113**
Newlands. —2C **118**
Newlandsmuir. —6A **148**

Newmains. —2E **79**
NEWMAINS. (ML2) —5E **147**
New Monkland. —5G **71**
NEW STEVENSTON. (ML1)
　　　　　—3A **128**
Newton. —1G **123**
NEWTON MEARNS. (G77)
　　　　　—5D **132**
Nitshill. —2A **116**
North Barr. —4E **41**
North Barrwood. —3A **12**
North Cardonald. —4B **80**
Northfield. —2F **11**
North Kelvin. —6C **62**
North Lodge. —5F **143**
North Motherwell. —2D **142**

**O**atlands. —3H **103**
Old Balornock. —4D **64**
Oldhill. —6G **79**
OLD KILPATRICK. (G60)
　　　　　—1E **41**
Old Monkland. —1A **110**
ORBISTON. (ML4) —3C **126**
Orchard Park. —4E **51**
　　(nr. Lenzie)
Orchard Park. —4H **117**
　　(nr. Thornliebank)
OVERTOWN. (ML2) —5A **158**
Oxgang. —6F **31**

**P**AISLEY. (PA1 to PA3)
　　　　　—1H **97**
Parkhall. —2B **42**
Parkhead. —6F **85**
Parkhouse. —3H **115**
Park Mains. —2G **57**
Parkneuk. —1G **151**
Partick. —1H **81**
Partickhill. —1H **81**
Patner. —2H **157**
PATTERTON. (G77) —1D **132**
Peel Park. —1A **148**
Penilee. —5G **79**
Petersburn. —5E **93**
Petershill. —6D **64**
Philipshill. —5A **136**
Pickerstonhill. —2F **129**
PLAINS. (ML6) —1G **93**
Plantation. —5B **82**
Pollok. —6C **100**
Pollokshaws. —5A **102**
Pollokshields. —2D **102**
Polmaide. —3H **103**
Port Dundas. —1G **83**
Port Eglington. —1E **103**
Porter Field. —1D **78**
Possil Park. —4G **63**
Potterhill. —4H **97**
Powburn. —6C **108**
Priesthill. —1A **116**
Provanmill. —6G **65**

**Q**uarrelton. —3E **95**
QUARRIER'S VILLAGE. (PA11)
　　　　　—1A **72**
QUEENZIEBURN. (G65)
　　　　　—3C **10**

**R**adnor Park. —3C **42**
Ralston. —1F **99**
Ranfurly. —5G **73**

# TOURIST INFORMATION CENTRES
## covered by this atlas
### with their map square reference

Coatbridge T.I.C. —5B **90**
  The Time Capsule, Buchanan St.,
  COATBRIDGE, ML5 1DL
  Tel: (01236) 431133

Glasgow Airport T.I.C. —2H **77**
  Tourist information desk,
  International Arrivals Hall, Glasgow Airport,
  Abbotsinch, PAISLEY, PA3 2ST
  Tel: (0141) 848 4440

Dumbarton T.I.C. —4F **19**
  Milton Gateway, A82 Northbound,
  Milton, DUMBARTON, G82 2TZ
  Tel: (01389) 742306

Hamilton T.I.C. —3A **142**
  Road Chef Services, M74 Northbound,
  HAMILTON, ML3 6JW
  Tel: (01698) 285590

Glasgow T.I.C. —5G **5**
  35 St. Vincent Pl.,
  GLASGOW, G1 2ER
  Tel: (0141) 204 4400

Paisley T.I.C. —1A **98**
  Town Hall, Abbey Clo., PAISLEY, PA1 1LZ
  Tel: (0141) 889 4000

# PLACES OF INTEREST
## covered by this atlas
### with their map square reference

old swing inn            old castle

unity unit

tops

shelfs x2

# SPORTS and LEISURE FACILITIES
## covered by this atlas
### with their map square reference

*A*BC Cinema. —3D **118**
  (off Clarkston Rd.)
ABC Film Centre. —3B **4**
Airdrie Golf Course. —1H **91**
Airdrie Leisure Centre. —2C **92**
Airdrieonians F.C. —4B **34**
  (Shared ground with Clyde F.C.)
Albion Rovers F.C. —5E **91**
Alexandra Park Golf Course. —3D **84**
Alexandra Sports Hall. —3E **85**
Allander Sports Complex, The. —6H **25**
*All Saints Sports Centre.* —5E **65**
  (off Scotsburn Rd.)
Antonine Sports Centre, The. —1C **42**
Aquatec, The. —2G **143**
Arches Theatre. —6C **4**

*B*almore Golf Course. —5H **27**
Barlia Sports Park. —4A **120**
*Barony Chambers.* —4C **30**
  (off W. High St.)
Barrhead Sports Centre. —4E **115**
Barshaw (Municipal) Golf Course. —6E **79**
Bearsden Golf Course. —2C **44**
Bearsden Ski Club. —6D **24**
Bellahouston Sports Centre —1F **101**
*Bellshill Cultural Centre.* —2C **126**
  (off John St.)
Bellshill Golf Course. —4D **126**
Birkenshaw Sports Hall. —4D **108**
Bishopbriggs Golf Course. —5B **48**
Blairbeth Golf Course. —5C **120**
Blantyre Sports Centre. —1C **140**
Bothwell Castle Golf Course. —5E **125**
Burnhill Sports Centre. —5B **104**

*C*alderbraes Golf Course. —4B **108**
Calderglen Children's Zoo. —5C **150**
Cambuslang Golf Course. —6B **106**
Campsie Golf Course. —1F **7**
*Campsie Recreation Centre.* —3G **7**
  (off Bencloich Rd.)
*Carlton Kelburne Cinema.* —6C **78**
  (off Glasgow Rd.)
Carluke Golf Course. —3B **164**
Carluke Leisure Centre. —3G **165**
*Castlemilk Sports Centre.* —4A **120**
  (off Dougrie Rd.)
*Castlemilk Swimming Pool.* —4A **120**
  (off Castlemilk Dri.)
Cathcart Castle Golf Course. —2A **134**

Cathkin Braes Golf Course. —6D **120**
Cawder Golf Course. —1B **48**
Celtic F.C. —1E **105**
*Church Street Swimming Pool.* —1A **82**
  (off Byres Rd.)
Citizens' Theatre. —6G **83**
City Hall. —4H **83** (6G **5**)
Civic Theatre. —4F **17**
Clober Golf Course. —2F **25**
Clydebank & District Golf Course. —1E **43**
Clydebank F.C. —3H **17**
  (Shared ground with Dumbarton F.C.)
Clydebank Megabowl. —6E **43**
Clyde F.C. —4B **34**
*Coatbridge College Sports Centre.* —4D **90**
  (off Park St.)
Coatbridge Golf Course. —2G **89**
Coatbridge Outdoor Sports Complex. —6B **90**
Cochrane Castle Golf Course. —5E **95**
*Columba Sports Complex.* —6C **90**
  (off Wallace St.)
Colville Park Golf Course. —6H **127**
Cowglen Golf Course. —6F **101**
Crownpoint Sports Park. —5B **84**
Crow Wood Golf Course. —1G **67**
Cumbernauld Theatre. —1B **36**

*D*almuir (Clydebank) Municipal Golf Course.
                                    —3A **42**
David Lloyd Club, The. —3D **78**
Deaconsbank Golf Course. —5E **117**
Dollan Aqua Centre. —2G **149**
Dougalston Golf Course. —2B **26**
Douglas Park Golf Course. —2G **45**
Drumchapel Sports Centre. —5H **43**
*Drumchapel Swimming Pool.* —5H **43**
  (off Drumry Rd. E.)
Drumpellier Golf Course. —5H **89**
Dullatur Golf Course. —6E **13**
Dumbarton F.C. —3H **17**
Dumbarton Golf Course. —2F **17**
Duncanrig Sports Centre. —3D **148**

*E*astbank Sports Centre. —6B **86**
  (off Academy St.)
*Easterhouse Pool.* —3G **87**
  (off Bogbain Rd.)
Easterhouse Sports Centre. —2F **87**
Easter Moffat Golf Course. —2H **93**
East Kilbride Arts Centre. —6H **137**
  (Old Coach Rd.)

# HOSPITALS and HEALTH CENTRES
## covered by this atlas.

N.B. Where Hospitals and Health Centres are not named on the map, the reference given is for the road in which they are situated.

ABRONHILL HEALTH CENTRE —1E **37**
Pine Rd., Abronhill,
Cumbernauld, G67 3BE
Tel: (01236) 731881

ACCORD HOSPICE —3E **99**
Hawkhead Hospital Grounds,
Hawkhead Rd., Paisley, PA2 7BL
Tel: (0141) 889 8169

AIRBLES ROAD CENTRE —4H **143**
59 Airbles Rd.,
Motherwell, ML1 2TJ
Tel: (01698) 261331

AIRDRIE HEALTH CENTRE —4G **91**
Monkscourt Av.,
Airdrie, ML6 0JU
Tel: (01236) 769388

ALEXANDER HOSPITAL —3A **90**
Blair Rd., Coatbridge, ML5 2EW
Tel: (01236) 422661

BAILLIESTON HEALTH CENTRE
—1H **107**
20 Muirside Rd., Glasgow, G69 7AD
Tel: (0141) 531 8008

BARRHEAD HEALTH CENTRE —4E **115**
201 Main St., Barrhead,
Renfrewshire, G78 1SA
Tel: (0141) 880 6161

BELLSHILL MATERNITY HOSPITAL
—5C **110**
North Rd., Bellshill, ML4 3JN
Tel: (01689) 747292

BELVIDERE HOSPITAL —1E **105**
1360-1432, London Rd.,
Glasgow, G31 4PG
Tel: (0141) 211 8500

BISHOPTON HEALTH CENTRE —5H **39**
Greenock Rd., Bishopton,
Renfrewshire, PA7 5AW
Tel: (01505) 863223

BLANTYRE HEALTH CENTRE —2B **140**
Victoria St.,
Blantyre, G72 0BS
Tel: (01698) 823583

BLARWARTHILL HOSPITAL —3A **60**
129 Holehouse Dri., Knightswood,
Glasgow, G13 3TG
Tel: (0141) 211 9000

BON SECOURS HOSPITAL —5D **102**
36 Mansionhouse Rd.,
Glasgow, G41 3DW
Tel: (0141) 632 9231

*238 A-Z Glasgow*

BRIDGE OF WEIR HOSPITAL —2B **72**
Torr Rd., Bridge of Weir, PA11 3RY
Tel: (01475) 633777

BRIDGETON HEALTH CENTRE —6B **84**
201 Abercromby St.,
Glasgow, G40 2DA
Tel: (0141) 531 6500

CANNIESBURN HOSPITAL —5E **45**
Switchback Rd.,
Bearsden, G61 1QL
Tel: (0141) 211 5600

CARLUKE HEALTH CENTRE —3F **165**
Market Pl., Carluke, ML8 4BP
Tel: (01555) 770635

CASTLEMILK HEALTH CENTRE
—4A **120**
Dougrie Dri., Glasgow, G45 9AW
Tel: (0141) 531 8500

CENTRAL HEALTH CENTRE —4H **35**
North Carbrain Rd.,
Cumbernauld, G67 1BJ
Tel: (01236) 731771

CLELAND HOSPITAL —1A **146**
Bellside Rd., Cleland, ML1 5NR
Tel: (01698) 860293

CLYDEBANK HEALTH CENTRE —4D **42**
Kilbowie Rd., Clydebank, G81 2TQ
Tel: (0141) 533 6363

COATBRIDGE HEALTH CENTRE —5C **90**
1 Centre Park Court,
Coatbridge, ML5 3AP
Tel: (01236) 432200

COATHILL HOSPITAL —1C **110**
Hospital St., Coatbridge, ML5 4DN
Tel: (01236) 421266

CONDORRAT HEALTH CENTRE —1C **54**
16 Airdrie Rd., Condorrat,
Cumbernauld, G67 4DN
Tel: (01236) 723383

COWGLEN HOSPITAL —6D **100**
10 Boystone Rd.,
Glasgow, G53 6XJ
Tel: (0141) 211 9200

DUMBARTON COTTAGE HOSPITAL
—2F **17**
Townend Rd., Dumbarton, G82 2AN
Tel: (01389) 763151

DUMBARTON JOINT HOSPITAL —3C **16**
Cardross Rd., Dumbarton, G82 5JA
Tel: (01389) 762317

DRUMCHAPEL HEALTH CENTRE
—4H **43**
80/90 Kinfauns Dri., Drumchapel,
Glasgow, G15 7TS
Tel: (0141) 211 6070

DRUMCHAPEL HOSPITAL —5B **44**
129 Drumchapel Rd.,
Glasgow, G15 6PX
Tel: (0141) 211 6000

DYKEBAR HOSPITAL —6D **98**
Grahamston Rd.,
Paisley, PA2 7DE
Tel: (0141) 884 5122

EASTERHOUSE HEALTH CENTRE
—3G **87**
9 Auchinlea Rd.,
Glasgow, G34 9HQ
Tel: (0141) 531 8100

ELDERSLIE HOSPITAL —3H **95**
Cherrywood Rd.,
Elderslie, PA5 9EE
Tel: (01505) 323301

ERSKINE HEALTH CENTRE —4E **41**
Bargarran Sq., Erskine,
Renfrewshire, PA8 6BS
Tel: (0141) 812 6513

FERGUSLIE CLINIC —5E **77**
Tannahill Centre,
76 Blackstoun Rd. Ferguslie Park,
Paisley, PA3 1NT
Tel: (0141) 849 0554

FOXBAR CLINIC —4E **97**
Morar Dri., Paisley, PA2 9QR
Tel: (01505) 813119

GARTLOCH HOSPITAL —6A **68**
2154 Gartloch Rd.,
Glasgow, G69 8EJ
Tel: (0141) 771 0771

GARTNAVEL GENERAL HOSPITAL
—5G **61**
1053 Gt. Western Rd.,
Glasgow, G12 0YN
Tel: (0141) 211 3000

GARTNAVEL ROYAL HOSPITAL —5G **61**
1055 Gt. Western Rd.,
Glasgow, G12 0XH
Tel: (0141) 211 3600

GLASGOW DENTAL HOSPITAL
—3E **83** (3B **4**)
378 Sauchiehall St.,
Glasgow, G2 3JZ
Tel: (0141) 211 9600

Glasgow Eye Infirmary —3C **82**
3 Sandyford Pl., Glasgow, G3 7JA
Tel: (0141) 211 6767

Glasgow Homoeopathic Hospital
—4H **61**
1000 Gt. Western Rd.,
Glasgow, G12 0NR
Tel: (0141) 211 1600

Glasgow Nuffield Hospital, The
—4H **61**
25 Beaconsfield Rd.,
Glasgow, G12 0PJ
Tel: (0141) 334 9441

Glasgow Royal Infirmary —3A **84**
84 Castle St., Glasgow, G4 0SF
Tel: (0141) 211 4000

Glasgow Royal Maternity Hospital
—4H **83** (5G **5**)
147-163 Rottenrow,
Glasgow, G4 0NA
Tel: (0141) 211 3500

Glenburn Clinic —5H **97**
Fairway Av., Paisley, PA2 8DX
Tel: (0141) 884 3221

Gorbals Health Centre —1G **103**
45 Pine Pl., Glasgow, G5 0BQ
Tel: (0141) 429 6291

Govan Health Centre —3E **81**
5 Drumoyne Rd.,
Glasgow, G51 4BJ
Tel: (0141) 531 8400

Govanhill Health Centre —3F **103**
233 Calder St., Glasgow, G42 7DR
Tel: (0141) 531 8300

Greenhills Health Centre —6D **148**
Greenhills Sq.,
East Kilbride, G72 8TU
Tel: (013552) 34325

Hairmyres Hospital —3B **148**
Eaglesham Rd.,
East Kilbride, G75 8RG
Tel: (01355) 220292

Hawkhead Hospital —3E **99**
Hawkhead Rd., Hawkhead,
Paisley, PA2 7BL
Tel: (0141) 889 8151

Health Care International Hospital
—5A **42**
Beardmore St.,
Clydebank, G81 4HX
Tel: (0141) 951 5000

Hunter Health Centre —2H **149**
Andrew St.,
East Kilbride, G74 1AD
Tel: (013552) 39111

Hunters Hill Marie Curie Centre
—3B **64**
Belmont Rd., Glasgow, G21 3AY
Tel: (0141) 558 2555

Johnstone Health Centre —3F **95**
60 Quarry St., Johnstone,
Renfrewshire, PA5 8EY
Tel: (01505) 320278

Johnstone Hospital —6G **75**
Bridge of Weir Rd.,
Johnstone, PA5 8YX
Tel: (01505) 331471

Kildrum Health Centre —2B **36**
Afton Rd., Kildrum,
Cumbernauld, G67 2EU
Tel: (01236) 731711

Kilsyth Health Centre —3A **12**
Burngreen, Kilsyth, G65 0HU
Tel: (01236) 822151

Kirklands Hospital —3F **125**
Fallside Rd., Bothwell, G71 8BB
Tel: (01698) 852508

Knightswood Hospital —3D **60**
125 Knightswood Rd.,
Glasgow, G13 2XG
Tel: (0141) 211 6900

Langside Priory Hospital —5D **102**
38 Mansionhouse Rd.,
Glasgow, G41 3DW
Tel: (0141) 636 6116

Larkhall Health Institute —2F **161**
Low Pleasance, Larkhall, ML9 2HW
Tel: (01698) 884731

Law Hospital —4H **159**
Carluke, ML8 5ER
Tel: (01698) 361100

Lennox Castle Hospital —2C **6**
Glen Rd., Lennoxtown, G65 7LB
Tel: (01360) 329200

Lenzie Hospital —4E **51**
Auchinloch Rd., Kirkintilloch,
Glasgow, G66 5DE
Tel: (0141) 776 1208

Leverndale Hospital —3H **99**
510 Crookston Rd.,
Glasgow, G53 7TU
Tel: (0141) 211 6400

Lightburn Hospital —4B **86**
966 Carntyne Rd., Glasgow, G32 6ND
Tel: (0141) 774 5102

Linwood Health Centre —6A **76**
Ardlamont Sq., Linwood,
Renfrewshire, PA3 3DE
Tel: (01505) 324337

Maryhill Heath Centre —3C **62**
41 Shawpark St., Glasgow, G20 9DR
Tel: (0141) 531 8700

Mearnskirk Hospital —6D **132**
Mearns Rd., Newton Mearns,
Glasgow, G77 5RZ
Tel: (0141) 201 6000

Merchiston Hospital —6E **75**
Bridge of Weir Rd., Barrochan Rd.,
Brookfield, Johnstone, PA5 8TY
Tel: (01505) 328261

Monkland District General Hospital
—4G **91**
Monkscourt Av., Airdrie, ML6 0JS
Tel: (01236) 748748

Motherwell Health Centre —4H **143**
138 Windmillhill St.,
Motherwell, ML1 1TB
Tel: (01698) 254601

Newmains Health Centre —5E **147**
17 Manse Rd., Newmains, ML2 9AX
Tel: (01698) 381006

New Sneddon Street Clinic —6A **78**
8 New Sneddon St., Paisley, PA3 2AD
Tel: (0141) 887 7771

Parkhead Health Centre —6F **85**
101 Salamanca St.,
Glasgow, G31 5BA
Tel: (0141) 531 9000

Parkhead Hospital —6F **85**
81 Salamanca St., Glasgow, G31 5ES
Tel: (0141) 211 8300

Pollock Health Centre —6C **100**
21 Cowglen Rd., Glasgow, G53 6EQ
Tel: (0141) 531 6800

Possilpark Health Centre —5G **63**
85 Denmark St., Glasgow, G22 5EG
Tel: (0141) 531 6120

Prince and Princess of Wales Hospice
—5F **83**
71 Carlton Pl., Glasgow, G5 9TD
Tel: (0141) 429 5599

Princess Louise Scottish Hospital
(Erskine Hospital) —1C **40**
Bishopton, Renfrewshire, PA7 5PU
Tel: (0141) 812 1100

Queen Mother's Maternity Hospital
—2A **82**
Dalnair St., Yorkhill,
Glasgow, G3 8SH
Tel: (0141) 201 0550

Red Deer Day Hospital —3E **149**
Alberta Av., East Kilbride, G75 8NH
Tel: (01355) 244 254

ROSS HALL HOSPITAL —2A **100**
221 Crookston Rd.,
Glasgow, G52 3NQ
Tel: (0141) 810 3151

ROYAL ALEXANDRA HOSPITAL —3H **97**
Corsebar Rd., Paisley, PA2 9PN
Tel: (0141) 887 9111

ROYAL HOSPITAL FOR SICK CHILDREN
—2A **82**
Dalnair St., Yorkhill,
Glasgow, G3 8SJ
Tel: (0141) 201 0000

RUCHILL HOSPITAL —4E **63**
520 Bilsland Dri.,
Glasgow, G20 9NB
Tel: (0141) 946 7120

RUSSEL INSTITUE —1A **98**
Causeyside St., Paisley, PA1 1UR
Tel: (0141) 889 8701

RUTHERGLEN HEALTH CENTRE
—6D **104**
130 Stonelaw Rd.,
Glasgow, G73 2PQ
Tel: (0141) 531 6000

RUTHERGLEN MATERNITY HOSPITAL
—6D **104**
120 Stonelaw Rd., Rutherglen,
Glasgow, G73 2PG
Tel: (0141) 201 6060

ST ANDREW'S HOSPICE —3A **92**
Henderson St., Airdrie, ML6 6DJ
Tel: (01236) 766951

ST MARGARET'S HOSPICE —2F **59**
East Barns St., Clydebank, G81 1EG
Tel: (0141) 952 1141

SHETTLESTON DAY HOSPITAL —1H **105**
152 Wellshot Rd., Glasgow, G32 7AX
Tel: (0141) 778 8381

SHETTLESTON HEALTH CENTRE
—6A **86**
420 Old Shettleston Rd.,
Glasgow, G32 7JZ
Tel: (0141) 531 6200

SOUTHERN GENERAL HOSPITAL
—3D **80**
1345 Govan Rd., Glasgow, G51 4TF
Tel: (0141) 201 1100

SPRINGBURN HEALTH CENTRE —5B **64**
200 Springburn Way,
Glasgow, G21 1TR
Tel: (0141) 558 0101

STOBHILL GENERAL HOSPITAL —3C **64**
133 Balornock Rd.,
Glasgow, G21 3UW
Tel: (0141) 201 3000

STRATHCLYDE HOSPITAL —4F **143**
Airbles Rd., Motherwell, ML1 3BW
Tel: (01698) 258800

THORNLIEBANK HEALTH CENTRE
—3F **117**
20 Kennishead Rd.,
Glasgow, G46 8NY
Tel: (0141) 531 6900

TOWNHEAD HEALTH CENTRE —3A **84**
16 Alexandra Parade,
Glasgow, G31 2ES
Tel: (0141) 531 8900

UDSTON HOSPITAL —5D **140**
Farm Rd., Hamilton, ML3 9LA
Tel: (01698) 823255

VICTORIA INFIRMARY —5E **103**
Langside Rd.,
Glasgow, G42 9TY
Tel: (0141) 201 6000

VICTORIA GERIATRIC UNIT —5D **102**
100 Mansionhouse Rd.,
Glasgow, G41 3DX
Tel: (0141) 201 6161

VICTORIA MEMORIAL COTTAGE
HOSPITAL —3F **11**
19 Glasgow Rd.,
Kilsyth, G65 9AG
Tel: (01236) 822172

VIEWPARK HEALTH CENTRE —6G **109**
Burnhead St., Viewpark,
Uddingston, G71 5SU
Tel: (01698) 810171

WESTER MOFFAT HOSPITAL —3F **93**
Towers Rd.,
Airdrie, ML6 8LW
Tel: (01236) 763377

WESTERN INFIRMARY —1B **82**
Dumbarton Rd.,
Glasgow, G11 6NT
Tel: (0141) 211 2000

WISHAW HEALTH CENTRE —6H **145**
Kenilworth Av.,
Wishaw, ML2 7BQ
Tel: (01698) 355511

WOODILEE HOSPITAL —1F **51**
Lenzie, Glasgow, G66 3UG
Tel: (0141) 777 8000

WOODSIDE HEALTH CENTRE —6E **63**
Barr St., Glasgow, G20 7LR
Tel: (0141) 531 9200